【増補新装版】

国家悪

人類に未来はあるか

大熊信行

論創社

私はまた、われわれの時代における日本国民の体験を思いだす。ギリシャの詩人エスキルスは、「学びとるということは苦難を通して達成されるというのが、神の法則の一つである」という。そのようにして人々が学びとった教訓は、かれらのみのために学びとられたものではない。その教訓は全人類のために学びとられるのである。

A・J・トインビー（『歴史の教訓』）

新版に際して

十二年前の旧著である。復刻に当って、二篇の論文を加えた。『文藝春秋』と『中央公論』の両誌に、それぞれ掲載されたもの。その編集は発表の年次にしたがったところ、両篇は本書の第七、八章の位置を占めることになった。旧版では序章・終章を加えて計十三章から成っていたのが、この新版では計十五章となった。いわば旧著の増補版であるが、改訂版ではない。旧著を原型のままにとどめたく、措辞を訂正することは最小限度にとどめた。

右の両篇が、旧版に収められなかった事情は、それぞれおなじではない。「基本的人権への惑いのなかに」の場合は、他の諸章にくらべて短かすぎる、というだけの理由だった。それに反して、「〝義〟の意識について」（最初誌上に発表されたときは「反省の主体――義人について」と題した）の場合は、そこでヤリ玉にあげられている一人の哲学者先生への、あまりの気の毒さが、本書旧版への収載を躊躇させたのであった。

しかし、この論文をよく読み直してみると、「義」および「義人」の意味の追求こそが、真の主題であることがわかり、「正義」における「正」と「義」とが、歴史的に分裂して、「義」が「正」の上位とならざるをえない瞬間の指摘は、われわれが現に当面する大学革命の問題にも、直接かかわるところがある。そこで、これを収録することは必要である、と考えた。

本書の旧版が公刊されてから十二年になるが、その後も国家問題は、依然としてわたしの中心問題の一つであるため、本書の続巻に当る論集は、おそくも半歳後には刊行を見るだろうと思う。本書を貫いている思想は一言にして個としての超歴史的な人間の立場というべきものである。が、続巻では、根本においてその立場をそのまま含みあげながらも、日本民族という歴史的な実在の政治的運命についての考察が、いま一つの主題として表面にあらわれてくるのを、読者は見られるであろう。

国家がわたしにとって、宿命的な主題の一つであるのと同時に、それと併行して家族もいま一つの、いっそう長期にわたる主題であること。それはわたしの本業である理論経済学上の立場と内的関連があることも、附言させていただく。わたしに『家庭論』（一九六四年、新樹社）と題する論集があり、それと本書とは無縁のものではない。

ここで、いいおとしてはならないこと。それは読者も見られるごとく、巻末に六ページの「解説」が加わったという一事である。旧作に「解説」がつくのは、近ごろ珍しいことではなくなった。しかし単なる著作の「解説」という仕事を超えて、著者自身の足どりを現時点まで追跡し、そして問題点を指摘されたことは、まったく予期しなかったところである。読者のためのものであるはずの「解説」が、まず著者自身にとって、きわめて重要な意味をおびているというのは、おそらく前例のないことではあるまいか。突然の依頼を承諾され、英文の著述という格別の多忙の中で、あえて執筆してくださった鶴見和子さんに、心から感謝しなければならない。

旧版の書名には「戦争責任は誰のものか」というサブ・タイトルがあった。思いきってそれを、「人類に未来はあるか」と改題したのは、本書における思索の最後の到達点を、最初に明示しておくことこそ大切である、と考えるにいたったためである。

なお中央公論社が本書の版権を著者にくださったこと、潮出版社が新版の刊行を引受けてくださったことを、ともにありがたく思っている。

一九六九年十一月十六日

大熊　信行

序

太平洋戦争は何を意味したか。

また、どんな問題をわれわれに残したか。

これには多くの答えがあるだろう。この書物は、答えの一つである。壮年期にあった日本人の一人として、あの戦争を戦った人間が、戦後にその行動をみずから吟味し、そこに残された未決の問題を見つけだし、これを過去の問題としてではなしに、むしろ現在と将来の問題として取扱う。

太平洋戦争がわたしに残した問題は、一言にして国家問題である。しかしこの問題は、わたしにだけ残されたのではなくて、日本人全体に残された問題だ、というのが最初からの考えかたである。それを日本国民に告げ、そして一緒に考えたい。そういう念願をもって、ここ十年あまり、機会あるごとに、いろいろな文章を書いてきた。最近になって、できれば世界の人々に、この問題を提起しなければならない気持になっている。A・J・トインビーのお世辞に甘えるわけではない。「国家」という言葉は多義であるが、わたしは主として、国家というものの超人間的・非人間的な部分に問題を感じ、その部分において、国家と人間との一般関係を考えるという態度に出ている。問題の性質は、政治学、社会学、法学、倫理学などにわたり、自分の専攻する方面（理論経済学）からは遠い。しかし科学では処理できない問題領域にもつらなるところがあり、わたしは一個の人間として臆することなく、そこにぶつかってみた。いや、幾多の専門学者に対して、不遜の言辞を敢てした場合が少くない。

国家問題はわたしにとって、古い問題であった。青年期（二十四、五歳）には、トルストイの影響だと思うが、愛国心に対して否定的であったし、また小説本を別として、洋書というものを最初に求め、翻訳をくわだてたのはカントの『永久平和論』（英訳、ボストン版）一冊であった。中年になって、いつとなく世俗的な考えかたに随順し、戦争期には祖国の行動を運命として受けいれたが、しかし現実における神話の支配には、堪えられなかった。一九四一年（昭和十六年）に、自分の最後の著作を国家論にすることにきめ、それを主著の扉に予告した。そのときの構想の基礎にあったのは、自然科学的な宇宙観を、国家論の冒頭に出すことだった。天地創造の物語である神話も、自然史的にみれば、きのうかおとといの作り話にすぎないという事実を、なんとかして穏かな形で、それとなく出してみたいという狙いだった。当時の日本の政治的条件のもとでそんなことが可能か、ということが問題になるが、書きよう次第では可能だと考えた。

一九四一年という時代は、日本の神話が政治の根柢や憲法第一条を支えているだけでなく、倫理と歴史教育に滲みこみ、経験科学としての経済学の領域にまで、表面的にひろがった時代である。しかし神話と自然科学との矛盾というようなことは、日本では一度も問題とならず、それはそれ、これはこれと、系統のちがったものを、そのまま同時に受けいれる日本人の不思議な精神構造が、その状態を支えていた。わたしが、自然史と神話とを一つの書物のなかで扱おうという着想に、なみなみならぬ愛着をもったのは、そうすることで神話の位置づけができ、われわれの知性を維持することができる、と信じたからだ。H・G・ウェルズのことは忘れていた。が、この仕事はついに果たさずにしまい、そして敗戦と征服者の占領政策が、一挙にしてこの種の仕事の必要を永久に葬ってくれた。

ところが、国家問題はわたしの宿命とでもいうべきものであるのだろうか。戦後はまた、別な形でわたしの首根をきつく摑まえ、そして寸時も離そうとしない。いわゆる戦争責任問題の発生が、最初の刺戟であったのは確かである。それがわたしの場合には、国家対人間の一般関係という形で出てきたのであって、責任問題は、むしろ問題の初歩的段階であり、やがてそれは政治と人間の問題、政治の本質と人間性の問題にすすみ、そして国家主権と国家悪の問題、国家的忠誠の問題、最後は人類破滅の問題に、逢着する結末に到達した。一つの数式にしたがって、幾年かコツコツ運算をつづけてはきたものの、しまいにこのような恐ろしい答えが待っていようとは、予期しないことであった。

しかしこの書物は一面において、戦後における一知識人の精神史ともいうべき性質をおびている。いわば精神の年代記である。一九四五年以来、前後十三年間にわたる外界の推移は、夜のガラス窓に、往還を疾走する車のヘッド・ライトが反射する程度には、自然に映っている。この種の記録は、竹山道雄氏の『昭和の精神史』、亀井勝一郎氏の『現代史の課題』、遠山茂樹氏等の『昭和史』、丸山真男氏の『現代政治の思想と行動』、久野収・鶴見俊輔両氏の『現代日本の思想』、そして中島健蔵氏の『昭和時代』などとともに、これからまだ多くの著者の手に期待されていいであろう。それにまたこの書物は、日本の戦後の知的ジャーナリズムの持続的な分析、という他の一面をおびている。わたしは問題を孤立して思索する単独者ではなくて、同時代人のあらゆる息吹きのなかに、揉まれることを好み、どんな人との対質にも倦むことを知らない聴問者である。あるいは幸いにして、特色の一つにかぞえられるかもしれない。

ところでこの書物は、知的ジャーナリズムとアカデミズムの切点をたどりながら、日本のこれまでの哲学や社会諸科学に共通の根本的な欠陥を指摘することでは、多少とも学問論としての性格を、自然におびているように思う。もしそれを承認する読者が一人でもいてくれたら、わたしは会心の笑みを禁じえないだろう。

本書の序章から第四章までは、『国家はどこへ行く』（一九四八年）という題名で、書物になったことがある。当時は科学的であろうとするよりも、しばしば文学的であった。今度の第九章以下の多くは、書きおろしに近い。中央公論社出版部の久しきにわたる鼓舞がなかったならば、このような書物が生まれることは、不可能であった。もともとわたしに課せられているのは、『戦後思想史』三巻なのであるが、いわばその小手調べの意味もあって、まずまとめることをゆるされたのが、この小著である。――しかし、こんな書物が公刊され、その著者たるわたしが、逮捕されることも起訴されることもない、という戦後日本の思想の自由について、日本国憲法への切なる感謝を述べないで、ペンをおくことはできない。

大熊　信行

一九五七年六月六日

国家悪——人類に未来はあるか　目次

新版に際して　iii
序　vii

第一部

序　章　ひとつの幻想　3
第一章　精神の革命とはなにか　11
第二章　戦争体験における国家　62
第三章　個における国家問題　111
第四章　反省なき民族　170
第五章　国家悪　187

第二部

第六章　政治と人間　215
第七章　「義」の意識について――ある哲学者の軽躁を排す　242
第八章　基本的人権への惑いのなかに――徴兵制度は「自由権」の帳消しである　256

第九章　現代人の忠誠　264
第十章　未決の戦争責任――鶴見俊輔氏に寄せて　284
第十一章　絶後の「平和思想」　302
第十二章　歴史の偽造者たち　328
第十三章　人間は進歩したか　365
終　章　原子雲　381

解説＝鶴見和子　392

附記＝榊原昭夫　398
事項索引　411
人名索引　416

第一部

序章　ひとつの幻想

――一九四五年

幻想はくずれた。大きな、しかし短い幻想だった。日清役後、かりに半世紀とかぞえてみても、世界史にとっては、まばたきである。

極東の小群島、そこに住む尚武の民。しかし半世紀前までは、ほとんど外国を侵略したおぼえもなく、ひとりのジンギスカンや、ひとりのコロンブスをうみだしたためしもない。野心も、冒険心もとぼしく、おりまげた脚のうえに、自分をのせてすわり、両手をついて、あたまをさげる行儀をならわしとする民族。世界に類のない盆栽と、根つけの芸術と、短詩型を発明し、生活の合理性を、清楚と清貧にもとめることを、やめなかった民族。島国にとじこもって、小さなことに打ちこみ、そこに美を創造し、そしてたぐいまれな魅力をもった生活様式を、うみだしているといわれた民族。この民族が、ながいうたたねからゆり起され、目をみひらき、そしておどろかざるをえなかったことは、単に世界のひろさではなくて、まさに世界の歩みの速さともいうべきものだった。してそれからの歩みは、ただその速さにおいつこうための力走だったにすぎず、無類の性急と軽躁にかられた西洋模倣の、尽きざる連続だった。

進歩があったとしても、近代西洋の模倣における進歩であり、世界の歩みからこれをいえば、世界はへこんでいるところを平になおし、おくれていたものを引っぱりあげよう、としてくれたにすぎない。日本にとって、曠古の大事件だった日清戦争も、清国からいうと、四百余州のなかの一、二州の戦火にすぎず、さらに西洋の耳できけば、西洋の武器を手にいれた極東の一民族が、それをつかって近隣と戦争をはじめた、という噂にすぎない。日本人の観念における「世界の日本」と、現実の世界における日本そのものと、この観念と現実という二つのもののあいだに生じたずれのようなものは、最初はさしたることでもなかったとして、勝利に局をむすんだ日清戦争以後においては、すでに深淵をのぞかせ、辛うじて破綻をまぬかれた日露戦争以後においては、救いようもなく大きく口をあけ、第一次大戦後の国際情勢に直面しては、我にかえって引きしまるべきところを、一等国の仇名に酔い痴れ、そしてついに満洲事変を境として、観念と現実のこの二つのものは、あたかも別々の大陸のごとく対峙し、観念は幻想を生み、幻想はさらに幻想を生み、そしてついに冲天に立ちのぼった夏雲のごとくにひろがった。と同時にすうっと消えていった。世界史にとってはまばたきである。

観念と現実との戦い。または幻想と現実との戦い。一旦、戦うという以上、両者の戦いは合一に達するまで戦われなければならない。してその観念がやぶれ、幻想が消えうせたとき、われわれの現実は、まぎれもなく幕末維新前後に、巻きかえされてしまっていた。息を吹きかえしてみると、国際的にも、国内的にも、情況としても、条件としても、よくもそっくり、そのとおりだ。九十余年前、浦賀の沖にはためいた一つの旗は、そのまま横浜湾頭に、いま一度はためき、そして近代日本百年の歴史は、それ自体が一つの幻想でしかなかったことが、判明した。さめるには惜しい夢という。それがしばしば日本人の夢についての態度だったとしても、この一つの夢幻が、いまにしてさめたことを悲しむのは、非現実にすぎる。よくもこれまで夢がたもたれ、そしてよくも幻想が維持されたもの、という驚きの感情こそ、むしろわれわれの目ざめのしるしであろう。

東洋の諸民族に先んじて西洋をまなび、そして近代の科学技術を習得した以上、われわれの運命はそのときに決定していた、といっても過言ではあるまい。帝国主義戦争とよばれる意味合いの戦争は、一つの社会制度から生まれざるをえないもの。してまたその制度は、一定の生産技術そのものから成り立たざるをえないもの。そして科学技術とは、その生産技術のことにほかならぬとなれば、近代社会の運命はおそろしいまでに論理的であり、現代の預言はもはや宗教ではなくて、社会科学だというよりほかはない。のちにその預言に聴いて、みずから警めると否とを問わず、科学技術の移植そのものが、選択の自由な問題ではなくて、抗すべからざる歴史の大法だったとすれば、日本の運命の方向は、最初からほぼ決定していた、といっても過言ではあるまい。

しかし、もし不可避の運命でもなく、歴史の大法でもなく、まさに民族の自由なる意志にゆだねられたことがらが、別にあったとすれば、それはいうまでもなく政治形態の交替に際しての、その選択と決定の仕方であった。われわれはみずから求めて、大いなる禍根をつくったのだ。それが日本人であり、一層正確にいって、それが明治維新なるものの性格だった。幻想の原因は、この維新の性格に胚胎した。たれが「世界征服」を、しんから夢みたというだろう。小児の幻想ではないか。もっとわるい場合には、インフェリオリティ・コンプレックスの逆立ちの表現ではないか。われわれの民族的責任の第一は、この政治形態と政治観念の選択にさかのぼらないですむだろうか。

東亜の幻想はくずれた。大きな、しかし短い幻想だった。しかるにそれは、いかに消えがたい傷痕を、中国の人々および東亜の諸民族のうえに残したことだろう。前後十幾年にわたる戦争において、支那大陸で、南方諸国で、わけてもフィリッピン諸島で、われわれの行なったあらゆる行為は、いかに償いがたいものであることだろう。そしてそれらの諸民族の怒りと、憎しみとは、いかなる宿怨として、いやされないままに残されていることだろう。そしてそれらの感情とむすびついて、おそらく定着しつつある諸民族の日本観また日本人観が、いかに動かしがたく暗く、絶望的なものであることだろう。われわれの幻想とともに消えさるのではなくて、それらは幻想の去ったあとに残り、そしてこれから永く日本の現実そのものを形づくる要因の一つであろう。将軍や提督が罪をとわれたことで、決済になるのではない。日本人のすべてが、自分に無関係のこととしてではなく、もぎ放しようもなく自分に関係があり、自分の生存の責任につながることとして、ながくみずから刈りとるべく、そしてついにいつの日にか、償われるべきものだ。終戦直後の国民の自失は、なにをなすべきかの判断の自失だった。みずからなにをなしたかの自覚の喪失は、なおつづいている。

日本民族の背ぼねをくじく徹底的な敗戦と降伏は、開国と同時に百年の約束だった。運命の予感が、ここ半世紀のあいだに、いろいろの人々のあたまをかすめないということはない。それがどんな人のあたまに生ずるかによって、ときには理づめの敗北主義となり、ときには打開のみちを知らぬ「悲壮な運命」の自覚となり、ときには百年戦争または八紘一宇の構想、ついには「うちてしやまん」の大幻想となる。運命の予感は、一、二の新宗教の預言の形にさえ、あらわれなかったということはできない。それは軍隊教育をふくむ国家教育の根柢にみられた、あの日本人のえらがりと、つよがりの心理は、それ自体がすでに半ばまで、運命の予感であり、そして他の半ばまでは、運命そのものへの呼びかけであった、というよりほかないのではあるまいか。だれがこの運命の断崖を、恐怖しなかったというだろう。

眼をとじても来、見つめていても来る。恐れれば恐れるほど、間近くなる顔のようであり、自分でマッチをすれば、その瞬間に何かの顔は、闇のなかに拡大してせまるようである。日華事変の不吉な砲火のひらめいた瞬間に、和辻哲郎氏によって書かれた小論には、「悲壮な運命」の予感が、すでにただよっている。――

日本は近代の世界文明のなかにあって、きわめて特殊な地位にたつ国であり、二十世紀の進行中には、おそかれ、早かれ、この特殊な地位にもとづいた日本の悲壮な運命は展開せざるをえない。あるいはすでにその展開ははじまったのかもしれず、日本人はみずから発展を断念しないかぎり、この悲壮な運命を覚悟しなくてはならず、軍事的な運動をおこすといなとにかかわらず、この運命は逃れうるところでない。

およそ、かくも絶体絶命の感覚というものがあるだろうか。無教育な、そして何かをつぎこまれた、狂信者の言葉ではない。現代日本において、考えられるかぎりの高い教養をもった人の、そして時勢におもねることを知らぬ操持たかき学者の、昭和十二年九月の発言である。しかも当時のわれわれはこの運命観に服する以外に、生きるみちはないものと、はやくも観念してしまったのだ。いまにして思うに、これはゆきづまる後進資本主義の運命をもって、そのまま日本の運命であるかのごとく観じた歴史観であり、しかも日本のかかる運命を護りぬくことこそ、東洋十億の自由を保障するものだ、と自負するにいたっては、この感傷もまた、ついにあの幻想となんのえらぶところがあっただろう。

このような歴史観や、このような自負とは、およそ異なる政治思想をいだいていた人々が、この国になかったのではない。しかし人々の一部は、この瞬間に身をくらまし、あるいは視界から遮断され、そして、もっと多くの人々は、時代の地平から消えうせてゆくかわりに、日本の現実を肯定するかのごとくに、踏みとどまった。それまでかれらの政治的信条の底をつらぬいていたはずの人間的情意をもって、いまや却って戦争そのものをとおして、形成されるものの核でもあるかのように、思いなそうとする試みがあらわれ、そのような観念の構図が、国民のまえに幾枚も貼りだされた。東亜共同体論から大東亜共栄の広域思想にいたるまでの、あらゆる産物は、どんな哲学的・科学的な姿をとっていたにせよ、いなかったにせよ、一夜にして生まれた幻想であったことに、なんの変りがあったろう。この戦争が、すでに端緒において疑わしく、その責任において曖昧であり、発展によって改善しうる性質のものでないことは、わが知識人の暗黙の直観ではないか。しかも軍紀は、もはや往日のおもかげもなく、現地におけるわが亡状の風聞は、耳をふさいで、ひそかに哭くよりほかにないものだったにかかわらず、幻想は幻想として発展することをやめなかったのだ。

わが知識人は、その気分においても、情操においても、依然として右翼愛国陣営と懸絶し、しかもその現実の言動において、立派に右翼化の一路をいそぎつつあった。戦時体制の強化に名をかりる推進勢力には、思想としても、人物としても、むしろ左翼的なものが働いているという恐怖は、ついに最後まで支配階級の恐怖だったとしても、しかし左翼とは、そして右翼とは、なんであろうか。日本そのものが全体として右翼化しつつあったとき、これと根柢から抗争する力としての左翼は、マルクス主義以外にありえただろうか。左翼系の学者、思想家、文芸家は、すでに十年の歳月を通じて、転向をとげ、そして「時局」に協力しない文筆家は、ほとんどないようなありさまではなかったか。仮りに、それらの人々に、なんらの自負も幻想もなかったとして、しからばそのようにして十年を生きえたということの、心の秘密は、何であったのか。秘密は、いまにいたるまで語られないままに、残されている。

一つの運命は、すでに全貌をもって到来した。われわれはすでにそのただなかに生きている。驚けば、驚くにたえないことであり、しずかに思いめぐらせば、至極当りまえのことのようでもある。東亜の一民族が、ひとたび運命の予感とともにいだいた幻想は、一瞬にして消え、いまや運命そのものが、現実である。われわれの存在こそ、もっとも現実的でありうるように、構成されつつある。世界における日本の地位は、自然の地位に復し、すべての日本人は、無類の素直さをもって、偉大な勝利者の手から、なにごとにまれ、学ぼうとしつつある。しかもその手は、日本人の魂そのものを、つくりなおすことのできるような手ではない。われわれの魂のことは、われわれ自身が処理するよりほかにはない。われわれ自身になしうることはそれよりほかにない。そしてわれわれの自由といっても、それより大きなものが実際にあるのだろうか。われわれは自問自答してみるよりほかはない。敗戦による版図の喪失は、かなしむべきか、よろこぶべきか。われわれの魂に、版図の喪失を、すこしでもかなしむものがあるとすれば、それはまだわれわれが一変しているのではない。かつて奪ったものをお返ししたのであり、これは心からして気のすむことだという感じ。それをまさしく、我にかえったものの心で、負け惜しみでも何でもなしに、つくづく思いふけるだけの落つきが、はたしてうまれているかどうか。われわれは自問自答してみるよりほかはない。

一世紀前までは、世界の人々に、その存在すらまったく知られておらず、第一次大戦のあとで、一等国とやらになったときさえ、白地に赤玉がどこの国旗やら、ヨーロッパの普通の男女に知られていなかった日本である。とはいえ、やがてこの極東の一民族が、平和を欲する世界の人々にとって、懸念のまとになり、やがて恐怖のまとになってしまったというのは、思えばまことに夢のようなはなしだ。一九三六年（昭和十一年）前後に、世界にあらわれた数多くの著書は、マイルス・ヴォーン氏の、リリー・アベック女史の、ヘッセル・ティルトマン氏の、ナサニエル・ペッファー氏の、ヴィア・レッドマン氏の、ギュンター・シュタイン氏の、そしてその他の諸氏のものをふくめて、日本に対する世界の眼と心とを語るものであり、そしてそれらのすべては、いずれも眉根に暗い皺を刻んで、日本の動きをみつめるものであったのではあるまいか。

眼をはなせない世界の危険分子。世界の憎まれ者にして厄介者。それがいま、永久に腰をぬかして、自然の位置に復したとはいうものの、さて人々の懸念は、まだきれいにぬぐいさられたようでもない。いっそ極東の小群島は、七千万の住民もろともに、一夜にして海底に沈み去り、太平洋の波は、日本海のそれを呑みつくして、ただちにアジア大陸の東岸を洗うことにでもなれば、それこそ全世界にとって、永久の厄介払いというものであろう。

もはやわれわれは、国の滅亡のみならず、民族そのものの全体の絶滅を、想定する自由をもつ。そのような底ぬけの自由のなかで、無から出発して、ものごとを考えるよりほかに、手はなくなったのだと考える。

第一章　精神の革命とはなにか——一九四六年

1

日本がふたたび世界の一員たることをゆるされる日があるものとして、そのための根本的な条件は、何であろうか。内面的に、ふかく思想と観念の領域についていえば、それは日本人の国家観が、根本からあらたまってしまうことではないだろうか。もっと積極的にいえば、われわれはこれまでの日本的な国家観の一切から脱けだすにとどまらず、およそ近代的な国家観の一切を超克し、さらに新たな国家観への到達ということでは、ここでわれながら妙な気のするいいかたではあるが、世界の諸国民に先んじなければならないのではあるまいか。これまでの絶対主義的な国家観から脱けだすさえ、容易でない場合に、これをいいだすのは途方もないことであろう。しかし、日本国体観の桎梏から脱出するにとどまるのではなく、また、いかなる新国体観の形成をも拒否するのみならず、ドイツ流または大陸流の国家実在観ないし絶対国家観一般を一掃し、それのみならず、英米流の多元的国家観の場合においても、それが一面において近代国家学における絶対主権の思想を支持するものであるかぎり、それをも否定するまでに、われわれは十分に大胆でなければなるまい。しかし、その程度のことなら、戦後の英米両国においても、多く論じられていることであり、われわれが先取りしなければならないことではない。われわれわれ日本人が、いわば底ぬけの新国家思想に到達しなければならないということは、この国自体が敗戦の結果としておかれた境域が、然らしめるものなのだ。それは国家として遭遇した世界史上未曾有の、いわば底ぬけともいうべき政治的条件が、然らしめるものなのだ。

日本人は国家観をかえなければならない。単に国体観などというものを放棄するだけでは十分でない。これまで摂取しておった西洋近代のあらゆる国家思想を、すべて疑問の対象として再検討するだけでなく、だれもまだ踏み入ったことのない思想領域へ、そして同時に精神領域へ、歩み入らなければならない。つまり、はだかで大の字になって地べたにたおれ、ひとにふまれようと、けられようと、もうもう動かないぞ、というような、そういう姿態を維持しなければならない。しかし、肝腎なのはその恰好ではない。いわばそういう境域へ、精神的に歩み入らなければならないということが、重大である。しかも、そのような境域へすすみ入るかどうかということは、自由選択をゆるすことがらではなくて、ひとまず日本民族の運命として定められたことなのだ。それをさとらなくてはならぬ。

日本がすでにおかれている境遇、またこれからも永くおかれるであろう境遇に対して、それにしっくり適応する国家観というものは、そういくつもありうるわけがない。日本の政治的境遇と矛盾する国家観は、おそらく長くもちこたえることはできないであろう。現実の境遇と観念の乖離ということは、そう長つづきするわけのものじゃない。しかも、これからの日本という一つの国家の在りかたほど、世界の政治情勢を集中的に反映するものはないだろうし、そしてまた、政治の世界過程における揺ぎのない進歩というものを、日本国のこれからの在りかたほど、高度に象徴するものも他にないだろう。日本が、世界政治史的にみて、未曾有の「国家」に成ろうとしつつあるということと、われわれが新しい国家理論をもたねばならないということとは、いわば同一事の両面なのだ。その国家理論は、われわれにとって第一に必要なだけではない。世界自身にとって、また世界自身のものとして、必要なのだ。われわれ日本人の国家問題についての思索が、大胆で、そして独創的でなければならないということは、そのような事情とむすびついている。

単に旧い観念をすてなければならないだけではない。日本人は新たな観念を、おそらく実践的には新たな信念を、つかまなければならない。つまり、それを自己創造的に形成しなければならない。これはあたえられた運命にも似たものだ。われわれにとっての問題は、独自の思考能力をもった民族として、これをどこまでも主体的に、活ける思想として形成できるか、にある。または、どこまでも外部的な条件によって規定されたものとして、法的な形式性において受容しなければならない結果だけを、単に政治的に受理していくにとどめるか、にある。もとより第一の道をえらばなくてはならず、第二の道をえらぶということは、世界史からも、世界文化からも、日本が消えてなくなることであろう。

もしいま、われわれに思考と構想力の最大の自由を必要とする問題があるとすれば、それは実に国家問題だ。その問題こそは、最大の思想問題であり、日本の哲学者、社会学者、国家学者、政治学者、法学者のみならず、およそ考える力をもったすべての人々にとって、だから詩人、宗教家、教師、芸術家のみならず、青年男女にとって、また少年少女にとって、避けることのできない問題なのだ。それは単に理論的思索の緻密さというような能力だけで解決のつく問題なのじゃなくて、おそらくその根柢にあるべきものは、民族の未曾有の体験であり、そしてその体験の分析から生ずるところの無限の反省でなければならない。

それはぎりぎりまでいけば、民族としての懺悔の域にまで通ずるものと考えなければならないが、さりとて、あの「総懺悔」とやらの、懺悔の全体主義とはなんのかかわりもない。「総動員」、「総親和」、

「総蹶起」、そして「総武装」、といった式の、の、近年の歴代内閣のつぎからつぎへの、智恵のない合言葉の、連鎖の最後の一環としての「総懺悔」が、どうして何かの意味を持つことができるだろう。

敗戦後における日本の国家問題。これこそは最も困難な、異常の勇気を要する問題である。専門学者のこれまでの思考の軌道を走るだけでは、何かしら不足な、むしろその軌道が時としてかえって邪魔になりかねないような、問題である。既成の概念や、思考方法や、理論や、体系のすべてが、無効になったというのではない。しかし、それらをしばしば無効にしかねまじき体験と想像力の二つの領域が、そこに加わらなくてはならず、そしてそれは専門家が専門家であることによって、かえって喪失していたある種の能力の恢復を、意味するかもしれない。

実践と現実が先にたち、理論はあとからそれを追っかけなければならないとは、科学の領域でしばしばいわれることである。日本の国家問題も、われわれがそれを問題として意識した瞬間に発生したのではない。それはわれわれの意志とは独立に、無条件降伏と同時に、発生しているものだ。その法的な表現は、いうまでもなく新憲法だが、われわれがすでに新憲法をもち、そしてそこに戦争放棄の規定をもつというのは、これはどういうことであるのか。――みずから交戦権を放棄した国家。これはいったい国家であるのだろうか。これまでの国家概念からすると、これはもはや国家ではなさそうである。われわれはいわば、国家ならざる国家のなかに生きようとしているのではあるまいか。この驚愕にあまる現実の事態が、もしわれわれ日本人の精神的な内面からの裏づけを欠いているとするならば、その結果はどういうことになるか。もしもこの新憲法の規定が、よそからの借りものであったり、そとからの押しつけであったり、たといそうでないとしても、そうでもあるかのように、われわれ日本人の精神から游離したままの規定にとどまるとしたならば、それはどういうことになるだろうか。

戦争の放棄。

言葉は簡単だが、その意味するところは、個人個人の生活のしんそこまで通らねばやまぬものだ。この偉大な決定に達するまでの、国民的な苦悶の過程が、心理的にも、論理的にも、表現されていないとするならば、それは新憲法において一番肝腎な精神が、どこかまだ埋もれたままであるか、未成熟であるか、あるいは最初から欠けているか、であろう。事物の順序が、前後したかにおもわれることなどは、気にしてもはじまることじゃない。われわれはこの戦争放棄の規定を、呆然とながめている立場に立たされているのではなく、これにわれわれ自身の精神を打ちこむことによって、規定そのものを充実せしめなければならない立場にある。

運命を受けとめるということには、すでにいうように二つの道がある。第一は、その運命の意味をみずから問いつめ、問いきわめることによって、却ってそこから一つの運命を切りひらくことであり、第二は、運命を主体とし、自分自身をその客体であるかのごとくにして、その下にひしがれてしまうことである。われわれは第二の道をえらむべきではない。われわれ自身が運命の主人公であることによって、新しい世界史の秘密を、自分のなかに握らなくてはならない。

「あつものにこりてなますをふく」という諺がある。国民は戦争を好まなかった。日華事変の当初における国民の不安と不満。応召兵の恐怖と絶望。それらのすべてにもかかわらず、国家は国民の好まぬ戦争を敢てし、しかも梯子酒のように戦争をかさねてしまったあげく、地べたに打ちふせて、もう懲りた、酒は一生のまぬ、と誓っているのが、いまの恰好である。

日本が戦争を放棄するということは、国際的に、そしてまた世界史的に、いろいろの意味をもつ。解釈は多面的に成りたつだろうが、すくなくともこれまでの観念からすれば、それは国家存立の最後的な条件の否定にもひとしいようにみえる。国家とは戦争をする能力を権利としてもつところの社会集団であり、簡単にいえば戦争行為の主体的な単位だった。しかるに、日本はもうそのような単位たる地位をすてたのである。永久に軍備をもたず、交戦権を放棄した国家。そういう国家が、しかもなおこの地上に、みずからの存在を主張できるということは、これはいったい、どういうことなのだろうか。おそらく国家そのものの本質が一変していることを、意味するだけではあるまい。国際社会または世界社会そのものが、一変しつつあることを、または一変しなくてはならないことを、前提しているものに相違ない。

しかし、その前提がどうなっているか。このさきどうなるか。それらはしばらく問わないことにしよう。われわれは敢て問題を自分自身のことに限定しよう。日本民族の深刻な自己省察から出発し、強烈な主観にたって、そういう規定をもうけたからには、その根柢には、世界史上まれな民族的体験と、それに根ざす無比の反省が、いわば無限のふかさにおいて、横たわっていなければならず、そのような民族の道徳的反省を、根元としている理論的思索からこそ、新しい国家観も、国家理論も、この戦後的条件の不可思議そのものを土壌として、発芽することができるのだ。しかるに終戦このかた、わが学界、思想界、言論界において、ここにいうような国家問題は、取りあげられているとはいえず、民主評論の氾濫のなかから、わずかに若干を拾いえたとしても、それらの多くはエメリー・リーヴス氏の『平和の解剖学』の紹介や祖述、あるいはその直接の反響としての国家主権論、また絶対主権から相対主権への構想、そしてまた世界平和機構を主題とする意味でのリップマン氏の世界政府論の支持、世界国家論の国際法学的展開、等々であり、すべては最初から、歴史的情勢論を多く出ないところの客観的理論として説かれているものにすぎない。戦後の日本人によって、戦争と敗北の二重体験の底から、いわばその母斑をおびて、やみがたく生まれてきたところの、つまり主体的な反省と深い諦念とを、精神的内面に湛えた思想的論文というものには、あまりお目にかかることができない。総じて、この大戦の前後の体験と責任感とを、いわば主体的に基幹とする思想の流出が、欠けているということは、戦後日本の言論界の特徴である。

　戦後の日本において、国家問題が最大の思想問題であるということについては、ここに述べたことのほかに、もうひとつ重大な因由がある。それは国家と個人との関係についての根本的な考察が、あらためて日本人全体に求められているという事実だ。一言にして「戦争責任」の問題として問われているものこそは、われわれに国家対個人の問題を、根こそぎ考え直させないではやまない性質のものなのだ。われわれが「戦争責任」の問題を論理的に問いつめていくとなると、突きあたらざるをえないものは、国家本質の問題だ。国家の存在における個人の意義いかにという問題。これを逆にいうと、個人における国家の意義いかにという問題。これをもうひとつというと、国家対個人の関係は何であるかという問題。この問題を明かにすることなしに、「戦争責任」の論理を明かにすることはできない。したがって、戦後に生じた「戦争責任」の問題は、日本人をみちびいて国家問題に突きあたらせずにおかない筋あいのものであり、国際連合や、世界政府や、世界国家の構想や、そして近代国家主権の解体や制限や、そうした国際社会の諸問題として考えられた国家問題のほかに、権力機構としての国家とその国家の構成員たる個人との一般関係を、どのように考えるかという問題。そういう問題が、われわれの目のまえに突きだされているわけなのだ。

　もちろんこの問題は、今日の国際社会的な問題としての国家問題と無縁などころではない。それは最も深いところで内面的につながっている。しかし問題そのものの心理的な動機は、一応別なものと考えられていい。「戦争責任」の問題を問いつめることは、結局、個人をその属する国家の外へ、みちびきだすことになるのであり、そしてそれはとりもなおさず、世界政府の理念を承認し、国家の絶対主権を否定する思想の線にそうこととなるであろう。世界政府の思想こそは、中間的な国家を超えて、個人そのものをもって国際社会における権利義務の主体とするものに相違ないのだ。

2

大敗戦にともなう日本の「革命」は、無条件降伏と保障占領下の一過程であって、このような「革命」の特殊性は、一つの定則で押しきることのできない要素と制限をふくんでいる。一部の国民をふるいあがらせた政治囚の釈放は、共産主義者を暗い一つの籠から青空に放したかのごとくだとしても、日本そのものがまた、いわば大きな一つの籠であったことにかわりはない。しかるに、この「革命」の特殊な性格をいうものは稀で、これを包括的に取りあつかったものは一つもなく、この特殊性とむすびつけて革命過程の実践方式を論ずるものは、社会運動家たちのあいだにさえ、終戦の年を越してもまだしばらくは、見いだせなかったのだ。「平和革命」の方式が提唱され、やがて一般の論議の対象とまでそれがなったときは、すでに終戦後一年だった。この「革命」の特殊な条件が、日本人自身によって奇妙に見のがされていたという実例は、あげればきりもないが、われわれの政治感覚がどれほど鈍く、そして現実のためのわれわれの思考が現実から生まれずに、いかに簡単な類推から生まれるかということの例証を、一つあげてみなければなるまい。

終戦後一年にわたる天皇制論議のうち、日本共産党とは別な立場から廃止論をとなえたものとして、特に注目すべきは小野俊一氏の議論だが、全国民の視聴をあつめた一九四五年十一月初旬の新聞紙上の座談会記録のなかで、同氏はこういうことをいっている。――

共産党は真っ向から天皇制打倒をかかげているけれども、廃止論というもののなかには、怨みや憎しみからこれをさけぶ人のほかに、皇室のお仕合せをおもって、天皇制とか皇室とかいうものはなくなった方がいいのではないかという主張もあっていい。神様でないならばやはり自由にしてさしあげるという意味からだ。さらに注意すべきは、いまの日本の危機の深刻さは、共産党さえおきざりになるのではないかというこ とだ。ロシア革命の例を考えてみると、最初ニコラス二世の譲位については、憲法を改正すればそれでけりがつくものと、臨時政府も国民もおもったのは、ちょうどいま日本で新憲法を布くというのに、天皇制をどうしたらなどと論議しているのと同程度だった。しかるにロマノフ家のツァーなるものは、反動分子から利用されるという危惧を生じ、ついにシベリアであの悲惨な運命となった。そこで軍部、官僚、重臣、財閥からきりはなした皇室というものを慎重に考慮し、共産党のスローガンを待つまでもなく、先手をうつ方に考えをすすめないと、とんでもないところへ事態をおいこむ。皇室側としては、身をすててこそ浮ぶ瀬もあれで、ここにやりかたが二つある。第一は、みずから責任を考え、裸になって人民とともに難局打開にあたられるだけのことを実際にやっていく。第二は、その可能性もないなら、全部をすててかかるのだ。ほんとうに皇室のためをおもう側近の人があるならば、この際安宅の関の弁慶の役をやるつもりで出て来なければならない。

この平明な論述のなかには、それからあとの多くの論者のあいだで次第に発展した重要な思考が、二つぼかりふくまれている。その第一は君側論、第二は天皇解放論である。しかしただ一つ、ロシア革命と日本の管理革命とをくらべて、双方の情勢に酷似したものがあるとしたのは、あまりにも重大な錯誤だ。ここでは日本の降伏条件の原理的な性質と、戦後過程における政治の基本構造が見のがされ、日本社会の根本的な特性、すなわち連合軍の実力による秩序の堅持と、秩序そのものの根本からの方向づけという事態が、まったく閑却されている。日本の民主革命のなによりも重大な条件について、ことさらにそれを筆にしないというのではなくて、むしろそれを意識しないということは、戦後の言論と実際運動とに共通の不思議な特徴であり、それは一方からいえば、最高司令部によっておこなわれつつある占領政策の、偉大な反面をかたるものであったとはいえ、しかしまたわれわれ日本人における観念性の宿痾を、思わせるものであった。

およそこの「革命」が、無条件降伏と保障占領下の一過程である以上、それは不安な、底ぬけの、見当のつかない過程なのではなくて、明かな叡智によってみちびかれ、武力によって厳重にまもられたところの、世界史上稀有の過程だということを、われわれは知らなくてはいけない。ある日、一葉の指令によって政教分離が決定し、そして神社は武装した米国兵によって守られていたという方式こそ、この「革命」の象徴である。記者が元帥の「メス」といったときに、それは暴徒の爆弾や棍棒ではなしに、外科医の用具をさしていたのであって、一滴の血もむだには流されず、流されたところはただちに繃帯されていく、との意味だったのだろう。もし現代の革命に能率の見地なるものがあるとすれば、これはおどろくべき高能率の過程である。

この戦争が、もしこういう終結をとらずに、たとえば実際には起りえないことだが、連合軍が日本の本土攻撃を中止し、この国を飢餓による社会的崩壊にゆだねたとして、そのような自己崩壊のなかから、いったいどのような秩序がふたたび生まれることができただろうか。また、それまでに、どのような犠牲が必要であり、そしてそのためにどのような歳月が必要だっただろうか。いかなる想像力も、日本の自力による再建過程を、政治、経済、社会、文化の各部面において、えがいてみることは、おそらく絶望というべきではなかっただろうか。ポツダム共同宣言にもとづく連合軍の日本占領は、国としての面目をいえば、まさに国史の汚辱であるに相違ない。けれども、終戦とともに発生したあらゆる事態と、戦後にあからさまとなった戦時中のあらゆることがらを、ことごとく思いあわせてみるとき、占領は目のまえの秩序崩壊の食いとめのために必要だったにとどまらず、新しい秩序の、すみやかな形成のためには、人間の知力をもって考えられるかぎりの、最大の捷径だったようにおもわれる。多くの日本人は、この一事を徐々にではあるが、次第に確実に感知しつつあり、みずから考える能力をもったものは、驚きをもってこの一事を再認識し、その確認をふかめつつある。

終戦一周年にあたって、日本国民が示した感懐は数多い。けれどもその全体に通ずる基調は、実にマックアーサー元帥に対する感謝と讃仰であったという一事を、どう見るべきだろうか。それは被征服者の卑屈な、もしくは敗北者の余儀なさから生まれた、儀礼的な修辞の一連にすぎなかったとみるべきだろうか。必ずしもそうではない。八月十五日のわが各紙の社説を展望論評したひとりの政治評論家のごときは、元帥の力倆に対する驚嘆の情をこめて、こういっている。──

元帥はただに現在の日本人にとって感謝に値いする人であるのみでなく、ながく後世の日本人からも敬愛されるだろう。元帥はあまりに日本人をいたわりすぎはしないかとおもわれるが、しかし日本の混乱を最少限にし、これまでの思想および生活と相反する方針の指令を、国民が呆然とするほど矢つぎばやに下しながら、しかも自棄と絶望におとしいれずに、日本人をふかく反省させ、進歩向上への希望をいだかしめながら、再建に努力させる点において、他人の企及しえない才腕を示したことを、だれしもみとめないわけにはいかぬだろう。その才腕はむしろ元帥の全人格、全思想と一体のもので、気まぐれ、衒気、殊更らしさがいささかもなく、思想と政治と能率の結合した新しい時代の偉人を、見るの感がふかい。

平貞蔵氏のこれらの言葉は、もし戦争が別な形で終結し、その後の事態を、かりに日本のみの力で拾収しなければならなかったとしたら、いったいこの国はどうなったであろうか、という仮想をもうけ、その結果こそは怖るべきものだったろうと考えたうえで、つまりその考察を前提として、述べられたものだ。そのような考察を根本に前提しないところには、占領政策の評価が一般に成立しがたいのは事実である。

われわれが驚嘆するのは、この日本の民主革命が、いわば連合国の大きな手のひらのなかの革命でありながら、それが人工的な細工物におわることなく、生命をもったものの、歴史的な、そして創造的な過程であることを、証明しているということだ。そして連合国に対する無条件降伏の結果として失った多くのものよりも、日本人がそれによって得たものの方が、遥かに大きいという事実にいたっては、驚くべきことだ。人間精神の解放について、その価値をみとめないものは論外だが、その価値のなんたるかを知る知的日本人は、終戦によってえられた精神の自由と思想の自由をもって、無上のものと感じた。かかる自由は、日本の国が日本の国であるかぎり、未来永劫、日本人にはゆるされないであろうと諦められ、そしてその諦めの感情は、おのれ自身に対してさえ、秘められていたものであった。

われわれ日本人の、人間的存在における根本的な束縛は、やはり戦後になって普及した一つの言葉、つまり天皇制という言葉によって、表示される。それが政治的な外側からの圧迫としてよりも、実際にはもっとわるく、人間精神への内面からの拘束として、つまり倫理的なものの形において、作用しているということこそ、恐るべき一事であった。それは永遠にいかんともしがたいものの感じで、われわれの内面に横たえられていたものであった。これを撥ねかえすところの哲学的精神、また科学的精神、また合理的精神というようなものは、ある人間的な勇気としての姿においてさえ、ほとんどわれわれのあいだに見られないものだった。明治以来の日本の代表的な知識人は、ほとんど奇妙なほど、この問題で苦しんだ形跡を遺しておらず、そして現にたとえば代表的なキリスト教徒矢内原忠雄氏のごときは、「一系の天子」をもって、いまだに日本国民の世界史的使命における、第一の表現であるとしているぐらいである。しかし昭和年代に入って、哲学や、史学や、政治学はおろか、経済学の研究においてさえ、国体観を忌避することをゆるさないような情勢のなかで、いちど思想上の呼吸困難を経験したほどのものは、この問題を軽視するわけにいくものではない。少数の革命的思想家や社会運動家をのぞけば、日本の知識人は、その思考および表現に、つねにある限界をもち、あるいは曖昧な妥協を、ときには得体の知れぬ不消化物を、みずからの合理的思考に割りこめていたのだった。「さわらぬ神にたたりなし」というのが、国体問題に対する知識層の態度だった。しかしついには、いかなる政治家も、学校教師も、文士も、論説委員も、「皇道翼賛」だの、「国体護持」だのという言葉を筆にし、口にしないものはない始末になったことは、忘れてならない戦争期の事実である。われわれは正直にいって、自分らが生きているあいだに、こういう問題を自由に論議することのできる時代に逢着するだろうとは思わず、すすんでそのような時代を切りひらこうとする意志と勇気を示したこともない。他愛なくこの問題のまえにはお辞儀をし、もしくは最初からこれを回避して、ふかく考えることを怠っていたものだ。

天皇制は、近代市民社会の価値の体系とは、相容れることのない価値体系である。この制度および観念と、近代的人間の観念とは、どこを押してみても調和する部分はない。それはなにも学者の科学的体系と矛盾するというような、そんな迂遠な話ではない。それは幼児の教育において、あるいは少くとも学校教育の第一歩において、はやくも人間に対する尊崇の感情を混乱せしめるものだ。「えらい人」という尊崇観念の系列が、一義性において生活感情をつらぬくことをさまたげられるだけではない。人間の価値を、天皇からの距離の階層において、規定するような制度が支配しているところでは、市民社会的な人間評価の体系は純粋に成りたつことができない。それのみではない。それは人間と人間とが、純枠に人間同士の責任において、相互信頼的に生きていく市民社会の、横につながる精神を形成することができない。すくなくともその形成を一義的に完了することができない。人類または人類性の意義とても、おそらくこの市民社会の意識からのみ生成しうるものだとすれば、それは決して国体思想と共存しうるはずのものではない。それはそれ、これはこれとして、両者が互に傷つけあうことなしに両立しうるものだとするような思考は、国体思想なるものの本質を凝視したものではなく、人類意識そのものの本体に徹してみたものでもない。

　日本の代表的な一部の文化人や知識人が、終戦後になっても示していたところの、この問題への態度の煮えきらなさは、いかに日本人がこの制度によって根ぶかく養われていたかを証明した。そしてそれがそんなふうであるかぎりにおいて、敗戦によって生じた変革のうちの最も本質的な部分が、人々によって理解されたということはできない。われわれがいう精神の解放感は、まぬかれがたい拘束感に悩みつつあった魂にのみ生じたものであり、そしてその解放感は、おそらく他のいかなる近代諸国民の想像にものぼらぬ仕方で、一日にして来たのだ。

この精神の自由と、思想の解放。この一事のためには、他のなにものを代償としても高すぎるということはない。これが知識人の真の感情だ。われわれが終戦後に体験した精神の解放感は、他の一切の感情、国民的な悲痛と恐怖、不安と焦躁のあらゆる雲海のうえに、これを圧してかがやく太陽のごとく巨大だった。ただ、ひとりの詩人も、哲学者も、なぜかこれを口にせず、筆にしないだけだ。明治維新の重大な修正と、本質的にはその完成を意味するこの「革命」が、ひとつの歴史的段階として、いかに規定されるにせよ、これを国民的にいえば、なにをおいてもまず一つの精神革命であることを否定するものはないであろう。ミズリー艦上における日本降伏調印式の一周年記念日を期して、発せられた元帥の声明は、そのなかでいっている。——

日本の七千万国民は、日本の勝利と敵の獣性をのみ聞かされ、そして、突然一挙にして完全敗北の衝撃をうけた。かれらの全世界が崩壊した。それは軍事力の崩壊にとどまらず、信念の崩壊であった。かれらが信仰し、それによって生き、考えたすべてのものが崩壊したのであった。そのあとの精神的空白のなかへ米国兵が立ちあらわれ、日本人がかつて教えられたことは嘘であったこと、過去の信仰は悲劇であったことが、目のまえで証明された。つづいて精神の革命が起ってきた。それは二千年の歴史、伝統、伝説のうえに築かれた生活の理論と実践とを、ほとんど一夜にして滅茶滅茶にするものであった。日本国民のなかに生じた精神革命は、目のまえの目的を達するための附け焼刃ではない。それは世界の社会史上の比類なき激変である。

元帥の声明にいうごとく、単に眼に見えるものだけが、崩壊したのではない。実に眼に見えぬもののまでが、一夜にして崩壊したのだ。日本は共同宣言の受諾によって、その瞬間に多くのものを失った。失われたものの総量を一挙に知ることは絶望なほど、それほど多くのものが失われた。明治以来の版図を失ったばかりではない。まだその量も額も確定しない形において、巨大な国富を失った。眼に見える、また眼に見えぬ、多くのもののうち、日本国民がすぐさまその喪失を自覚したものと、自覚しないものとがある。戦争中、国民を指導したところの国体観を中心とする一切の思考方法なるものは、壊滅に帰した。

終戦直後の日本政府が、あわてふためいて、真先に処分したものは何であったか。その緩慢をきわめた戦後施策の一連のなかで、ただ一つ、異様な例外的な敏捷さで、かたづけてしまったものは何であったか。文部省教学局と教学錬成所の廃止、また閉鎖。そしてそれらのものからの各種刊行物の徹底的な廃棄処分。これこそは敗戦日本にとって、最も象徴的なものだった。しかも一部の国民は、かくして失われた最大のものにこころづかず、たとえば片脚をなくした人が、なくなったはずの脚の爪さきに、いまもしばしば疼みを感じるという、そのような感じかたにおいて、すでに存在しないものの存在を信じていたのだ。

共同宣言の受諾にいたるまでのいきさつにおいて、日本政府が、天皇の地位と大権のみを唯一最大の問題として苦しみぬき、そして日本国民そのものの幸福や、利害や、運命のためには、なんらの申入れをするところもなかったという一事は、天知将氏の指摘するとおり、その日にいたるまでの日本政治そのものの、神政的性格を象徴する。宣言の受諾は、その瞬間において、国体そのものの廃滅と国体観の放擲を意味した。しかも、この蔽いがたい事実がすぐには承認されず、「朕ハ茲ニ国体ヲ護持シ得テ」の無条件降伏の詔書となり、それから四ヵ月して、ふたたび天皇みずからによって、国体および政体否定の詔書が発布される結果となる。敗戦を境とするこの変革が、なによりもまず日本国民にとって精神の革命であることは、すでにいうとおりだ。その政治的・経済的・社会的な革命の総過程が、いったいどんなものであり、また、どんなものでなければならないかは、直面する過程についても、比較的遠い見透しについても、いうところの「国際情勢」が決定力をもつとして、さらにそのうえに多くの政治的見解の分岐が生じていることも異とするにたりない。われわれはただ、その政治的諸勢力の対立する根柢においてさえ、一つの共通な精神的基礎が新たに必要であること、そしてその基礎は、「精神の革命」とよばれたものであることを、いま一度くりかえす。

もし日本の知識人が、一系の天子をもって、依然としてこの国の世界史的使命を、象徴するものだと考えたり、また、安倍能成氏の場合のように、ほんとうの意味において皇室に忠誠をつくすということで、民主主義を日本的に実現してゆくことができると考えたりしているとすれば、それはここにいう共通の精神的基礎とは別なものであろうし、むしろ共通の基礎を形成することを妨げるであろう。「精神の革命」という言葉は、一時的なものの形容詞のようにとることもでき、または持続的発展的に深刻な意味に、ついには民主精神などという貼紙のついた範囲を超えたものの意味にまで、深めることもできる。われわれはもちろんその意味を、そのような無限の深さと広さにおいて受けとる。精神の革命は、すべての政治的・経済的・社会的および生活的な諸行動と無関係に発展するのでなくて、それがわれわれの一切の行動および思考の原動力であるような仕方で、前進しなければならない。革命は一瞬にして来、そして完了するのではない。それは無数の抵抗のまえに立たされた一つの力であり、徐々に、また急速に、推進する力である。それはときとして、足踏みをはじめるかもしれず、また不幸にして後退することもありうべき力である。精神の革命は、それらの阻止的諸要素を、教育と文化と、思想と精神の諸領域において、つねに駆逐しつつすすまなければならない。

3

革命は価値の顛倒である。是非善悪の規準とても、政治的理念に通ずるかぎりのものは、顛倒する。ところで、政治的理念になんの関係もない価値などというものが、いったいどれほどあるだろうか。人間の行蔵に関する一般の評価は、すでにくつがえされ、政治家、学者、思想家、文筆家の戦時における行動・不行動に対する再評価が、はじまる。売国奴とののしられたものが、いまは救国者とよばれ、政治的犯罪人とみとめられたものが、国民的英雄として駅頭に迎えられる。

終戦の日から半歳にわたる日本の姿は、まさに国家変革とはいかなるものであるかを、はじめて日本人に思い知らせた。起ちあがったひとりの少壮評論家は、みずからこれを指して、「地獄を見、天国を知り、最後の審判を見聞し、神々の顛落を目撃し、天地創造を実見したのであった」といった。また、みずから責任を感じることの切なる人間のひとりは、その『告白』と題する文章のなかでいった。——

終戦の日から幾十日、生まれて経験したことのない精神状態におかれた。それは一言にして、精神の解放感だ。終戦当日は、ただ軍人が日本にいなくなるぞ、というわれながら意外な想念一つが、愉快ともなんともいいようもなく、あたまのなかで旋転したことをおぼえているが、それからの日々は、自分の思考にも幾段かの層ができ、ふかい層では驚嘆にちかい気もちで、歴史の大法ともいうべきものを、まざまざとみる思いにみたされていた。日本人に固有のあらゆる観念が一挙にしてくだけ、永久にくずれるのだとおもうと、そしてわれわれのこれからの思考は、無制限に理性的であることができるのだとおもうと、なにかしらゆめのような気がし、理性的なもの以外を断じて容れようとしなかったわが二十歳時代の青年期の精神が、こいしく、なつかしくおもいだされ、それに対するはじらいと、あこがれが、急にわくのであった。自分はかつて、経験したことのない精神状態で、ものごとのうつりゆきを凝視していたが、その時分の名状しがたい、さわやかさをわすれることができない。それはいわば、かくされていた歴史の筋がきのすばらしさ、そしてその劇の進行のめざましさを、まったく我をわすれて見ほけているかたちだった。すべてが合点のいくこと、納得のいくこと、そして一々腑におちることのみで、これはよくもよくも型どおりに来たもの、という驚嘆だった。

これは明かに図式化された「革命」である。革命以外のどんな事態においても、見いだせないことがらの系列がつづいている。しかも、この静かなる「革命」の端緒において、われわれの精神をはやくも一つの意識されない錯誤と混乱のなかにみちびく一つの言葉が、そして、それにともなう一つの観念が、再生しつつあることを、注意しなければならない。――なにか。「愛国」「愛国心」「愛国者」「愛国主義」などという言葉。そしてそれらの観念が、それだ。終戦このかた、われわれはいちど、こういう言葉を忘れかけた観があった。国民はそんな言葉をつかってよいかどうかさえわからないほど、うちのめされていた。ちょうどそんな瞬間に、「真の愛国者はたれか」という声のあがるのをきき、そしてその愛国者とは、かつて大多数の国民から、祖国を売るもの、国を滅亡にみちびくもの、と信じられた人々をさすことを知ったのだ。「愛国」「愛国心」そして「愛国者」。なんという懐しい、むかしのままの言葉だろう。国民はこれらの言葉をたよりとして、もういちど立ちなおることができ、自分の一切の思考と活動とを、調整することができるような気さえしたのだ。このような事態においても、依然として「愛国」という観念がありうること、そして「愛国者」という名詞もありうるのだということは、いまの国民にとって、もうそれだけですでに精神的な救いを約束するもののようであり、ねむりかけていたある心の習性が、そこからよみがえろうとするのも、無理はないのだ。国民はこれらの言葉にとりすがって、いっせいに起ちなおろうとさえする。すくなくともこれらの言葉は、国民の内部に一定の精神状態をよびさます。しかし、われわれはここで設問する。いまにおいて、そうした日本人の心の習性を、そのまま利用することは、正当であるのかどうか。もしまたそれが政治というものだというならば、政治がそれを利用することは聡明であるのかどうか。そこに、不慮の危険がよこたわっていないかどうか。

いったい日本人の心はいま、「愛国」という言葉の意味を、新たに使いはじめた人々の精神において、そのままうけとるだけの、準備を了えているだろうか。延安から帰る早々、野坂参三氏が論じた愛国の意味を、まちがいなく聴きとるだけの知力をそなえているだろうか。同氏はいっている。——

ファシストどもはこれまで共産主義者を非国民とよび、売国奴とののしった。しかも共産主義者こそ、真にその民族を愛し、その国を愛するものであることは、今次の大戦を通じて、いたるところの国々で立証された。ファシストどもは、戦争中においても、戦後においても、国民をあざむき、愚弄し、裏ぎっている。かれらは国賊だ。封建的絶対主義や帝国主義とむすびついた愛国主義、すなわちファシスト的愛国主義は、階級国家体制に対する奴隷的忠誠を、人民に強いるための虚構にすぎない。しかし民衆自体の生活のうちに培われ、そしてかれら民衆が自然にしめす民族と国土への愛情は、そのような愛国主義とは、まったく反対のものだ。それは威嚇的なものでなくて自由であり、排他的なものでなくて、友愛的なものだ。平和的国際精神と矛盾するものではない。

ファシストどもこそ「国賊」なのだという、この「国賊」という言葉の意味。およそ言葉というものには、国語として歴史的に成立した意味がある。その成立の思想的基礎ともいうべきものがある。「国賊」という言葉がもちいられ、そして通用した時代の倫理観または国家観。そういう観念形態をはなれて、この言葉の純粋な意味または論理的な意味というものを、あらためて規定することはできないし、仮りにそうすることができるとしても、それを大衆のあいだに通用させることはまず絶望ではあるまいか。「愛国者」とか「国賊」とかいう言葉は、ある歴史的な時代に生まれ、そこで十分に通用し、そしてやがて後退し、廃語となるべき性質のものに属する。それを逆用し、意味を転換することで、未来に存続させるべき言葉とすべきかどうかは、問題である。

わが共産党員によって、すでに「愛国」という言葉がもちいられ、そして河上肇氏の最後の文章にも愛国主義についての所説があるのだが、しかしいまここで「愛国」という言葉で、国民をあらためて一つの新しい方向へみちびくことが、正当であろうかどうか。かりに百歩をゆずって、結局正当だとしても、そのまえに明白にされなければならない問題が、横たわっていはしないかどうか。「愛国」とは、読んで字のごとく国を愛することであるに相違ないが、いったい国とは何か、国家とは何であるのか。

そもそも、国家とは何であろうか。もし終戦このかた、お前の第一の問題はなにか、と問われるならば、わたしは答える、それは一言にして「国家とはなにか」という問題だと。この問題こそは終戦来、ねてもさめても、事態の急激な推移のなかで、わたしをとらえてはなさぬ問題であり、他のあらゆる解きがたい問題も、つまるところ、このひとつの問題に帰着するようにおもわれる。すでに解放された精神において、この問題に直面するとき、わたしはこの問題のなかに、現代における人間の問題が凝集していることを感じるのだ。戦争責任の問題が、人間における国家問題として在るだけではなく、国際社会における国家そのものの在りかたが、根本から問われているという意味で、もはや国家問題は、近代国家そのものの危機の表現でもあることを感じるのだ。いま、われわれのあいだで自明の公理のように通行しているものに、国家の完全な独立の恢復という観念がある。日本がもう一度、独立国にならなければならないということは、全国民にとって最大の目標のごとくである。しかし考えてみれば、この政治目標たるや、なんら思想的検討を経たものでないばかりか、現実の国際政治の潮流の底をくぐらせてみたうえでの、提起とも思われない。

人間生活の安寧と幸福。それを別にして民主政治の究極目標はない。およそ権力的なるものの支配からの無限の脱却。または権力的なるものの無限の縮小。民主化の過程は、そのようなものとして理解されるよりほかはない。もし政治が、本質的に権力的なもの、抑圧的なもの、闘争的なもの、そしてまぬかれがたく謀略的なものだとすれば、そのような悪魔的な、罪悪的なものからの、無限の脱却過程としての民主政治は、権力なき政治を理念とするものでなければなるまい。政治の理念は、生活の理念のなかに消え失せざるをえないということが、民主政治の運命であろう。人間生活の自主自立的な安寧と幸福を超えて、しかもそれを犠牲として、成りたつべき、いかなるものもゆるさないというのが、民主精神というものであろう。われわれは人間生活の平和と幸福とを、無内容な修辞のようなものとして考えるべきでなく、それは日常生活における友愛と協同のなかに現に見られるものとして考えるべきであり、それを守ることと、それを育ててゆくこと以外に、政治の課題はないものと考えるべきであろう。

われわれにとって必要なことは、われわれ自身が平和であること、そして幸福であることだ。またそれがだれにとっての犠牲でもないばかりか、逆に、すべての人々の平和と幸福にとって、必要な条件であることだ。われわれはみずから幸福であり、平和であろうとする人間意志を、その単純で強靱な人間意志を、恢復しなければならない。なんらかの形において、われわれの生活を犠牲としての、国家の独立の企図などということは、すべて疑わしいものと思わなければならない。生活の平和と幸福とにとって、祖国の完全独立が、絶対に欠くことのできない条件だなどということは、考えぬかれた結果としての結論ではなくて、むしろ心の習性がそうおもわせているだけのことであるかもしれず、そのような心の習性には、その芯に、古く注ぎこまれた一つの国家観が、やどっていないとはいえないのだ。国家の独立と人民の幸福とを同義に解するためには、あらかじめ絶対的な国家観をたて、人民の幸福の源泉が国家にあることを宣言しなければならない。この一つの虚妄が、虚妄としてみとめられるまでに、人類はなおどれほどの歳月を、閲《けみ》しなければならないことだろうか。しかし、人間の幸福と国家の独立とが両立しがたい場合、二者択一の羽目にあるならば、われわれはただちに前者をとって、後者をすてなければならない。人民の幸福を、いかなる程度にせよ犠牲にして、「祖国」の独立をねらうなどということは、その「祖国」の観念および現実の実体が何であるかを、まず吟味させずにおかぬことだ。それとも国家の独立ということは、やはり民主精神の要求と不可分にむすびついたことだとでもいうのだろうか。

われわれはここで考えてみなければならぬ。おそろしいのは国そのものが滅びることではない。滅びた国の人民が、他の国家、および国民に対して、従属の関係に入らねばならないこと。これがおそろしいのだ。国が滅びるというのは、そういうことだと解されていた。ひとつの征服または隷従の関係。そこに民主主義の片鱗でもありうるだろうか。しかし、一つの国家の消滅ということは、必ずしもその人民の他国への隷属を意味するものとはかぎらない。日本という国は滅び、差別待遇なしに、他の大国に合併するのもわるくないという考え。たとえば北アメリカ合衆国の一州として加わるのもわるくないという考え。また同様にして、ソヴェト社会主義連邦の一部となるのもわるくない。そういう考えもありえなければならない。すくなくとも、そのような思考の自由が、われわれのものとなり、その主張を口にし耳にすることを気にしない精神の自由が、なければならない。それらはわれわれ日本人の心を練るものであり、また、それに類する実際問題が出た場合に、それと対決するだけの思想の準備を意味するものである。

日本の国がアメリカやロシアに隷属するのでなく、まさしくその連邦組織の一部または一州たるべきだというような思考。それが今日までわが国の思想界の表面に、ほとんどあらわれないのはなぜだろうか。結局、この思考は否定されなければならない運命にあるとしても、今日、思想の自由と精神の解放をいうかぎり、われわれのすべてが、一遍は越えるべき谷ではあるまいか。この思考こそは、単に抽象的な問題としてではなしに、国家とはなにかという問題を、最も切実な具体性において考える機会を、国民にあたえるものだ。それは国際政治の問題を、われわれの個々の日常的な感情や生活上の実践と游離しない形で、考えてみるということでもあるし、また国際政治上の理論的な諸問題、すなわち国際連合や、世界政府や、世界国家についての論議にしても、それらを単に国際法上の諸概念であやつるだけでなく、国民の生活感情の面にも翻訳していくことにもなる。

国家とはなにか。われわれは国家をいかなるものと考えているか。実際の国家はしかし何であるのか。また、いかなるものに変えなければならないものなのか。それはいかなるものに変ろうとしつつあるのか。これまでのすべての国家概念と国家理論とは、十全であったかどうか。それらはわれわれ個々の体験を分析し、説明するにたる用具でありうるのかどうか。また、それらは政治の世界過程にあらわれつつある新思想を検討すべき手段であるのか。それともあべこべに、それらの新思想によって検討をうけるべき対象と化しつつあるのか。国家とはなにか。実にこのひとつの根本的な問題ほど閑却されているものはない。終戦以来のあらゆる言論は、左翼的立場からのあらゆるものをふくめて、ほとんどことごとくこの問題を跳びこして先へ走っているか、もしくはこの問題につきあたるまでに突込んでいない。天皇制の存廃とか、国体の変革とか、そんなことがわれわれにとって究極的な問題でありうるか。政治の面においても、思想の面においても、国家そのものの存在をどう思うか。これこそはぎりぎりの、解決せずに放置しておくことのできない問題だ。国家とはなにか。国家ははたして人間にとって最後的なものであるのかどうか。国際社会と世界史の方向はなにを示唆しつつあるか。われわれは国家をもって永遠に人間生活の究極理念を統べているものと思いこむつもりなのか。そもそも、「愛国心」なるものは、条件的なものか、それとも無条件的なものか。

終戦このかた、国家論と名のつく論文や評論が、この国に絶無だというのではない。見よう一つでは、国家論はすでに大いにおこなわれている。田辺元氏の『種の論理の実践的構造』があり、高坂正顕氏の『政治概念の検討』があり、高山岩男氏の『文化国家の理念』があり、また鈴木成高氏の『世界機構の要請』がある。そして森戸辰男氏の『平和国家の建設』と『文化国家論』がある。まして多くの人々の世界国家論、平和機構論、そして国際連合論である。しかし、それらのすべてが天皇制論議にくらべて、どれほど国民の視聴をあつめることができただろうか。第一に、「平和国家」だの、「文化国家」だのという合言葉なみの題目から、何かが生まれてくるだろう、と信じているものはだれもいまいし、第二に、平和機構問題との関連において述べられる国家論は、外国文献さえ入ってくれば、いくらでもふえる一方だろうし、第三に、哲学者の国家論というやつは、大半以上がギリシャの古典をいじくるだけのものだし、そうでない場合には戦争中の自説の弁護であるか、修正を動機とするにとどまる。第四に、左翼的国家論はまだほとんど翻訳以外にあらわれてない。

第一に、「平和国家」だの「文化国家」だのという、戦争中いろいろの合言葉が生まれたのとおなじ心意から出てきたような言葉を、編集者の注文で主題としているようなところに、国家本質への追究などを期待しようというのが、最初から無理だ。第二に、世界平和機構との関連において述べられた国家論には、国際法的な観点から世界国家論へむかうものや、世界史的な観点から新しい秩序思想をくりだそうとするのもあるが、それらはエメリー・リーヴス氏の『平和の解剖学』の当座の反響として生まれたものであることも容易に見てとれる。第三に、哲学の領域で国家論の古典をとりあげたのは無価値でないとして、日本の哲学者が哲学者であるよりも、哲学史家たるにとどまり、古典の解釈では有能にみえる人が、現実の国家問題に対しては、別な人のように素朴になっているか、啞になっている状態は、残念至極だ。また、その国家論が、かねての自説の延長である場合には、敗戦を契機としての自己反省が主調音であり、むしろ自己修理をいそぐのであって、少くとも戦後における世界国家思想との対決や、新憲法にいう戦争の放棄の基礎づけや、そうしたところに国家哲学への新たな動機を示したものとは考えられない。それどころか、天皇制の基礎づけなどに、哲学の方法がもちいられるにいたっては、われわれを驚かすだけである。わたしは田辺元氏の場合をいっているのだ。第四に、左翼的な国家論だが、レーニンの『国家と革命』や『国家について』の邦訳が、ひろくおこなわれ、それを中心として国家概念についての小論争があらわれたのはいいとして、それが読書新聞紙上での学生の投書だけのことにおわったのはなにを語るか。

およそこれらの国家論が、戦後の産物であるのはまちがいない。しかし、そのいずれとして戦争と敗戦の二重体験からの産物であるとはいえない。戦争のあらゆる体験とその反省をとおして生まれざるをえないはずの、国家そのものへの疑惑、専制的権力への恐怖と憎悪、崇高な国家観念とそれらの生きた感情との絶望的な矛盾。いささかの憎しみも怨みもわくことのない精神状態で、しかし隣人と戦うことのできた不思議な国家関係、等々。これらの容易に解きがたい問題を、みずからの未曾有の基礎体験において、あくまで追究するような仕事は、そこでは夢想もされていない。肉体的な、生命にあふれた、そして創造的な閃きのある思想感情の裏打ちは、それらの国家論のどこをさがしても、ひとかけらも見いだすことができない。

4

愛国心とはいったい何であろうか。それは国家を形成する人間の社会的本能のごときものであるのだろうか。または、それとなにかの結合したものであるのだろうか。それとも、単に教えこまれ、育てあげられた一種の感情であるのだろうか。それは、国家的に局限された倫理ではなくて、それと同時に国際的にも承認された倫理的感情であるのだろうか。いったい、それは心理であるのか、論理であるのか。そもそもこの言葉で包括されているものは、科学的分析に堪えうるほど明瞭な実体であるのか。もし愛国心と名づけられたものが、諸国民のあいだに普遍的なものだとして、その感情はつねになにかの観念とむすびついていないかどうか。その観念は何であるのか。それは疑いもなく祖国または国家の観念ではないのかどうか。われわれが国家問題にさされこむ以上、この一つの問いから出発しないわけにいかない。

最近の文部省は、この愛国心について、一つの態度を表明したようである。文相も、放送でおなじことをいっているように伝えている。それは教育関係者追放令の公布に際して、教職員の適格審査の方針を述べたなかに見られるものであり、つたえるところによると審査の方針は、過去において単に一国民として正当に愛国心を発露した思想言動は糺弾せず、侵略戦争を理念的に正当化せんと、積極的にでっちあげた思想言動をなしたものに、メスを加えようとするものだという。すなわち戦時中、一国民として正当に愛国心を発露した思想言動はさまたげず、というのである以上、問題はただちに移って、いかなる思想や言動が、単なる愛国心の発露にとどまるとみとめられるか、という一点にかかる。全国各学校の校長という校長の、戦時におけるあらゆる機会の式辞、訓示、訓話などの、速記録も録音も幸に残されていないとして、そのなかに「大東亜」建設の理念を述べないものがあったかどうか。しかし問題はそこにあるのではない。およそ戦時中、国民として当然の愛国心から戦争に協力した言動は、とがめるべきでないという考え方。おそらくこれほど万人の納得する考え方はない。この考え方を今日否定することは、絶望に近いと見られよう。こと愛国心に関しては、これまさに世界的な通念に近いものである。しかるにわれわれはいま、その通念こそ打破すべき時にのぞんでいるとおもわれる。

日本人として、ここに考えてみなければならないのは、戦争はすでに侵略戦争の極印がおされているという一事だ。侵略ということでは、ひとり太平洋戦争、日華事変、満洲事変のみではない。日清、日露の両役についても、日本はすでに侵略者だったといわれている。しばらく問題を、太平洋戦争に限定することをゆるされるとして、この戦争が侵略戦争であったことは、国民が徐々に知りそめている。しからば、われわれは問わなければならぬ。侵略国の側における国民の愛国心とは、そもそもいかなるものであるのかと。国家の存在をもって絶対至高のものとし、国際社会における是非善悪を問わず、いざとなれば国家の行動に殉ずることが、国民としての義務であるとする観念と態度。そこに愛国心の根源があるのだとすれば、そのような愛国心の根である国家観念そのものが、問題ではないだろうか。一つの侵略戦争に対して、なんらかの理念をでっちあげたことが、責めを問われるだけではない。そもそも右にいうような祖国観念または国家観念を抱懐することの是非が、問われなければならないのではないだろうか。文相も、文部省も、純粋の愛国心を責めるつもりはなく、またその本質が何であるかを、問いつめるつもりもないということは、結果として、最も重要な一問題の所在が見おとされたことになる。国民にとって、重大な反省の機会であったはずのものが、とりにがされてしまった感がふかい。

「愛国」「愛国心」「愛国者」という言葉は、その語義を更えて使用することも、すでに自由である。また、そういう試みも、すでに実際に見る通りである。言葉の使用は自由であって、それを阻止することはだれにもできない。しかし、すでに述べたように、これらの言葉には、一定の時代的背景がともなっており、殊にわが国では「忠君愛国」というような熟語としてもちいられてきたものである以上、「忠君愛国」の片割れであるような「愛国」の語義に、いまさら転換をあたえるよりも、むしろこれまでの一定の意義をこの言葉に定着させ、もはや固着して動かないものに抑え、そしてその愛国心なるものを大胆に検討し、これを肯定すべきか否定すべきかを、決定すべき場合である。文部省は教職員追放令の公布に際して、愛国心を発露した思想言動は糺弾せず、といった。しかし、その愛国心とは、まさに右のように限定された意味のものである。四十万教職員の最大多数が、これをきいて胸をなでおろしたのはいいとして、しかしその結果、愛国心とはなにか、そしてまた国家とはなにか、という根本問題の発見が、封じられたことを忘れてはならない。

大敗戦をもって劃された日本の約百年の歴史から、われわれはどれだけのものを学びとろうとしているのか。単に今次の大戦とその終結の仕方からのみではない。明治維新と自由民権運動の弾圧、欽定憲法の発布と日清日露の両役、第一次大戦。そしてそれからの民主主義的諸運動と満洲事変。そしてその諸運動弾圧の歴史と国体明徴運動。また軍部専制の終結にいたるまで。それらの全体をふくめて、つまり過去八十年の歴史を担った姿の「大日本帝国」なるものの、徹底的な挫折または消滅。この事実、というよりはこの民族的な体験。このしたたかな体験から、われわれはなにを学ばなければならないか。すでに体験という以上、十分に学びとりえたことを意味しなければならないが、はたして今次の敗戦を、民族的な主体性においても、またひとりの人間としての主体性においても、言葉のほんとうの意味での体験として、受けとることができているか。

この疑問は、一見して不思議にもきこえよう。しかし終戦後一年の今日、国内にみる思想および言論の多くは、必ずしもこの戦争と敗戦のふかい体験から生まれたものと見ることはできない。ただ一つ、天皇制に関する議論のうち、否定的見解をしめす立場のなかには、ここにいう体験を背景とするようにみられるものが、多少ないではない。しかし問題は、天皇および天皇制につきるだろうか。われわれ日本人の大多数は、これまでいったい、どんな国家理念をもっていただろうか。そしてまたその理念のゆえに、どんな態度をもって実際に戦争にのぞんだだろうか。国体観そのものが日本人の国家観だったというのは一応いいとしても、いったい国体観が先なのか、国家観が先だったのか。一つの国家観が前提され、その国家観の基礎のうえに、国体観が形成されたというのが、むしろ事実ではなかったか。大衆においては心理的にそうでなく、その胸にいきなり国体観がこめられてあるのみだったとしても、しかし知的な日本人においては、まず絶対主義的な国家観があり、その基本のうえに日本国体観が着色されるか、あるいは焼きつけられるかしていたのではなかったのか。われわれの反省は、決して国体思想の反省にとどまるべきではなくて、そのうしろを支えていた一般的な国家観におよぶべきものであり、むしろ国体観のごときは、そのような国家観の、ひとつの特殊な、日本的な、蒙昧な表現であったとさえ、考えられるべきではないのか。「超国家主義」といわれるものは、天皇主義ともよぶことのできるものであり、そのようなものの精神構造と、その制度的・歴史的な基礎については、丸山真男氏が、近来みごとな、えがたい分析をしめしてくれた。しかし問題は、超国家主義の論理と心理の分析に終るべきであろうか。そうではない。むしろさらにその基本をなした国家絶対観こそは、いかに知的な日本人といえども、まぬかれがたく憑かれていた当のものだったのだ。

　たとえばわたしの頭のなかには、必ずしも天皇中心の国家というものでなくとも、理想および規範としての国家、さらには道徳の根元のごときものとしての国家、があった。それが理念的にわたしを支配し、現実の国家において、いかにみにくい、いかにたえがたいことが多くとも、それを仮象のごとくに考え、そしてその仮象の底に、国家の本質がかくれているかのように考えた。そのような理想主義的な国家観は、国体思想から来たというよりも、むしろ儒教思想からも、殊に古代ギリシャ的な国家思想からも、来ていた。ソクラテスの死の悲劇さえ、一つの解釈によってそれを援けていなかったとはいえない。今次の大戦の体験によって、そのような理想主義的な国家観念は崩壊し、さらに天皇中心の異常に非合理なものの強圧の出現によって、絶望におとしいれられたとしても、しかもなおわたしは敗戦の日まで、国家についての、なにかしら美しい観念を、ことごとく棄て切ってはいないのであった。

　しかし、いまは御破算である。われわれは単に日本的な国体観などというものを放棄したのみではない。およそ国家という観念にまつわる一切の理想主義的なものを、大地にたたきつけ、ふみつけ、ふみにじり、経験を超えたものをすべて払いおとし、ただ経験にふみとどまろうとする。国家の作用としての、戦時中の一切のものごとの在りかたと、人間の在りかたとを見れば、組織の力による人間から人間への指揮と命令と、起案と裁決と実行。それらのすべては人間にはじまって人間におわるもの。そしてその上層の人間たるや、何の変哲もないただの人間であり、しばしば無知と愚昧と偏見によって支配され、さらにしばしば私情によってうごかされ、しかも救いがたく党派的・策動的で、たえず一定の勢力または権力からの牽引によって、動いているものにほかならない。国家をこの作用面において、つまり機能の内面において、ながめてみるならば、それはそれ以外の何ものでもない。この機能のほかに、国家の本質などというものを、理念的に設定するということは、いったい、なにを意味するというのであろう。もちろん国家の本質については、まだ多くの考察が残されているではあろう。しかし理念的なもののなかに、国家の本質を求めようとする一切の企ては、邪悪ではないだろうか。われわれが経験のなかに踏みとどまり、経験のなかにあるものだけを凝視すれば、すなわち人間に対する支配的な権力組織としての国家なるものは、人間以上のものでは微塵もないのである。

　もし国家に人格性があるものとし、そしてそれは国際社会における道徳的存在であるとしようか。しかし、その人格性の、なんと低劣きわまるものであることか。およそ、現実の国家なるものは、現実の個人とくらべて、いかにひどく見劣りのする道徳的存在であることか。この意味で、国家が個人よりも低位にあるということは、なにか深遠な思索のすえに、出てくる結論ではない。独立にものを考える力をもった中学生ならば、たいてい到達できる見解である。国家は、現にその支配機構の中心をしめている主要人物の、野望、識見、手腕、およびその全体としての人格的な水準に、全然影響されていない、ということはできない。しかし、かれらの政治家個人としての人格的水準と、国際社会における国家そのものの人格的水準とは、すこしも同一ではない。政治家としてのかれらは、みずからの人格を、いわば国家的な水準にまで、低く引きおろさなくてはならない。国家を高く引きあげることは、個人には不可能であり、逆に個人を低く引きおろすことは、いつでも国家にとって可能なのである。そして、国家はつねに個人をそうしなければやまないのである。そもそもこの国家とは何であるのか。

もし社会科学者にこれを問うならば、少くとも国際社会における日本国家の行動の低劣さは、日本人そのものの道徳的な低さからのみ、説明されるべきものではない、というだろう。後進資本主義国家としての国内的矛盾によって、わけても近隣を侵すことなしには、国内体制を維持することのできなくなっていたような諸矛盾によって、説明されるべきものだ、と答えるだろう。そして、またその侵略の方法も、最も野蛮な武力的手段を用い、それも国民的な統一意思によって端緒をひらくのではなしに、内部相剋の姿において、ずるずると引きずられていったような過程については、日本の政治形態そのものの半封建性の分析がこれを説明する、と答えるだろう。もちろんわれわれも、それらの答えをもって、いずれも根本的なものだと信じる。しかし、それにもかかわらず、それらの説明の成立は、ただちにわれわれから、絶対的な国家観を払拭しうるものとは思われない。

むしろわたしは、そのような科学的な、客観的な立場からの考察ではなしに、かえって内省的な、あくまで個人的な体験に即した立場からの、省察を企てているのである。しかし、それとても、わたしの内部における非科学的なものの清掃が目的である。もちろん国家は、個人生活のそれよりも、遥かに長い持続的存在であり、民族生活の統一的持続を約束してきたものである。また、未来にかけては、なにか別な形態への推移も考えられないではない。しかし、わたしが国家を見るに際しては、まずもって現に経験されたものとして、それを見る。現実の経験を超えて、なにか本質的なもの、理念的なものを、自己の「信念」として残すことをゆるさない。

人間の理想には、国家を超越したものがある。しかも現実には、人間が直接に奉仕献身すべきものは、国家以外にはない。キリスト教国の人々にとっては、事情はおなじでないかもしれない。が、われわれ日本人にとっては、そのような拘束が生ける者の運命だった。人間はどこかの国に属し、しかも一定の国に属しているということは、自分の自由意志の結果ではない。少くともわれわれが、日本の国民であるということは、われわれの意志から独立した事実である。人間は、みずからの人間としての存在を自覚するやいなや、その存在の仕方の運命的であることを発見しないわけにいかない。ここに日本の武力行動に対して、徹底的に反対だった日本人があるとする。その人間は捕縛され、投獄されたとする。もしくはその思想を秘めていたために、事なきをえたとする。しかし戦争の災禍は、決してこれらの人間を、除外して通り去るのではない。敗戦にともなう国民的負担の重圧が、その肩にだけはかからないのではない。国家という社会集団のなかに生まれ、そしてそのなかに生きることは、決定的に運命的である。人々が連帯感をもつか、どうかはともかくとして、まさに連帯の責任において、現実に束縛されているのが、国民である。国家とはそもそも何であるのか。われわれがこの絶対的な運命からまぬかれようとすることは、善であるのか、不善であるのか。

われわれの最も善良な意志は、これまで国家とか祖国とかいう言葉で、何を考えようとしていたであろうか。国家という観念の枠のなかに、国家ではないところの諸要素を、たとえば国家が滅びてもなお滅びることのない、生活的な、社会的な自然的な諸要素を、ふくめてはいなかっただろうか。われわれがほんとうに思考の自由をえているのならば、終戦このかた、天皇制の存廃というような一問題に、蹰躇しておられたわけのものではない。大敗戦そのもののただなかで、最初に自問自答すべきことは、

「国家とはなにか」ということであり、戦争行為の単位としての国家というものの実体はなにか、という一問こそ、われわれ日本人にとって、抑えることのできないものでなければならないはずだ。もしも哲学が、現実から離れてよいものでなく、現実そのものを、無制限に根本的な仕方で問いつめる精神だというならば、この問題が、その精神に触れないですむというのは、奇妙なことだといわなければならない。わずかに高坂正顕氏の『政治概念の検討』が、国家問題についての戦後の思索の一例としてあげられるとはいえ、それは結局、天皇制一つに対してさえ、なんらの断案を下すことも敢てしないような仕方における、「哲学的」思考にとどまった。

人間は、国家において生きることによって、本来の自己たることを廃するのか。あるいは国家とは、人間そのものが本来の自己たることを実現するための試練の場であるのか。現在われわれは、国家によって、運命的な謎のごときものに出会う。まず高坂氏は、いみじくもそういっている。しかし、国家のもつ運命的な無気味さのごときものは、結局「政治家」なる存在のうちに、集中的に表現されているとの理由から、同氏は政治家なるものの分析から出発しようという。のみならず、「政治家」とはいかなる能力者でなければならないかを説くことをもって、主題の一つにしてしまう。しかも、現代史における政治家中、最大の者たるレーニンのごとき革命家は、高坂氏の「政治家」概念には、ふさわしからぬものとして無視される。「革命という如き歴史的危機にまで追い込まざるところに、政治家の一つの任務はある」という断定によって、同氏の一論の動機は、哲学の精神からは遠いものであることを明かにしてしまう。

多くの良心的な人々が、祖国としての国家に深い愛着をもつとともに、現実の国家に対しては、むしろその拘束から離脱したい誘惑を感じる、という事実なども、高坂氏によって閑却されていないのはいい。しかし同氏によれば、国家は個人が本来の自己となりうるための媒介の場であり、手段であるとともに、そこにおいてのみ自己が真の自己となりつつある地盤だ、ということになる。しかも、国家が権威をもちうるのも、まさにそのためだとあり、国家の権威と権力とは、「われわれの本来の自己の底」から生ずるものだという。ここにいたれば、観念の空語である。国家の権威や権力が、われわれ自身の底から生まれたものだとは、いかなる経験上の根拠によるのか。近代国家はわれわれにとって「無気味な運命」だといい、かつて人類にとって、自然が運命であったごとく、いまわれわれにとっての運命は歴史と社会であり、特にその中核としての国家であるという。しかも他方では、国家権力はわれわれすべての人間の底から生じたものだという。この空理と体験との綯《な》い合わせは、何から生じてくるのだろうか。

わたしはこの種の「哲学的」思索に多くの期待をかけることができない。国が滅びるか滅びないかの問題こそ、いまのわたしにとって現実的に最大の問題であり、国の滅びることがそもそも悪であるか、善であるかの判断さえ、もはや自明の規準はない。いまもし政治と国家とを区別していうことに、何かの意味があるとすれば、政治哲学の急務をいい、政治概念の検討をいうまえに、国家理論の急務をこそ、いわねばならない場合ではないか。わたしは単に知的な好奇心として、こういうことを問うのではない。最も現実的な問題の核心として、これを問わざるをえないのだ。あらゆる問題について、究極的な説明の仕方をするのが哲学だというなら、日本の哲学者は、まずあらためて国家存在の基礎を明かにしてから、そのほかの問題に入るべきではあるまいか。あまりの教養過剰と、あまりに多くの文献引照とは、論旨がどこにあるかを捕捉するのに苦しませ、局部的にはえらく印象的であるかと思えば、全体としては感銘の薄い、曖昧なものに、終ってしまう。日本の哲学者の思索にとって、これまでの文献的教養は死量ではあるまいか。国家の存在はつねに世界的存在としてのそれであり、歴史的世界から単離せしめられた一つの国家は、もはや国家ではない。しかも、わたしが求めている哲学の精神は、そのような世界内存在としての国家一般を明かにするだけのものではない。日本の国が落ちこんだところの、この日本の在りかたを、見たこともなく、かつて考えられたこともなかったような、この在りかたを、「平和国家」だの、「文化国家」だの、という標語主義で、うわべをつくろってはいるものの、なんとも得体の知れぬ、この日本の在りかたを、積極的に明かにしなければやまない精神をこそ、わたしは求めているのである。

5

天皇制論議が、国民の政治的啓蒙に役だつことはみとめよう。しかし、それはまた、いかに国民の政治的啓蒙がむずかしいかを明かにする結果ともなった。この論議が、知らずしらずのうちに日本人を陥れたおとし穴は、この論議にかまけた結果、われわれが一層根本的な問題を見失ってしまったということだ。天皇制を論じてみよ、といわれれば天皇制を、民主主義の方向へ、といわれれば民主評論を、なにごとにもおくれをとるまいとの努力のほどは、自他ともゆるすところだとして、日本人自身の、さらに一層自由なるべき精神と思想とは、どうなったのであるか。哲学者のなかに、正面から国家問題と取りくむ人が乏しいというだけではない。戦後、政治学者、社会学者、国家学者によって書かれた国家論が見あたらず、左翼的な思想家によって書かれた国家本質論も、きわめて乏しいということは、どう解すべきであるか。エンゲルスからレーニンにいたる階級国家の理論は、翻訳として現に盛行をみるとしても、マルクス主義またはそれに近い立場における日本人の国家観が、この敗戦の現実に即して、述べられた例を見いだすことができないというのは、どういうわけであろうか。われわれは唯物論の立場における国家観を、原則的よりも現実的に聴きたいだけではない。ソ連の国家的現実と、その人民たちの国家意識の現況をも知りたい。マルクス主義の国家理論に、なんらかの発展があるとするならば、その発展の模様も知りたい。そして、決して、そればかりではない。共産主義の立場にはおらぬ日本の哲学者、社会学者、政治学者の、これに対する正面からの批評が聴きたいのだ。

階級国家観が、国家観としてよく割りきれた形のものであることは、いまさらいうまでもない。しかし階級国家観の立場にあるとみずから信ずるひとが、その国家観において割りきれないものを残している実例は、河上肇の晩年の文章にも見いだされる。一九四五年九月一日の執筆にかかる随筆に、こういうことが記されている。――

大国衆民、富国強兵、軍国主義、侵略主義一点張りですすんできた日本は、大博打の戦争をはじめて一敗地にまみれ、明九月二日は、米、英、ソ、中国等々の連合国に対し、無条件降伏の条約をむすぼうとしている。だれもかれも口惜しいといって、悲しんだり憤ったりしている最中だが、元来敗北主義者である私は大喜びによろこんだ。これまでの国家というのは、国民の大多数を抑圧するための、少数の権力階級の弾圧機関にすぎず、戦争にまけて、その弾圧が崩壊しさる端をひらけば、大衆にとってこれくらい仕合せなことはない。日本国民がこれを機会に、老子のいわゆる小国寡民の意義をさとれば、かえってはるかに仕合せになろう。いまや日本は敗戦の結果、侵略主義を抛棄せしめられ、それと同時に国民の自由はみるみるうちに伸張されんとしている。さらに一歩をすすめ、ここ両三年のうちに、国をあげてソヴエト組織にでも移ることができたら、それから四、五年以内には、戦前の生活水準を回復することができ、その後はまた非常な速度で、民衆の福祉は向上するだろう。云々。

この河上の随筆が、終戦後の日本の政治的条件と将来への見透しを、いかに気楽なものに考えているかは、ここでは問題にしたくない。放翁東籬の記に筆をおこし、個人的な逸民の生活をたたえ、隠棲主義に近いような東洋精神をもって、個人生活の原理を説くが、一転して国民生活の理想をえがくにあたっては、現にソヴエト連邦の一部であるコーカサスの風光を論じ、習俗を賞し、そしてその天産をたたえ、老子のいわゆる小国寡民の理想は、この国にこそ見るべしと説いたもの。スターリンやモロトフの偉大さよりも、これらの偉人によって政治の行われる連邦の一隅に、余生をおくる無名の逸民こそ羨しいというのが、随筆のむすびだ。河上の一面に、このような静寂主義、徹底した東洋的個人主義があったことはおどろくにあたらないが、しかし他の反面で、その逆に、あきらかに国家主義的な、経世家的な骨骼をそなえていたことは、否定すべからざるところである。

右の随筆と前後して、歿後発表された河上肇の『自叙伝』の一節に、こういうことが書かれている。

――

私はマルクス主義者として立っていた当時でも、かつて日本を忘れたり、日本人をきらったりしたことはない。むしろ日本人全体の幸福、日本国家の隆盛を念とすればこそ、一日もはやく、この国をソヴエト組織に改造せんことを熱望したのだ。戦争最中に自国の敗戦を希望したからといって、それは愛国主義者でないとはかぎらない。いちがいに人がそうおもうのは、階級国家の意味を科学的に把握していないからのことだ。資本主義国を支配している主人公は資本家階級である。ところが戦争がはじまって事態が常軌をうしなってくると、この支配階級は政治能力をうしなって、行きあたりばったりのでたらめをやりだし、殊に戦争にまけた場合には、その支配機構がゆるみ、自壊作用がはじまり、革命の成功のために、最上の時機が到来する。一国の政治機構のうえに、革命的変革をもたらさんことを宿願とせる天下の志士が、ときに自国の敗戦を熱望することがあるのは、こうした理由にもとづくのであって、それこそ真の愛国の至情にいずるものなのだ。

かくいう河上には、生まれついて国士の風があり、国家主義者らしい人であったことは、すでに少年時代に『日本工業論』なる一論をものして国防を論じ、青年時代に『日本尊農論』を著わして、かさねて国防を論じているのでも、明白である。晩年には、みずから若くしてそのような預言的なものを書いたことを、会心の感情をもって回想する。それらの青少年期の所説が、日本帝国主義の萠芽や発展と、関係がないかどうかということについては、省みられておらず、みずから終始一貫して国家主義者だったことを信じ、ある人物月旦子が、かつて博士の風格を論じて、国家主義的な、経世家的な輪郭をえがいたことがあったのを、特に感謝と満足をもって想起し、その文章をながながと右の自叙伝に引用しているほどだ。「真の愛国の至情」についての右の所説は、そのような国家主義者としての自己肯定を述べた一節の、末尾に見えている。

河上は今日までの日本国家を階級国家とみている。しかるにその生涯を通じて、みずから愛国主義者だったことを、終始一貫、疑っているようではない。途中で、なにかしら価値の大転換があったはずと思われるが、そのことには触れるところがない。マルクス主義もまた一種の国家主義であり、愛国主義であることを、単純に信じえた人である。最初の『日本工業論』や『日本尊農論』などの国防論と、後年の敗北主義者の立場とは、まるであべこべであるにかかわらず、まるでそのことに気がついていないかのようだ。この人が「愛国」というときの国と、「階級国家」というときの国家とは、おのずから別な意味のものでなければならない。といって、「愛国」という場合の国とは、一定の国土に住み、おなじ言語を話す人々とその伝統的な生活のことであって、それ以外のなにを意味するものでもないとは、いいきれそうにない。それは「愛国主義者」という言葉の用語例と明らかに矛盾するばかりか、第一に、河上自身の青少年時代を通じての国家主義と、それは矛盾する。では国家とは何であろうか。一定の領土や、そこに住む人民のみならず、その領土と人民のうえに臨むところの主権、または権力の組織、そういったものをふくめての全体が、普通に「国家」として考えられているものの内容ではなかっただろうか。だとすれば、河上が後年におよんで、信念として把持した階級国家観における「国家」の意味は、もはやそういった全体的なものではない。その全体から国土がぬき去られ、人民の生活連帯がぬき去られ、残るところの政治支配的な権力組織そのものが、すなわち「国家」の意味であるということになる。これこそはおそらく最も純粋な、国家の政治学的概念であるということになる。

そこで問題は、第一に、階級的な権力組織としてのみ考えられた「国家」と、第二に、人民の社会生活そのものをふくめて、その全体が事実としての連帯関係において捉えられた「国家」と、両者いずれが科学的概念として優位か、ということになる。しかし科学上の概念というものは、さきにもいうとおり、総じて、あるがままの事実を写しとるというようなものではなくて、きっとなにかの社会的意欲を、またはイデオロギーを、その動機とするものであるから、むしろ問題は、いずれの概念が現に実践的に有利か、ということになる。階級闘争の立場においては、いうまでもなく第一の概念が選択されなければならない。しかし敗戦国民の立場においては、おそらくそうではない。単にひとつの権力組織のみならず、事実としての人民の運命的な連帯関係が、やはり国家概念のなかに入っていなければなるまい。しからば、いかにしてこの両者を調和させることができるだろうか。これこそは政治学者、国家学者に課せられた現代国家学の課題であり、すくなくともマルクス主義の国家観に、真理性をみとめる人々にとって、避けてはならない問題である。単に階級的な権力組織としてのみ考えられた国家と、一部の人々が「運命共同体」などとよぶことによって、これまでその実体らしいものを考えようとしていた国家とのあいだに、どのような距離があるのか。そもそも両者の関係をどう規定するのが正しいのか。両者を抽象的に別々のものとするだけの考え方に、どれほどの意味があるのか。すくなくとも河上肇の国家思想なるものは、文章に表現されたかぎりについていえば、論理的に調和された状態に達したものではない。国家とはなにか。この設問に対して、その階級国家観は、ひとつの答えを立派にあたえている。しかるに、おなじ人の愛国主義論は、その答えを無効にするところの、新たな設問をよびおこす。

つたえるところでは国史上、「愛国」という文字がはじめてあらわれたのは、持統天皇四年十月二十二日の詔で、これには「尊朝」の文字があわせて見えているとのこと。さらに「忠君愛国」というのは、いつからの熟語であるのだろうか。いずれにしても、尊朝といい、忠君という。それが愛国の観念とむすび、支配者の権威と権力への服従が、愛国そのものの本質に属することとして規定されていた事実は、見のがさないほうがよい。日本人のあたまに、新しい愛国思想をつぎこむことがやさしいか。それとも日本人のあたまから、ふるい愛国思想をぬきとることがやさしいか。順序として、どっちをさきにするのが賢明であるか。双方を同時に操作する方法はあるものかどうか。すべてこれらは未決の問題である。河上肇の愛国論は、これらの問題になんら光をなげるものではなくて、かえってこれらの問題の未決性を語る一例にすぎない。

単なる愛国心のごときは、いかなる国民にも普遍的なものである。日本国民のそれは「尊皇」であり、「尽忠」であらねばならぬ。これが、太平洋戦争における思想指導の方針だった。わたしはあの強圧を、忘れることができない。あの方針から生まれ、そしてあの方針を気ちがいじみた「国内思想戦」にまで発展せしめた前後のいきさつを、忘れることができない。「愛国」と「忠君」とを一つにするような思考は、現に急速によわめられつつあるのは事実だとしても、しかし愛国心そのものの根本的な反省と分析、したがってまた、必然的にそのなかから引きだされる「国家とはなにか」という設問とその解明。それがいま、日本人に突きだされた最大の課題である。

わたしはすでにくり返して、一つのことを論じてきた。国民として戦ってきたものの深刻な責任感。いいあらわしがたい数々の悔恨。事物認識における根本からの再出発。それらすべてをつらぬく責任的主体性の徹底。そしてその徹底した境域から生まれるところの、自由にして新たなる思想の展開。そしてその発端からして、中心題目たらざるをえない国家問題なるものの意義。——もちろんわたしはこの問題に対して、みずからただちに光をあたえうるとは思っていない。わたしがいま、辛うじてなしうることは、ただ問題の所在をゆびさすこと、せめてそれを提起することだ。これまでの日本的な超国家主義の一切を分析したり、批判したりするのみで、自足することは、わたしにゆるされてはいない。われわれ日本人が現におかれている境域。現に遭遇している国際的情況。一言にして今日の日本の政治的境遇は、ひとり今日だけのものではない。無条件降伏調印式の前日に、河上肇によって書かれた随筆のなかの、あの想念のごときは、太平楽にすぎる。われわれの境遇は世界史上稀有のものであり、そして日本が新憲法によってすでに確立した戦争放棄の方針は、もうそれだけで、われわれから既成の国家概念を、ことごとく放棄せしめるに十分である。

われわれは身に寸鉄をおびず、地べたにすわって、ひとにふまれようと、またがれようと、わきめもふらず、しずかに手車で糸でも繰っている、というような、そういう精神的境域に入ろうとしつつある。われわれがまったく新たな国家思想の形成にむかうべきことは、いわば定まった運命である。このような事態において、戦後一年、国家問題が日本の思想界から忘れられているというほど、奇妙なことはない。わたしはこれを指摘した。これは日本人の思考力または想像力の、そしておそらく一層根本的には精神力の、癒えざる萎微を語るものだ。日本はいつか、以前のような独立の状態に、復帰できるに相違ないという希望。そして、なんらの軍備をもたない日本は、かえって独自の自由な立場から、国際平和機構の存立発展に対して、大いなる貢献をなしうるだろう、などという想像。それは見わたすところ、あちこちで述べられている。たとえばそれは恒藤恭氏のような学者によっても、述べられている。しかしわたしは考える、前途の見透しもつかぬ日本の完全独立などというものは、いったいどんな形のものとして、想像されているのだろうか。そして、そのときの日本の国際環境は、どんな形のものとして想像されているのだろうか。両者は別々に想像にのぼることがらではなくて、相関的にのみ想像しうることである。軍備なくして完全独立の国家が、世界に立ちあらわれるというさえ、容易に理解しがたいことであるのに、その国家が、かえって独自の自由な立場から、国際平和機構の存立発展に対して、大いに貢献しうるだろう、などという想像は、具体的には一層困難ではあるまいか。

かりに問題を国際連合の場合にかぎってみてもよい。国際連合の強力な発展に寄与しうるためには、ときにはその武力活動に参加するための軍備が、みずからの手になければならないはずではないのか。われわれ自身に軍備なくして、どうして国際平和機構の強化への寄与などが、可能であるのだろうか。

これは容易に理解しうることではない。もし恒藤氏にしたがって、世界平和と国際平和とを区別し、前者をもって世界国家または世界統一にもとづく世界の平和を意味し、後者をもって諸国家相互の提携による戦争の防止を意味するものとするならば、おそらくわれわれ日本民族のごとき境涯にあるものが、幸にして寄与しうるかもしれないものは、情勢が後者の方向にある場合ではなくて、前者の方向にむかう場合ではないだろうか。そして、その場合においても、われわれに可能な活動は、政治的なそれではなくて、思想的なそれであり、さらに一層精神的なそれであるよりほか、ないのではなかろうか。精神力の萎縮のどん底にあって、しかも精神力における無限の創造を夢みなければならないとは、なんたるめぐり合せであろう！

6

戦後どうしたものか、日本人の思想言論に戦痕がみとめられない、という批評。それが心ある人々の同感をかちえている。しかし「戦痕」という言葉は、象徴にすぎはしないだろうか。およそ、これまで日本国民として戦ってきたものの主体的な体験と責任感。そういう心理的および倫理的なもののすべてを内にこめて、しかもそれだけでなく、そのなかから生まれつつある新しい思想感情。そういうものが戦後の文章に欠乏しているという事実は、いずれにしても見すごしがたいものである。

戦後の評論は、大きく三つに分けられる。第一は、戦争中論壇の表面から消えていた左翼的評論。これは戦争および降伏から生まれた思想ではなくて、戦前にあり、底流としては戦時中にもあり、そして戦後において表面化したものである。戦時中にも、変形され、大きく歪められたものとして、その一部を見ることができたもの、ともいえる。第二は、戦時を通じて戦争に協力した人々のうち、当時の支配勢力となにかしら特殊な形でむすびつき、そして党派性をもって動いたのではなく、ともあれ合理的な思想または主張を維持しようとした一部の人々の戦後評論。これは終戦とともに、民主的なものに変貌をとげており、その切りかえは機械的なまでに簡単であった。一方からは無節操といわれ、時には「戦争責任」を問われながら、論壇の一半を占めている。第三は、戦争と敗戦そのものから、ただそれのみから生まれたところの、それなくしてはおそらくそのような形では生まれることもなかったであろうところの、思想的な言論。それは民主主義や社会主義の型どおりの講義や解説でもなければ、その批判でもない。論文であろうと、随筆であろうと、座談会であろうと、形式は問うところでないが、まさしく絶望的な戦争とその大敗北の体験の、底から湧いてきた思想感情でなければならない。それはただちに体系的な思想でありえないとしても、一敗地にまみれて、旧態に復する可能性の絶無となった一国民の真の声であり、また祖国の大敗戦によって、かえってはじめて精神の自由をえた人間の、最もいつわりのない魂の告白と、なにかしら新たな願望の吐露でなければならないであろう。大戦の体験というなかには、いうまでもなく終戦の、そしてこれにともなう一切の、そしてまた終戦後に次第に明かとなったあらゆることがらと、あらゆる真実と、そして最後にそれらすべてに対して生じたところの、われわれの全精神の反応が、ことごとくふくまれていなければならないであろう。しかし、かかる第三の型の言論は、終戦このかた一年、ほとんどこれを実際に求めることができない。

そういう思想が、戦後の日本に求めてえがたい理由は、客観的にまだその時機でないといってしまえばそれまでだが、多数の人々の精神が、その内奥において萎縮の状態をつづけていることも、閑却できない。この型の思想は、論理的であるよりも、時としてはるかに心理的な深さをおびたものとしてあらわれ、したがって広義の文学としての価値を蔵し、言葉のほんとうの意味で、懺悔としての性格をそなえ、将来の日本民族によって永く愛読され、同時に世界の文明諸国民にとっても、ひろく読むに値いするものでなければならないとおもわれる。そういう文学が発生するのに手まどっている理由のひとつには、今次の終戦条件の、かつて夢想だにされなかった未曾有の特殊さ。つまり「戦争責任」の追跡という言葉であらわされる政治的雰囲気が、あげられるであろう。これは多くの文筆家をして、すすんで自己告白的なものを発表することをためらわせ、大胆に内省的な活動を展開することを、たじろがせている原因だとおもわれる。多くの文筆家をして、その転向を（社会主義からの転向ではなしに、社会主義への逆転向を）、なんらの精神過程として表現することもなしに、表面上まったく機械的な切替えとして、ひと跳びに飛ぶようにさせてしまったのも、おなじ事由からであろう。第二の型の戦後評論において、きわめてまれに筆者が自己内省を述べるような場合でも、それは長い文章のどこかの一箇所に、ごく切りつめられた形で、示されているにすぎず、かくして終戦を境とするジャーナリズムの転換過程に、なにか大きな落丁のある感じは、現に多くの人々をつらぬいているものだが、それは第三の型の思想が生まれてこない事情とおなじものに基因するとおもわれる。

およそわが戦時中にあらわれた評論であって、戦争を批判したものは乏しく、否定したものは絶無である。まず戦争そのものを前提し、前提することで肯定した形になっている評論。これを要するに祖国の侵略戦争に対して、否定的態度をとることなしに行われた、戦時中の文章活動というものは、哲学者、社会学者、政治学者、法学者、経済学者、文化評論家、文学者、そして文芸家、詩人、俳人のそれにいたるまで、今日かえりみて、一つとして芳ばしい匂いのするものではない。昭和十二年このかた、筆を折り、時局に背をむけてしまった人は別である。その期間に、なんらかの程度において、文筆活動をしたほどの人々の多くは、戦争反対の立場にあったのではなく、ひろい意味での協力者として動いていたのであり、文筆活動以外の行動についても、同時にそうであったことを証明する事例のみ多い。であるから、戦後における文筆活動の再開に際しては、戦時中の自分の態度、思想と精神の推移、活動の終始などを、ことごとく回想すれば、複雑きわまる気もちに胸をふさがれるはずである。

戦時中の活動が、思想的な文筆活動であり、殊にそれが史観の問題にふれて、日華事変や太平洋戦争の史的解釈を、積極的に企てておったような学者の場合などには、自己転換の過程は難渋そのもの、苦悩は到底名状すべからざるものとおもわれる。殊にそれが、自己の内面における構想たるにとどまらず、多数の読者とのむすびつきにおいて、発表されたものであった場合、そのような戦争思想の後始末だけでも、容易のわざではあるまい。しかも読者のために、その後始末をする義務が生じているはずとおもわれるのに、その苦悩の精神が、倫理的にも、心理的にも、それらの人々の戦後活動に表現されていないのは、奇妙というべきである。もちろん沈黙ということは、その場合の一つの態度であろう。しかるにそうではなく、戦後、筆をとる場合に、まずもって自己の戦争に関する責任を明かにしないで、なにか別な問題から切りだすというのは、公衆を侮辱するもの、また自己をみずから侮辱するものではなかろうか。しかし、このような事態こそは、日本という国の、また日本人というものの、他愛なさを示す一例なのであろうか。

しかしわたしは考える、いかに「戦争責任」追跡の急なる情勢のなかにあっても、一身の利不利をかえりみず、自己の真実を語る勇気を示すだけの人間が、日本人のあいだに、まさか絶無ではあるまい、と。なお若干の時日を藉す必要がある、と。一旦、一つの真実が語られれば、必ずや堰《せき》をきって、さらに他の真実がかたられるであろう、と。

戦争中、日本の国内が二つに割れていたということは、ほとんど事実ではない。当時、一方は主戦論者、軍国主義者、全体主義者。他方は反戦論者、平和主義者、自由主義者だった、という事実を例証することさえ困難である。いまや前者が一掃され、後者が代って再登場したというのは、一つの虚構である。もちろん右にいう対立が全然存在しなかったというのではない。しかし、わが国における反戦論者は、主として共産主義の立場にたつ少数者にかぎられていたのであり、今日、天皇に対して、また国民のあらゆる分野と階層に対して、みずからは毫も嫌疑を蒙ることなしに、「戦争責任」を問いうる立場というものは、ほとんどその人々だけのものだ。戦後になってからの入党だの、その立場への転位だのということが、それらの人々に同等の資格を附与するということはありえない。むしろ、最もふかい分裂は、はなはだ奇妙ないいかただが、日本の知識層の個々の人間的内面において、ひとりびとりの魂の底に、最も普遍的に、存在したといわなければならないのではあるまいか。素質と素養において、一般に民主主義的または自由主義的であり、気分において最も反軍国主義的であった日本の知識人が、いつ、いかにして、いかなるわけで、今次の戦争遂行に協力することができたのであるか。その心理的・思想的過程の真相は、いったいどんなものだったのか。この秘密を解くものは、そもそもだれであるのか。それがもし知識階級自身でないというなら、それ以外にはどこにもない。

われわれはこの秘密をあきらかにしなくてはならぬ。第一に、われわれ自身のために。第二に、明日の日本のため、新しき世代のために。第三に、世界の諸国民のために。

それにつけても、ここで一つのことをつけくわえておかなくてはならないように思う。戦時中、文筆をとった人々の多くは、大戦の中途で順次に執筆が困難となり、あるいは禁止の厄にあい、ときには弾劾され、そしてときには身柄を拘束された。戦争の中途または末期において、沈黙を余儀なくされた人々は、文筆家の過半におよんだといっても、いいすぎではないかもしれぬ。しかし、そのような事態は、日本政府または軍部の言論指導における、天皇主義の極端な推進と、殊にそれとむすんで、極端な派閥主義または党派主義を遂行した一部民間評論家の策動によるものであり、多くの場合、それらの人々自身の戦争に対する態度の変化によったのでない、ということを反省する必要がある。戦時中、ある時期におよんで、その言説が糾弾されたとか、あるいは編集者から閉めだされた恰好になったとか、少くともある種の代表的な雑誌の圏内では執筆が不能になったとか、そういう事実をもって、あたかもそれらの人々の言論活動が、反軍的ないし反戦的だったことの証明にでもなるかのように考えるとしたら、それはおかしなことだ。「節を屈しない」同士が、同志的に結合したというような一、二の事例にしても、もはやだれの目にも戦局がいけなくなってからの、末期的な思い立ちだったというようなことは、自慢になるほどのことがらではない。

軍部や、ときには財閥ともむすびついたらしい何々世紀社とやらの、まるで秘密結社まがいの一団を、事実上の中心機構とする大日本言論報国会なるものの、「国内思想戦」などという方式によって、思想指導がすすめられていたときには、その党派的な潮流から除外されたものが、だれもかれも、その組織の一部の役員すらも、被圧迫感をもよおしたのは事実であるし、そしてそのような体験をとおして、日本国家なるものの実体についての認識を、苦汁を仰ぐ思いで新たにしたことさえ事実であるとしても、さりとて当時、それらの人々が、現在到達しているような認識原理と、反省と、批判の力を、もっていたわけではない。日華事変このかた、およそジャーナリズムの第一線におって、哲学にせよ、文化にせよ、文筆をとったほどの人で、たとえ戦争の末期には官憲の圧迫にあい、またついに一命をおとして、国民を痛惜させたような人といえども、これを地下から起たしめるならば、時局またはジャーナリズムの要請に従った戦時中の自分の活動を、全体として是認する気は到底しないだろう。

およそ責任の軽重というような相対的な見地を、われ知らずとってしまえば、自分よりも松脂《やに》のつよいものをむこうに廻し、いまとなってから、それらとの対立意識を自然につよめ、ときとしては外面的にもそれらを攻撃したり、批判したりすることになる。そして、結局そのあいだに、肝腎な自分自身の問題を喪失してしまう。このようなことが、現にしばしば生じているように思われる。しかし、あくなき自己追及こそ、戦後の日本の知識層に課せられた精神的課題であって、この峻厳な課題をまぬかれうる場合というものは、きわめて少いことを指摘しておく必要がある。もし一つの革命が、戦後においてではなくて、戦争の過程において内発し、そしてその瞬間まで、われわれがいかなるものに見られていたろうとも、死をもって革命そのものに投じたという事実があったのなら、問題はちがうだろう。「戦争責任」の反省の問題が、これから五年十年を要するだろうというのは、われわれが不幸にして、みずからその革命の火をくぐることもなく、革命そのものの最初の段階を、まったく外部からあたえられた、ということにもとづくのである。

第二章　戦争体験における国家――一九四六年

1

経験から出発するということが、どんなにむずかしいことか。思索が、経験から出発しないで、つまり文献から出発するということが、日本の学者・思想家の、そして文芸評論家の、通弊だったのだが、この通弊の革めがたいことが、この大敗戦のあとであからさまになった。そしてまたこの通弊が、こんどほどひどく感じられたこともない。

なにもかも変ってしまった条件のもとで、人々はその自由な思想を自由に表現し、そして自由に発表していいはずである。ところがそうはしないで、すぐに文献をいじりはじめ、文献を種にし、またそれを頼りにしたものを、書きはじめている。まるで戦争などは忘れてしまったような、そしてこれが敗戦のどん底であることなどは、考えてもみないような、したがって、戦争の体験などは一場の悪夢として、問われることなしに、戦前の状態へ、そして、もとからの思想へ引きかえし、そこから延長すべきものを延長するというような、態度のようにみえる。実はそうではなく、戦争と敗戦の二重の体験が人々のものなのだろうけれども、しかし人々の思索は、その体験の深さのなかへ入ろうとせず、あるいはその深さのなかから出てこようともせず、そうでなしにすでに概念的に形成された世界の、なにかの古い軌道にそうて、そのまま滑りだすことを欲しているようである。戦後の民主評論が、しばしば二十年前のそれの復刻であったり、縮刷であったりしているというのも、単にそれが急ぎの必要でもあるし、そして間にあうから、というだけのことではない。もっと根本的には、独自の思索というもののむずかしさから、経験から出発する思索というものの在りにくさから、来ているのだ。残念ながら日本人においてはそうなのだ。経験そのものにもとづいた理論的思索の能力に欠けているか。少くともそういう思索力を鍛えることを学ばなかったか。それが戦後一年あまりのあいだに、いよいよあからさまになってしまった。

経験を必要としない純粋抽象の、たとえば数学の思索などについては、問題にしてない。生活経験と離れがたい思索の領域で、しかもそれがことがらの本質をきわめ、理論的なものにまでまとまってゆかなければならない性質のもの、つまり思想と名づけるにたるほどの形をとろうとするものであるならば、その領域では経験こそが最初で、そして最後のものであるはずである。経験をまったくはなれた思索というものはあるべきでない。しかし、まず他人の思索から生まれたものを跡づけることは、学習の方法として永久にかわらぬであろうし、学習の目的をこえても、他人の思索を思索することは、多くの研究者にとってやはり仕事の一部分であるだろう。それにしても、われわれ日本人にとっては、みずからの生活経験はただ生活経験としてあるのみで、いわば言葉なき世界に混沌として横たわっており、そうして西洋の人々の思索のあとを、その言葉をたよってたどることが、みずからの思索の世界のごとくになっていたという場合が、あまりにも多かった。思索は言葉であって、言葉とならぬ思索というものはない。思索の独自性ということは、経験そのものを言葉と化する能力であって、それは経験そのものの独自性からくるのではない。といって、経験的なものが、まさに経験となりえているその主体的な確かさなるものを前提せずに、経験を言葉たらしめうる能力のみを考えることも、無意味だろう。とすれば、われわれ日本人は、一つの能力において弱いのではなくて、二つの能力において、ともに弱いのだ。

体験から出発するということが、思索の領土では、どんなにむずかしいことか。わたしはこのことをいま、しみじみ考える。この亡国的な大敗戦のあとの、ここ一年あまりの論壇のことを考えてみると、そのむずかしさが改めて思われる。まず学者・評論家のかなりの部分は、最初からして、そのような出発をするのに適当な性格の人々ではない。また、この戦争に対して最初から反対者の立場をまもった人々は、おそらく戦争を一つの重大な被害として体験しただけであり、戦争にともなった一切の思考の国民的な把握がないので、ここでいう意味の「体験から出発する」ということは、必要でも可能でもない。実際、それらの人々は敗戦日本においては、立派な預言者であるか、預言者に近い人々である。しかし、ほかにまだ別の多くの学者・評論家がある。それらの人々は、戦争中、戦うものの立場で、評論活動をつづけてきたのだが、終戦と同時に、各種の哲学的・政治的民主評論を書きはじめた。あるいは心ならずも編集者の課題に、つぎつぎとしたがわねばならず、内からの精神の課題にしたがういとまがなかったというのかもしれない。結果において、大多数の学者・評論家は、戦時における自己の思想とその成果を、当時の読者もろとも、どぶにすててしまったことになり、そして新しい再出発点を、過去の文筆家としての修練や、戦前の研究題目などに求める恰好になってしまった。戦争の終結によって、終結の日からようやくあらわしはじめたところの大戦の体験の意味が、すこしも嚙みしめられていない。

民主評論は、無条件降伏をとげた国の急ぎの必要だったのだ。下拵えもなにもなく、いきなり、それにとりかかり、一挙にして最大限にそれをくりひろげなければならなかった。ということは、いわば日本のジャーナリズムにとっての、自由選択の余地のない演出だったのだ。このことはもちろん十分に理解されなければならない。終戦のすぐあとで、中央と地方を通じて、全国の各紙の社説と社論と社内言の一切が、まるで論調をかえてしまい、それがあたかも、眠っていたものが眼をさましたごとくであり、忘れていたものを憶いだしたごとくであり、追われていたものが帰ってきたごとくであり、口をきくことのできなかったものが唇を解いたごとくであった。すべてそれらの印刷された言説の九十幾パーセントまでが、終戦前とおなじ記者たちの手によって書かれているのだという一事に思いいたると、わたしなどはあたまがくらくらするような思いがしたのだけれども、しかし、ひとあしさがって、戦前の日本および日本人を思いおこし、殊に昭和六年前後までの日本の有識層の意識を思いうかべ、さらに昭和十二年にいたるまでのわが知識階級に、最も普通だった意識が何であるかを思いめぐらしてみると、この急変を不思議とばかりいえなかった。最大多数の記者は、登りつめた坂をかけくだるよりも容易に、そしてすみやかに、ほとんどもとの位置に復帰するかのような心機をもって、疑わずに一つの逆転向をとげることができたのだ。日華事変の当初一、二年にかけて、わが知識階級を支配した不吉な予感と憤りと絶望とは、ながびく戦争によって、その表面はすりへらされ、そして思想と感情のかなりの変質さえ、ほとんど物理的に生じていたにせよ、その変質は戦前における思考のすべてを根柢から塗りつぶすことのできるものではなかったのだ。だからわたしは、新聞における論調の急変を、納得のいかぬものとして非難するつもりはなく、また、それとおなじ意味で、戦後の民主評論を意外だとも思わない。

わたしはそれらの現象を、一応承認しなければならない。それらを承認しないということは、現に日本がおかれている政治的境遇を承認しないということになるからだ。しかし、これは物理的に不可避のことがらに属していたのだ。厳密にいえば、日本人が日本人であることによって、生じたものではない。つまり死をもって戦い、そしてついに敗れたものの、主体的精神の延長において生じたものではない。

したがって、われわれが日本人であるために、承認しなければならないもう一つのことは、現象そのものの承認よりも、はるかに本質的なことだ。それはほかでもない、われわれ自身が戦争をした人間であったこと、戦争の傍観者ではなくて、まさに主体的な行動者であったこと、したがって、われわれは戦争を通過しなかったような人々と異なるばかりでなく、通過する以前のおのれ自身とも、異なるものとなっているのだということだ。そして、もしこの一事を承認するとなれば、かかるわれわれの精神が、ここにあらためて民主主義への途を踏むということは、どう考えても手軽なことがらではない。

　さて、この論文では、なにか一つの結論をだすことがわたしの目的ではない。多くの評論が結論をいそぐのに対していえば、結論をださないこと、結論をだすまいとするのが目的だ、とさえいえよう。ここでは体験における国家が問題なのである。けれども、その体験さえ、美しく涙ぐましきもの、崇高なるもの、悲壮なるものとしてのそれらは、何一つとりあげられることはないであろう。今次の大戦にはそれがなかった、とたれがいうのであろうか。もしわれわれ日本人が、それらの体験のすべてを泥足でふみにじるとしても、よその世界のたれかが、どこかの詩人が、でなければ精神の酔いどれが、それを涙とともに謳うのをやめさせることはできないであろう。それは国家というものの悲史であった。世界におけるあらゆる戦争の悲史とともに、一つにつづられねばならぬ悲史であった。しかしその悲史は、もはやふたたび青春を戦火のなかにかりたてるために書かれるのではない。それは永遠の弔いの歌として、国家そのものの寂滅の歌として、謳われなければならない時がくるであろう。いずれにしても、いまそれをあつかうのは時ではない。わたしは戦争体験としての国家を、まるでそれとは別な方面から問題にしていこうと思う。しかしその目的は、全体としての論文そのものに語らしめたい。あえていえば、なにかの形をとった一つの思想を、読者につたえることが目的ではなく、かえって、形をとっていたものがあれば、それを打ちくだくこと、それをとろかすこと、それを蒸発させてしまうことが、目的である。つまり、生活の体験から游離したすべての思考を、すなわち思弁的なものを、つまり哲学的と日本では考えられている一切を、払いのけることが、目的である。そしてひとりびとりの人間の心の生地《きじ》を尋ねだすこと、主体的な、したがって本質的に道徳的であることをまぬがれない人間の、心そのものにおいて相通じる領土をひらくこと。それがねらいである。

わたしはここで、少くとも五、六の人々の所説を、そのなかには名をあげないでしまうのもあろうが、順々にとりあげていくだろう。それらのあいだにどんな関連があるかは、それぞれの場所であきらかにされるはずである。それにしても読者は、あまりに多くの引用がつづくのにおどろかれるかもしれない。また引用されたものが、ときとしてあまりにしつこく、あまりにきびしく扱われている場合があるのに、おどろかれるかもしれない。世のなかには、他人にかまわず自分だけの説きごとで夢中のひともあるが、読者というものはそうではない。読者は今朝Aを読んでいるかとおもえば、ゆうべはBにとりかかっている。読者のあたまのなかには、五人や十人の著者や文筆家がいないというためしはない。そのようにして読まれたものが、いったいどんな関係において、一つのあたまのなかで、つらなりあい、またはかちあいつつあるのか。そういえばこの文章は、大熊信行という今日のひとりの読書家の、あたまの中がどうなっているかの、見本であるともみられようか。いずれにしてもその仕事にとりかかりたい。大河内一男、清水幾太郎、中野好夫、丸山真男、そして羽仁五郎の諸氏と、他の二、三の人々の所説が、おもな取材である。わたし自身は戦争から出発し、戦争の体験から出発し、そして体験そのものの中から思索しはじめる。それがわたしの唯一の途だ。戦争の反対者、すなわち現代の預言者たちには、あらかじめ別の途があるとしても、しかしわたしはその途をあゆむことができない。また、あゆむことをゆるされもしない。かりに二つの途のあい逢う日があるとしても、わたし自身はまずおのれの途のうえに立つ。それは戦争の主体的な体験者の途である。あたえられた理論や学説のあとをたどることは必要であるが、しかしわたしは体験から游離してはならない。

2

「経験」とか「反省」とかいう言葉が、どのような意味にでも用いられることは、たとえば戦争の経験について、次のように論じられる例があることでもわかる。——

　終戦以来、自由主義と社会主義を中心とする様相は、大正末期から昭和初期のそれと似かよったものがあり、その再版の観がある。しかしわれわれは昭和初期から顕著な経験を経てきているのであるから、よしそれが誤謬であるにせよ、またそれが今日の悲境をもたらしたものであるにせよ、それをなんらの反省もなく打ちすてるにはあまりに大きなものだ。それは平常の五十年百年に相当する。あたらしい日本の建設には、その経験を生かさないでは不利でもあるし、正当なものでもあるまいとおもうのに、今日の多くの自由主義者や社会主義者は、この貴重な経験と四つに組んで、これを解明し、批判することをおこたっているかにみえる。

こういうふうに、「貴重な経験」という言葉に示されているような態度では、「経験」というものは、それを通過することが主体そのものの自己革命の契機となるようなものではなくて、それは利不利の問題にかかわるものとして、いわば経験が対象化されているのである。しかし、これもまた言葉の世俗的な使いかたの一例ではあろう。終戦来のわが国の民主評論に対して不満を述べた文章のなかに見られる一節であるが、そのような民主評論がおこなければならなくなっている国情についての考察を欠き、所論が平板に流れている。ともあれ「経験」とか「反省」とかいう言葉の用いかたのなかに、論者の思考の骨ぐみが読みとられるのである。他のもう一つの例をとってみよう。そこでは戦争の経験または体験が、漠然たる利不利の問題として考えられているのではなく、民主化そのものの主体的な起動力として考えられていることが、注目される。しかも、この場合にも、終戦来のわが国の民主的動向に対する不満が中心となっているのであって、発表の順位からいっても、この方がまえのものよりさきであった。

大河内一男氏は長い戦争のあいだ、これに背をむけていた学者ではない。戦時中の労働政策問題と国民生活問題を、その研究者としての立場をまもりつづけながら、もっとも活発に論じ、それのみならず、米英的秩序を凌ぐべき新秩序思想を、経済学の領域において説いた学者でもあった。すなわち戦時において大いに働き、戦後においてさらに活動を高めているという点で、めずらしい存在とされ、さらに多くの期待が将来にかけられている。その戦中戦後の理論的・政策論的活動を通じて、思想的に一貫するものと、しないものや、さらにはその前後を通じての、精神的内面における経緯というようなものは、明かにされていないのであるが、とにかくも戦時中の言論活動を、ほとんどそのまま延長して、戦後活動にまで見事に展開していった一つの事例であり、この点では、つぎにとりあげる清水幾太郎氏の場合と、よく似ているといわなければならない。大河内氏も、清水氏も、戦後にあらわれている民主的動向に対して、あきたらぬ気もちをいだいていることで、相通じるものがあるのも偶然ではないであろう。両者ともに、戦争の傍観者たることのできなかった学者であり、つまり身をもって戦争を通過したために、その心になまなましく「戦痕」をとどめている。

大河内氏にしたがえば、長い戦争を通じてえられたところの深い体験こそは、これからの国民の考え方をも、すべての運動をも規定すべきもので、批判的精神というものの足場は、まさにその戦争の経験のなかになければならない。しかるに戦後の批判的活動の多くは、この点を忘れている。「戦争犯罪者やその指導者を非難し、軍国主義的活動の多くをにくむのあまり、その下で長年国民がくるしみぬいてきたその感情と体験を無視し、いきなり民主主義の原理から説きはじめ、そして逆に戦争中の国民を非難してさえいるようにみえる。もっと柔かい気もちで、なやみいきどおってきた庶民的心情から出発できないものか」そう同氏はいう。この場合、批判の対象とされているのは、原則論的に公式化されたところの民主評論であろう。つまり一つの純粋性における窮極の立場から出発したところの、そしてそうした公式論の結果として、戦争に協力した国民のすべてを責めたてねばならないことになるような、いわば超越的な、第三者的な態度で押しまくる民主評論であろう。だが、そうした評論とは、いっそう具体的に、いかなる人々の手になるものをさすのか。もし戦争に抵抗した共産党系の、あるいはそれに近い立場の人々の評論をさすのだとすれば、それらの評論が人民のくるしみやいきどおりをもととしていない、と評するのは適当でなかろう。むしろそれらの人々こそ、戦争の惨苦と人民の苦悩から出発して、革命的評論をものしているのだ。ただ、それが文章にあらわれた形では、しばしば公式論におちいっていることも事実で、大河内氏の批判は、主としてそれらにあてはまるものとみられる。

民主主義の原則論が、いまの日本を救うものでないことは、まさに大河内氏のいうとおりだ。さりとて原則論の展開が、いまの日本の啓蒙に役立たないとはいえることでもあるまい。自由思想家列伝だの、近代思想史だの、資本論講座だのと、近ごろの雑誌という雑誌が、そうした連載もので講義録化しているとしても、それらに対して大河内氏自身執筆を拒むことができないのをみても、それは明かである。それらは一つの必要である。しかし大河内氏はいう。——

日本経済の特殊なゆがみと、国民の精神的な傴僂《うろう》化という現実の状態、まさにそのような特殊な状態を、そのまま具体的に把握したところに、当面の批判的精神はうちたてられなくてはならない。それが再建の基礎だ。すなわち日本が昭和十二年以来、ひきつづく戦禍を、あらゆる意味で味わされてきたというその実績こそ、われわれ日本人にとって、このうえなく尊いもので、これが物的および精神的な再建の基礎でなくてはならない。

また大河内氏はつづいていう。——

兵隊たちの多くは、この戦争の意味について、精神的になやみながら戦闘にしたがった。作戦部隊の指揮系統の分派主義、軍における指導層の頽廃、武器の不足低位とこれをおぎなう精神主義の横溢、戦場を通してはじめて鬱然ともりあがる人間性に対する反省、すべてこれらの新しい体験は、兵隊たちにとってはまことに驚くべきことで、かれらはいいしれない悲哀の情をもって、これをながめてきた。かれらはもの思わしげな、やるせない気分に包まれて、帰還した。そこには忠勇無双の皇軍勇士ではなく、全く新らしいものの考え方、社会の見方をおぼえた、もの柔かなひとりの人間がいるのだ。かれらは戦争には負けたが、はるかに大切なものを獲得してきたのだ。

このほとんど文学的に典型化された復員青年の叙述は、読者の心に触れるものをもっている。けれども、これは知的な、全体からみればやはり少数の、兵隊たちについていえることで、大多数については、もっと別な概括が可能であり、必要であろう。帰還兵といっても、終戦後まもなく前線からもどったものもあり、二年後のいまもまだもどらぬものもある。ひとしく前線とはいえ、大陸からもどって来たものと、南方から来たものとでは、戦争の体験そのものがえらくちがっており、戦争の終結についての見解も、将来の方途についての願望も、ときとしてまるであべこべだ。かれらはたがいにかけはなれた戦争を経験し、そして別々の戦争観を胸にいだいて、祖国にたどりついたのだ。あろうことか、あるものは復讐を胸に、そしてそれを口にもらし、またあるものは、どうしてこんな戦争をおこしたのであったろうか、という不審の念を抱きしめている。また、これを知的な兵隊たちについていえば、かれらはもう兵隊たちではなくて、一般に復員者であり、殊に全国の諸学校に復学したところの諸君であるが、かれらの国家観、戦争観については、もはや簡単な概括をゆるさないものがあろう。かれら相互の相異だけでなく、時とともに生じつつあるかれら自身の内なる変化は、まだ安定点を見いだしていないのだ。体験は戦争とともに終ったのではない。実に無条件降伏とともに、はじまったのだ。

前線における兵隊たちの体験の諸相については、大河内氏によって列挙されたもののほかに、まだまだ多くのものが、いや、ほとんど無数のものが、加えられるであろう。しかし、それらのすべてを集計してみても、要するにそれらは真の体験としての意義を完了するものではない。戦場における体験が、どうしてそのまま戦争の体験であることができるだろうか。今次の戦争が、われわれにとって体験としての全幅の意義をあらわしはじめたのは、決して戦争過程の絶頂点においてでも、その末期においてでもなくて、まさに終戦においてであり、終戦につづいた連合軍の保障占領下においてである。この戦争が、やはり戦争に共通の要素をふくみ、したがってわれわれの体験のなかに、それらの一般的要素がふくまれていたのはいうまでもなく、それらの体験のなかには、勝利者と敗者のわかちなく通じるものも多いのである。しかし、われわれにとって今次の大戦が意味するところのもの、つまり戦争体験としてわれわれがつかんだところのものの全体の意味からいえば、それらの諸要素は、どれ一つとして単独に意味を生ずるようなものではない。個々の体験は、「終戦」にともなう反省によって、ようやく十分な深さにおいて、その意義をあらわしはじめたのだ。しかも、その「終戦」たるや、世界史上稀有の大敗戦であり、そして戦争そのものの対外的な性格も、対内的な性格も、敗戦後にいたって国民の耳に、心に、徐々に伝えられて来たものなのだ。むしろ、ひろい意味での報道として、終戦後にわれわれに注ぎこまれたものが、いかにわれわれにとって重大であるか。ここ幾年、どのような世界的環境にわれわれはいたのか。いったい何をしていたのか。世界全体にとってわれわれは何であったのか。そしてわれわれをかくあらしめた究極のもの、すなわちぎりぎりの物的な条件と精神的な条件は、何であったのか。それらにこたえるものは、実に知識であり、報道であった。そしてわれわれの戦争体験なるものが、その体験たることの固有の意義をあらわしはじめた時があったとすれば、それはそのように自他を知ることによって、われわれが急角度に反省の坂をくだりはじめたときではなかっただろうか。戦争の体験をこそ、日本再建の基《もとい》たらしめなくては、と説くのはよい。しかし、体験とは決して前線におけるだけのものではない。戦争がおわるとともにおわったような、それをいうのではない。むしろ無条件降伏とともにはじまったところの体験、すなわち知識の吸収と無限の反省によってはじめて全体の意味が明かになるような、いわば全体的な戦争体験こそ、われわれの思索と生活の基礎でなければならないのではないか。わたしは大河内氏の体験に、同意できないのである。

前線の兵隊たちの体験について述べたあとで、では銃後ではどうであったか、と大河内氏はみずから問い、そしてそれに答えて、こう述べている。——

昭和十八年下半期以降は、戦局の逆転にともない、ものの不足と生活費のたかまりのため、庶民生活は苦痛をましたにかかわらず、官辺や御用学者たちは、これに逆比して、すくいようのない精神主義と独善的な観念論で生活問題が処理できるように説きはじめた。国民はこれをはねかえすことができず、合理的な生活ということについて、考えることも信ずることもゆるされなかった。特高警察と憲兵政治とは宗教裁判以上の暴力をふるった。ものの不足と生活の窮迫化、思想上の窒息、これこそは国民の大部分が、ながい戦争をとおして、日常経験したところのものであり、一方では精神的麻痺状態と、他方では捨身の反抗状態を、次第に累積しきたったところのものだ。戦争の後半に入ってからの怠業と罷業の一般化は、このあらわれだった。しかし他方には、軍および官、その他これに寄生隷属する各種の機関や人物による浪費とその特権。国民はこれらの苦しみや憤りをわすれることができないだろう。これらの生活感情は、ながい戦争を通じてえられた体験であって、これからの国民の考え方と運動を規定する。犠牲の多かった体験はこれだけではない。昭和二十年三月の東京大空襲以来、全国の各都市はつぎつぎと爆撃され、二十六万の同胞が生命をうしない、二百七十万戸が焼失し、一千万ちかいひとびとが罹災した。それはひとえに指導者すなわち軍および官の計画性の欠如と無責任、またかれらの独善的な観念論のうみだした結果だった。三月以来、銃後はもはや銃後ではなくなり、文字どおり第一線になったにかかわらず、軍隊は「皇軍」とよばれて国民の軍隊ではなく、天皇の軍隊だとされ、精兵は莫大な食糧の貯蔵とともに山岳地帯にしりぞき、武器のない国民は知らぬまに平地にとりのこされ、死守防禦の任務があたえられていた。竹槍が唯一の武器であった。このような深いくるしみと、かぎりない憤りの情は、国民がこの数年間、例外なしにこの戦争から受けたところのものだ。

そしてそれにつづけて、大河内氏は最後につぎのように論断する。——

忠実な、国家を愛する日本人であればあるほど、この苦しみと憤りは劇しいに違いないし、その劇しさはいつまでも消えず、今後の再建の方向や形態にさまざまな形で陰影を投ずることであろう。批判的精神は、何よりもこの国民の体験の上に具体的に立つのでなければならず、一切の批判や提案もこの体験から濾過されて流れでたものでなければならない。

ここで引用が長くなるのを一向おそれていないのは、戦争の体験を論じたものが終戦以来あまりにもとぼしく、そしてその体験こそ批判と建設の基礎でなければならない、と主張したものにいたっては、大河内氏のこの一論をのぞくと、ほとんど他に見あたらないためだ。しかるにここに、大河内氏の所説について注意すべきことがある。それは、今次の戦争そのものの性格について、なんら超越的な批判がくだされていない、という一点である。世界から「侵略戦争」の烙印をおされ、そしてその言葉が国内でも用いられ、すでに共産党系の人々によって、日常的にそうよばれているにかかわらず、同氏はこの戦争を、そのようにはつかまえていない。あるいはこれを、どこまでも内面から、戦争体験そのものから、迫っていくことによって、つかまえることができるものと信じたのか。あるいは戦争の体験からみちびきだされるであろう将来的なものについて、いまからいかなる断定をくだすことも避けなければならないと考えたのか。消息はわからない。右にみる批判は、むしろ戦争指導者たる軍および官の特権と、無能と、無責任と、そしてその救いがたい精神主義に、むけられているのであって、日本が戦争を企図し、計画し、そして遂行した、という基本的な事実そのものには、全然むけられていない。これはどうしたわけか。

このように、一見して大河内氏における批判的精神の限界とも見えるものが、なにから生じたかは明かでないが、もし万一にも、これが戦時においての同氏自身の戦争協力者の立場に由来するのだとすれば、ここに一つの大きな問題が横たわる。およそ戦時における国家への協力態度というものにも、いろいろの形があり、性質の区別もあるわけだけれども、大河内氏の態度はどのような性質のものであったのだろうか。それを外からでなしに、同氏みずからの主体性において述べられたならば、なにかしら興味ぶかい問題が、そこに出てくるのかもしれぬ。たとえば「認識の方法としてのマルクス主義」をとりながら、祖国の帝国主義戦争をむしろ避けられぬ道ゆきとしてながめ、戦争の大勢にみずからさからうことなしに、ただその発展過程にあらわれてくる不合理なものへの批判と、国民の生活そのものを最後の線まで守りぬこうとする決意をもって、その評論活動の主題としたのだ、というような。

3

しかし、それにしても、戦争そのものを批判せず、反対せず、国のために戦う国民のひとりびとりと、少しも変らぬ一人として働くことに、自己の運命を見いだすという態度。それが戦争そのものの徹底的な批判者たちからいって、ほめるに値いしないのはいうまでもない。もし大河内一男氏のいうような戦争の体験からの、ぎりぎりの帰結として生じてくるものが、そのような戦争批判者たちの見地と同一のものに落ちついてしまうとするならば（すなわち、この戦争をもって侵略戦争、そしてわが国をもって侵略国家とする見地に帰着するならば）、大河内氏はもはやその瞬間から、日本の指導者たちの無能や無責任を批判することをただちに中止し、批判の刃のさきを逆に、おのれ自身にこそ、向けなければならなくなるのではないか。たとえば軍や官の特権の分派主義や、無計画や、観念主義などに対する「いきどおり」が、たといどんなに大きなものであったろうと、そのような「いきどおり」から生じた「批判的精神」は、まだ決してわれわれが必要とするところの批判的精神ではない。なぜといって、そのようなものは要するに、ただ戦争のやりかたに対する批判であり、かりにそれ以上にすすんで、国家そのものの全体としての性格に対する疑惑にまで達していたとしても、しかしなお依然として、それは戦争そのものへの「いきどおり」でも批判でもないからだ。したがって、もし戦争そのものに対する批判の眼が、われわれの内部にひらいたならば、大河内氏によってなされた戦時的事象に対する批判のごときは、むしろ一瞬に消滅するはずのものだ。もちろんそのような戦時的事象のなかには、国家そのものの腐敗のみならず、戦争の性格そのものを象徴するものもあったであろう。しかし、すでに批判的精神が戦争そのものにむけられてしまったあかつきには、そのような戦争に学者として深く協力したということ自体が、自己反省の題目とならざるをえないはずである。戦争への協力程度がどうだったとか、協力態度がどうだったとかいうことは、もはや本質的な問題ではなくなり、「戦争責任」はぎりぎりまで突きつめられなければやまないものとなってしまうだろう。

　であるから、すでに批判的精神がわれわれのものであるということは、その精神がまず自己の外に向くのではなくて、自己自身に向かって働くということでなくてはならない。宗教的な平和主義者や、侵略戦争反対者としての唯物論者の場合に、ここでいう意味の反省の問題がないのはあたりまえだが、批判的精神のはたらきが、自己批判からはじまらなければならないというのは、あらゆる戦争協力者に共通のことであって、戦争協力者でありながら、しかも自己批判から出発しなくていいという場合が、ありうるかどうかは疑わしいのである。批判的精神は、したがってそういう意味で、ただ自己反省の精神を支柱として確立された場合にのみ、十分な基盤をもつことができるものとおもわれる。なんらかの形で戦争をたたかったほどの日本人にとっては、それが自発からであろうと、また強制を条件とする自発からであろうと、それが軍と政治への恐怖からであろうと、国民的な分別からであろうと、あるいはまたそれらをふくめて、運命観に徹したひとつの諦念からであろうと、とまれかくまれ、主観的には日本人たる主体性において戦ったものである以上、ここにいう反省の精神こそ、新しい出発を約束するのだと思われる。

「反省」という言葉は、終戦後に用いられたところでは、敗因の探求というような題目のなかで、道義の低下だの、科学技術の低位だの、陸海軍の反目だのと、ただ日本のこれまでのありのままを、あけすけにいいはじめるだけのことで、しかもその根に横たわっていたのは、あわよくばそれらの弱みを立てなおして、もう一度、というような、旧態のままの精神だったのだ。だから、いまいう反省とは似も似つかないものだった。ここでいわねばならぬ反省の精神とは、なにをおいてもまず道徳的なもの、道徳的であることの本質として自己主体的なものでなくてはならない。それが、この戦争についてみずから責任を感じることのできる能力なのだ。だれがしたの、かれがしたのではない。自分はこれに責めがあり、かかわりがあるのだ、という自覚。それはいわばひとつの能力にもとづくのであって、その道徳的な能力の欠けているところに、またはその能力のめざめないところに、反省の精神が生まれるということはないだろう。

長きにわたる戦争の体験。そのなかにはおのずからにして、原始的な民衆感情の基盤もかたちづくられ、そしてそれこそは日本の民主革命の過程とその性格を決定すべきはずなのに、戦後の評論にはそうした庶民的心情を表現したものも、またその心情から出発した評論も乏しいというのは、大河内氏のいうとおりだ。しかし、われわれがさらに問題としなければならないのは、戦争の体験におけるいわば二つの面についてだ。その一つは同氏もあげた現代戦争の惨禍であって、必ずしも勝敗と関係がない。ソ連の民衆の一部は、おそらくわれわれ以上の惨苦をなめたであろう。しかし、われわれは今次の大戦をとおして、もう一つのものを体験した。それは戦争遂行の過程において生じたものではあるけれども、本質的には戦争そのものと区別されなくてはならないものに思われる。

われわれは実に戦争をとおして、国家なるものを体験した。これはしたたかな体験だった。おそらく戦争と国家とは別々のものではあるまい。戦争とは国家のわざであり、国家とはまさに戦争をわざとするものだ。われわれは、国家がその力という力をかたむけつくすのは戦争においてであることを、知った。他のいかなるものごとに対しても、国家はその百分の一も熱中しうるものでないこと、戦争こそは国家の本来の業であること、したがって、戦争のなかにこそ国家の本質が残りなく露出してくるものであることを、知った。われわれは実に戦争をとおして、国家なるものを体験した。国家の名において、人間が組織的になすところのもろもろのものをみた。われわれはその名において国家をみず、そのなすところの組織において国家を見ることを、知りそめた。国家とは、その名において人々が組織し、その組織においてなすところのものの総称であり、それ以外に国家の本質などというものの存在を、奥ふかく美しく描きだそうとする一切の企ては、おそらく虚妄であることを、知りそめた。日本国とはいかなる国であるか。われわれは実にこれを知った。国を愛する、ということばはよい。しかし個人としての人間に、ときとして自己嫌悪の感情がみとめられるならば、われわれ国民としての感情に、祖国嫌悪の情が生じているとして、それがみとめられないという法もあるまい。大河内氏は「忠実な、国家を愛する日本人であればあるほど、この苦しみと憤りは劇しい」といっている。わたしはこの言葉を嚙みあてた。「国家」とはいかなるものを、同氏は意味するのであろうか。わたし自身はそう容易に、このような言葉と表現をとることのできない人間に、変ってしまっている。

大河内氏は戦争の体験を説いて、庶民的心情をいい、国民のくるしみといきどおりこそ、まさに日本再建の基《もとい》だという。しかし、そもそも心情といい、体験といわれるものは、それだけでそのような意味を完了することのできる性質のものだろうか。日本の再建ということも、疑われずにいわれているが、その意味はこれを口にするひとによって、まるでちがう。国家の再建が、はたして至高の目標たるべきであるかどうかさえ、一応疑ってみることもゆるされなくてはならないのだ。ただわたしは、「体験から出発せよ」という一つの命題のうれしさに、同氏の立場へ近寄ってみた。しかし、体験から出発するというのはどんなことであろうか。体験がただ体験のみであることができるだろうか。体験は思索を要求しないだろうか。思索がかえって逆に体験を体験たらしめるのではないだろうか。われわれは体験について考えると同時に、思索について考えなければならない。体験から出発するところの思索の方法と、そしてその方向について考えなければならない。体験はわれわれの基礎である。しかし思索はわれわれから生まれ、われわれをみちびくものでなければならない。それは抽象であり、抽象力である。それは本質的に理論でなければならない。思索は体験から生まれつつ、しかも体験を整理するものでなくてはならない。整理されない体験というものは、体験でさえあることができない。戦争体験が戦場の体験そのものでないというのは、そしてそれは終戦と同時に終ったのではなくて、むしろそれからはじまったのであるというのは、その意味である。

しかしここで注意すべきは、体験はそれ自体としても、ひきつづいているものだということである。戦争の体験につづくところの降伏の体験こそは、広義の戦争体験のうちの、最も重大な部分をなすのである。大河内氏はそれにふれるところがない。わたしが国家なるものを体験したのは、ひとり戦争においてだけではない。戦争の終る前後と、そしてその直後において、そしてそれからあとのあらゆる出来ごとにおいて、殊に権力支配的なるものの動きかたと、そのなすところのわざと、わけてもなすべくしてなさざるところのかずかずのことにおいて、国家なるものの、より深き本質をみた。国家とは戦争をわざとするものだという。そのわざを断ちきられて、なお残るところのものこそ、ぎりぎりの本質だとして、それはただ過去からの権力の組織、しかし、残らずの人間をひとくるめにその主体とするところの権力なのではなくて、そのなかのある部分によって固定的ににぎられているところの、人間の利害にかかわる権力の組織であるに近いように思われる。（それは残酷な組織でないとすれば、冷酷な組織である。）わたしは戦争そのものにおいて、権力組織としての国家の、人間に対するあらゆるふるまいを見た。国家のふるまいといっても、国家の名による人間のふるまいであった。また国家の名による以外に、なしがたいふるまいでもあった。わたしは国家の名のもとに、国家の理念のゆえに、すべてこれに服した。それは「祖国」の戦争であるがゆえに、これに服したのだけれども、しかしいかなる瞬間にも、わたしの眼が、国家そのものを凝視することを休止したことがない、というのも事実だった。他方、わたしはあらゆる努力をもって、国家を理念的に信じようとし、そしてその努力を理論的に表現さえしようとして、無態に苦しんだのも事実だった。救いようもない分裂だった。その事実と併行して、わたしは現実の国家そのものを凝視しつづけた。開戦責任者であり、戦争遂行者であった政府を、凝視しつづけたわたしの眼で、終戦後の政府と、そしてその延長でしかないところの現政府を、なんの差別もないひとつの眼で、いまも凝視しつづけている。「祖国」は永遠に武器をすてた。にもかかわらず、わたし自身が国家を凝視する眼のいろは、おそらく変っていないように思われる。

戦争指導者たる軍および官の特権と無能と無責任。その独善的な観念論にむけられた大河内氏の批判は簡潔ではあった。しかも、わたしはそのような批判について、厳密にはむしろ否定の態度をとらねばならなかった。戦争協力者の最初の仕事は、自己批判でなければならない、という原則をつきつめていけば、これは避けられぬことであった。わたしはそれのみならず、かずかずの言葉をもって、同氏の所説のふしぶしを論評しなければならなかった。大河内氏において問題となるべくして、ならずにおるところを引きだすのはいいとして、同氏自身にとっては問題とならないところにも、わたしは問題を掘りおこした。体験は整理を要することであり、整理された体験は新しい理論を生まねばならぬ、というのがわたしの考えかたである。もしすでにあたえられた理論があるのだとすれば、心要なことは、その理論と同氏のいわゆる「庶民的心情」とを、むすびつけることだ、とわたしは考える。すなわちその媒介として、体験の分析を企てることが必要だというのである。戦後の評論に欠けているのは、そのような媒介たるべき体験の分析なのだ。日本人として戦ったものの強烈な体験を、みずから主体的に、もっとも大胆に、分析することのできる勇気と思索能力が、望ましいのだ。その記述が、表現上どんなに客観的なものであろうとも、そのような操作の本来の性格が、日本人の主体的な反省にもとづいているということこそが、大切な点であろう、というのだ。連合軍および連合国の人々は、われわれにむかって無限に多くのことを教えることができ、また、われわれはそれを学びつつある。そして、共産党および共産党系の人々は、われわれに反省をうながし、また、われわれはそれによって、いよいよ反省を深めつつある。しかし、すべてそれにもかかわらず、最初に必要なものは、われわれ自身がみずから出発すること、しかもみずから戦ったものの責任的主体性ともいうべき道徳的基礎において、その体験を分析することである、というのである。それが「反省」という名目においてなされるかどうかは、さしたることではない。そこに「反省」ということばがみえているかいないかは、どうでもいいことである。しかし、それらのすべての操作が、反省としての性格をおびたものでなければならないということ。それが大切だというのである。

しかるに戦争体験というものは、突ききわめてみれば、国家そのものの体験である。戦争とはなにかということよりも、国家とはなにかということのほうが、戦争中、はるかに多くわたし自身の胸を去来した問題でもあった。戦争体験から出発する思索の方向は、もとより自由でなければなるまい。しかし、その必至の方向は国家問題であろう。これがわたしの第二にいわざるをえないことであった。もし大河内氏によって列挙された体験なるものが、もっと思索によって整理され、たとえば「戦禍」という言葉で一括されるものは、ひとまずほかのものから区別し、そして国家機構のなかにうごくものの特権と、無能と、無責任と、そしてその独善的な観念論に対して、ひとすじの分析が企てられていくならば、そこで大河内氏が突きあたらざるをえないものは、「日本国家とはいったいなにか」という問題であるだろう。身をもって戦争政策の遂行と戦争生活のただなかに働いた学者こそ、戦争の全過程をとおしてあらわれたところの、日本国家そのものの性格について、おそらく博大な批判的解剖をなしうる人だと思うのだ。

むしろ、にくしみや、いきどおりを超えて、そのにくむべく、いきどおろしきものへの批判を超えて、すべてそのようなものを産みだすところの根元を、冷静に突きとめなくてはならず、また、独善的な観念論といわれるものはなにからくるのか、その支柱は何であり、その根はどこにあるのか、というようなことも、究められなければならないだろう。救いがたい精神主義も、独善的な観念論も、単なる頭脳の産物ではなくて、現実の政治形態そのもののなかに根城があったのであり、日本の観念形態はやはり、それ自体としての体系的な論理をもち、そして実践性のものであったのだということも、明らかにされなければならないだろう。すでに丸山真男氏によって試みられた超国家主義（すなわち天皇主義または国体主義）の分析は、そのはなはだ見事な一例として挙げられなければならない。応召者であった丸山氏が、それを体験の分析として行っていることも、注意ぶかい読者の心にとまることであった。

4

終戦このかた、わが国の思想界に、一つの大きな落丁のようなものがあるということは、わたしの指摘した一事であった。戦後の評論に「戦痕」がみとめられないという言葉で、それを指摘した清水幾太郎氏の所論が、人々の注意をひいたのも偶然であるまい。戦争に反対せず、みずから戦ってきた人間の、いわば責任的主体性ともいうべきものにつらぬかれた評論が、不思議に求めがたい時である。

戦争中の日本の知識階級の、精神構造はどのようなものであったか。また、終戦および終戦後の、その精神の転変はどのような過程を踏みつつあるか。もし日本のジャーナリズムが、日本人の精神史をおのずからにして記録してゆく機能をおびたものだとすれば、この精神史には、大きな落丁が生じつつあるといわなければならない。その原因は、すでにいうように占領下の政治的条件に帰することもできるが、しかし内面的には、文筆家自身の精神の萎縮や、多くの編集者の「責任」回避心理が、その因をなすものと見られよう。そんなわけで、知識階級の反省を主たる内容とする文章は、戦後、絶無に近いと見ているうちに、ここに清水氏の内省的な一論を見いだすこととなった。同氏は、過去十年にわたる日本の知識階級の精神的な二、三の類型をあげ、そのおもなるものの意識の構造を分析して、いわば図式化する試みを、われわれに示した。それは戦争体験の自己分析と、その分析からみちびきだされた一つの実践的方向を（人間の自主性を確立するためにとらねばならぬ一つの方向を）提言している。清水幾太郎氏にしたがうと、――

知識階級のなかには、一方には完全な否認の態度で戦争に対してきた人々、そしてその信条にしたがって行動してきた人々がある。これと反対の方向のもう一つの極は、今日「だまされた」という感情となってあらわれている大衆の態度だが、しかし知識階級の大部分はこれら両極の中間にたつ。つまりその大部分というものは（おそらく清水氏自身をふくめて）十年に近い戦争の痕跡をなまなましくとどめているのだ。しかるに今日の言論にその「戦痕」を示していないというのは、そこでは国民の全部が、戦争中、右のいずれか一方の極に立っていたものと前提されているからだ。第一の極の近くには、おなじ思想原理で戦争を否認してはいたが、しかし行動による表現をあたえなかった人々がある。そのうちで経済的条件にめぐまれたものは、あらゆる職業からはなれ、だれかの力で条件が変更されるのを待っていた。そういう境遇にいないものは、もしかれが著述家であったなら、一時ペンをすてて軍需会社などの事務員になり、やはり戦争に奉仕する網の目にむすびつけられていた。

さらに他の人々は、かなりの程度まで戦争を思想的に否認していたにしても、条件がだれかの手で変更されるのを待たずに、あたえられた条件のもとで最善の途を、もしそれも不可能であれば次善の途を、とろうと試みた。いいかえると、ある理想をかかげて、現実をすこしでもこれに近づけることができればよいと考えた。それによって条件そのものを多少とも動かすことができると信じたのだろう。しかし、総じて妥協のつねとして、いつか現実をそのまま理想として説くような危険におちいり、批判の意図が往々にして弁明の効果を生みだすにいたった。これと反対に、第二の極のちかくには、戦争の勃発とともに、本心にたちかえったという意味で、にわかに戦争の讃美にむかったもの、あるいは条件のあらゆる変化を出世の機会としてしか、みることのできぬひとたちがいる。かれらはいま、デモクラシーの問題に対してもおなじ態度で接している。

清水氏はつづけていう。——

しかしながら知識階級の大部分は、二つの極のいずれでもなく、中間の地帯にたっていた。かれらは外国人が批評するほどの意味で、完全な軍国主義者にはなっていなかった。国家の教育がかれらをこの方向へすすませようとし、ときにはかれらみずからこれに徹しようと努力したにかかわらず、すでにかれらが触れていた学問や文化は、これを不成功におわらせる一般的な基礎だった。満洲事変以後の現実の推移が不吉なものとみえ、さらに不吉な前兆とみえたのは、いわばかれらの本能によるもので、この不明確な、どこか鋭い本能は、終戦にいたるまで知識階級のなかに生きていたのだ。しかし、この本能をさかなでする現実が、日をおって生長し、そして固定した。かれらの本能がどうであろうと、かれらの願望がなんであろうと、現実はそれとは無関係に、巨大なものとなっていった。戦争は不可避とみえ、ついでかれらはその渦中にあった。軍閥という一つの封鎖的集団が、国家の全体を僭称し、この僭称が次第に組織的になり、この集団の欲求は民族の名において告げられた。旧来の制度、慣習、信仰などはこの僭称と一般化とにとって、有利な道具と背景であり、しかもそれが知識階級の内部で、本能とならんで立派に主観化されていた。それは計画的な教育によってもちこまれ、日常生活の経験によってみちびきいれられ、ひさしくかれらの意識のそこに沈澱しているもの。さきの本能はこの沈澱物と結合し、並存し、分裂していた。現実の不幸な推移につれて、この沈澱物と本能との対立は、一方に国家、民族、社会面がそびえ、他方に個人あるいは人間が立つという関係となってあらわれた。外部に対する対立は、内部における分裂であり、相剋であった。本能の正しさは、いろいろの機会にあたらしく自覚することはあっても、一切の沈澱物を処理するにはいたらなかったし、ましてその外部的表現である制度や慣習を左右するなど、おもいもよらなかった。どんな叫びも、言葉になろうとする瞬間に、嘆息に変じ、自由に語りあえる友も、どこまで信用してよいかわからなかった。自分は純粋な魂のようになったのかもしれぬ。日記のうちに真実の願望を書くことさえ危険であった。なにもかも純枠になったといえばいいえる。

「すべてがこういう図式でかたづくものとはおもえないけれども、これは知識階級の大部分にとって、その意識の問題の骨骼をかたちづくるものだった。」そう清水氏はむすんでいる。このように、高度に抽象化され、図式化にまで達した思索のあとにしたがって、戦争過程におけるわれわれみずからの意識過程を反省し、それらの前後を分析してみることは、格別に意味のあることだと思う。しかし、ここにかかげられたいずれの型にも、ぴったりとはまらない他の類型があろうことも忘れられてはならない。ここでは問題が、あくまで客観的にあつかわれており、みずからを語るところはないが、清水氏は戦争否定者として、その信条を行動に表現した学者ではなく、また、一つの思想原理で戦争を否認し、文筆を折ってしまった人でもない。それどころか、同氏は問題の期間において新聞の論説委員でさえあった。おそらく右の分類でいうと、かなりの程度まで心中、戦争を思想的に否認していた人であるか、ややそれに近い人であっただろう。しかし、あるところまで戦争を思想的に否認していながら、なにかの理想をかかげて、現実を少しでもこれに近づけようと企て、それがためにかえって、いつのまにか現実をそのまま理想として説くのとおなじ結果になってしまった人々にくらべれば、もっと過誤の少い地点に踏みとどまった人ではなかったかと思われる。心の底から戦争を信じているのでもないのに、目のまえの戦争に関連させた形で、ある理想をかかげ、戦争の動向とその歴史的な性格が、その方向へ向いているものでもあるかのように、また、向かねばならないものでもあるかのように、みずから考え、ひとにも考えさせようとしたあらゆる努力は、ことごとく過誤であった。それはそれにちがいないのだが、日華事変中の思想的な評論のほとんどすべては、それに属する種類のものだった。清水氏はおどろくべき簡潔さで、それを概括した。

　しかし清水氏の分析が力を示しているのは、知識階級の大部分がそれであったといわれる中間地帯の人々の意識を、問題とした部分である。終戦にいたるまで知識階級のなかに生きていた本能、といわれるものの実体が何であるか。それは一言にして、近代的知性ともいうべきものであったとして、その知性と並んで日本の知識階級の在りかたを決定していたものは、一言にして日本人意識ともいうべきものであった。本能とならんで、知識階級の内部で立派に主観化されていたというのは、その意識を指していると思われる。清水氏は、この両者の成りたちと相互の関係について、深い表現をあたえているけれども、しかし最後の一段では、ぎりぎりの自己そのものの世界へ、すべてを消え入るもののように、引きいれてしまっている。そこではついに類型的な概括は終りをつげ、個人的なものの直接的な表白がそれに代り、そしてその表白は、文学的な高さに達している観がある。太平洋戦争の後期におけるわが知識人の意識の、一典型がここに示されている。

これはめずらしい一論である。内省の深さと、抽象の美しさと、そして表現のもの柔かさは、無類である。大河内一男氏の場合には、批判的精神の在りかたが主題であって、しかも批判の的となるべきものが列挙され、かずかずの体験が物語られ、そして国民のくるしみといきどおりが、くりかえして謳われていたけれども、すべての関心は外にむいていたのであって、内にむかっては閉ざされていたといわなければならない。しかるに清水氏では、その逆だ。ここでは人間としての自己が問題で、しかもそれが最初にして最後の問題だ。体験という言葉の厳密な意味からすれば、大河内氏においては体験が主題でありながら、内面性または内向性においては何事も語られていない。その意味で、それは体験論たる域に達したもの、というに足りない。わたしが大河内氏の所説に惹きよせられたのは、一つには、戦後の民主評論に対する一般的な不満の表明に対してであった。二つには、戦争の体験をもって新しい出発への基礎たらしめなければならない、という命題そのものに対してであった。清水氏においては、体験とか内省とかいう言葉は、ただ一文の標題としてみえるだけで、文中には見あたらないかもしれない。しかし、それは戦争体験の自己分析に充たされている。

清水氏は、知識階級の意識を図式化することだけで、その内省を終ってはいない。戦争の全過程を通じて、次第に単なる個人として、自己として、内面性として、孤立におちいってしまった人間を、どうしたらば、自主的で、実践性をもち、その力をみずから発揮することのできる人間に、建てなおすことができるか。そういう問題を同氏は考え、これに一つの答えをあたえている。——

日本人の生活は、社会学的用語でいえば、ふるい自然的集団のいちじるしい肥大と、新しい人為的集団の未発達とのうちに、いちじるしい特徴をもち、明かに中世的な姿をみせている。後者に対する冷淡と、前者に対する執着。すなわち自己に先行し、且つ自己を形成した自然集団に対するはげしい執着と献身。自己の関心からうまれ、且つ自己が形成する人為的集団に対する冷淡。歴史の力をおびてあらわれるものにはあくまでも従順で、自然の欲求のためにわれわれの手でつくられたものには自信がもてぬというその感情と態度。だが、伝統の感情がどうあれ、われわれが戦争を通じて追いこまれていった自己の内部から脱出するためには、また、さきにのべた自己分裂の状態からのがれ出るためには、どうしても自己を人為的集団の方向に拡大し再建せねばならない。人間の主体性はそのような、集団的規模において、あらためてつかみなおされなければならない。自然的なものでなく、人為的集団という作りものを信ずることが、いまはほんとうに自己を信ずる道だ。

そう清水氏はむすぶ。社会集団についての二つの範疇とその具体的な内容を了解している読者ならば、この一見して抽象的な結論が、生命に充ちていることをみとめるだろう。わたしはしかし最後に、国家と民族とについて、この社会学者がどういっているかを、読者に示さなければならない。

すでにみるように国家や民族は、社会学者清水幾太郎氏において、自己に対立するものであった。——それはしかし憎まれるためではなく、愛せられるために、である。軽蔑や憎悪の言葉を投げかけることがあっても、その言葉のうしろには表現する方法のない愛情がかくれていた。この愛情はどう表現すればよかったのか。

抽象的な観念としての日本は愛情の対象にはなりえない。はっきりした輪郭と個性のあるものだけが愛せられるからだ。そのために国家や民族への愛情は、これを表現しようとするとたんに、現在の政府への、軍閥にうごかされた日本への、あるいは軍閥そのものへの、愛情に転化してしまう。愛せらるべきものの代りに、いつのまにか憎悪の対象であるはずのものが入りこんでくる。それも社会とか国家とか、科学的に割りきっていないためといえば簡単だが、現にあたえられた意識と生活とについてみれば、だれしもこうした事情に気づく。憎んでいるものをしらずしらずのうちに愛しているという、この矛盾は、自己が純粋になっていくのにつれて、却ってふかめられたといえる。

ここで戦争体験としての国家と民族とを語りつつある清水氏は、あの社会学的な二つの範疇を、つまり自然的集団と人為的集団の両範疇を、あえて口にしようとしない。また、「国家」を機能概念でつかみ、そして「生活共同体」または「運命共同体」としての「国」という社会を実体概念でつかむというようなことを、なにもしていない。しかしここで清水氏が、それをなにもしないということ。つまり哲学にも、社会学にも、ここでかかわりあおうとしないということの意味を、どう解すべきであるか。率直にいえば、「愛国」という問題にかかわる右の一節は、惜しいかな、清水幾太郎氏の文章としては、原文の表現もいくらか粗略のようであり、あまりにもすらすらと書かれている憾みがふかい。が、文章そのものにはなんらの曖昧もない。同氏はいっている、社会や国家を理論的に説きあかそうとすれば、それがどういうことになるにしろ、「現にあたえられた意識と生活」についてみれば、社会と国家とは二つではない。これが戦争における体験であった、と。清水氏は、このような体験から思索をすすめて、なにかこの問題について決定的な解明をみちびきだそうとはしていない。体験を体験として語るにとどめている。しかしこの場合、まず体験を明かにするという一事が、それだけでどんなに意義の深いことであることか。

わたしはそこで、基礎体験に触れるところのない哲学的な論理というものが、どんなに奇妙な結果を生むものであるかを、清水氏の場合と対照するために、少しまわり途になるが、つぎに国家問題を愛国心の問題とともにあつかった他の社会学者の一論を、とりあげてみなければならない。

5

およそ学問的な思索が、生活経験をはなれて行われる日本の慣わしは、いつからのことであるのか。考え方の枠としての一つの論理が最初にあたえられ、論理が目的で、現実はそのための手段か材料であるかのようにあつかわれるという倒錯した関係。それは日本の学界にだけ見られることがらのようである。

ある社会学者は「愛国心について」という論文のなかで、国家と祖国とを二つのものに区別する方法を説いている。それにしたがうと、近代国家はもはや国民共同体の機関にすぎず、それは神聖なるものでも、権威あるものでもない。そしていわく、「眼をあけてよく見るがよい、東条を首班にいただく内閣をもって組織されていた政府、その下につづく軍部官僚をもって構成された国家のどこに神聖なものがあったか」と。こういう反問の形で述べられたものに、わたし自身が答えなければならないものとすれば、「しかり、内閣の下には、たしかに神聖なものはみとめられなかった。だが、それよりもっと上の方はどうであったろうか」と問い返さなければならない。しかし順序にしたがって、その説くところを聴いてみよう。この社会学者にしたがえば、国家と祖国とは二つのものであり、「祖国」という概念は、郷土と本質をひとしくする。それは単純な概念でなく、さまざまの内容からなる複合概念である。すなわち地域的にかぎられた特殊な伝統的文化、その担い手たる人間共同体、そして風土的環境などが、それにふくまれる。——

地上のどこを郷土にもち、祖国とするかはまったく運命的なことだ。ひとはおのれの運命を愛するがごとく、おのれの祖国を愛さずにはいられない。祖国を愛することは、おのれの運命を、おのれ自身を愛することとひとつだ。それは人性の根源から出てくる愛であり、是非善悪美醜の価値判断とかかわりないひたむきの愛であり、盲目的衝動的な愛でさえある。だからこの愛を昂揚するとき、ひとはおのれの身命をなげうって惜しまないのだ。祖国は、その人的構成の契機からいえば、人間の生活共同体だ。それはおのずから成ったもので、つくられたものではない。それは類的世界性を排し、個的人格性をうばっているという意味で種的なもの、すなわち種的共同体を基体として成立しているものだ。それが類個的な否定の契機に媒介されて、自覚的となり、自己規定的となったとき、はじめて国家が成立する。すなわち種的共同体が、おのれ自身を全体の立場から、目的意識的に組織化し秩序づけようとするとき、その働きをする機関としてつくられたのが国家だ。実体的なものは種的共同体で、国家ではない。

国家の起原を、このような観念弁証法的な論理で、きめつけられるとしても、わたしはしばらくだまって聴かなければならない。——

古代社会や中世社会では、種的共同体と国家とは未分化のままで、国家はただちに祖国と同一視され、神聖性と絶対性をもって成員にのぞんだが、文化民族が近代国家を形成するにいたって、両者の分化は明瞭となった。国家はもはや神聖なものでも権威あるものでもなく、崇高なるもの、権威あるものは種的共同体としての国民共同体だ。国家主権もまた神聖なものでも絶対なものでもない。わが憲法に国民の総意というのは、国民共同体を形成するすべてのものの完全に合致せる意志をいうのであろう。それはどんな場合にも明瞭な形をもってあらわれることのないもの、すなわち無的なものであり、その無的性格をもつ総意とは、たとえば愛国心のようなものだ。

こうした絶対無の哲学にしたがうと、愛国心というものは「無的性格」のもので、それはどんな場合にも明確な形をもってあらわれることのないものとなる。みずからの戦争体験における愛国心を分析して、その本質にせまろうとするのでは少しもない。論理的に「無」というものを前提しておいて、そこへ愛国心の通俗観念を、無検討のまま持ちこむのである。あとでその愛国心が、「無」のなかから飛びださざるをえなくなるのも当然である。しかし、いま少しその所説をきいてみよう。――

愛国心や祖国愛は国民の総意とみなされうる。総意が絶対であるように、愛国心も絶対的なのである。したがって総意の象徴であり、愛国心の対象である天皇が、主権をにぎって国民に命令するほど危険なものはない。国民はその絶対的な愛国心から、主権を絶対的なものとおもいこむであろう。しかし主権は方便であり、相対的なものにすぎない。国家とその主権にまつわる神聖性や絶対性を払いのけなければならない。眼をあけてよく見るがよい。東条を首班にいただく内閣をもって組織されていた政府、その下につづく軍部官僚をもって構成された国家のどこに神聖なものがあったか。これは現在の吉田首相の場合においても事情は少しも変らない。われわれが崇高なものとして仰ぎ、全身全霊をささげて悔いないほど愛しているのは、祖国であり、国民共同体なのである。

なんとなめらかに、しかもそらぞらしく滑べる言葉の連続であろう！　この説にしたがえば、国家とは政府機関でしかないのだ。しかし眼をあけてよく見るがよい、東条を首班とする内閣とその下につづく機構が国家であるのか。もう一つその上の天皇から、日本国家がはじまっていたのであることは、六歳の子どもでも知っていたではないか。それにしても、国家と祖国とを二つに分かち、愛国心を後者に帰せしめる安易さ。また、それを疑わずに絶対的なものときめている安易さ。今次の大戦において、この学者が個人として体験したであろうところの国家および祖国は、ほんとうに別々の二つのものであったというのか。それについて清水幾太郎氏はいう。――「国家や民族への愛情は、これを表現しようとするとたんに、現在の政府への、軍閥にうごかされた日本への、あるいは軍閥そのものへの、愛情に転化してしまう。愛せらるべきものの代りに、いつのまにか憎悪のまとであるはずのものが入りこんでくる。それも社会とか国家とかを、科学的に割りきっていないためといえば簡単だが、現にあたえられた意識と生活とについてみれば、だれしもこうした事情に気づく」と。これこそはだれしもの戦争体験の底に横たわる一事だったはずではないか。

無の哲学は、愛国心をもって「無的性格」のものとし、いかなる場合にも明確な形をもってあらわれることのないものと規定しておきながら、他方では、その非合理的・盲目的・衝動的性質をとりあげ、そして過去十幾年の戦争こそ、その愛国心のしわざだという。そればかりではない。こんどは愛国心が正しい働きをしてあやまたないためには、つねに理性のみちびきが必要だといい、そしてその機関は「理性としての国家」だという。つまり、ひとまわりして国家へもどるのだが、この国家たるや、ほかならぬ国民共同体の機関であるにすぎないといわれた、あの国家なのだ。もうわたしはやめてもよいと考える。どこへでも論理の車を空転させてゆくがよい。この学者が結論に出そうとしているのは、要するにこういうことだ。——

日本の青年よ、諸君の愛国心をあざむいて戦争にかりたてたものは、諸君の熱愛する祖国ではなくて、国家であったのだ。しかも諸君が身命を賭して防衛せねばならぬとおもったのは、実は国家でなくして祖国であったのだ。諸君の愛国心は、この意味において不明ではあったにしても、不正ではなかったのだ。諸君の純なる愛国心の志向せる崇高なる祖国を、よこしまなる国家とたくみにすりかえたのは、当時の国家主権を行使したところの、一聯の権勢欲に飢えたものどもと、その提燈もちどものしわざだ。……国家にあざむかれ、戦争にまけて、愛国心まで失ったと自嘲する青年諸君に、私は訴えたい。諸君をあざむいて愚劣な戦争にかりたてたのは、祖国ではなくて国家だったのだ。しかもこの国家は去年の八月十五日をもって、すでに滅びてしまったのだ。だが諸君が身命をなげうって防衛しようとしていた祖国は、悲惨ではあるが、依然として存続している。この祖国の惨状を恢復し、そのうえに新しい理性国家をうちたてることこそ、諸君の双肩にかけられた課題ではないか。愛国心は国民の行為を底からうごかす原動力だ。その愛国心が諸君においてあくまで清純であり、熱烈であることを希ってやまない。

つまりこれは、愛国心の「戦時普及版」から、おなじ愛国心の「平和廉刷版」へのお手軽な改版である。およそ祖国愛とか愛国心とかいわれるものの構造が、自己の基礎体験に即して分析されるということがない。あるものはただ言葉の空転だけではないか。単に言葉のうえでの、概念としての、いかなる区分が、われわれの生活そのものを、われわれの行動そのものを、区分することができるのであるか。われわれの体験において分かちがたいものを、観念的な言葉によって区分することから、いったい現実的にどんな教訓が生まれてくるというのか。

国家と国民共同体とが二つのものだというならば、それが二つのものであることを、国民みずからの体験においてたしかめうるまでに、国家そのもののありかたが、共同体から分離していなければならない。清水氏は、われわれはフィクションを、作りものを、信ずる勇気をもたねばならぬといい、あたえられたものを信ずるのはだれにでもできるが、歴史によって成りたったものを信ずるのではなく、われわれみずからの作ったものを、すなわち人為的集団を、その理念と願望を、信ずる勇気をもたねばならぬ、といっていた。そのような人為的集団が、民族的規模にまで形成されたあかつきには、あるいは国家は滅びるのがよく、また、滅びなければならないかもしれぬ。いずれにしても、われわれにとって必要なものは、清水氏において示されているような実践的な一つの方向である。そして、その基礎たるべき具体的な思想である。祖国愛がそのすべての原動力であるなどということは、思慮のある人間の容易に口にしうることではない。ましてや、具体的な方向づけのないところで、祖国愛一つを青年におしつけるなど、無思慮というもおろかである。いまの歴史の瞬間においては、むしろ日本の青年たちが深い懐疑の底に沈むのが当然である。つまり、祖国を疑い、祖国愛を疑うところへ、突きおとされていくことが必要である。ひとり日本人の祖国愛を疑うのみではない。もっと一般的な意味において、愛国心などというものを根本的に疑うことが必要な場合である。

しかしわたしが右のような学者の所説を読み、なによりさきに感じるのは、以上のような細々《こまごま》したことがらではない。そうではなくて、ずばりとただひとことでいえることである。いわく、自己そのものを現実から疎外したところの思考と教説。この学者はかくも雄弁に説ききたり、説きさり、そして戦後の青年の蒙をひらくために、愛国心の本質を教えているけれども、しかしこの人みずからの日本人としての、主体的な体験と、そしてその反省とは、つゆほども述べられていない。いったいこの人は、ここで説きたてているようなことを、戦前および戦時において、自己の思考のなかに抱懐していたのか。いたとすれば、この人の戦時における国家への態度はどんなものだったのか。この学者先生は、日本の青年にむかって真理を説き、その真理によって青年をふるいたたせることができるもの、と思いこんでいるようだ。けれども、この破局的な戦後の条件のもとでは、もっと大切なことがある。それは真理そのものではなくて、その真理がどこから来たかを示すことである。それはただ自己の体験から、自己の反省から、来るよりほかに、どこからも来ようがない。そして、それを語ることのできるものは、体験者みずからよりほかにない。

それは真理ではないかもしれない。真理というにはあまりにも小破片であったり、またはその一端にしかすぎないかもしれない。しかし、それはなにかの誤謬を、なにかの過失を、なにかの愚昧を、そしておそらく、なにかの卑屈または怯懦を、明らかにするものであるという点では、儼乎《げんこ》として冒すことのできないようなものでなければならない。そしてそれは、どんなにいろいろの形をとるにしろ、本質においては精神の告白であるというよりほかにいいようのないものではないかとおもわれる。いまの戦後において、わが青年たちが必要としているのは、慰めでも、励しでもない。いわんや思想や体系ではない。青年諸君が知ろうとしているのは、いったい、なにがまちがっていたのか、なにが消えてしまったのか、そしてなにが恥かしいことであったのか、というようなことがらなのだ。そして諸君が、おそらく無意識のうちに知りたがっているのは、そのようなことがらとわれわれ古い世代との関係である。われわれ年配者とそれらの出来事とはどうかかりあい、そしていま、われわれは自己の内面において、その出来事といかに対決しつつあるのか、ということだ。つまり、われわれ自身の精神に生じている真赤な傷口を、暗がりでなしに光のなかへ、青年たちの前へ、突きだささなければいけないのだ。

6

わたしは清水幾太郎氏における思索の態度と対照するために、ひとりの社会学者の所説を引用し、体験からも反省から出発するところのない思索、というものの空しさを考察した。その所説が、たまたま青年への訴えをもってむすばれていたことは、さらにわたしに他のもう一つの所説を想いおこさせる。それは中野好夫氏の文章である。中野氏もまた最後には青年にむかって説くのである。けれども、その文章の主たる部分を占めているものは、中野氏みずからの精神の告白である。エドガー・スノー氏が、ある日本人との対談で、卒然として、日本には奴隷が多すぎましたね、といった。中野氏はそれを読んで他人のことだと思わず、かえりみて自分はまさしく奴隷的だったのだ、といっている。

これは一見して、なんでもないことのようだ。けれども、わが戦後の論壇についていえば、これはむしろめずらしい発言である。日本人を奴隷であったというのは、いう人によって、また場合によって、なんでもないことだ。天皇が人間なら日本人は家畜だ、とよぶことも自由なのだ。しかし、みずから自己をかえりみて、おれは奴隷だった、という反省にいたるのは、一つの能力の問題である。奴隷という言葉を、単なる詩的形容として比喩的に使うのなら、なんでもないことである。しかし、言葉のきびしい意味で、人間が奴隷的であるということは、大変なことだ。しかし、その大変なことも、みずからその事態についての認知がないかぎり、大変なこととしての性格をあらわさず、またその奴隷が精神的な意味での奴隷であるかぎり、そのような事態の認知がないということと、それは相関的である。すなわち奴隷であるとは心づかないのが、奴隷である証左であり、奴隷だと知ることは、奴隷でなくなることのはじめなのだ。

なぜ日本の知識人は、心に信じてもいない戦争に引きこまれていったのだろうか。これに応えるべき答えは無数にあるだろう。けれども中野氏自身、かつて、これを日本の宿命であるといったことがある。日本の知識人はあらゆることを頭で知っても、胸におさめることができず、胸におさめても肚にいれることができなかった。つまり思想としては、日本人はあらゆる近代思想の洗礼をうけていながら、生活としては、一つもそれを実現していなかった。それを谷川徹三氏が「奇妙な事実」として、わりに簡単にかたづけたことに注目し、中野氏はそれは単に「奇妙な事実」ではない、日本の宿命なのだ、と断じたのだ。この説明をまちがっているとわたしはいうのではないが、しかし宿命観だけでは、われわれにとって脱出の途がない。われわれにとって今日必要なものは、心理分析的なもの、つまり、どうにもならないようにみえる客観的・宿命的な条件をさえ、これを思想と心理の面において、そしてそれを主体的に、つかむという方法である。これまでの日本人を、行動と実践の面において、頑として支配したところの、そしていつでも、いざというときに、われわれの「思想」の裏をかいてしまうところの、あの思想ならざる思想。これを自己反省としてつかむことが必要である。

軍国主義というものは、一部少数の軍人のなかにのみあったのではない。われわれ日本人のほとんどすべてのなかに、およそわれわれみずからの意識では、しばしばそうとはおもえない形において、あったものなのだ。それは日本の歴史と伝統だけでなく、明治維新後の学校教育と軍隊教育によって、また、二つの戦勝によって発展した明治史そのものによって、教えこまれたものであり、それらすべての上にあってこれをみちびいたものは、やはり天皇観を中心とする国体観だったのではないか。あらゆる近代思想の洗礼をうけながら、本質的に近代化しえなかった日本人の、そのあたまの中にはたらく理性的な思考に対して、いつでもどこかで限度をあたえ、しばしば哲学的な頭脳においてさえ、これを結局、非理性的な思考へ、転轍させずにおかなかったものはなんであるか。天皇観は、それ自体として決して知識人の多くを支配しえたわけではない。しかしそれが国民全体を支配しているという事態。それがまた、知識人の頭脳を決定的に支配したのだ。批判せず、否定せず、ということは、これに服するということだったのだ。

そうしたことを主観的な自己解剖の姿において、最初にきわめつくしておくことが、日本の再生の前段階として必要であろうと思われる。中野好夫氏はその歩みをすすめ、かつてみずから「日本の宿命」と断じたものを、その精神的な内面において、摑もうとしているようにみえる。同氏はいう。——

> エミール・ルードウィヒが盲従好きのドイツ人の性格を描写し、そしてそれを批判している言葉をよむと、よそごととはおもえない。まず太平洋戦争勃発以来の自分の行動にみても、そうした奴隷的性格のねづよさを、反省することができる。いまになって日本の敗戦をみとおしていた智慧をひけらかしたり、反戦を韜晦していた事実を自慢しているような人間を尊敬する気にはなれないが、自分などの戦争協力が、

結局は腹のそこから戦争を信ずることはできないくせに、ただ善悪ともに祖国と運命をともにしようという宿命的共同体の意識、いいかえれば批判の中断という奴隷的意識が、有力な要素をなしていたことは、否定できない。しかし考えてみれば、祖国への正しい献身は、決して最近まで主張されたような善悪ともに運命をともにすることではない。むしろ生命を賭しても、国家の善のために、人間の幸福のためにこそなさるべきで、献身とはそのような自覚的行動でなければならなかったことを、今日の破局をまえにして、さとるのだ。明治以来わが日本の歩いてきた途は、経済史的には独占的金融資本主義の社会にさえ到達しているとみえ、思想的にはあらゆる西欧近代思想の洗礼をうけたようにうぬぼれていながら、敗戦に直面して暴露したものは奴隷的心情だ。大詔ひとたび出ずれば戦い、大詔ひとたびくだれば矛をすてたのだと、大の男が平然と公言してあやしまない。みずからの運命のかかっている戦争を、国民の手で収拾できず、わずかに「聖慮」というもので破滅をまぬかれ、それを却って国体のほこりとさえ勘ちがいしかねないではないか。思想史的には、自由民権運動、民主主義運動、それにつづく左翼思想運動、そして文学史的には二十七、八年役後の浪漫主義、三十七、八年役後の自然主義など、いずれも近代個人の自覚とその確立のための運動だったのだが、これらの運動も国民の意識機構を変革するにはいたらなかった。

ここでわたしは、中野氏における「国家の善のために」という思想を、ソクラテスにおける愛国心の問題とむすびつけて論ずるいとまをもたない。また、ソクラテスにおける国家の観念を、われわれのそれと同一のものと考えてよいか、という根本問題にも入ることはできない。われわれがソクラテスとおなじ態度で現実の国家にのぞんでいいか、という問題は、重大な、そしてたしかに解決を要する問題なのだけれども、それにもいま立ちいることができない。ただ、国家への正しい献身についての中野氏の決意に対して、尊敬を惜しまないだけだ。つづいて、氏は奴隷的なものからの脱出の方法として、「徹底的個人主義」への途を説き、それがためには多少の害毒を犯してもよい、といいきっている。――日本人はどうしても自主的責任をもちうる大人にならなければならない。しかるに現に敗戦後の大衆の行動も、個人主義に徹した大衆のそれではなく、単に方向を逆にした盲従にすぎない。生まれながらにして宿命的な共同社会的な結合、そしてそのために形而上・形而下一切のものを無批判にささげつくすという自己犠牲の精神。この共同社会の偏向的な強調が、他面において個人の完成をさまたげ、近代的奴隷をつくりだした。自分のごときも、危機的瞬間において、ほとんど無意識的に奴隷化する本能的志向を、いまさら痛感した。しかし今後の日本では、正しい意味での利益社会的なものが強調されなければならず、宿命的・本能的な自己犠牲が、理性的・自覚的な自己犠牲の精神にまで止揚されなければならない。徹底的個人主義の洗礼がそのみちだ。そう説くのである。

　あの「無」の哲学の信奉者らしい社会学者によって、まるで手ばなしで強調されていた「国民共同体」と、そしてそれにむすびつくといわれる絶対的な「祖国愛」とは、清水氏においては、それこそ逆に反省されなければならない当のものだったのだが、それはまた中野氏においても、同様のものなのだ。

　無の哲学を説いた人が、祖国愛の福音を戦後の青年たちに説くことで、その論文のむすびとしたように、中野氏もその自己告白を、おなじ青年たちへの呼びかけにまでもっていく。しかし、中野氏は「胸に一物のある」青年たちにむかって、その「一物」が万一にも復讐をふくむものだというなら、その痴愚は救われぬと断じたうえで、祖国恢復の精神がどんなものでなければならないかを、すなわちそれはもはや明治維新におけるような目標でも仕方でもありえないことを、それをぎりぎりまでおしつめていえば、国家再興は世界国家の理念にまでむすびつかねばならないことを、時代環境の一変している歴史の歩みをしめしながら、説いている。

当面の客観的な世界情勢論でも、世界史的過程の必然的な方向についての理念論でも、いまの青年たちにとって、無用のものはなにひとつない。けれども急を要するのは、かれらの国体観をつきくずすにとどめず、さらにかれらの国家観をつきくずすことである。われわれ敗戦国民が、主権在民か、主権在君かといって、国家主権の所在ひとつを問題に、半年以上も夢中になって、天皇制論議に明け暮れていたころ、戦勝国たるアメリカやイギリスでは、国家主権放棄論が、話題をにぎわしていたのだ。算盤ならば、一桁ちがっている日本の遅れかた。この日本人の意識のおくれかたは、戦争における敗けかたよりも、もっとひどいのだということを、戦後の青年たちに説くことが必要である。ともあれ中野氏が青年に呼びかけた文章のなかで、みずから教えるものの態度をとるよりも、みずからを打ち砕くものの態度をもって、自己告白を主題にしているのが、心にふれてくる。

いま、日本の青年たちに対して必要なことは、なにごとかを教えたり、注ぎこんだりすることではなくて、むしろ一つの事態を示すことである。その事態というのも、内面的な、精神的な領域に属するものである。いまや精神的な指導者として仰ごうとする、かれらの先輩たちについて、その意外にも打ちくだかれてしまった精神の姿。それをそのままかれらに示すこと。それが必要である。もちろん客観的な事態をしめすことが無意味だというのではない。かつての戦争指導者たちが、国際軍事裁判の法廷に起たされている姿を見ることも、戦時機構のいずれかに配置されていた人々が、つぎつぎに追放されてゆく諸相を見ることも、それが青年たちにとって、そのまま大きな教訓でないというのではない。しかし、そのように客観的なものは、ただ敗戦の姿として受けとられやすい。そして、もっと重大な敗戦を契機として生じながら、本質的に敗戦とは別箇の、思想と精神の領域における新しい事態は、それらの事象からは、すこしも見てとることができない。いま、日本の青年たちにとって必要なものは、日本の思想と精神とが、根こそぎ、だめになった事態を、そのまま見つめることなのだ。しかし、いっそう正しくいえば、先輩たちのなかで、みずからおのれを打ちくだくことのできた、その道徳的な能力を、あるいは人間的な勇気を、かの人において、またこの人において、つまりあちこちに、目撃することなのだ。日本の国がだめになったのみならず、日本人の精神さえ、めちゃくちゃに打ち砕かれたのだという事実を、その内容的な理解はともかくとして、目撃することなのだ。

問題は、根本から内面的である。ひとりの主体的な精神のなかに、どれほど日本の運命の縮図が、深く、精密に、刻まれているかということは、敗戦後の日本における人間判定の、尺度でなければならなくなってきている。もちろんこれは「戦争責任」の問題と無関係どころの問題ではない。道徳的な意味では、これがそのまま責任問題にもつながるのである。ある新聞が、文化界ではだれが戦争責任者か、という問いを発したところ、これに対する中野氏の回答は、「中野好夫」であった。長谷川如是閑氏が文学者の戦争責任を論じたものを書いたとき、あなたはそんなことをする資格はない、みずから裁かれる立場にいるではないか、と警告したのも同氏であった。中野氏は、自他に対して厳粛である。責任を感じるということは、形式的ないいぐさでは常套的なものでしかないのだが、そのほんとうの意味では、一つの道徳的な能力の問題である。これは人間としての自主精神の深さに、つながったことである。いうところの民主精神というようなものの人格的な核心にまで入ってみれば、それもこの能力と無関係なものではありえまい。それは政策的にもうけられた追放の規準などとは、なんらの関係もない。

言論界の責任を問う場合に、その判定が細密でなければならないことや、程度の差は一々考慮されなければならないことは、政策というものの要請であって、それはそれでよい。しかし程度の差にすぎないものに、あえて一線を引かねばならぬというのは、およそ地上的な政策というものの、どうしようもない約束なのだ。問題は政策の側にはなくて、人間の側にある。引かれた線のむこうを「戦犯」、その手まえを戦争反対者、戦争被害者、あるいはすくなくとも戦争に責任のなかった者、と考えようとする虚構が、もし一つの風潮になるとすれば、「戦争責任」の追及ということは、該当者以外のものを責任感から解き放つ副作用をともない、したがって多くの人々から、反省の機会を奪うことにもなろう。しからばわれわれにとって必要なことは、われわれの精神を、施策そのものの限界のそとへ放つこと、精神をして精神そのものの自由な領域を維持させることでなければならない。追放令該当の問題で、学者や、著者や、大臣や、教授たちが、世間と一緒の線にそうて、さわがなければならないということは、おそらく仕方のないことだろう。けれども、そういう問題で躍起となることの危険は、ここにいう精神の領域が、無限に退いてしまうということである。法的なものでなく、道徳的なものが最後の世界であることを、人々が忘れてしまうのである。

7

わたしはここで大衆の問題について、もうすこし考えてみたい。反省と自己批判とは、どう考えてみても少数者だけの問題とは思われないからだ。あの復員青年の心事については、大河内一男氏の所説を批評した際に、すこし言及しておいたし、中野好夫氏もおなじことに触れているのだが、反省の最も困難な状態にあるものは、知識人ではなくて、むしろ国民大衆である。大衆は他から責められるべきものではないとしても、みずから責めるべきものを持たないのではない。最大多数の国民は、日本人意識にみたされ、みずから戦った人間であり、いまもその延長のままである。大河内氏が「庶民的心情」と呼んだものは、支配者への庶民的ないきどおりを意味していたとしても、しかし現実の庶民には、戦争遂行者たる主体性の片影もあり、日本人的な意識形態もそなえているのである。

いま、もしそれらの意識を打ちくだくものが、敗戦によってあたえられた外的な条件であり、つまり政治的・客観的な力だけであるとするならば、打ちくだかれた跡に生ずるのは、どのような意識であるのだろうか。真に必要なことは、単に日本人が打ちくだかれることではない。日本人が己れを打ちくだくこと、打ちくだかれるものは己れであるが、しかしこれを打ちくだくものが自分以外のものではない、ということが必要である。己れを打ちくだく力が、日本人の内から来るということが必要である。そしていま、そのようなことが可能である途は、二つも三つもあるようには思われない。知識階級が先に立たなければならない。その反省の正しさと、自己批判のきびしさと、そしてその明確さにおいて、知識階級がその在りかたを国民に示さなければいけない。自己の深い傷口をそのまま、光のなかで人々に示さなければならない。国民の意識が外からでなく、その内面から切りくずされてゆくためには、そういう途を通すよりほかはないのではないか。

もはや、この結論を約束しない文章も、終りに近づきつつある。丸山真男氏の論文をとりあげることは、ここではもう紙幅がゆるされない。プラトンの「気概」の説に関する西谷啓治氏の一論にふれるいとまもない。向きをかえずに、せめて庶民とか、大衆とか、そして人民とかいうものについて、もうひとことを。

それにはどうしても羽仁五郎氏の所論の一端を引かなければならぬ。羽仁氏は多くの文筆家が戦争中活動したことをさして、それをひとくるめに「人民の敵」にまわったものだといい、一々名をあげて、その戦時における活動を摘発している。それらのやりかたの徹底ぶりよりも、むしろ不徹底ぶりについては、別の機会に論じよう。ここで注意すべきは、羽仁氏がこういっていることだ。——

われわれ人民は、諸君を戦争犯罪人として必ずしも摘発しなければならないとおもっているのではない。われわれ人民は、軍閥でも財閥でも官僚でもないそれらの人々を、人民の味方だとおもっている。ただこの人民の味方たるべき新聞雑誌、学者、思想家、評論家が、どうして最近数年、十数年間、人民の敵となられたのか、それを反省してもらいたい。それらの人々がみずから反省し、自己批判しないのなら、われわれ人民がそれをするよりほかにない。

ここにいう反省とか、自己批判とかいうことについては、わたしはすでに多くの言葉をついやしたのであるけれども、しからばそのような反省の立場というものが、羽仁五郎氏がいうものとおなじなのかというと、遺憾ながらそうではないように思われる。

羽仁氏によって「われわれ人民」という言葉でとなえられているものは、いわば純粋に階級的な立場である。政治理論的に徹底して、みずから割りきれてしまった立場である。羽仁氏が「人民」というときの人民とは、もちろん日本の人民であり、たとえばさきに大河内氏が「庶民」といったもの、また、しばしば「大衆」といわれるもの、ときには「国民」といわれるものを、さしているのであろう。われわれはそれを疑わない。しかし羽仁氏がこの言葉を使う瞬間には、経験によって知られている具体的な、現実の日本の人民ではなく、まさに階級理論によって理念化されたところの抽象的な「人民」が、意味されているように思われる。

そこで、わたしはいいたい。現実の日本の人民大衆は、羽仁五郎氏が多くの学者・思想家・評論家を、かれらの「敵」とよぶにもかかわらず、到底その意味を解せず、その意味を解することがあるとしても、体験と実感において、その意味を承認しないであろう、と。かれらの最大多数は、戦時においてわが国の学者・思想家が、戦争に反対せず、戦争を鼓舞し、あるいはそれに協力したことをもって、当然のことと考えているのである。それをもって、目ざめざるものだといえば、日本の人民はまさに目ざめざるものだ。しかし、階級的に目ざめるということが、いかに日本人にとって困難なことであるか。もちろん、人民が目ざめないということは、階級が存在しないことではない。目ざめたものがその立場にたち、その位置から、階級的立場を宣明するのは当然である。しかし人民の意識が依然として国家にむすばれ、なおしばしば国体にさえむすびつけられているときに、純粋に階級的な立場から、「人民の敵」を云々することが、いくらか空虚を感じさせるのは是非もないことといわなければならない。戦時中に活動し、戦後において民主主義を説きはじめた人々を羽仁氏が非難し、「かれらが人民の血のついたままの手をのばし、昨日人民をだました口をぬぐいもせず、今日また人民をだまそうとする執念ぶかさに、身の毛もよだつのだ」というようなことをいうときには、まだなんとなく、おとぎばなしのような甘さを感じさせるのである。わたしはそのことをいいたいのである。

羽仁氏がわれわれに求めている反省と自己批判は、はじめから結果としての到達点が予定されている。そこへの到達がきちんと定められているという点で、わたしがいうところの反省とは、性格のちがったものだ。われわれは階級的立場というものにすわるまえに、人間として考えなければならないことを、山ほどもっている。反省というものに、一定の方式はない。まず各自の自由にゆだねるべきだ。「国家とはなにか」ということを考えるにしても、その解決をエンゲルスからレーニンまでの思考の系譜に求めよ、とは強要されたくない。文献をあとづけることは大切だけれども、いまはみずからの体験をできるだけ離れたくない。わたしは思索を、体験そのものから出発させることに決意し、しばらくその自由を保留したい。

ただ、わたしが体験とよぶところのものは、すでにいうように戦争とともに終ったのではない。のみならず、もはやどんな意味でも戦争体験とよぶことのできない体験も、その新たなる延長としてつづいてくるとすれば、わたしの国家についての思索も、その延長において、次第に一つの帰結に達しないものでもない。現に争議行動そのものを通して、多くの工場労働者と、その他の勤労者たちは、もういちど国家なるものを、体験しなければならなくなっている。いわば行動そのものによって、かれらの国家観が、無意識のうちに変革しつつあるという事態は、いっそう重大である。

経験から出発するということが、どんなにむずかしいことか。抽象理論から出発するという学者の通弊は、大敗戦のあとで一層あからさまになるばかりである。わたしは日本において、経験から出発して思索することのむずかしさと、しかしその不可避の必要を説いた。それは書斎にあって思索することを任務として疑わない人間の限界を示すのかもしれない。行動そのものによってこそ人間は変革するのだ、という原理の前には、沈黙するよりほかなくなるかもしれない。

第三章　個における国家問題――一九四七年

1

人間はいずれかの国に属するもの。しかも人間が一定の国に属しているということは、自由選択の結果ではない。われわれが日本の国民であるということは、生まれてからの自由意志で決めたことがらではない。なるほど帰化ということはあろう。しかしこれとて、一方的な自由意志で、どうにもなることではない。人間は、みずからの人間としての存在を自覚するやいなや、その存在の仕方がいかに運命的なものであるかを、感じないわけにいかない。運命的であるということは、自分が男であることや、女であることについても、感じられないではなかろう。しかしわれわれにとってはいま、われわれが日本人である、ということが問題である。これをあらためて運命的な問題として考えざるをえない条件が、われわれを取りまいている。一つの国の国民であることは、人間にとって一つの運命なのだという諦観。これほど、いまの日本人にとって自然なものもないし、また、この問題を考えつめてみるのに、現にわれわれほど恰好な条件の下にあるものもない。われわれが遭遇している政治的境遇は、いやでもこの問題を考えつめないではいられない性質のものである。

人はよく、もし自分がアメリカに生まれたならば、というような言いかたをする。また、考え方をする。そのときの自分というのは、いったい何であろうか。さきに自分というものがあって、それが日本人に生まれたり、アメリカ人に生まれたりするのではない。にもかかわらず、もし自分が男に生まれていたらだの、あるいはアメリカ人だったらだの、といったりするのは、自分というものをそれより以前に前提しているのである。それは一つの我の前提である。それはただちに近代的な自我ではないけれども、輪廻的な生まれかわりの思想にもそのような我はあるとすれば、それはただちに近代的な自我ではないけれども、しかし近代的な自我もまた、そのような我を元とするのではないか。ともあれ、そのような意味での自分というものを元としなければ、この問題と取りくむことができない。日本人であることを運命的なものとして自覚する自分というものは、日本人以前のもの、日本人を超えたものだといわなければならない。そうでないならば、日本人であることを一つの運命として受けとる主体というものは、どこにあるのか。

わたしがここに書きしるすものは、日本人としての意識においてこれを書くよりも、単にひとりの人間としてこれを書く。つまりは内なる人間が、物をいおうとしているのである。

日本人のあいだに、暗黙の誤解があり、それが終戦後、一つの具体的な形をとってあらわれているように思われる。人種的に日本人であるものは、日本人の心をもっているだろう、という不用意な見解である。現に占領軍の将兵のなかの二世諸君は、われわれ日本人の多くのものが想像で決めているようなた心境などというものを、実際には知らない。かれらは立派なアメリカ人だ。

ハワイ語でワンプカプカ（一〇〇）とみずからよぶ有名な第百歩兵大隊は、ハワイ在住の日系米人からなる千三百名であった。その隊員中千名以上がパープル・ハート章を、七十三名が銀星章を、九十六名が青銅星章を、二十一名が殊勲甲十字章を、六名が連隊勲功章を、十六名が師団勲功章を、授けられている。この部隊は一九四四年に第四四二歩兵連隊に合併されたが、その部隊というのは、在米日本人が西部海岸から待避したあとの、十ヵ所の収容所から志願した日系米人の連隊だった。かれら志願兵がいいかげんな考えで入隊したのでないことは、その赫々たる戦功が証明するとおりだ。

しかしそれにしても、国籍というものは不可思議なものだ。だれか、この国籍の不可思議を思いつめたためしがあるだろうか。これを法律問題として扱うならなんでもない。われわれが国籍を不可思議なものとするのは、国々の法律や、またはそれらに共通な規定そのものを、指しているのではない。それらの法律規定となってあらわれることがらの本質、つまり、国と国と国とがあり、個人が必ずいずれかの国に所属し、しかもその所属の関係は、場所をかえても、何をしても、断ちようがないものとして残されている。この関係は、個人対国家の関係であると同時に、国家対国家の関係である。それが個人においてあらわれた国家関係であるということは、人々がその国籍をもたぬ国を旅行し、そして滞在し、またはそこに生活しようとする場合に、あらわれる。実際、国籍というものは、人々が母国に生きているかぎり、意識するにおよばないもの、また意識することもできないもの、潜在的なものだ。それは人が母国を離れたときに、すなわち旅券とか、査証とかいうものを携えて、一歩他国に足をふみいれた瞬間から、発生する国家関係なのだ。さりとて、旅券も査証もない脱出者や、避難民である場合には、おなじことが発生しないということではない。わたしはこれを不可思議なものに感じる。

この国籍という一つの事象に集中されているものの本質に対して、いぶかしむ心が湧くのは、われわれの内部に、国家以前の者、国家を超えた者、いわば国籍を知らぬひとりの人間が、いるためであるにちがいない。

国籍というものは、個人対国家の関係である。と同時に、国家対国家の関係である。その国家対国家の関係が、個人に集中してくる最も劇しい事例が、戦争である。個人の思想感情や、政治的意見や、生活態度は、他の一切の弁明とともに、意味をもたない。ただ、かれの国籍がいずれであるか。それがすべてである。国交断絶にむかう数歩手前の資産凍結令は、海外にある日本の平和主義者に対して、除外例をもうけてあったのではない。戦争そのものの災厄が戦争反対者をよけて通るのではないことや、召集も、徴用も、個人の恐怖や願望と無関係であることについては、ここで問う必要がない。しかし終戦後の引揚者は、植民地における一切の家財と資本とを見すてて来なければならなかったのだ。すべてそれらのことは唯一の単純な規準によって、つまり日本の国籍を持つものであるという理由によって、第三国人ならばそうはならないことが、そうならざるをえなかったのだ。個人的なもの、具体的なもの、そして特殊的なもののすべては、国籍という一つの抽象のなかに消えてなくなってしまい、そして個人からみれば、極度の抽象でしかないものが、国家からみれば、それがそのまま現実の一面なのだ。戦争反対者が、反対者であったゆえをもって資産凍結をまぬかれ、戦火をまぬかれ、財産没収をまぬかれ、そして賠償の負担をまぬかれるというのなら、国家などというものは謎でもなんでもあるまい。それは合理的な人間の組織、つまりは理性によって組みたてられた社会集団の一つであるだろう。しかし、国家は別なものだ。

個人に対する国家の強制力は、いつも論じられている。しかし今日までの多くの理論は、あらゆる国家的強制に先だつ国家の絶対的な最初の拘束力に触れるところがない。個人は出生によって一つの国籍を「取得」するという。そうはみえても、国家を主としていえばそうではない。国家はいかなる個人の意志をも問うことなしに、そしてまた当人における意思能力の有無をも問うことなしに、一定条件の下で生まれたすべての赤子の額《ひたい》に、一つの烙印を押す。あらゆる強制力というのは、そのあとのことだ。

しかし、われわれに自由な思惟能力がある以上、この国籍をもっと違ったものに考えることもできなければならない。男女二十歳にして、はじめて法廷に立ち、いずれかの国籍を取得するというように。もちろん自由選択をゆるされるものとしての国籍でなければならない。しかし自由選択をゆるされる国籍などというものは、国籍であって国籍ではない。それは国籍の消滅を意味する。しかし、こんな世界法廷を空想してみることも、空想社会思想史に一ページを追加することではなくて、現に個人対国家の問題を問いつめてゆくに必要な、思考の自由のための小手調べになればいいのである。

2

あらゆる問題を問題とする人間。最も自由な思考能力をもち、そしてその能力が瞬間もねむることなく、そしてそれがいつも言葉になって流れ出る人間。そのような人間でも、ただ一つの問題を問題としない。——国家とはなにか。

太陽の寿命だの、地球の破滅だの、彗星だの、星雲だの、宇宙だの、そしてまた別な大宇宙だの、生活感覚が立派に宇宙論的極限にとどいている人間も、ひとつの遊星の上皮に生えた黴《かび》でしかないような人間生活の、鉄の枠たる国家についてだけは、考えようとしてみない。銃弾とか、電気椅子とか、くくり縄とか、そして檻とか、密室とか、牢獄とか、それはだれか特殊な人間のためにあるのではなくて、すべての人間のためにあり、ただその場所まで人間が引き出されるために、一、二の条件がみたされるのを、待っているだけだ。すべての残虐が合法化するのは、国家の名においてであり、一切の野蛮が漂白され、そして漂白された野蛮がそのまま通行するのは、国家においてである。——国家とはなにか。

避難民とか、亡命者とかいうものは、いつでも石と石とのあいだにある小石のようなものさ、母国にとっては裏切り者で、外国に来てみればやはり生まれた国の国民なんだよ。――ドイツから逃げ出し、パリに潜入している外科医ルドウィク・フレセンブルグは、開戦直前、その夜はフランスの強制収容所へ引っぱられるであろう運命の日に、帝王切開を終った手を洗いつつ、ヴェーベルにそういっている。かりの名をラヴィックという亡命ドイツ人のパリ生活をえがいたレマルクの作には、あらゆる避難民があふれ、旅券のない人間の絶望が、ひしめきあっている。しかし、だれひとり、その絶望を絶望たらしめている一つのものを、つまり地上における国家なるものの在り方を、疑うものはない。疑うには大きすぎ、疑ってみてもはじまらない。ことがらはあまりにも逼迫しすぎている。話題として採りあげれば、むやみに迂遠で、しかも無限に抽象的である。人々は思考の自由をもたず、もっていたとしてもどうにもなるものではない。ラヴィックの精神のなかに、つまりあの小説のなかに、国家問題が全然ないということが、わたしに暗黒を感じさせる。この一つの暗黒はたえがたい。これを突きやぶりたい。破れ目から出てくるものが、アナーキズムの古典化した思想であっても、それで破れ目を大きくするものならなんでもよい。

　われわれは戦争中、亡命を企てるどころか、終始「忠良なる臣民」だった。戦後におけるあらゆる思索の発端はそこにある。われわれは杉本良吉でも、鹿地亘でもない。いわんや野坂参三でない。もしこれらの人々とわれわれとの区切りを、一言でいうとなれば、それは国家観の相違である。もちろんことがらはそれほどに簡単ではない。政治家的素質、人間的性格、個人的環境、そしてその前後の一連の個人的情勢、等々。しかし、すべてそれにもかかわらず、この人々をわれわれから引きはなすものは、国家観だとおもわれる。われわれも国家について、近代的な懐疑や、科学的な理論を抱懐し、それらを時には口にし、そして思惟の内面では、国家一般を否定する瞬間さえ、あったかもしれない。にもかかわらず、生活の実際において、われわれは別な考え方にしたがい、別な感じ方をしていたわけだ。映写中は映写幕の世界に吸われていたことも真実でありながら、ひとあし映写室を出れば、白昼には白昼の論理があったのだ。思想と現実とは、日本人の心では、いわば明暗二つの世界であり、思想はスクリーンの上にしかないものだったのだ。マルクス主義者の国家理論を咀嚼し、真理性をみとめ、他方、その理論を無造作に否定するような粗暴さに対しては、むしろ反撥を感じていたとしても、しかしわれわれをマルクス主義者から分かつものは、同時にもうひとつ別なものをわれわれがもっていた、ということだ。それは普通に、もっていた、というようなものではないかもしれない。それはどう考えてみても、知的な思考過程を経て、受けいれられたものではなかったのだから。

家に戸主たる祖父があり、祖父に祖父の席があり、祖父に対しては祖父に対するようにせねばならぬ、というような家の空気には、仮説も前提もない。それはそういうものとして存在し、そして家族の各員はその存在につながっていた。家族の一員がどんな考えの持主だろうと、かれの家での在り方に二つはない。それは思想以前のもののように、全体を支配している関係なのであった。そのおなじ関係の紐の糸の、末端であるか始端であるか、はとにかく、それが皇室につらなり、そしてその糸の目が、日本社会をつくっていた。われわれはこの関係のなかに織りこまれていたのだ。この日本社会に内在するぎりぎりの論理がどんなものであるかを、われわれはかつて突きつめて問うてみたことがあったろうか。なかったといわなければならぬ。丸山真男氏によって、天皇主義の論理と心理が分析されたのも、すでにあとの祭りの一つだったのだ。すべてが、あとの祭りになっている。日本人はいつも、言葉で組みたてられた既成概念の世界にあそぶことを好む。けれども、現実そのものの核心において、それを支えている論理を、生きた肉体から肋《あばら》の骨をぬきとるように、自分の思考力で、摑みとることを知らなかった。近代的な諸思想を、ほとんど我がもののようにして、自分の手垢で光らせておきながら、それと反撥する根本構造をもった社会関係のなかに、平然として生きていることができたということは、その社会関係をそうあらしめている論理の骨ぐみを、あえて知的な体系として表出してみたことがなく、ひとつの平面で、それとこれとを、ぎりぎりまで比べてみたこともなかったということだ。比較さえないところに、対決などは考えられない。

戦後の批判も、分析も、すべてはあとの祭りである。われわれはぼんやりした態度で、しかし事実においてはいつでも、日本社会を承認し、すくなくとも生活の実際において、それを承認しているものの態度で、生きてきた。弁護もせず、讃美もせず、そんな社会関係の理論的基礎づけなどは、夢にも思ってみたことはない。そんな事実そのものに、責任を感じたこともない。しかし生活の実際において、その関係の全体を承認しているということは、いざという場合に、そのような関係の理論的表現を突きだされれば、舌をのばしてそれを呑まなくてはならない、ということを意味する。われわれ知識人の多くは、日本的な国家観などを本気で承認しようなどとは、一度も考えたことはなかったかもしれない。しかし、時局とか戦争とかいう締め木にかかって、いよいよとなって声を出すときには、「皇国の隆替」であり、「みたみわれ」であり、「醜《しこ》の御楯」であり、「天皇陛下万歳」である。将兵だけではない。記者も、学者も、詩人も、思想家も、軍隊用語と右翼用語のなかで、自分自身の言葉の身づくろいをしなければならなかった。われわれのものと思っていた近代思想は、結局、一つとしてわれわれのものでないことになり、かつて夢にも思ったことのないものが、あろうことか、われわれにとって最後のものだったのだ。

野坂や、鹿地や、杉本の諸氏とわれわれとの開きは、最初は一見してわずかなものにみえるかもしれない。しかし人々は、一定の思想を信念において把持し、そしてその信念と容れない事物を、それらにからまる一切の感情の蔓ともに、遮断することができたであろう。われわれはそうではない。一つの思想にむかって窓をひらき、もう一つ別な扉を半開きのままにしてあとに残し、いざというときには、前の窓をぴしゃりと締めることができた。蔵原惟人氏の非転向を、ひそかに祈るような心もちで、肯定する心はあっても、杉本良吉と岡田嘉子の越境を、羨む心も、ほめる心もなく、鹿地亘氏の中国における活動を新聞がつたえたときには、わが眼をうたがったほどだ。尾崎秀実氏の事件が発表されたときの驚愕は、いまも記憶になまなましい。いつのまにか、マルクス主義から遠のいたばかりではない。われわれは多くの国民とえらぶところのないものとなりつつあった。いや、そうではない。日本の知識人は、ただの一日といえども、多くの国民から自分を引きはなし切ったことはなく、マルクス主義に近づいたと思った日はあっても、到達したことはかつてないのだ。戦争が試金石だった。そして現にあるがままの国家に、加担したのがわれわれなのだ。鹿地氏や尾崎事件に対する当時の感情を、反芻してみなければならぬ。当時の感情を忘れるということは、すべてを忘れることになる。忘れては、ごまかしては、ならぬ。戦後、一朝にして価値と評価の顚倒が生じたとしても、それは活字と輪転機による転化だ。われわれ人間は、それほどたやすく転化してはいないし、また転化してはたまらぬ。当時のわれわれの感情の支柱は何であったのか。その支柱はとり去られているのか。現にあるがままの国家に、加担したというのはどんな意味なのか。われわれが護ろうとしたのは、いったい何なのか。

3

人々は口をそろえて、これまでの愛国心を批判しはじめている。柳田謙十郎氏も、横田喜三郎氏も、戸沢鉄彦氏も、船山信一氏も、そして青野季吉氏も。しかし、これまでの日本人の愛国心を批判しはじめている人々は、その戦争中の自己の国家体験を反省し、そして分析し、その愛国心の核が何であったかをたしかめ、その核を、口から奥歯を引っこぬくように抜いてから、ものをいいはじめているだろうか。わたしはそれを疑う。

あらゆる学者は、「祖国」や「母国」から、「国家」をもぎはなし、「民族結合体」や「運命共同体」から、「国家」を分離することに、成功しているようである。そして愛国心の対象を、国家から祖国の方へ、つまり生活共同体の方へ、転化させることで、概念世界における科学的な大手術を、終ったようである。縫合もすんだようである。しかし国民の心の内部では、日本国家と祖国日本とは、依然として同一であり、戦争体験において、それは二つのものでないのである。手術は概念構図の上でおこなわれたものであるにすぎない。ひとり国民大衆において、核が残されているだけではない。愛国心を否定して祖国愛を説きはじめている学者の内部にも、この核は残されている。国家を一つの社会と考え、祖国をもう一つの社会と考えることは、政治学者や社会学者の立派な抽象的意図である。しかし、それはどこまで行っても抽象的意図であるにすぎない。

焼け残りの愛国心も、この際一応、焼きすててろ。哲学者の出隆氏がそういって、それ以上多くをいわなかったのは、比較的無難というべきだろう。むしろ一番光っていたかもしれぬ。しかしこれまでの愛国心は、それをそのまま国家から祖国へ転化させればよいのだ、というのであれば、それは単なる概念世界と言葉のうえの操作であるにすぎない。国家と民族とを分離し、国家は民族の理想に奉仕するものでなければならないとする南原繁氏が、大学総長としての紀元節の演述で、無名の戦争にかりたてた「愛国心」とは異なるところの「祖国愛」を、説きはじめたのも、結局それとおなじ伝である。愛国心をやめて祖国愛を、というのはわるいことではない。国家をやめて民族を、というのは、それもわるいことではない。それらはすべてわるいことではないけれども、つまらないことではあるまいか。民族というものを考え、それを実体として、国家をその殻か何かのように考えてみるのもよい。しかし、わたしは呟かずにおれぬ。——殻とカタツムリとは別であろうか。殻から這いだしたカタツムリだの、甲羅からぬけだした亀だのというものは、だれか見たことがあるのだろうか。国家と民族とが、日本人にとって同一であることは、それらの殻や甲羅の関係以上ではないだろうか。国民がそれを本能的に知っているなら、学者というものは、その本能の核心が何であるかを、説明することからはじめなくてはいけない。

なるほど、われわれ日本人の国家観は素樸きわまるもの、根本的に誤ったものであったかもしれぬ。しかし、もし誤りという言葉でいいだすならば、これまでの国家というものの在り方が、すでに誤りなのであるから、国家観の誤りというのは、きっとその現実からの派生物であろう。社会学や政治学の研究では、学者は現にあるものをあるがままに受けとらずに、かくありたいと思う構図にしたがって、現実を抽象的に区分する。科学的概念というものは、そういう意図をふくんだものだ。区分されたものは現実ではなくて、かれの頭脳である。国家と祖国とを区分するのも、愛国心と祖国愛とを区分するのも、おなじ作用である。これに反して、国家そのものの在りかたが、もし政治的にも、社会的にも、変質してしまうならば、ひとりびとりの愛国心などというものは、主観において微動だもせずに、根本的な変質をとげることもありうるだろう。われわれにおける国家観の誤りは、それを発見することが、ただちにそれからの脱出を意味するような、そんなものではない。国家そのものの、どうにもならぬ現実の在りかたが、ひとりびとりの観念の鏡面に映ったものが、われわれの国家観であるとすれば、鏡を砕いても実体が消えるわけではない、主権国家だの、国家の絶対主権だのというものこそ、愛国心の核である。これまでの愛国心なるものは、近代における国家主権の個人的な主観化であり、国家主権そのものの究極的な支柱でもあったのだ。

すべての日本人が軍国主義者であったかとか、侵略主義者でなかったかとかいうことは、わたしには興味のある問題ではない。軍国主義からも、侵略主義からも、遠いはずの人間が、いざ戦争となると、とにもかくにも国家の動向に服さざるをえなかったという一事だけが、問題である。その戦争が、納得できない事件の連続でしかないことや、なんとか拾収されなければと念じながら、しかも決然として反対するでもなく、戦果のあがるのをきけば、人なみに嬉しそうな顔もし、陸海軍や政府筋の委嘱があれば、なにかれとそれに応じて、嘱託でも、委員でも、どんな働きでもする。大厦《たいか》の顚《たお》れようとするや、一木のよく支えうるところでないとして、その動向に従うということの、ひとりびとりの内面には、もちろん複雑な心理の交錯もあり、生活事情もあり、悩みも、疑いも、怖れもないではない。その心理における個人差は無限であるとしても、しかしすべての日本人の思想の公約数をなしたものは、「戦争となった以上は国家に殉ずるよりほかはない、応分の働きをするのだ」という一つの想念ではなかったか。天皇主義でもなければ、日本主義でもない。ただ、国家に奉仕するという義務感。論理的にいえば、やはり国家至上主義。しかしその基底にあるのが、近代の国家主権そのものである。

わたしはいま、そのような国家主義が、日本国民だけのものであったとは思わない。「祖国のためには正邪を超越」という諺は、アメリカ人のものでもある。しかし、わたしを真のマルクス主義者から分かつものは、要するに、わたしを支配したものが、あの思いもよらぬ日本的な論理だったということ、さらにそれを支えたものが国家の論理だったということである。

天皇観が、この国家主義に焼きこまれていたのは事実だろう。しかし、この国家主義は天皇観から生まれたのではない。おそらく逆に、この国家主義のうえに忠君愛国思想も成りたち、またそのうえに天皇主義も生長したのだろう。国家のうえに国家がなく、国家の下に国家がないという近代国家の在り方が、その根本の条件をなしている。世界的立場からみれば、国家は世界を形成する単位でしかないけれども、国家の内部からみれば、国家を超えたものはなにもないという意味での、近代国家の絶対的な在りかた。つまり、その絶対主権の観念像としての国家至上観、しかもキリスト教の背景もなしに、その絶対観の下における個人の運命的な在りかた。そして国籍というものに集中的な表現がみられるところの一般的な決定力。それがおそらく天皇主義そのものにとっても、一般的な基礎であったろうし、多くの知識人がどんな戦争にも協力することができ、しかもどこか心の底で安心していられたのも、やはり主としてその国家観が、安心の支柱となっていたのだろう。大多数の国民とても、狂信的な天皇主義や、大東亜の思想に親炙《しんしゃ》していたのでは決してない。ただわれわれ知識層をふくめて、国民のほとんど全体の底を貫いて流れていたものは、国家至上観なのだ。

愛国心というのはほかでもない、近代国家の絶対主権を前提したところの、そしてそれが主観的に裏がえされたところのものである。それは国家を絶対のものとし、国法にしたがい、国家の命令に服することを美徳とし、さらに国家の運命に殉ずることを義務とする心情なのだ。真に祖国の防衛のために立つのみならず、祖国防衛の名において呼ばわるものの声にも立ち、真に正義の戦いに立つのみならず、正義の戦いを宣するものの声のためにも立つ。事実、それは侵略戦争と呼ばれなければ結着をみることのできない戦争においても、自国のために戦うものとなったのだ。愛国心とか愛国主義という言葉の意味を、人はいまからどのようにでも改修することができようし、別なものに差しかえてしまうこともできよう。しかし、わたしは、諸氏のように一挙に前進せず、ひとり踏みとどまり、これまで疑われることのなかった通俗的な興味における愛国心を、問題とする。それは一つの核から生じ、そしてそれはそう簡単に抜きやすいものではないということを。

追放令にもとづく教職員の資格審査方針にあらわれている文部省の態度については、さきに論じた。侵略戦争を理念的に正当化すべく、積極的にでっちあげた思想言動のあった者に、メスは加えられるが、「単に一国民として正当に愛国心を発露した思想言動は糾弾せず」と、それはいうのだった。いかなる言辞を愛国心の発露と見、いかなる言辞をそれ以外のものとみとめるかは、到底容易のことではない。全国各学校の校長という校長の、戦時におけるあらゆる発言が証拠を残されないというのは、胸をなでおろさせる救いであるとしても、しかしそれを救いとせずに、内省において悩みつづけている校長たち、教師たちが、どんなに多いことであろう。戦争には、すでに侵略戦争の烙印がおされている。しからば侵略国の側における国民の愛国心とは、いったい何であるのか。戦争そのものはわるい、しかし愛国心の発露はとがめることができぬ、という矛盾。その矛盾を露呈したのが、文部省の態度だった。戦時においで着せられた衣は、すべて剝がれていった。しかし明治以来の国家観の核そのものは、維持されたのである。

4

一つの不思議な革命。革命にともなう諸要素を、一々具備しながら、他面において、革命における若干の条件を欠いている。この後半の部分については、ここでは何もいうことがない。終戦を境として、人間および人間の行為に対する評価がくつがえり、一般的な逆評価が成立した。売国奴とののしられたものが、救国者とよばれ、国家的犯罪人とみとめられたものが、国民的英雄として駅頭にむかえられる。静かではあるが、まさしく革命の相貌だ。野坂参三氏はいう。――「ファシストどもはこれまで共産主義者を非国民とよび、売国奴とののしった。しかし共産主義者こそ、真にその民族を愛し、その国を愛するものであることは、今次の大戦を通じて、いたるところの国々で立証された」と。延安からかえる早々、おそらく最初に筆をとって、述べられたものの一つだ。日本の国民はこれを読んで、新しい愛国主義とは何であるかを、ただちに理解しただろうか。日本の学校教師や知識階級の古い愛国心と愛国主義とは、その場で整理されていっただろうか。たれしも野坂氏の言葉に耳をかたむけ、まだもっともっと聴きたいと思うだろう。半分わかったようで、半分わからないようで、みんなわかった瞬間には、みずから共産主義者であることを見いだすのだろうか。階級を国家のうえに位せしめる心意が、よどみなく通じてきたら、これらの言葉も半真理とは思われなくなるのであろうか。しかしそれはいかに困難なことか。

「久しく亡命中だった野坂君が帰国して、愛国ということを強調している。空襲下で人民と苦しみを分ちあうことをしなかった同君から、愛国の定義をきくのはすこし不思議な気もするが。」そういいだしたのは転向の巨頭佐野学氏だ。――

野坂君はその属する党がはたしてこれまで愛国的だったかどうか、党の本質からして愛国的でありうるかどうか、という自己批判を欠いている。愛国には四つのことがらがある。第一に、自国の人民に対する無条件の愛。第二に、自国の歴史と伝統に対する尊敬。自国を軽んじたり、憎悪したり、外力に依存したり、外国の運動方法のまねばかりしたりするものは、愛国を口にする資格がない。愛国者とは、日本自身から発する力を、自分自身のなかに感ずることのできる人だ。第三に、愛国は読んで字のごとく、国家を愛することだ。国家は階級支配の機構となった悪い側面もある。しかしこれは人間に組織と秩序をあたえ、一定の理想を実現する力をもった共同体だ。民主主義の徹底も、社会主義の実現も、国家の枠内におこなわれる。愛国者はなによりも自国の自力をおもんじ、国家の独立のために努力する。国家生活が低落して、社会生活が上昇する、ということはありえない。第四に、愛国者は、階級性と国民的なるものとの、正しい調和に努力する。階級的エゴイズムにとらわれて、国民的な動機を身につけることのできないものは、陰惨な派閥的堕落におちこみ、国民から親しまれないものになってしまう。

いうまでもなく、これは全面的に日本共産党に対する批評である。と同時に、国民的なものを階級的なものの上に置こうとするものである。かつて指導国家日本を、小国家群のうえに置こうとした大国社会主義者の、愛国論である。しかし、日本自身から発する力を自己の内部に感じるとは、そもそもどういうことであるのか。なぜ、われわれは日本の歴史と伝統とを尊ばなければならないのか。いったい、歴史とは何をいい、伝統とは何をさすのか。一切の評価または反評価の基準は、国民的なものから生ずるのか。階級的なものから生ずるのか。それとも、それらを超えたものから生ずるのか。わたしの惑いと疑いは果てしがない。

志賀義雄氏はいう。――戦前から日本では愛国という言葉がむやみに使われ、それが日本民族の最大の精神的特徴のようにいわれてきた。それは一九三一年の満洲侵略開始以来、一段とはげしくつかわれ、一九四五年の八月十五日までは、日本人の唯一の精神であるように、軍国主義者がそれを説きまくっていた、と。これは志賀氏が、佐野氏一派を批判する第一論文の書きだしである。ある意味で、これは戦時の実相ではない。戦争経験者がだれでも記憶しているように、世界の諸国民に通有の愛国心は、むしろ否定され、日本人に特有のものとして忠君思想が鼓吹された。つまり時宗ではなしに、正成が日本人の典範でなければならないというのだった。湊川精神であった。一般的な形における愛国心の提起は、しばしば非難の対象とされ、天皇を神とする天皇主義が、言論報道界を支配した。志賀氏は獄中にあって、それを見なかったのだ。

日本兵の残虐行為は、単なる愛国心からは説明することができない。それは天皇を神と信ずることから生じた、というのがアメリカの一記者の解釈である。今次の戦争の言論指導において、「愛国心」を民族無比の精神的特徴だとする要素は、みとめられなかった。しかし志賀氏はつづけていっている。「戦争が敗北に終ってから、たれも愛国心や民族について立ちいった議論をするものがなくなったなかで、出隆氏が『愛国心について』という論文を発表したのは、この問題をふかく立ちいって批判し直す一つの試みとして、論旨の如何をとわず、注目されていい」と。しかしわたしの見るところ、出氏の論文は、田中美知太郎氏の同題の論文とまるで双生児みたいに、ソクラテスの場合を扱ったものであり、現代における愛国心の問題を哲学的に分析したものではない。この問題を批判しなおすような試みだったとは、お世辞にもいえない。

現に多数の民衆が、戦争中煽られた愛国心のやりばにこまっている。そこで愛国心なるものについて、古代ギリシャのソクラテスの場合を例に、考えるところを述べろ、というのが編集者の注文であったという。出隆氏は、わずかに最後の数行で、迷える民衆のために、こういっている。——

最後に、戦争に煽りたてられた愛国心のやりばにこまっている多くの若い人々に対して、親切で理解のある言葉があたえられねばならぬが、その愛国心にも、種類や濃淡にいろいろあって、それだけ多くの言葉がかけられねばならない。しかし不親切なようだが、ただ一言だけ。なにもかも焼かれたのだ。亡びないはずだったその国まで亡んだのだ。この際、焼け残りの愛国心も一応きれいさっぱり焼きすてるがよい。そうしてそこに焼いても焼けない自己、破ろうにも破れない国それみずからを、みずからのうちに摑んでもらいたい。

破るにも破れない国を、みずからのうちに摑め。こういうアフォリズムが、今日の日本の青年にとって、実際にどんな意味をもつのか。このアフォリズムをどう解するかは、われわれにとってさえ容易な問題じゃない。田中美知太郎氏にしろ、出隆氏にしろ、「愛国心について」というおなじ題の論文で、主として扱っているのは、いいあわせたように古代ギリシャの哲学者だ。専門家としての学殖のゆたかさは目もさめるばかりだが、そのみごとな分析と推理とが、おなじ力をもって、現実そのものにむかって働こうとする気配の見えないことが、わたしには問題となる。田中氏の場合はあきらめておく。出氏の場合、ひとりの古代ギリシャ人の精神と人格とを、かほどまでに克明に解析することのできる人が、現実の日本人の愛国心の問題になると、これをまともに取りあげず、なにやら照れくさそうに、うるさそうに、そしてまた謎のように、「焼け残りもきれいさっぱり焼いてしまえ」という。「亡びざる国を自己の内部に摑め」という。

しかし、若い人々への不親切というよりも、それが哲学者たる人の、自分自身への、哲学そのものへの、不親切ということにならなければよいが、とわたしは思う。哲学者が哲学的であるということは、解くべくして解きがたい現実に対して、問題を哲学的に提起し、これを哲学的に処理することではないのか。愛国心の問題は一般に解決ずみであって、ただ一部の若い復員者の胸に、くすぶり残っているような問題ではない。問題は、戦争に協力した哲学者自身が、何よりも自己のために、哲学そのもののために、正面から取り組まなくてはならないはずのものである。一方に、社会学と「無」の哲学の混血児が登場して、わけのわからぬ愛国心を説いているようなときに、出氏の愛国心放棄の提言は、買われてよい。しかし、日本の哲学教授が、「哲学者」であるよりも西洋哲学史家の一種にとどまるのは、わたしの深い、尽きない嘆きである。

5

昨日の戦争体験または国家体験を、今日は忘れてしまったかのような新しい愛国心論議の渦巻。しばらくその渦に巻かれてみよう。――中野重治氏が愛国と売国という問題をとり上げた時ほど、激昂しているのをわたしはみたことがない。共産党員を「敗戦成金」と呼んだ山浦貫一氏が論駁されているのだ。

――

愛国ということ、国を愛するということはわかり切ったことだ。それは国を愛することだ。国を愛することを実行することだ。それを妨げるものと戦うことだ。それは反対を考えることで一層よくわかることだ。愛国の反対、国を愛しないこと、国をけがすこと、国を売ること、売国ということを考えることで、愛国は一層はっきりするのだ。愛国と売国とは正反対だ。愛国者は売国奴を決して許さぬのだ。……売国奴も決して愛国者を許さぬのだ。……しかしただ売国奴を名のって出るものは一人もないことを頭におけ。誰も彼も、売国奴も、あるいは売国奴ほど、言葉だけ、そぶりだけで、愛国者を気どるのだ。東条氏をみよ。斎藤瀏氏をみよ、実行が愛国者と売国奴とを分けるのだ。言葉の上べでなく、中味がわけるのだ。

こういう論駁の文章が書かれたときの情況を無視してはいけないが、しかしこれを切りはなして読めば、共産主義者の立場が愛国者ときまり、そして愛国と売国という二つの対立概念があたえられただけである。国家とは何か、という設問の切りこまれる余地をあたえないとすれば、論理はただ対立概念の平面上で、むすんだり、とけたりする以外にない。文章が強い感情を表現していることでは、これは立派に文学者のものだとしても、しかしその骨ぐみは、野坂氏の場合と同一である。しかるに中野氏が、現に天皇と天皇制とについて、しばしば熱をこめて述べていることは、一党員の言葉であるよりも、ひとりの文学者の言葉である。とすれば、愛国の問題についても、それとおなじ質の、おなじ深さのものを、おなじ人に、わたしが求めたくなるのは自然であろう。

愛国とか、愛国者とかいう言葉ほど、曖昧なものはない。これほど濫用されやすいものはない。そういう用語はない方が無難だ。そう書きだすことで、やっぱり「愛国心について」という標題の文章をものしたのは、青野季吉氏だ。この問題はまず自分を心理的に追究し、それをふくめて、さらにひろい基礎で論理的に追究しなければならない、としているのは、もっともである。しかし青野氏もまた、今次の戦争における自分の言動と心理の内面を、分析しているのではすこしもない。同氏はそのような自己省察に興味を示さない。国家は一応問題となるが、根本的に疑われてはいない。一方に、人間精神の自由と創意をおもんずる国家の、つまり個人が民族を超え、国家を超えて、世界に生きることを可能ならしめるような国家の、展開を望み、他方には、そのような個人の確立をのぞむ。ナポレオン戦争に対するゲーテの態度が手本である。ゲーテはドイツ国民であると同時に、そのまま世界の一市民であり、ゲーテによって代表されたドイツ国民が、すなわち世界の市民である。「世界に生きるものとか、世界の市民とかいうものは、決して国籍のない浮浪人ではない。そういう浮浪人であるなら、却って世界に生きることも、世界の市民たることも、できないであろう。単に空間的にいっても、世界の諸国家を離れて、世界そのものといった場所は存在しないからである。」新しい愛国心とは、右にいうように開かれた精神の個人が、その祖国をそのように開かれた状態に置こうとする不断の創造的な精神にほかならない、という。

愛国心などという言葉は、ない方が無難だと思いながら、編集者から出題があれば、新愛国論をものさなければならないところに、現代日本のジャーナリズムに生きる人々の、くやしさがあるのかもしれぬ。出隆氏は、焼け残りの愛国心を焼きすてろ、ときっぱりいいきったが、青野氏は愛国の語義をすっかり新たにして、これを未来に活かそうとする。トマス・マンでも、ロマン・ローランでもなく、漱石とゲーテが、青野氏の取材である。

しかしここでわたしは、諸国家を離れて、世界そのものといった場所は存在しない、という旧来の思考について、一言を挿みたい。それが昨日までの公理であったとしても、戦前と戦後の峯をわかつ思想の水脈は、それが公理であることを疑ってみることから、はじまっていると思うからだ。世界に生きるものとか、世界の市民とかいうのは、国籍のない浮浪人ではない。そういう浮浪人なら、世界の市民たることもできない、と青野氏はいう。しかし今日の問題は、この事実を疑ってみることのできる精神が、つまりこの事実そのものへの批判的精神が、世界の現実にも、われわれの内面にも、可能ではないかというところにある。一歩すすめていえば、現実に国籍のない浪人でなくては、文字どおりの「世界市民」とはなりきれないのではないか、というところにある。いまは世界的な無籍者が、実際に登場することのできる世界が形成されなければならないのではないか、というところにある。尾崎行雄氏のような高齢の人が、すでにそのことをいっている。国家への懐疑や否定は、人間の思想としては、もちろんいまにはじまることではない。しかし、いまは歴史的現実そのものが、そういう国家の絶対性を否定しようとして、動いていることに注意しなければならない。青野氏の愛国心論は、体験の分析を欠くばかりでなく、思想として新味を欠くのである。

恒藤恭氏は、『世界民の愉悦と悲哀』という四半世紀前の一論に加筆して、題をかえて世に問うている。そのなかでいうには、「あらゆる権力のなかで、もっとも強大なものは国家であるから、世界民の権利はなによりもまず国家にむかって、すべての人類の自由と幸福とを確保させることを要求しうることでなければならぬ。世界民の義務の主要なものは、国家をしてかかる要求に応じて、すべての人類の利益のために活動させるよう、国家を指導することでなければならぬ。世界民がいずれかの国に籍をおいているのも、かかる権利を維持するため、かかる義務を履行するための方便とみらるべきだ」と。この徹底した世界主義は、あの国籍というものを、生まれたての赤子の眉間におす国家の烙印としてではなしに、逆に国家の急所を個人が抑えるための足場のようなものに、空想しているのである。しかし国際連合が、現にいかに不確実なものであり、歴史的に見ていかに試行的なものであるにしろ、その精神の基底には、この論理が一つの縮図としてこめられているはずである。

戦争防止のために必要な原則は、国際協約の対象を国家におかないで、個人におくことだ。W・リップマン氏もそんなふうにいう。——

世界法が個人のうえに働くようにするのだ。世界政府の制度はなくとも、これは即時適用できる。国際条約の条項が国内法になるまで、条約は批准したことにならないことにすればよい。国際連合に属するいかなる国家の成員も、世界法の保護をうける権利があり、その義務をおうべきだ。この法に違反したものは自国政府の保護をえられず、海賊のごとく公権剝奪者となり、国際連合員たるいかなる国でも、逮捕される。世界法に違反して、祖国に忠誠を誓うことは、だれにもできなくなる。世界法を破ろうとする自国内の陰謀を暴露することは、非愛国ではなくて、その逆である。犯罪人は政府であって、個人ではない。

リップマン氏はここで主として、原子エネルギー管理の問題を考察しているので、この種の協約は、個人の自由を用いて国家の絶対主義をとりしまるものだというのである。すべてこれは理論であって、まだ十分に現実ではない。国家の絶対主義はなくなっておらず、個人の自由も保障されてはいないという現実を、超えようという理想論である。しかしリップマン氏が世界法を通じて、忠誠の問題に触れることを忘れていないのは、注目されなければならぬ。忠誠の問題は、現代における国家問題の急所であり、これが急所となったところに、現代の国家問題の新しさがあるのだ。多くの読者も、この急所を押されることで、はじめて問題の新しさに気づき、国家問題の鎖の端の一環が、自分の心臓につながっていることを悟るにちがいない。

世界と個人とを直結する方法がないことは、久しいあいだの常識である。文化論的な形で論じられるときにも、普遍に通ずる道は民族を媒介とする以外にない、という。さきにあげた南原繁氏の記念講演にも、そっくりそのとおりの言葉がみられる。しかし、文化が必ずしも民族を媒介としないことは、ナチスを追われた学者や芸術家たちが、アメリカへいってどんな活動をしているかを思い出してみればわかるだろう。尾崎行雄氏はいう。――

> すでに第一次大戦のあとで、列国の有識者のなかには、国家思想と民族観念の改革を、教育の改革によって達成しようとした人々もあり、ラムゼー・マクドナルドのごときは、「愛国者と称するごろつきども」という言葉を慣用した。わが国では明治の初めまでは、藩民はあったが国民はなく、藩と藩との境には関があり、他藩のものが相合うとき互に刀に手をかけたほどであり、廃藩置県によって日本は一体となることができた。しかし脱藩した浪人が明治の大改革を起したものであるから、一時は浪人というものも尊ばれた。浪人はすなわち非藩民だった。いまや国籍を脱して、世界のために働く人間があれば、昔の非藩民の代りに、こんどは非国民となるべきで、非国民という言葉は今日では名誉の言葉でなければならない。

わたしには尾崎氏の主張のほうが、南原氏や青野氏の見解よりも、一歩すすんでいるように感じられる。ジョージア州選出のアメリカ上院議員の一人が、イングランド、ウェールズ、スコットランド、アイルランドの四つを、合衆国の第四十九、五十、五十一、五十二州として併合したらば、という提案を議会でしたのは、一九四七年三月二日だった。それを国家的野望というには、情勢が変りすぎている。

野望ではなしに、なにか別な想念が人々のあいだに生まれつつある。

6

中野好夫氏や青野季吉氏においても、愛国という問題は論じられた。しかし、国家は考察されておらず、国家が何であるかは疑われていない。若い世代の文学者のあいだで、戦後、「自我の確立」の問題がとりあげられ、戦争に対する戦時中の態度についての自己反省が、きびしい仕方でおこなわれていることは、あとで述べる。しかし、そこでもまた国家は問題として考えられていない。戦争を問題とすることが、そのまま国家を問題とすることだとはいえない。知的な問題として、国家そのものをとりあげるという意識が欠けている。愛国心や愛国主義を論じようとする人々も、戦争に対する個人的否定の態度を論じようとする人々も、国家を問題意識において取りあげることがない。これが今日の日本の知識層の精神情況である。

しかし、わたしの考えるところでは、愛国心の問題は国家問題の主観面である。この問題の考察に入って、しかも国家論にまで到達しないものは半製品である。他方、学者が国家論を述べて、それが愛国心問題に解明をあたえ得ないのは、それもまた半製品である。愛国心を論じようとする人々は、必ず国家論にいたり、国家論を述べようとする人々は、必ず愛国心の問題を始末してくれなくてはいけない。理論性のないものには、わたしは概念の整頓をすすめ、概念的でしかないものには、体験への復帰を要求しなければならない。現実的に、実践的に、したがって一切の体験から游離することなしに、困難なものは困難なものとして、素直に見つめながら、それを見おとすことなく、しかもあくまで理論的に、問題をとりあつかうという態度を、要求するのである。愛国心の問題を、どの程度に、慎重に、理論的・分析的に、扱うことができているかということは、国家論を企てるすべての学者の、思索力を判定するにたる規準だ、とわたしは考える。はじめからこの問題の所在に気づかなかったり、気づいても回避したり、近づいても粗末にあつかったりするような人々の国家理論は、いずれも空洞をふくむもの、とわたしは考える。

祖国から、母国から、生活共同体から、運命共同体から、なんでもかんでも「国家」を分離してしまおうという概念上の操作が、頭のなかで、いかにみごとに成功したところで、われわれ自身の底に横たわっている戦争体験は、日本国家と祖国日本とは別なものでなかった、とつぶやいている。国家は亡びたが祖国は残ったと教え、愛国心に代えるに無限の祖国愛をもってせよ、と説くことが、耳にひびく言葉として、いかに人々を魅惑するとしても、概念の大手術が人間精神の革命にはならないことを、わたしは何度でも指摘したい。いわく、――

　日本の青年よ、諸君の愛国心をあざむいて戦争にかりたてたものは、諸君の熱愛する祖国ではなくて、国家であったのだ。その国家は亡びてしまったが、諸君が身命をなげうって防衛しようとしていた祖国は存続する。この祖国の惨状を恢復し、そのうえに新しい理想国家をたてることが諸君の課題だ。愛国心は国民の行為を底からうごかす原動力だ。この愛国心が諸君において清純で熱烈であることを希ってやまぬ。

まるで弁論大会の演説かと、まがうばかりのこの教説は、実は京都大学の社会学者重松俊明氏のある論文の、熱烈な結びだったのだ。愛国心が国民の行動を底から動かす原動力だとは、戦時については或る意味でいえたことかもしれない。しかし今日以後の日本において、それがぬけぬけといわれていいことか。いや、社会学という名の社会科学から、そんな教説が出てくるはずのものであるのかどうか。

わたしは愛国心というものを、何よりも戦争とむすびつけて考えるべきものと思う。新しい愛国心や、新しい祖国愛を説くまえに、ふるい愛国心を分析してみるという仕事のほうが、困難であり、大切であると思う。愛国心を戦争から引きはなして考えれば考えるほど、焦点を失って茫漠としたものになり、代って推理だけがどこまでも進行し、立ちどまってみると、それは愛国心などという題目にかかわりのないところへ、来ていることに気がつく。わたし自身は、愛国心の観念的な核を突きとめようとした。けれども、愛国心の社会心理学的な分析が、問題のもう一つ別な側面であることを忘れているわけではない。「戦争の心理学」ともいうべき人間心理の分析がなければならないと考える。これまで愛国的なものとして、無造作に論じられてきたことがらを、社会心理学的に分析してみることの必要は、いいつくしがたいほどに思われる。尽忠報国の特攻隊の青年の心理一つでも、それを打ち明けられたことのある人ならば、愛国心を行動の原動力だなどと主張することをやめるだろう。社会科学者や哲学者が、科学的概念と通俗概念とを混用し、そのうえに何かの教説を打ちたてようとするのは、すべて危険である。

愛国心論議の渦巻。わたしはもっとその渦に巻かれてみたい。政治学者戸沢鉄彦氏の国家論は戦後に書かれている。日本的な国家観の批判としての一面をもち、愛国心問題にも触れるところがある。わたしのかねての待望である左翼的な国家論は、そろそろ登場の姿にある。社会学や政治学における弘通の諸概念のうえに立ち、国家は生活共同体ではなくて、一つの団体だという。つまり日本人が普通に考えているような実体をさすのでなくて、実体の一面を理論的に抽象したものをさすのである。

思うに神経系統は人体の一部だけれども、しかし決して抽象された概念ではない。しかるに社会学上の国家というのは、われわれが普通に考えている国家から、あるものを思惟の操作で抽象したものだ。この抽象的思惟の産物も、専門家にとっては実在とおなじようなものに誤って感じられ、またこれを学ぶものも、だんだんそんなふうに感じるようになるものらしい。戸沢氏にしたがうと、祖国とか、母国といって懐かしみ、愛国心の対象とするのは、単なる国家ではなく、むしろ日本人社会すなわち「全体社会」だという。普通の愛国心を分析すれば、第一に生活共同体への愛着と、第二にこれを防衛するものとしての国家機構に対する愛着とに、わかたれるという。しかし普通の人々には、国家と社会との区別が明かでないから、生活共同体に対する愛着を、国家に対する愛着だと考えるのだという。そういう戸沢氏の説は、南原氏や重松氏の所説を連想させる。

またつぎのようにいう。——

もし愛国というものが社会を愛することであり、その社会を防衛するものであるかぎりにおいて、国家をも愛することであるならば、愛国心は他国の安寧と相容れないものではない。しかしわが国民の愛国心がつよいのは、明治以来あやまった国家観を人民につぎこみ、国家の本質を見あやまらせてしまったからだ。不合理な忠君愛国を教えこまれ、天皇や国家の名において命じられたことは、絶対に服従すべきもの、と考えた。軍閥一味の浅慮をみぬき、かれらの横暴をいきどおる人々も、戦争をくいとめることはできず、いよいよ戦争が不可避となったとき、日本の社会の防衛のために、応分の努力を尽したのである。

戸沢氏は、そういうことを疑わずにいっている。しかし、わたしは疑わずにいられない。いったい、国家を防衛するのでなしに、社会を防衛するとは何のことか。国土防衛などという言葉はある。しかし今日の戦争において、ぎりぎりのものは国土でも国民でも社会でもなくて、その国家の一定の政治関係そのものであることは、敗戦後の日本人にとって、なまなましくも経験ずみではないか。その政治関係をみずから崩すか、崩されるかすれば、戦争はいつでもやむものであることを、いまはだれでも知らないものはない。

おなじように社会学の専門家であると同時に、立派な時論家でもある清水幾太郎氏はいっていた。

——

　抽象的な観念としての日本は愛情の対象にはなりえない。はっきりした輪郭と個性のあるものだけが愛せられるからだ。そのために国家や民族への愛情は、これを表現しようとするとたんに、現政府への、軍閥にうごかされた日本への、あるいは軍閥そのものへの、愛情に転化してしまう。愛せらるべきものの代りに、いつのまにか憎悪の対象であるはずのものが入りこんでくる。それも社会とか国家とかを科学的に割りきっていないためといえば簡単だが、現にあたえられた意識と生活とについてみれば、だれしもこうした事情に気づく。

これは惜しいかな、社会学の定説を打ちゃぶる意図をもって書かれたのではなかった。しかし、清水氏はそんなふうな体験の告白によって、さりげなくも国家や社会を社会学的に割りきろうとすることの無効を、告げたことになった。これは、戸沢鉄彦氏などの学者らしい所説を無効ならしめるものを、含んでいると思われる。

普通の愛国心を分析すれば、それは第一に、生活共同体への愛着だという。第二に、これを防衛するものとしての国家機構への愛着だという。戸沢氏のこの分析と分離の方法が、お粗末にすぎはしないか。もし共同社会としての日本人社会のためを思うならば、無謀の戦争に参加するよりも、むしろ死を賭してこれに抵抗すべきではなかったか、という問いが起るのを拒むことができない。しかり、真の愛国者はそうすべきであった、という答えが当然出て来そうである。この理論はそういう構造をもっていると思われる。しかるに、いよいよ戦争が不可避となったとき、戸沢氏のような学者たちも、日本の社会の防衛のために「応分の努力を尽した」のだというのでは、学説の錯誤でないとすれば、戦争中の態度についての弁護になるおそれがある。

しかし戸沢氏が、国家を定義しようとして苦心しているのは、いかにも講壇的である。――国家は「一つまたは幾つかの全体社会のなかの個人のすべてをもって構成された一つの団体であり、その全体社会のなかの個人や社会を統制して、全体社会に関する目的を追求するものである」。国家と国家機構とは同一視できない。国家を構成するものは、国家機構の積極的な支持者と、国家機構の構成員と、国家機構の黙認者の三種にわかれる。資本制社会の国家においては、プロレタリアの大部分が、この第三の黙認者だという。また、マルクス＝レーニン主義の国家観は、奴隷制国家、封建国家、資本主義国家には当てはまるが、プロレタリアート独裁の国家すなわち社会主義国家が高度の段階に達した場合には、当てはまらないという。階級対立がなくなっても国家は存続し、そこでは残らずの構成員が積極的な構成員になるという。日本国家が日本人社会の真の利益のための機関となるには、国家の立脚する社会を社会主義社会としなければならないという。つまり、階級国家観の一つの修正である。

共産党と社会党が解消して単一の無産党となるべきだという戸沢氏の政見については、なにもいうことはない。日本の社会はアメリカとの緊密な関係をたもちながら、社会主義社会に移行すべしということや、終局の目標は共産制にあるということなどは、今日の知識人の一応の常識であろうから、それについてもいうことはない。ただわたしは考える。これまでの政治学者の国家論が、国家を世界内存在として扱うまえに、単独孤立のもののごとくにこれを取りあげ、その国家内部における支配関係のなかに、国家の本質をとらえようとした傾向の強かったことを、一つの失敗と考える。階級国家論はその例外でなくて、顕著な一例になるのではないかと考える。新しい国家論は、個々の国家から出発せずに、逆に、世界から出発する以外にない。国家における本質の一部は、個々の国家の内部に求められるべきではなくて、国と国と国の対立関係のなかに、つまり国際関係のなかに、求められるよりほかはない。また、新しい国家論は、国家そのものから出発せず、世界から出発すると同時に、まるで逆のようだが、個人から出発する道をひらかなくてはならない。両極は一致する。個人における国家が、何よりもまず絶対の束縛としての力であることは、すでにいうとおりだ。現代の国家学は、玄人の学者の手から、一遍叩き落とされなくてはならない。不遜だとは思うが、素人のわたしの所見である。

7

学者というものは、理論を追求するのが任務である。その理論を平易化し、常識化することは、第二の任務である。あとの任務はさきの任務よりも容易じゃない。日本にはまだ第二の任務に堪えうる学者は乏しいといわれる。学説とか理論とかいうものは、それを日本では平易化することで馬脚をあらわすのが多い。それが学説の馬脚であることもあれば、学者自身の馬脚であることもある。直観世界から遮断されたところに、概念の建造物を組みあげるのがおもしろくなれば、それを学ぶ学生も、自分の直観世界とは関係なしに、論理そのものを追及するのがおもしろくなる。学説の平易化のために、いざ生活の実際について、その論理を明かにしようという段になると、一つの引例の必要にさえ戸惑いする始末で、そしてその引例がまた、ひどい錯誤であったりする。一つの国家論が、どれほど納得のいくものかということは、それが愛国心をどう説明しているかできまる、といってもよい。愛国心の問題は、現代の国家論の最も卑近な入口である。しかしこの入口を無事に通ったものが、そのむこうへ無事にぬけられるという保証はどこにもない。

戸沢鉄彦氏によれば、愛国心とは主として共同社会への愛着である。あわせて国家機構への愛着でもある。後者への愛着が生ずるのは、それが前者を擁護し防衛する組織だからだという。一つの理窟にはなっている。しかし、みんな自分の胸に手をあてて考えてみたらどうだろう。われわれの愛国心の実体が、単に共同社会への愛着であって、ひとつの政治的発展力をもつ主体としての国家への愛着でなかったかどうか。うらを返していえば、この大敗戦の国民的な痛惜のなかに、版図の喪失を嘆くような感情が入りまじっていないかどうか。もしわれわれの内部に、領土の喪失を惜しむようなものが動いているとすれば、古い愛国心はまだ根切りになっているのではない。朝鮮も台湾も、樺太南部も、そして南方の諸地域も、日本にとっては明治以来の新版図・新勢力圏であった。日本はいかにしてそれらを獲たのか。いま、それらを一挙に喪うことはきれいさっぱりとして気もちのよいこと、要するに奪ったものをお返しするだけのこと。これを心からすがすがしいことだと感じ、そう感じる以外になにも思わない人があるとすれば、それこそは古い愛国心から脱却した人、これまでの国家観の核を自己の内部で踏みつぶしてしまった人だ。世界における政治的な発展力の主体的単位としての自国に対する国民的執着が、それほどたやすく清算されるものであるのかどうか。わたしはどこまでもこの問題と自己の内部で対質するよりほかはない。わたしはもっともっと自己の内部で問題を処理することを学びたい。

日本民族の究極の願いであるかのような、完全なる独立の恢復ということ。わたしはその願望の炎を、むやみに胸に掻きたてようとも思わなくなっている。国が亡びるか亡びないかの問題さえ、最後の問題ではなくなっている。国家がその主権をうしなうこと、あるいはその主権を分解すること、つまりその意味において、これまでの国家が亡びることは、いったい悪であるのか、善であるのか。国家の存在そのものが必然的な悪ではないかという感情が、わき出る泉のごとく、すでにわたしの内にある。「戦争責任」の問題も、突きつめていけば国家対個人の問題になる。どこまでも自己の責任を問いつめていって、最後に行きあたるのが愛国心の本質である。その本質のなかに、個人における国家問題が横たわっている。国家悪を自己の外へ追いやるのではない。それを自己の内部に掘りおこすのだ。この責任問題は、国家が個人を超えて実在するのではなくて、逆に個人が国家を超えた実在である、という問題なのだ。責任感に徹するということは、国家の責任を自分が引っかぶるなどというような、そんな古めかしいことではない。実は人間としての自己に徹するというだけのことなのだ。それがそのようなものとしてかえりみられず、ただの政治問題として押し流されていったところに、戦後の思想界の失調がはじまる。

戦後における国家論の貧困は、日本人の思索活動の萎縮を語るものだ。この領域には、新たに戸沢氏が登場し、おなじく政治学者の中村哲氏が姿をあらわした。中村氏はいう。――

ローマ人がキイヴィタスといったのは権力機構にむすびついた概念だったが、ゲルマン人がフォルケルシャフトといったのは団体概念だった。中世になってあらわれたライヒが権力概念であり、十五世紀のイタリア都市国家における市政府を意味したスタートという言葉に由来するシュタートが、権力概念として国家なるものの、思想史上にあらわれた初めだ。ヨーロッパでシュタートだの、ステートだの、フランス語のエタだのといわれるものは、すべて国土を意味するものでなくて権力に関係する概念である。英語でカントリーとよばれるような祖国という感じとは、およそ遠いものだ。わが国でこれまで「くに」といっていたのは、葦原の中つ国というように、土地の意味でしかなく、すくなくともヨーロッパでいう権力機構を中心とする国家のことではなかった。明治以来、絶対主義政府がもっぱら国家意識の鼓吹につとめたために、国家という概念を民衆は知らず識らずのうちに身近かに考えるようになってしまったのだ。

左翼的な立場の政治学者である中村哲氏、はそう説いてくれる。日本人は「くに」という言葉になじんでいるために、権力的な国家概念をいつのまにか、これまでの「くに」とおなじものだと思いこんで移入し、これを許容してしまったのだという。それが法学や政治学の領域でも混同を生じ、法学における国家概念でも、国家は国民全体のことであると考えがちだという。しかし中村氏は、国家をもって「われわれをも含む共同態あるいは団体」と考えてはならないというのである。わが国の公法学の主流は、これまで国家法人説のうえに立てられ、眼にみえない国家という団体に、主権をみとめた。実定法秩序そのものが、国家を法上の主体とみとめている以上、そう考えるよりほかないというのだった。しかしながら行政法の国家にしても、そんな団体概念じゃなくて、われわれ国民とは一応区別される権力機構そのものだ、と中村氏は教えるのだ。

中村氏は、そのことを一層明かにするために、国有林や国有地が国民全体の財産というのではないことを指摘し、封建的大土地所有が官有地に切りかえられたにすぎない国有財産は、国民全体の財産とは全く相反するものだという。その場合の国家とは、国民と同質性のない対立者であり、権力機構そのものだという。その権力機構を支えている社会的実体に論及すれば、これがそのまま階級国家論となることはいうまでもなかろう。ただしアメリカ法では、現に国家は人民の別名であり、国有財産は人民全体の財産として考えられる。ほかの論文で中村氏がそう説くのをみたりすると、どうもしっかりしたことはわからなくなる。

日本人は右のような国家論を学んで、国家と「くに」とを分離することを覚え、国家意識がいかにして形成されたものであったかを歴史的に検討し、そしてその意識を再整理することに努めようとするだろう。しからば、このような国家理論によって、われわれ自身の敗戦の体験は、どのように説明されるのか。戦争を企図し、計画し、遂行したものが、権力機構そのもの、またはその把持者だったとするのはいい。国民を戦争にかりたてたものが、おなじ権力機構そのものだったとするのもいい。戦争の惨苦はもとより国民が忍ぶべきものだったとして、しかもそれを国民に課したものが国家そのものだったということも、すべて当然の帰結だろう。しかし、われわれの敗戦の体験は、決してそれだけに尽きているのではない。敗戦国民のあらゆる体験のなかには、復員者の、引揚者の、きわめて特殊なものから、国内在住者のきわめて一般的なものにいたるまで無数にあり、そしてそれらの体験は、まさに敗れた国の人民であることから、もっと正確にいえば日本の国籍所有者であることから、つまり一つの運命的連帯から、発生しつつあるものである。もし国家というものが「われわれを含む」ものではなくて、中村氏のいうように単なる権力機構すなわち行政官庁の官僚機構であるにすぎないというならば、その機構とは同質性のない民衆が、なぜ戦火の収まった日から、かえって新たな苦しみをなめなければならなかったのか。そして、またこれは特に大切な点だが、なぜ民衆はその苦しみにみずから耐えようとしているのか。国家に関する学説は、この事態を十分理論的に説明しうるものでなくてはなるまい。この事実を理論的に説明しえない学説、また説明しようとしない学者は、わたしを満足せしめない。国家という枠に規定された人民全体の連帯性が、ここでぜひとも説明されなくてはならないところである。日本の学者は、もっともっと自己の内部の体験に即して、問題を解明する方法を身につけなくてはいけない。それが同時に、学問を国民のものとする唯一の道であることを知るべきだ。

国家とは、国民にとって何であるか。最後の問題は、そういう形で出てくるよりほかにない。われわれの国家意識が、明治政府の鼓吹によってあやまられてきたというならば、それを訂正するのに大胆でなければならないし、学者の国家概念にも、耳をかたむけなくてはならない。しかし、それと同時に、尊重すべき最後のものは、われわれ自身の意識をおいてほかにないということである。われわれの意識というものには、随分いかがわしいものがまじっているし、それはたえず整理されるべきものであるにちがいない。およそ科学とはそのためのものなのだ。しかし、この意識なるものは同時に、生活そのものの、生活事実そのものの、そっくりの反映であるという一面に、注目しなければならない。われわれの国家意識というものは、世界内存在としての国家そのものの在りようによって、実際にきめられたものなのだ。儒仏思想や切支丹の思想が、外国からの圧力をもって渡来した場合には、朝廷や幕府でこそ「日本国」という言葉を用いたけれども、民衆は国家というものを意識していなかった。それはよい。国家というものが今日のように民衆に意識されるようになったのは、日本が国際的な環境に立たされることになった明治維新以後のことだ。それはよい。しからばわれわれの現在の国家意識とても、近代的な国際関係を別にして成り立ったものでないのは、わかりきったことだ。わが国のこれまでの法学者や、政治学者が、中村哲氏の眼から見て、これまでどんなにまちがった国家学説を述べていたとしても、その誤りと見えるものの底に、息づいていたものが何であるかを凝視する必要はあると思われる。国家内部の支配と被支配の関係においてだけでなく、対外的には、人民全体が連帯関係において、諸外国と対立しなければならないという事態において、だからむしろ国と国と国とが対等対立の関係にあるという事態のなかにこそ、近代国家の本質があるのだと思われる。

戸沢氏も、中村氏も、階級国家学説に拠っている点では、おなじ系統の学者だが、所説がすっきりしていることでは、後者が前者を超える。国家概念を広狭の二義にわけ、権力機構としてのそれを狭義のものとし、団体としてのそれを広義のものとする構想を述べて、さて中村氏は次ぎのようにいう。——

> 現在の日本人には、狭義の国家概念すなわちマルクス、レーニンのそれを、みとめさせる必要がある。それは国家の起源や消滅に関する学説だ。レーニンの『国家と革命』も、国民全体と同義であるような広義の国家が消滅する、というのではない。日本人は、国家といえば広義のものを考えがちなために、権力機構の消滅を云々することが、民族の結合体を否定することのようにとられやすい。愛国者というのは決して狭義の国家を愛することではなく、広義のそれを愛することであるから、狭義の国家すなわち権力機構の消滅をみとめることと愛国論とは、決して矛盾するものではない。

かくして中村哲氏は、国家概念を狭義と広義の二つにわけ、そして愛国心は、広義の国家すなわち国民の全体を対象とするものであり、権力機構を対象とするものではないとする。狭義の国家に対する否定は、決して愛国心と矛盾しないとする。およそ科学上の概念で、広狭二義ある際には、狭義のものは広義のものにふくまれる。しかるに中村氏が広義の国家というのは、狭義のそれ（権力機構）を含めてのそれではないのである。もしそうであるとすれば、愛国心と国家否定とは、明かに一部矛盾することにならざるをえない。中村氏は結局、二つの国家概念をゆるしたことになり、両者は広義・狭義をもって二つに分かたれるべきものではなくて、質的にちがった二つのものを指しているということになる。問題は、同氏がいうところの広義の国家なるものの実体は何か、ということになる。それは狭義の国家によって根本から束縛され、ある意味においては保護され、育成されるものであるとともに、時には無制限の犠牲を強いられるもの、つまり一言にして、運命的に抜きがたく狭義の国家に結びつけられたもの、とでも解すべきであるのか。エンゲルスからレーニンまでの国家観を、つまりマルクス主義の国家観を、日本人に注ぎこむことの必要については、わたしも痛切にこれを感じる。しかし真の困難は、そのことにあるのではない。中村氏のいわゆる広義の国家、あるいは民族の結合体とは何であるのか。それが理論的に明らかにされなくてはならぬ。われわれは同氏からその説明をあたえられておらず、みずからあたえることもできない。国家ならざる国家、民族の結合体とは何であるのか。実在であろうか。抽象であろうか。それとも理念であろうか。この世界的現実のなかに、それはどのような在りかたをしているものなのか。わたしはそれが、中村氏自身の戦争体験の分析として語られていないのを、いきどおろしく思う。それは一つの抽象的な仮説のごときもの。それもまた概念世界におけるあの大手術の、抽象的産物の一例ではないのかどうか。

　戸沢氏が、階級国家論における国家の消滅について訂正を試みたように、中村氏にもそれについての所見がある。国家を階級圧迫の機関だとすると、ソ連のような社会主義段階の国家をどう説明するかが問題になり、この点に関してはマルクスもレーニンも、もはや不十分であり、理論の修正発展がみとめられなければならないという。社会主義革命による権力機構の消滅という思想が、日本の左翼的な政治学者たちによって、また船山信一氏などによって、疑われはじめているのは、注目すべきことだ。しかし共産制社会における国家の存続、という事実または予想を説明する原理が、それらの人々によって、いずれも片鱗だに示されていないのはなぜだろうか。また、くり返していうようだが、国家の本質を階級的な支配関係においてのみとらえ、国民としての連帯関係においてとらえることの欠如。また、それを国際社会における自主的存在の責任的単位としてとらえることの欠如。この二つの欠如が、それと関係していはしないかどうか。

8

佐野学氏の愛国論は、国家が階級支配の機構となっている点をみとめることで、階級国家の理論をなかば容れている。しかし同時に、国家をもって民族の理想を実現する力をもった共同体であるとするのだった。すなわち佐野氏における国家概念は、中村氏にみられるような狭義のそれではない。戸沢氏も、愛国心の対象となるのは共同社会であるとしたが、しかしそれと同時に、その社会を防衛するかぎりでの国家機構であるとした。中村氏によると国家機構は問題でなく、愛国心は広義の国家すなわち民族結合体を対象とするものだときめてかかり、だから階級国家観と愛国心とはなんら矛盾するものでないというのだった。佐野氏の国家概念は、国家をあるがままの一つの事態として認識したところから出発し、概念上の操作でもって国家を二つのものに割りきってしまわないところは、一応うなずける。しかしその認識を、そのまま国民主義の基礎とすることには、同意すべくもない。わたしは国家というものの現実の事態を、割りきれないものは割りきれないままで、凝視することをやめるつもりはない。しかし、この割りきれないもののうえに、国民主義的なものを凝結させようとは思わない。わたしは国家の存在を弁護しようとは思わず、その存在を抽象した概念世界の手術で、ものごとをかたづけようなどとはなおさら思わない。現実に踏みとどまるほうが、まだましだと考える。なにかの志向から出てきたあらゆる概念の形成物に共通の、そらぞらしさに対して、なんとなく吐気をもよおすものがあるだけだ。

柳田謙十郎氏の愛国心の哲学になると、社会科学的国家論からは遠い。しかし哲学としては、みごとに正面をきったものだ。真の愛国心は、現代の歴史的世界の創造原理であるといい、それは近代的知性によって媒介されたものでなければならないともいう。それはいかなる権力支配的なものによっても犯すことのできない絶対自由意志的な個の理性的思惟によって、すべての固定観念が否定しつくされたのちに、その底から新たな生命をもってよみがえる歴史的国家創造の精神でなければならないという。新しい愛国心は、柳田氏においては一つの精神である。出氏が、焼け残りの愛国心もきれいさっぱり焼きはらってしまえ、といったのみで、新しい愛国心のことはおくびにも出さなかったのにくらべ、みたところ柳田氏は、いかにも積極的である。古い愛国心を否定し、新しい愛国精神の構造をわれわれに示そうとする。しかも、いかなる権力によっても犯すことのできない絶対自由意志的な個とか自己とかいうものが、その構造のなかにあるらしいことは、右の言葉からも察しられる。それがどうして愛国心の構造のなかに入ることができるのだろうか。日本の哲学者の戦後における哲学的な愛国論。胸は不安と期待でいっぱいになる。

個の自覚は、それが決して個人の主観的利害の自覚にとどまるものでなくて、むしろ世界的理性的なものの自由の自覚として、「民族の種的生命」を世界にむかって開くものであるところに、その人倫的意義がある。個は種に属するものであるよりも世界に属し、個の精神は世界の精神である。柳田氏は個というものについて、一応そう説いている。だが、それからすぐつづいていう。——

しかし個はアトムではない。いつも歴史的個として、個人を越えたものにつながっている。意識的自己が自己のすべてではない。意識的自己の底には、これをつつみ、これを限定する自己が横たわっている。ルソオの社会契約説や、イプセンのノラの自覚というようなものは、歴史的自覚の抽象的段階であるにすぎない。個はたしかに、共同体意識というものの中に生きていた過去をやぶって、その外に出るものだ。個は全の一部ではなくて、それを越えて独立し、自己の自由のなかに理性的に行動するものだ。しかしこの個は、天賦人権論者が考えたような無歴史的理性者などではなくて、自己の生命の母胎を種的社会のなかにもつところの歴史的個なのだ。

ああこの「歴史的個」とやら。個は種に属するよりも世界に属するといわれ、そして絶対自由意志的な個というものが閃いたかと思った瞬間に、もうすぐ靄がかかり、歴史的に、種的社会的に限定されない個というようなものは抽象的段階にすぎない、と教えられる。では、その「歴史的個」とはどんなものであるのか。柳田氏はそれについて、こんな解説をあたえるのである。——

たとえば正月になって餅が食いたいという欲望でも、個人的な主観から生まれたものではなくて、われわれの民族の長い歴史的生活がその底に横たわっている。いかに合理的に思惟するといっても、その考え方の底には、歴史的社会において伝統的に形成された思惟の方向というものが、影のごとくつきまとっている。いくら民主主義を、といわれても、われわれの人格的生命に根をはっている封建的な社会意識の残渣は、なかなか一朝一夕に清算しきれない。人間は歴史の子であり、民族の子である。伝統というものをはなれては、生きた歴史的自己というものもありえない。自己が歴史的自己として生まれるということは、伝統の生命に徹して、自己が伝統そのものとなるというところから起るのでなくてはならない。

お正月になれば餅が食べたいという自己。しかし、種を否定する自覚的自由の意識の確立ということも、柳田氏はいっている。近代的人間の黎明としてのルネサンスには、このような個の自覚の精神がふかく流れていたともいう。しかしこの自覚の精神は、その奔流のきわまるところ、一つの革命思想として極端に過激なものとなり、暴力的なものとさえもなって、諸種の混乱をうみ、弊害をかもすものとなったのだという。インターナショナルな階級闘争の時代はすでに過去の夢と化し、各国家はそれぞれもっと切実な自国の政治的現実のまえに立たされているのだという。マルクス主義は季節外れといっても、その真理がすべて客観性を喪失してしまったのでなく、階級闘争ということも歴史的意義を失ったのではないが、しかしそれにもかかわらず、第一の問題は、日本民族の独立と歴史的国家の形成にあるのだという。しかし、わたしは考える。——民族の独立という問題で、マルクス主義者と原理的に争おうというには、マルクス主義が民族の問題をどう取りあつかっているかを究めておかなくてはならず、その手をはぶいてマルクス主義を季節外れとすることは、学者として軽率ではあるまいか。

わたしはここで、それ以上ふかく入るつもりはない。新しい愛国心は、柳田氏においては一つの理論構造をもち、その核をなすのが近代的な自我または自己であるようだ。それはいかなる権力支配をもってしても犯すことのできないもの、と説かれている。では、外からの権威や権力をもって犯すことができない、ということの意味は何か。出隆氏は、破ろうにも破れない国それみずからを自己のうちにつかめ、といった。近代的な個というのは、考えることの自由と、考えたことを述べることの自由を主張する一つの精神であり、自己の良心以外のいかなるものをも良心以上のものとは考えない精神であり、そのようなものこそ自己のぎりぎりの主体である、と心づいた精神ではないだろうか。物理的な力や、物理的な力を背後に用意したものには、肉体的に屈するとしても、しかし思考や言葉を曲げることはない、という不屈の精神は、本来実践的なものだ、とわたしは考える。個は全を越えて独立し、自己の自由のなかに理性的に行動するものだ、と柳田氏もいっている。いかなる権力的なものも犯すことのできない「絶対自由意志的な個」とは、そういうものだろう、とわたしは考える。だとすれば、そのような個がやどる生理的生命の母胎が、種的社会以外のものでないのはいいとして、しかし問題は、そのような個そのものが初手からして「歴史的」であるというのはどういうことか。わたし自身は自己の内部に、そのような「歴史的個」などというものを見つけるあてどがないことを、断わっておかなければならぬ。

柳田氏は教える。──われわれの意識的自己が自己のすべてではない。かかる自己はむしろ考えられた自己であり、その底にはこれを包み、これを限定する無限に深い自己というものが、横たわって「いるのでなければならない」と。いかにも、われわれには日本人である以前の自分、日本人であることを一つの運命として受けとるような主体、というものは考えられなくてはならない。そのことはわたしなりの表現で、さきの論文に書いた。しかしその底に、まだほかにも自己というものがあって、それが歴史と伝統につながって「いるのでなければならない」といわれれば、それは手を引くより仕方がない。もう哲学者の仮説ではないか。

自由意志的な個の理性的思惟によって、すべての固定観念が否定しつくされたのちに、その底から新たな生命をもって、よみがえる歴史的国家創造の精神。それが新しい愛国心だと説かれているかぎりでは、そこにいう個または自己というものも、一応了解できそうに思われた。しかし、それがややくわしい説明になると、お正月の餅にも、あるいは天皇制や封建制にも、むすびつくような「歴史的個」というものになり、概して了解しがたいものになるというのは、残念なことだ。第一、その「歴史的個」というような出発点が、近代以後であるのやら、近代以前であるのやら、それさえよくわからない。近代的自我をもって抽象的段階にとどまるものとし、歴史的個というものを出発点としなければならないというけれども、今次の戦争に国民が協力することができたのは、もしやそんな「歴史的個」の仮説を、わが国では柳田氏のような哲学者たちさえ、秘めていたためではなかったのか。そして今日、「戦争責任」の問題について、哲学者たちが自己批判に興味をもたないというのは、それと深く関係のあることではないのか。近代的自我をもって抽象的段階にとどまるもの、などと哲学者はいう。けれども、いったい、われわれ日本人が、これまで一度でもそれを、自分のものとしたことがあったのか。

　わたしはさきに、日本の哲学教授がしばしば哲学史家のようなものに、とどまっていることを嘆いた。田中美知太郎氏に望みを断ち、出隆氏に不満を述べた。哲学者が哲学的であるということは、なによりも現実そのものに対して、哲学的であることでなければならない、と主張した。現実に対して横目を使うのは、なにも見まいとするのよりは、まだましだろう。けれどもわたしは、日本の哲学者が現実と四つに取りくんでくれることを祈った。まともに愛国心の哲学を樹立しようとする人に対しては、心から拍手をおくらなければならない筋あいにあった。しかし、わたしは「歴史的個」というものに引っかかった。いったいそれは近代以後のものか、以前のものか、という嫌疑さえかけた。申しわけのないことだが、批評は無遠慮でなければならない。

　国家学や、法学や、政治学や、そして社会学に素人であるとおなじように、わたしは哲学についても、まったくの素人である。しかし読者というものの最大多数は、素人なのだ。学者というものは、同僚の学者を相手とするのみならず、素人の存在を予定しなければならない。素人がいかに受けとるかを、聴かなければならない。わたしの感じをいえば、現実と取り組もうとする日本の哲学者に不足しているのは、人格性とか、精神的主体性とでもいうべきものの、裏づけである。哲学というのは知的なものかもしれないが、しかし哲学者も人間である。「戦争中、極端に愛国的だったわれわれは、一度敗戦となると祖国を忘れたかのように虚脱状態におちいってしまった」という柳田氏の「われわれ」には、柳田氏自身をふくめているると思われる。だから、わたしが問いたいのは、過去における同氏の愛国心は、現に「歴史的個」といわれるものと無関係であったのか、ということである。そして、もう一つ問いたいのは、いかなる権力支配も犯すことのできない、絶対自由意志的な個の理性的思惟や、そして全を越えて独立し、自己の自由のなかに理性的に行動する個そのものは、柳田氏自身において、戦時中、どうなっていたのかということである。哲学はすぐれて内省的なものでなければならないと考えるわたしは、哲学者の愛国心論に、なんら戦争体験への反省がないのを、不思議に思うのである。戦後の評論は、みな自己の「屍」を越えて前進するだけで、その「屍」を解剖するものがいないのである。

わたしがおそれるのは、日本のいわゆる哲学者が、個とか、自己とか、それから歴史的個とかいうものを扱うときに、それを単に知的な対象として、知的な世界の横の平面に楽々ところがしてみせるだけで、それと自分との縦の関係が消えたものになりやすいということだ。そして、それよりもっとおそれるのは、人間としての哲学者自身に、近代的な自己の確立が、まだ欠けているのではないかということだ。これは失礼な申しようであるが、そうなのだ。ルソウの社会契約説がどうの、「人形の家」がどうの、といえた義理ではない。それを「歴史的自覚の抽象的段階」などと、いえた義理ではない。総じて日本人には、まだ近代的人間の確立さえなかったということが隠しようもない事実ではないか。「戦争責任」についての内省がないということは、一つにはそれとも関係していると思われる。終戦後になってではあるが、正木昊氏は、天皇が人間なら日本国民は「家畜」だ、といった。中野好夫氏は、われわれはたしかに「奴隷」だったと告白して、徹底的個人主義への道を説いた。一方では、そういう戦後の反省もあるのに、他方では、反省のない哲学者の「歴史的自覚の抽象的段階」説などというのもある。柳田氏の哲学は進んでいるようにみえる。しかし、それはほんとうに進んでいるのだろうか。もっと人間の内面へ、自分自身というものの内面へ、縦に喰いさがるようなものでなくては、真の哲学は始まらないのではなかろうか。そして柳田氏にかぎらず、いわゆる京都学派といわれる多くの人々について、いずれもおなじようなことがいわれなくてはならないのではなかろうか。思想というものは概念ではない。それは単に知的なものであることはできない。人々はこれまでただ概念的なものを哲学と思っていたのではなかろうか。日本の読者も、これまで多くはそう思っていたのではなかろうか。しかし今後の哲学者は、哲学を自己そのものと不可分のものにしなければいけないと思われる。

学者や評論家の戦後の活動に共通なものは、理論性であって、主体性ではない。これは一方からみれば当然きわまることで、いまさら驚くにあたらない。しかしその多くのものに対して、わたしが不満を抑えがたいのはなぜだろうか。第一は、日本および日本人が現におかれている政治的境遇は、既成の理論や概念で割りきってはいけないものを若干生じているにかかわらず、かれらはその部分に焦点をあてることを避けているということだ。第二は、いかなる学者・評論家も、内面的に自己をかえりみれば、過去の戦争時代における自分自身の、いろいろの屈折や屈服について、それを反芻し、反省し、そして人間として痛恨にたえないものがあるはずなのに、現在の思想的文章には、その点、個人としての主体性も、日本人としての主体性も、あらわれていないということだ。これを一言でいえば、人間としての一貫性が欠けているということだ。程度の差は無限でも、戦後の評論に対して感じられる不満の根本は、そのような一貫性の欠如に帰する。

9

次第に視野を転じて、思想の動きは、哲学よりも文学の領域において見いだされるのではないか、という感懐を、わたしが持つとしても、それは不思議であるまい。現代においては、詩や小説が作品であるだけでなく、ある種の文芸評論は、創作的な、創造的な、そして思想的なものだ。それは理論的なものでもなければ、あの吐気をもよおさせる体系的構想でもない。しかし、それは、それらのいずれでもないことによって、思想的なものの核心であるようである。この核心なくしては、学者も、評論家も、一個の思想家であることはできないはずである。ただ、学者や評論家が、その核心を遠心的に表現していくとすれば、文芸家はそれを求心的に表現する。

いま、日本人のなかで一番突っこんで、日本人として考えねばならないことを、まともに考え、ぎりぎりまで考えたところから、出発しようとしているのは、文学者だ。もし日本人としての主体性が、戦後において最もよく出ている文章を、どこに求めるかといえば、それは文壇だ。「戦争責任」の問題は政治上のことであって、思想や、精神の問題ではない、という人もある。中野重治氏も、福田恆存氏も、そういう意見を立てていたようだ。しかし、責任という言葉を、法律的・政治的なものにだけ、むすびつけなくてはならないことはない。国際法や、占領政策や、日本共産党の方針や、そういう政治的なものを超えて、われわれ日本人は「戦争責任」の問題を持つ。国民とて持っているだけでなく、ひとりびとりの人間として持つ。除村吉太郎、小田切秀雄両氏の論争は、人間的主体性の確立の問題が中心だが、この問題の否定面または反省の面において、「戦争責任」の問題が構えられているのは、当然である。小田切氏が主体の確立を主題とすることと、自他の「戦争責任」の追及に徹しようとすることとは、別々のことではない。そしてそれは荒正人氏をはじめ、『近代文学』同人の多数に通じる態度なのだ。戦後の文学者グループのなかで、これらの人々は、往年のプロレタリア文学を文学的故郷としてもつ三十代であり、戦後の再出発にあたっては、きびしい自己批判をもふくめて、プロレタリア文学を批判しはじめている。近代的人間、近代的自我、または人間の内なる権威の確立。おそらく民族的にいえば近代日本の確立、また文学問題としていえば、近代文学の確立。第一に、「戦争責任」などから一番遠いはずの人々が、かえってこれを自己の問題として掘りさげずにおかないのも、第二に、天皇制の問題を内なる生活感覚の問題として、どこまでも否定的に処理しようとするのも、そして第三に、小林多喜二の女性観のなかから、封建性をえぐりだそうとかかるのも、すべて一つの精神の諸次元であると思われる。

『近代文学』同人は、一つの座談会で、文学者の「戦争責任」を討論の主題としている。もっと正確にいえば、それは過去十数年の戦争時代における日本の文学者の対戦争態度と、そしてまた戦後になってからの、多数の人々の自己処理の態度とを、主題とするものだ。旧左翼出身の三十代といわれるこれらの人々は、荒氏の言葉にしたがえば、戦争中、つぎつぎに前線に引きずり出され、でなければ国内に残っているかぎり、夜も昼も、検挙か召集におびやかされていた。一日たりとも、死の招待状に対する恐怖なしに、夕がた家の敷居をまたぐことができなかった。ペトラシェフスキー事件の連累者として、一度は死刑台に立ち、自分らのための棺桶の列まで見せられたドストイェフスキーが、死神と顔をつきあわせ、永劫の淵に吊りさげられたのは一瞬にすぎないが、わが三十代の人々が死の壁に面したのは、文字どおり十年の歳月だった。荒正人氏が終戦後半年ほどして筆をとった「第二の青春」という文学的評論をみると、「いま顧みて、すぐる半歳は疑いもなく異常の年《アヌス・ミラビリス》であった。地獄を見、天国を知り、最後の審判を見聞し、神々の顚落を目撃し、天地創造を実見したのであった。ドストイェフスキー以上に稀有な、ほとんど信じうべからざる体験をかさねてきた」と書いている。これは明らかに、あの清水幾太郎氏によって図式化された日本の知識階級の、過去十年にわたる精神的な類型には、見いだすことのできない類型だと思われる。清水氏は、期せずして四十代の二、三の類型をえがいたが、しかし荒正人氏は、「死の招待状」におびやかされどおしだった三十代の類型をえがいたのだ。清水氏の図式に戦場と死の恐怖がないのは、同氏の世代にそれがなかったこと、もしくは清水氏一個人に偶然にもそれが欠けていた、ということだろう。荒氏がその先輩たる四十代を、どんな眼で見ているかを、まず知らなければならない。

昭和六年にはじまった侵略戦争は、歴史の暗い谷間をつくったが、そこを通ってきた人々の姿勢はさまざまだった。いま四十代になっている人々は、大正の末から昭和の初めにかけて、自由主義とマルクス主義のなかに青春造型をおこなってきたのだが、ファシズム戦争の十年を耐えてきた態度は、ごくわずかの例外をのぞけば、なんらかの意味で便乗だった。消極的抵抗としての沈黙という手段さえ、忘れられてしまったようだった。これに反して昭和十年前後、すなわち左翼の敗退と自由主義の崩壊、ファシズムの攻勢のなかに青春を送っていたもの、現在三十代の人々は、便乗するにその翼さえもたなかった。翼があれば便乗したろうに、という意味ではない。小さいグループと友情などを最後の拠点としてわずかに嵐に抵抗してきたのだ。しかも、日夜召集と検挙におびやかされていた当時の眼に映ったものは、尊敬する先輩たちの旧左翼出身者や、自由主義者が、時代に便乗する姿だった。

——これは荒正人氏が、先輩への痛嘆と憤りを述べた言葉の、前半である。ここまではまだ、戦時における先輩たちの腑甲斐なさに対する失望にとどまるが、後半は、おなじ人々の戦後の無反省に対する、絶望的な非難となる。

ところが事態はもっと悪かった。敗戦後、かれら四十代はもっともらしい身振りで、ひとかどの小理窟をつけて、民主主義に便乗しはじめた。もちろん三十代とて、フランスの文学者、たとえばアラゴン、ブロック、マルロオ、モーリヤックなどのように、武器をとり身を挺してファシズムとたたかったわけではなかった。せいぜいアルジェリアに難を避けたジイドのように、国内で亡命をしたのだった。それだからこそ、かれらは腑甲斐なかった自分自身の戦争責任をかえりみ、自己批判をしたのだった。近代文学の同人たちが行なった戦争責任の自己追及は、そのような性質のものだった。ところが、四十代のひとたちは、なんらの決算報告もすることなく、わずかに中山義秀と徳永直などがそれをしていたが、ひとかどの民主主義者として、ふるまおうとした。四十代とは、かかるものだったのか。三十代の心あるものは、戦時中にもまして、かれらを軽蔑し、憎悪し、そして絶望を感じた。

これが荒正人氏のいわゆる「三十代の抬頭」である。戦争責任の問題を精神問題として、ぎりぎりまで自己の内面に問いつめてゆく態度、そしてそれを通して近代的自我の確立を求めようとする態度。みずから省みるところのあるものは、このような態度に一応あたまをさげないわけにいかない。しかし、これをひとり三十代に特有の問題のように思いつめ、それを一つの世代に定着させようとすることからは、良い結果は生まれまい。三十代を代表する『近代文学』同人が、この問題の、最も真剣な、そして最もねばりづよい、提起者であるのはよい。また、その提起の仕方のなかに、三十代の息吹きが立ちこめているのもよい。わたしはこれらのことを、ほとんど掛けがえもなくよいことだと思う。しかしながら、これはどう考えてみても、全民族的な精神の課題であって、あるかぎられた世代によって占有さるべき性質のものとは思えない。「いかにも自分は奴隷だった」という中野好夫氏の自己告白は、明確な文章だった。しかし、それは力のこもったものでもなければ、力のこもった雑誌に載ったものでもない。たいていの人が見のがすような場所に、書かれたものにすぎなかった。中野氏の戦後における精力的な文筆活動全体からいえば、おかしいほど間に合せの仕事だったにすぎないともいえる。清水幾太郎氏の精神の図式化にいたっては、むしろ主体性というものが消えている。もしこの問題に、純粋にささってゆくことのできるものが、結局、『近代文学』同人以外にないということになれば、これらの人々は一つの世代を代表するのでなくて、一つの民族の良心を代表するものだ、ということになるかもしれない。この問題を、文壇的な世代の対立などにからみつけて、ジャーナリズムの袋小路のなかへ、追いこんでしまってはならぬ。そんなものまで見物する眼をわれわれはもたぬ。『近代文学』同人の座談会にあらわれた精神そのものが重要なのであって、それが三十代の精神であるということが重要なのではない。世代の対立という形で生じつつある戦後文壇の紛争を、わたしはむしろ不幸なものの初めではないのかと考える。

ともあれ、注目に値いする一つの座談会。そこでは本多秋五、埴谷雄高、小田切秀雄、荒正人、平野謙、佐々木基一の六氏が顔をならべている。戦争責任の問題に対して、ものをいうのに最も適当な資格をもった人は、トルストイや、ロマン・ローランや、トマス・マンみたいに、身をもって範を示した文学者だが、そういう人物は日本にいないといい、日本では新日本文学会の二、三の人たちが、率先してこの問題を提起すべきだとする本多秋五氏は、自分たち同人は戦争責任について一応無疵の立場にあるとしても、それはわれわれが無名だったことから来ていることを忘れたくない、という。

これは美しい発言である。戦争の圧力は大きな勢で吹きまくったので、その影響を完全にまぬかれたわけではない。われわれも局外にいたのでなく、戦争責任はわれわれ自身の問題でもあるのだ、と本多氏はいう。軍国主義者のなかには、命をかけてテロをやった人間があるのに、太平洋戦争になってからは、戦争反対に命をかけた平和主義者というものはいない。しかし、そういう殉教者の一番高い道義感をかかげ、そこからみて罪なきものはない、という見方において、責任を痛感しなければならない。この言葉は、いよいよ冴えている。戦争責任というのは政治的な言葉で、実際をいえば人間への責任だ。われわれ日本人には、人間としての自己確立が欠如していたのだ。日本の近代に人間の自覚が十分に成しとげられていなかったということは、近代文学が日本に成立していないということとおなじだ。埴谷氏がそう指摘する。いったい、われわれはだれに済まぬのか、というふうな責任問題を出された場合、陛下にすまぬということになる。人間的にどうすまぬか、というふうに突きつめられると答えられぬ。そう埴谷氏がいう。半封建的な日本社会のシンボルとしての天皇制があるかぎりは、近代的人間というものは確立されえない。共産党のような政治的問題としての出し方でなしに、文学的な生活感覚の問題として、天皇制を全面的に問題としなくてはいけない、と荒氏がいう。

これらの人々が、こんどの戦争をどう見るか、ということを論じないのは、わかりきったことだからだろう。この態度は、これらの人々にかぎられたものではない。では、これらの人々はいかなる戦争にも絶対に反対なのか。これらの人々の国家観と戦争観はどんなものなのか。そこにわたしの興味がかかってくる。

「僕は戦争は大嫌いだし、将来も嫌いだ」という荒氏の言葉は、素朴で、単純で、子供のようにまるだしである。このような人間的な恐怖が、一番大事なことであるのも、そして、これを単純にいいきることが何より重要なことであるのも、まちがいのないことである。しかしここでは、それを超えて、やはり戦争というものに対する三十代の人々の、一般的な見解を知りたい、とわたしが思うのも当然であろう。満洲事変も、日華事変も、太平洋戦争も、ことごとくいけなかったのは明瞭だとして、日清・日露の両役を、人々はどうみるのか。すべてはスターリン議長の一九四五年九月二日の演説の線にそうて、すなわち日本を古くからの侵略国家として、どこまでも見るのかどうか。わたしは諸氏にそれらのことも問いたいと思う。諸氏がクェーカー教徒のように戦争一般に反対するものでないことは、武器をとってファシズムと戦ったフランスの文学者たちの名をあげているのでわかる。

しかし、一般的な戦争観を確立するということは、トルストイの平和論を見ても知られるように、実は同時に一般的な国家観を確立するということである。国家観を不問にしたままで、一般的な戦争観を述べられても、それは半製品でしかない。『近代文学』の人々が終始、戦争責任を論じながら、個人対国家の問題に、ちらりとも入るところがないというのは、わたしからみるとまことに奇妙至極な一事である。ここでも国家問題が、天皇制問題の下敷きとなってしまい、人々から見失われているのである。天皇制問題を政治問題とせずに、精神問題としなければならないというのはよい。しかし天皇制問題を最後の問題のように考えるところから、近代的人間が生まれてくるかは、疑問である。すくなくとも今日以後の新しい人間の形成が、そんなところから出発するものとは考えられない。

問題は国家である。「これほど悪い戦争がなぜ起ったか。この悪はどこから生じたか。そしてわれわれの無気力はどこから来たか。それを自分で納得いくまでに突きとめなくてはならぬ。戦争責任の問題というのは、わたくしは悪かった、と一遍いえばすむのではない。これから十年も、三十年もかかって、あるいは一生を通じてもやるべき逆転向の問題だ。」——これは本多秋五氏の言葉である。小田切氏も、荒氏も、これに和している。しかし、かかる反省の問題は、人間の心理や思想や観念の面からのみ、理性や意志や道義感の面からのみ、解決されるものではない。なぜ戦争が起ったか、という問題に答えるものは、国家についての科学的な知識であり、それを統一することのできる科学的態度でなければならない。

たとえば、第二次世界大戦後の問題を理解するためには、こんどの戦争のほんとうの原因を、徹底的に究明することが必要である、といった高橋正雄氏の場合を考えてみるといい。ファシズム諸国を戦争の責任者とするのは決してまちがっていないが、そこでとどまるのでは完全な解答ではなく、そもそもファシズムがどうして生まれたか、というところまで論じなければならない、と高橋氏はいうのだ。思えば日本の国際環境、地理的・社会的・経済的条件、そして歴史的な国家体制、等々。なに一つとして戦争発生の基本条件を形づくらなかったものはない。それらはすべて歴史家が厳密な意味で戦争の原因と呼ぶところのものではないとしても、「これほど悪い戦争がなぜ起ったか」という問題を、十年がかりでも解決しようというためには、その反省の知的な客観的な項目のなかに、それらを包括しなければならないのはいうまでもないだろう。第一次大戦が、社会主義の立場からいって、必然的なものでなかったということは、社会主義勢力そのものが、戦争責任をみずから主体的に考えることである。こんどの場合についても、日本におなじ問題があるのではないか、という高橋氏の提言は、戦争責任の問題を政治主体的に深めていったものとして、注目されていい。しかし、社会主義的勢力の分裂の責任という問題のかげに、暗く大きく横たわっていたものが国家そのものであったということを、高橋氏はどうみるのか。国家問題は、経済学者にも回避をゆるされぬ問題である。

戦争と国家。——これこそ二つのものであって、一つのもの。国家とは戦争をわざとするもの、ただ戦争において力という力を傾けつくすもの、他のなにごとに対しても熱中しえないもの。国家は戦争においてこそ、その本質をむきだしにするものだ。しからば戦争に対する恐怖が、国家に対する恐怖でないというのは、つまり捕錠や、首締め縄や、銃口や、そして結局一片の赤紙や、そうしたものへの恐怖が、国家への恐怖でないというのは、おかしなことだ。ぎりぎりの問題は、戦争にあるのではなくて、国家にある。これほど悪い戦争がなぜ起ったのか。この悪はどこから生じたのか。そして、われわれの無気力はどこから来たのか。歴史的・科学的考察をはなれて、この問題を、もっぱら人間の問題に還元していうならば、国家悪をいう以前に、人間悪の問題があり、国家悪とても人間悪を根元とする以外のものではあるまい。国家悪はわれわれの外にあるのではなくて、われわれの内にある。ひとつの政治的・経済的発展力の主体としての国家を、みずから祖国とする執着の中に、そのエゴイズムの中に、それはある。しかもその国家たるや、現実においてはわれわれにとって、鉄の枠であり、檻とか、牢獄とか、死刑台とか、国境監視とかいうものによって、すきまなく装備され、われわれの肉体と生命とに対して、これをいつでも打ちひしぐに十分すぎる物理力を、用意しているものである。このような国家の重圧力に対しては、地上にいかなる救いの力もないのは、事実である。そしてここでは、われわれの内なる人間悪ではなしに、われわれの内なる動物的恐怖が、かかる国家に対応するものなのだ。国家が個人を超えて実在するのでなく、逆に個人が国家を超えた実在だというためには、個人がその動物的恐怖を超えうるものだ、という大前提をおかなければならない。いかなる権力支配も冒すことのできない絶対自由意志的な個が、自己の自由において理性的に行動するなどというのは、つまりそういうことになる。それは人間が真に人間らしくあることだ。そしてそれが現代では、まだまだ英雄的なことなのだ。国家対個人の関係は、それが対立・対等の関係としてみとめられるまでに、個人はまだ個になりきっていないし、国家はまだまだ全でありすぎるのだ。

われわれは自分のなかに人間悪を断たなければならない。それを断つことによって国家悪を断たなければならない。それが可能であるかどうかはよくわからない。しかし、それを断たなければならないという命法のあることを、われわれは知りそめつつある。

われわれは国家に対する恐怖を断たなければならない。それを断つことによって国家の存在を超えなければならない。それが可能であるかどうかはよくわからない。しかし国家を超えなければならないという命法のあることを、われわれは知りそめつつある。

これが現代の「個における国家問題」である。

天皇を人間に引きおろすことが問題なのでなく、また人間に引きあげることが問題なのでもない。すくなくともそれは最大の問題なのではない。天皇が問題であるよりも、われわれ自身が最初に問題である。われわれを国家よりも高く引きあげるか、国家をわれわれよりも低く引きおろすか、である。国家が個人よりも巨大なものだということは、その物理力による以外のものではない。国家にも祖国にも、崇高なものなどは、なにひとつない。個人としての立場と国家としての立場のあいだに生ずる懸隔は、個人にとって美徳であり、当為であるのものが、国家にとっては当為となりがたいところにある。いつの場合にも、国家の方が低劣なのだ。個人にとって悪徳であることは、国家にとっても悪徳である、という論理が切断され、国家の悪に仕えることが個人の美徳だという関係が定立されている。そこに万悪の源がある。その定立の責任は国家になくて、人間自体にあるのだとわたしは考える。

人間的なもの、道徳的なもの。すべてそれらを担うべき主体性は、国家にはない。国家が道徳的・理性的なものになるということは、言語矛盾ではなかろうか。国家が理性的であるということは、国家が自己を解体すること、人間そのものの世界に帰入することだ。

国家悪はしかし、人間悪の遠心力的結集であると思われる。個人の悪を根元としないで、国家悪が独立にあるのではない。われわれは国家悪の根元を自己の内部にさぐらなくてはならない。これが「個における国家問題」の一面である。

世界新秩序だの、世界平和機構だの、世界政府だの、世界法だの、およそ世界と名のつくあらゆる構想が、国家の名において打ちたてられているかぎり、そして個がその国家のうしろに従属しているかぎり、あまり多くを望むのは、失望のたねになろう。「人間の内なる権威」こそ、外なる権威を凌いで、国境を越えなければならない。それが『近代文学』同人諸氏によっていわれている「内なる権威」ということの、ぎりぎりの意味となるだろう。なにかの言葉を設定することは、つねに必要で、またつねに危険である。標語を空しい概念の枯枝たらしめないためには、たえずそれを打ちこわす破壊力が、内からわかなくてはならない。

しかし、もう筆をおかなくては。

多くのことを予定したけれども、いまは一挙にすべてのことに及べるものでないことがわかってきた。

そうでなくてさえ、読者に多くの負担をかけた。戦争責任の問題を主題とすることも、ヒューマニズム論議を主題とすることも、さらに機会をまたなければならない。真下信一氏における再三の論題である田辺元氏の場合や、いわゆる京都学派の人々の戦時および戦後活動の場合。他方では、林達夫氏や竹山道雄氏などの非協力者の場合。わけても伊丹万作氏の絶筆となった「戦争責任者の問題」。またその他の多くの人々の場合。そして最後に多くの編集者諸氏の場合。わたしの周囲は、そのような問題で取りまかれている。またヒューマニズム論議では、鈴木成高氏と羽仁五郎氏の場合、中村哲氏と高島善哉氏、名和統一、本田喜代治、高桑純夫諸氏の場合、また渡辺一夫、清水幾太郎、西谷啓治諸氏の場合、等々。

およそ読者というものはひとりの著者や作者を守るものではない。愛読者というものさえ、愛人のようなものではない。読者のあたまは、いろいろの論者の所説で、いっぱいにつまっている。しかも今日ほど、あらゆる執筆家が同一の問題について、筆をそろえて書きはじめている時期もない。問題の出しかたも、つかみかたも、取り扱いの方法も、思考の出発点も、角度も、幅も、深さも、もちろん同一ではない。しかし、日本人はこれからどう生きなければならないか、という問題を中心にしていることでは、思想的な戦後評論はみんな、おなじ方向をむいているのである。ただ、わたしひとりだけは、これからどう生きなければならないか、という問題の一歩手前に、重大な案件が横たわっていることを考える。その重大な案件とは、「戦争中の自分をどう考えるか」という一語に尽きるのである。もちろんそれを戦争責任の問題といいかえてもよい。

いずれにせよ、今日のすべての評論は、同一の条件の下で、抽象的には同一の目標をもって書かれ、すべては自然に深い関連のもとにある。しかし、それは意識された関連ではなくて、たがいに相知らずに重なりあったり、背中合せになったり、鉢合せをしているものなのだ。この世に無関連なものなどは何ひとつない。立場の相違などといって、他から自分を隔離することのできるものなどは何ひとつない。政治も、政治学も、経済学も、哲学も、そして文学も、たがいに隔離しうるものではない。それに、形のうえの討論だけが討論なのじゃなく、座談会というものだけが座談会なのじゃない。同時代の言論の全体が、討論なのだ。個々の意見を照らし合せてみるほど大切なことはないのだ。ひとりびとりの読者のあたまのなかが討論の場で、そして、みずからが司会者なのだ。わたしも要するに一個の読者である。人々の所説を飽かず尋ねまわり、腑におちないところを読みかえし、自分の考えかたを、それらとの対質によって、いくらかずつたしかめていこうというのである。

第四章　反省なき民族——一九四七年

　これは断片である。

　国とは何であるか。それはこれまで何であったのか。現にどんなものになろうとしつつあるのか。終戦後一年目の天長節には、それでも方々にひるがえった日の丸も、二年目のその日には、村々に一本もたっていない。人々の感情は、国旗に対して急速に冷却しつつあるようだ。新憲法の施行に際して、マッカーサー元帥から日本首相に送られた国旗掲揚に関する書翰の発表をみても、国民の表情は動かない。コルベールの主演する映画『追憶』のなかで、起立した学童がアメリカの共和制に対して忠誠を誓う画面も、いまではわれわれに異様な印象をあたえるほどになった。自分の国に対して、尊崇の念を抱くとか、政体に対して忠誠を誓うとか、そんな気もちはわれわれから、いつ去ったのだろうか。これらはすべて一時的なもの、一つの反動、しばらくの萎縮、やがて過ぎゆくものにすぎないのだろうか。それともわれわれはなにか本質的な変化をとげつつあるのだろうか。その変化とはどんな性質のものだろうか。

　一九四七年三月十七日、在日外人記者との異例の会見で、元帥の言葉として伝えられたものに、「連合軍の撤退のあとで、無防備となる日本に対しては、二つの方法がある。一つはわずかの軍事施設を日本にゆるすことだが、しかし日本人は世界の進歩的精神にたよって、自分をまもろうとしているのだから、もし国際連合がこれに成功すればこのうえもない」という箇所がある。人々はこれらの言葉を、一種の不安とともに、名状しがたい感動をもって、嚙みしめている。現に日本は国際連合の一員ではない。しかもこの国の運命ほど国際連合の成否または発展とむすびつけられているものもない。既成の考え方からすれば、武装を放棄した国は、永久に足腰のたたない国だ。しかるに、それをそう思わずともすむような世界機構だの、国際秩序だのが、予定されているのだとすれば、まさしく夢のような話だ。これは同時に世界が一変し、諸国家も一変する、ということであるのだろうか。思いは果てしなくひろがってゆく。それは考えても、考えても、止めどのないことだ。

しかも、われわれは外部の世界にのみ心を奪われているのではない。内部の世界はまだもっと大きく、深く、そして果てもないようである。われわれが終戦後に体験した精神の解放感は他の一切の感情、国民的な悲痛と恐怖、不安と焦躁の渺々《びょうびょう》たる雲海の上に、これを圧してかがやく太陽のごとく巨大であった。ただ日本のひとりの詩人も、哲学者も、一向にこれを口にせず、筆にしないというだけが、不思議とすべきだ。そう、わたしは一度書いた。この日本の革命が、どんな特殊な条件のもとで、どんな歴史的過程を約束されているにもせよ、なにをおいてもまず、一つの「精神革命」とよばれるほどの段階を最初にもったことだけは、だれも否定するものはないだろう。日本の国体観は、どうせ一度は、近代思想との対決で、くつがえされなくてはならないものだったのだが、その対決にあたるべき実勢力は、社会主義勢力よりほかになかったはずだ。しかし、社会主義革命なるものは、金輪際、来てはならないものとされていた。しかるに、その対決が、革命の過程や目標としてではなしに、敗戦そのものにともなって到来し、国体観の崩壊は民主革命の結果ではなくて、民主革命への出発の精神的前提として、上からあたえられたのだ。

ミズリー艦上における日本降伏調印式の、一周年記念日を期して発せられた占領軍司令官の声明を、いま一度くり返して読んでみよう。——

> 日本の七千万国民は、突然一挙にして完全敗北の衝撃をうけた。かれらの全世界が崩壊した。たんに軍事力の崩壊にとどまらず、信念の崩壊であった。かれらが信仰し、それによって生き、考えたすべてのものが崩壊したのであった。そのあとの精神的空白のなかへ米国兵が立ちあらわれ、日本人がかつて教えられたことは嘘だったこと、過去の信仰は悲劇であったことが、目のまえで証明された。つづいて精神の革命が起ってきた。それは二千年の歴史、伝統、伝説のうえに築かれた生活の理論と実践とを、ほとんど一夜にしてめちゃめちゃにするものであった。日本国民のなかに生じたこの精神の革命は、目のまえの目的を達するための附け焼刃ではない。それは世界の社会史上に比類なき激変である。

ここに「精神の革命」とよばれたものの本質は何であろうか。目のまえの目的を達するための附け焼刃ではなく、そうあっては絶対にならぬところの「精神の革命」とは何であろうか。それは民族の反省以外の何かであると考えることができるだろうか。しかしだれかこの言葉の意味を、日本民族の主体性においていい改め、これを民族の反省であるといい直したものがあっただろうか。

問題は「精神の革命」という言葉の解釈にあるのではない。主体的な反省のない変革というものが、日本民族にとって、遠い将来、どんな結果を意味することになるか、ということが問題だ。すでにそれを考えているものは、もっと考えなければならず、まだ考えていないものは、元へもどって考え直さなければならない。終戦以来の生活情勢と政治情勢とは、だんだん明るい方にむかっており、そしてこのさきにはまだもっと明るいものが期待されているといいながら、ものを考える人々は、なんとなく日本の現実に、暗くなってゆくものを感じ、東京においては、それが特にだれにも感じられつつある。そもそもその暗さの本体は何であるのか。それは敗戦そのものの固有の諸要素がようやく分解され、拡大され、そして抵抗しがたく日常意識のなかに、滲透してきたということだろうか。そもそもこれはどんな戦争であり、そしてどんな敗戦であったのか。もしいま一度、振りかえって戦争の性格を考え、敗戦の条件を思い出してみるならば、暗さの本質なるものは、敗戦の条件そのものにあったのであって、いまにはじまったことでなく、さらに主体的には戦争それ自体のなかにあり、そんな戦争をしでかした民族そのものの、気質と根性のなかにあることが、かえりみられるのではなかろうか。終戦の瞬間におけるわれわれの反省、そしてそれから二年におよぶ民族の精神史的過程は、どれほどのものを歴史の壁に刻んだだろうか。書物や雑誌の氾濫のなかに、どれほど民族の自責と悔恨とを書きしるしたものが見られただろうか。静かなる観照でもよい。日本の運命への反省であるならば、よしや痛烈な諷刺でもよい。どんな形にせよ、民族の魂がどこにあるかを、自他ともに見てとることのできるものが、戦後思潮のなかに生まれたといえるだろうか。もし東京が、そして日本が、名状しがたい暗さの中につきすすんでいるとするならば、そしてそれが何に原因するのか、だれも説明できないようなものだとするならば、その暗さの根元を、われわれの無反省そのものに求めてはいけないだろうか。

ちがう、と人はいうかもしれない。人々は救いようもなく、ばらばらになってしまったのだ、というかもしれない。新しい歴史をきずくのに、人間の善意というものが促進的な役目を果たすとするならば、その役目を果たさせる根本のエネルギーそれ自体が疲れてしまい、五年にして達せられるべきものが十年にのび、十年にして達せられるべきものは三十年にのびることになった、と人はいうかもしれない。しかも、人と人とが現に共通の場に立ちがたいというあらゆる事実は、一時の成りゆきではなく、偏見や、誤解というものでもなく、ついに生涯その人々のからだから消え去ることのない傷として残り、国の歴史として、その痕跡を遺さねばならない底のものだ、というかもしれない。人々は、ある暗い力の思うままに、みちびかれるのに適した分離の状態におちいり、社会という形でも、階級という形でも、民族としても、国家としても、ついに統一ある意志を表現しえなくなったからだというかもしれない。

しかし、だれの意志というのでもなく、世界の歴史のなかに、永きにわたって潜んでいる暗い力、一つの法則のような力が、いまやその場所をこの国土にもとめて、作用を逞しくしつつあるのは事実だとしても、いったいその暗い力とは何であるのか。それは問いつめてみれば、外にあるのではなくて、われわれ民族の内部にあるのではないだろうか。内に争い、他をおとしめることなしに生きていけない根性。内に対手を求めて、いがみあわねばやまない本能。その日本人の本能は、あの大戦中、わが陸海軍をいかに信じられぬ対立にみちびいたか。戦争の対手国を対手とする代りに、国内に敵を想定する「国内思想戦」なるものの遂行が、わが多数の知識人をどのような羽目に追いつめたか。まったくおなじ本能が、戦後には国内における戦争責任者の追及となり、責任者リストの作成となる。戦後の場合をわるいというのではない。しかしそれは自他に対して、周到細密に、徹底的に、公正におこなわれなくてはならないはずだ。それにしても「戦争責任」の問題としてのみ考えられ、世界にむかって開かれた問題として考えられていないという一事を、どうすべきであるか。国内的にみれば、相対的に責任が軽いとみえる人々も、国際的には日本人として責任を感じなければならない身だということが、忘れられている。終戦このかた、われわれは民主評論の百万遍をきかされたが、世界にむかって開かれた日本人の心というものを、ただの一度でも見てきただろうか。食糧補給への渇望や、貿易再開への願望ならばいざ知らず、世界の人々にむかって開かれた魂のさけびを、われわれはただ一つでも聞いただろうか。

われわれは敗戦ということの意味を、最初からほんとうに知っているのだろうか。日本人というものの民族としての低さ。やりきれない思いのするほどの実際の低さ。負けたからではなしに負けるまえからの、桁《けた》ちがいの低さ。敗戦の原因ではなしに、開戦の原因でさえあったところの、国としての低さ。連合国が「無謀なる戦争」といった、その「無謀」の根元としての低さ。そういう低さというものの実体と根元を、一度でも静かに考えてみただろうか。道徳的な反省というような、苦悩をおびたものとしてではなしに、せめて単に知的な反省としてでもよい。己れを知るという形において、日本の低さについて考えてみたことがあるだろうか。

戦時中の新聞紙の切抜きだが、憲法学者上杉慎吉の遺文として伝えられるものに、「必敗と雖も亦戦わざるべからず」と題するものがある。驚くべき狂気と凄まじい死相をあらわした文章である。——敗けること明白なるも戦わねばならず、勝つにしても日本人は有史以来未だかつて聞いたこともなき、人類最大の苦難を体験しなくてはならぬと説き、さらに第二次、第三次の戦争となり、百年の長期戦を経るものと思わなければならぬともいう。「不肖の結論」は、日本人は戦争に勝つというがごとき物質観をすてなければならぬともいう。凄まじい死相をあらわしたこの預言こそは、日本人の軍国主義といわれるものの精神構造を、端的にあらわしたものだ。その根柢たるや、日本国体観以外のなにものでもない。

それが単なる運命の予感としてとどまることなしに、大いなる幻想とともに、政治的意志とむすびついたところに、現代世界においては、死と狂気の相貌が生ぜざるをえなかったわけがあり、この狂気または野蛮を一つの核として内に包んだものが、近代日本の「文明」の形成だったのだ。この狂気は、もしその内部から見るならば、超絶の高さであり、これを外部から見るならば、世界無比の低さである。その低さは、単なる低さではなくて、世界にとって危険千万な低さ、すなわち、文字どおりの野蛮ではあるまいか。われわれ日本の知識人は、この野蛮を内にゆるし、しかもみずからそれについて、世界に対して責任を感じることの最も乏しいものであったのではあるまいか。しかも結局、われわれがこの内なる野蛮を自力によって克服したのでなく、連合国がこれを実力によって打ちひしいだものにすぎないというところに、問題の根が残されているのではあるまいか。

　われわれの自己省察は、過去におけるわれわれの無力と無気力が何に因するかを、問いつめているだろうか。単に知的な意味での自己反省すら欠けているときに、道徳的な意味での内省が可能であるだろうか。それとも、敗戦を神の恩寵として受けとろうとする宗教的立場において、はじめてこの内省が可能なのだろうか。この内省に欠けているところに、決意が生まれてくるだろうか。新しい決意への志向を契機とすることなしに、実際に新しい人間の形成などということが可能だろうか。「日本の再生」という言葉は、日本の再建などという言葉より、いくら正しいかしれはしない。しかし、「再生」という言葉に値いするほどの変革が、われわれ日本人の精神の本質に生じているだろうか。

　大戦は、われわれ個人にとっては、どうしようもない一つの遭遇だったと考えるのはよい。しかし、だからといって、そのなかでどんなふうであってもよかったということにはなるまい。そこを切断せずに回想し、責任において検討することが、少くともわたしの生存に一貫性をあたえることのできる、ただ一つの道ではあるまいか。そしてまた、ゆるされているただ一つの道なのではあるまいか。おそらく慚愧と悔恨とは、生涯の最後の日まで消えることもなく、わたし自身の余命と余生とは、その反芻のために残されているのかもしれない。しかし、自分の生存の一貫性を失うよりはいいのである。政治はわからないものときめて回避し、また回避し了せるもののごとくに行動し、しかも最後に一番わるい形で、人間として政治そのものと結びついていったという前後十年の歩みを回想すれば、すべてそうさせたものは、自分自身の思想的無定見であるというよりほかはない。それは国家の名においておこなわれることへの、否定の精神が欠けていたということだ。

われわれは自己を、その過誤の根柢から解体し、そしてあらためて新しい自己を形成していくよりほかにない。単に内なる野蛮と戦うだけの勇気が必要なのではない。いますこしの勇気が必要なようである。およそ権力的なもの、そしてまた権力意志的なものと、時あって闘うに足る勇気が必要なようである。そのような勇気は、高く、潔く、純粋に、人類性そのものに通じるものであるに相違ない。われわれが過去において無定見であり、無責任であり、そして卑屈であったことは、ひるがえしようのない事実である。しかし、あの戦争がわれわれにとって、最終の遭遇だったわけではない。未来が、われわれの行く手にどんな試煉を準備しているやら知れず、また、われわれが、どんな歴史的遭遇にふたたび逢着するやら、知れたものではない。戦争が一つの遭遇であるように、敗戦もまたもう一つの、より大きな遭遇である。そしてさらにこのさき、どんな試煉が、われわれの卑屈と勇気の再検証のために、待ちもうけているかは、ひとりびとりの孤独な覚悟のなかにゆだねられているだけのことだ。

友よ、東京の暗さをいうまえに、そして目に見えない暗い力の作用と、人々の救いようのない分離をいうまえに、すべてそのような客観的な世界の内部にある人間の精神情況を、いますこし密接して問うてみてはどうだろうか。かりにそのような分離が、イントレランスの意志にのみみちびかれたのでなく、トレランスであろうとする意志によってもそれが惹きおこされているとしても、また、闘うべしとさけび、改革を云々し、不正をあばく、というような行動によってのみではなく、むしろ、公平であろうとし、秩序を愛そうとし、協力を乞いねがう心をもち、そして賢明であろうとするような人々によって、促進された面があるとしても、しかしすべてそれらの分離の生じつつある根柢には、日本民族の戦争体験が、まだ体験としての意義を充足するだけの、自覚と反省の域に達していなかった、という一事があるのではなかろうか。それは一言にしてこの千載一遇の時期に、民族としても、個々人としても、反省の深さを欠くことを意味し、すでに終戦二年の歳月を経た今日、もはや取り返しがつかなくなっているのかもわからないが、すくなくともわたしはまだ諦めてしまうつもりもない。

アカデミズム、芸術性、人間性、ヒューマニズム、そして近代的自我。そんな言葉によって、また、一部少数者の指導を警戒する心情や、何はともあれ増産を、というような必死の気合いによって、かえってますます全体としての停頓をまねき、ひとつの流れを推しすすめる力の表現や、統一ある意志の表現を、阻みつつあるというのも事実ではあろう。しかし、戦後の急進勢力が戦争犯罪の用語を連合国の概念規定にしたがうことなしに濫用し、「戦犯」という一語を国民的に普及させ、責任の追及を政治的な局面に限定させ、その精神問題としての重大性を見失わせてしまったことについては、かなりの自省が必要なのではなかろうか。人々を分離させてしまっている暗い力は、外にあるよりも、内にせめぎあわねばやまない本能のようなものとして、われわれ民族の内部に往古から潜在し、ただそれが姿をかえて、それぞれの時代にあらわれてくる。平俗に島国根性といってもよく、時には封建的狭量といってみてもよく、なんと呼んでみるのもいいが、ともあれそのみじめさは、終戦このかた、有史以来の規模において、世界の衆目のまえに露呈されている。日本人の生活実感として存在するものは、人類でも、世界でもなく、民族でも、祖国でもない。ただ国のなかでの仲間同士と、仲間でないものとの対立であり、反目である。変に私的感情でむきになり、そしてむやみに筆先がいきいきとしているのは、その種の抗争である。「ちる花ならば惜しまれもしようが、毛虫とあれば是非もない」だの、祓いたまえ、潔めたまえ、「まだ幾万かある潜在該当者」だの、という風の公職追放観。そしてそのうらには、該当者以外に責任なし、「やれやれまずよかった、たすかった」というような浮薄な浮世観。それらは無邪気とも幼稚とも、いいようがない。去りゆく人々の氏名を、ひそかに心なぐさむように数えあげる人間の心理にいたっては、地上に望みのたえた落魄者のそれに通じている。国民を戦争へ引っぱったものと、引っぱられて行ったものとのあいだに、太い一線が引かれ、そこにまたしても一つの分離が生じるのは是非もないとして、しかし責任の系列のなかで、地位の高いものが責めを引き、それにつぐものがその地位をおそうという方式が、なぜ残ったものに責任はないという論理をふくむのか。しかし、その論理が政治の次元では通るのである。

もしこの世に正しい戦争というものがあれば、その正しい戦争においても、きっと戦ったであろうはずの将兵であり、国民であり、男女でありながら、戦争そのものの性格のゆえに、すべては過ちとして判断され、そしてそこから無限の責任が生じ、その責任は国家そのものに対してではなしに、国家を超えた、実在であるとみとめられる幾十万の個々のうえに拡充されつつある。天皇も、政府も、国法も、上司の命令も、すべてそれらは最後のものではなくて、個としての人間こそが、ぎりぎりの責任的主体であることを、はじめて日本人は教えこまれようとしている。大陸型とか、米英型とか、国際法上の国家観の相違などを云々しても、はじまることではない。もしこのような責任の追及が、単に占領政策の形式として受けとられ、元帥の声明において、「精神の革命」とよばれたものの本質と、なんの関係もないかのように、忘れられてゆくとすればどうであろうか。問題はこの場合にも、受けとり方そのものにあるのではなかろうか。追放令の法的解釈はどうあろうとも、それは何をおいても、国家的行動における個人の責任という問題を、はじめて日本人に考えこませる機会をあたえたものだ。それをどう受けとめ、どこへもっていくかは、日本人自身の精神能力にゆだねられたことである。

筆とる人で、該当者も少くないのに、ひとりとして該当事実に触れて、ものをいったためしがないという一事こそ、不思議というべきだろう。責めを引くべき者の精神的態度を、立派に積極的に、述べることがなぜできないのだろうか。投票権すら剝奪されておらず、さらに追放には処罰の意味はないとさえ、さる方面から発表されている。措置はきわめて寛大であって、ドイツの場合と比すべくもない、ともいわれている。民族の反省が、身に責任のふりかかった人々の反省だけで事済むのでないのはいうまでもないとして、ともあれ一番にそうなければならない立場にあるものは、その人々であり、追放該当者こそは、まさしく民族の反省を主体的に担わねばならぬ当の人々である。なんらの誇張でも、逆説でもない。なぜこの命法が、素直に受けとられないのだろうか。過去においては侵略戦争を支持し、将来にむかっては日本の民主化をさまたげる分子と想定されている自覚。この苦痛なる自覚から、なにものも生まれて来ないとするならば、いつ、どこに、日本そのものの再生がありうるだろうか。主体的な反省のない変革というものが、日本民族にとって将来、どんな結果に終るのだろうか。あたえられたもの、課せられたものを、表面的な規制においてではなく、自己の精神の問題として、これを受けとめるということが、どんなにすばらしいことか。その精神の内なる消息を思ってみないということがあるだろうか。われわれ自身のどこに、暗さのかげのやどる余地などゆるせるだろうか。

単に知的な意味での自己省察さえおこなわれがたいところに、道徳的な深さに達する自己省察がないのは当然でもあろう。責任感が個人の内部に目ざめないということは、生活度も教養度も低い庶民層のあいだのことではなくて、知識層の全体のみならず、その上層においてそうなのだ。人々は「戦争責任」の問題を、あくまで相対の論理でかたづけようとし、規定が出てからは、その客観的規準で考えようとしている。それを超えた人間精神の内面の問題として、これを考えようとする意志を放棄してしまっている。自分に責任がないことを提訴しているのは、そこばくの該当者だけではない。その圏内に入らない多数の人々の、胸中におけるひそかなる自問自答は、いったい何であろうか。すべてそれらは反省というべきものの方向ではなくて、その逆ではないか。反省というのは、不戦条約をふみにじり、国際社会の存在を否定するような行動に日本が出た当時、なぜ祖国の運命と世界の平和のために、起ってこれと抗争する決意が生まれなかったのか、というような思考の方向をさす。戦後になってから、日本がいかに国際条約の破壊者だったかを、国民のために講述するだけでなくて、当時の自分自身が職も投げうたず、いのちもすてず、いかに不満足な形で傍観者たるにとどまったかを回想する、というような精神の方向をさす。なにも一人や二人の国際法学者の、戦後における反省がどうのこうの、というのではない。客観的に責任の最も微かな人々が、それゆえに、もっとも深い反省をなしとげるという瞬間が来るまで、民族の反省は決して完了しない、というのだ。

反省の材料が戦時にだけあって、戦後にはない、というのではない。反戦思想の嫌疑によって拘禁されていた思想家（三木清）をして、あの終戦後、幾日も幾日もしてから、獄中に死なしめたというような事実。そしてその死後に行なわれた哀惜と追悼の行事や、あらゆる追慕と敬弔の文章にもかかわらず、終戦後、すぐさま行なわれなくてはならなかった救出運動の終始と、その不首尾の顚末については、なにを見ても、どこをさがしても、書きしるされたものがないという事実。救出にあたるべき人々の多くが、当時救出されなくてはならない地位にあったのも事実だとして、しかしそれ以外に、いかに多くの知友と知識人が、自由な状態でその周囲にいたことだろう。もしそれらの人々のあらゆる努力にもかかわらず、救出が不可能だったというのならば、その顚末を国民に報告すべきであり、もしまたあの戦後におよんでさえ、救出運動をおこす意図も、勇気も、誠実も、欠けていたのだったというのならば、あたまから灰でもかぶって、まず人間としての自分らの意気地なさを、天下に告白するがよい。終戦当日、すぐさま阿部朝鮮総督に要求をつきつけ、一万以上の愛国者を牢獄から解放させた呂運亨氏の場合も、照らしあわせて思いみるべきだ。問題は古くして新しい問題のようであり、人間の剛毅および不屈の精神に関するもののごとくであるとはいえ、単に無思想の意地や、強気や、胆力の問題ではない。われわれ現代の日本人は、いったい、どうしたら、そのような精神的な力を、近代的人間としての自覚の根柢に、結びつけることができるか、という問題なのだ。

　自己を問いつめるということ、また自己の責任を問いつめるということは、結局、国家対個人の問題となり、それは国家が個人を超えて実在するのでなく、逆に個人が国家を超えた実在だ、という問題なのだ。責任感に徹するということは、国家の責任をおのれが引っかぶるというような、そんな古風な武士的精神のことではなくて、ただ人間としての自己に徹する、ということでしかないのだ。それは懺悔などという言葉から連想される総仕舞い的なものでもない。逆に、これから地べたを這ってでも出直そうとする意志によって、また、おそらくこんどこそは過ちをおかすまいとする意志によって、支えられたもの。そして必要とあらば、蹴られることも、踏まれることも、撃たれることも、斬られることも、そして縛られることも、やむなしとする諦念によって、ひそかに裏づけられたもの。おのれの良心を無上のものとし、良心に忠実であることから生ずる身辺的な諸結果を、恐怖すまいとする覚悟によって鎧《よろ》われたもの、でなければならない。それは一言にして、一身の利害を超えることのできる精神の、形成でもある。およそ国家なるものの組織的な物理力に対する畏怖と恐怖のあるところに、自由な人間というものは存在しない。

人々の分離、さらにまた分離。だれとむかいあっても、しみじみとかようものが失われ、眼のかがやくことも、胸の熱くなることもない、というのは残念なこと。そしてまた当然なこと。敗戦ということの実体が、こういうこと以外の何かだと想像するからこそ、人々は混迷を感じるのであって、敗戦とはこういうものであり、しかも進歩とか誠実とかいうものが、これを貫いて生きることこそ革命であり、それを貫かねばならぬという要請こそ、転換期の本質であり、まさに莞爾として受けとめるべきものだ。そういう一つの声を聞くのはすばらしい。われわれはその声の若々しさと、明るさに、戦慄する。

しかも、わたし自身の内部には、もう一つの声のつぶやきがあり、そしてその声はいう。——分離、さらにまた分離。ぎりぎりの個に、いちどは解体するがよい。孤独に還るがよい。家をわすれ、郷土をわすれ、国土をわすれ、徒党をわすれ、自己の内部に沈み去るがよい。もはや女でも男でもない自分というものに、いな、日本人であることをさえ、それを運命として外から受けとる当の主体である自分というものに、立ち還ってしまってみるがよい。そのぎりぎりの自分というものの底の底から、やむにやまれずに浮みあがってきて、いまいちど、国家とか、民族とかいう同一の運命を、もろともに運命として発見するにいたるまでは、人々の分離のごときは往くにまかせろ、と。

そもそもわれわれにとって究極のものは、進歩であろうか、誠実であろうか。もしこの二つのものが一つとなって、革命を成就することができるというならば、それほどの幸福は地上にない。しかし、もしも進歩と誠実のいずれかひとつを、（かりにしばらくにもせよ）放棄しなければならないというならば、わたしは断乎として、進歩を放棄しよう。歴史を信ずることをやめたものと識《そし》られようとも、しばらく一個の人間のなかに退き、微かに良心をまもるにしくはない。反省を欠いたままの民族を、このままにして押しすすめ、そこになお統一ある政治意志の表現を高め、そしてそこに進歩が約束されているのだというならば、その進歩とはいったい、いかなる性質のものなのか。わたしは現実のあらゆる権力と権力的なものを警戒するだけではない。およそ権力意志的なものを警戒し、また、権力獲得の可能性に威をかりる公式主義者に対して、警戒しなければならないと考える。

東京における暗さのことはともあれ、地方一帯の空気をどう告げたらいいか。知識人の問題はともあれ、大衆の場合をどう告げたらいいか。是非善悪の感覚喪失は、すでに戦時からの病兆だったのが、敗戦によって重大な症状に転化し、およそすべての統制違反は、発覚が悪であると考えられているにすぎない。それとても運不運の悪であって、違反の大小を問わず、運不運が各地で喜劇化しつつある。あの戦時中は鍋釜さえ、仏具さえ、庶民は供出したものを、昨日今日の売立てへ行ってみれば、あろうことか、大きな銀盃があり、銀の大花瓶があり、各種の銅器・鋳像がある。——持ち物をかくさずに供出したのは、時の政治権力への屈従であったのか。いや、運命共同体たる民族への奉仕であったのか。この一問を、改めて問うものは、どこにもいない。とにかく物資の隠匿は、戦争への非協力であった。しかしいまは、いずれが正か、いずれが邪か。この単純な問題さえ、奇怪なつらがまえに一変している。なにを怒り、なにを悲しむべきかが、わからない。資格適否の問題さえ、公職範囲の拡大と、再三再四の調整をみるまでは、コリントゲームの球の転走のような、偶然性を感じさせ、そしてこの感じは、いまにいたるまで問題の周辺から消えさろうとしない。ヤミも、追放も、引っかかるか、引っかからないかの問題としてだけ、関心をあつめ、人間の良心に問われなければならない問題というのは、いちじるしく払底を告げている。

地方においては、暗いも、明るいもない。そのような高度の感覚は、主体としては、存在しない。若くて愚昧なものは、なんらかの重大事の突発によって、極度の緊張をいまいちど味わってみたいもの、と念じているし、老いて一層愚昧なものは、あわよくばその機に乗じよう、と夢みている。農民も、商人も、自分の利害を中心とし、利害にかかわる見透しだけを聴こうとする。それはいいとして、世界そのものの存在を、日常生活の実感において感知するのは、いつのことかわからず、なにを契機としてそうなるであろうかは一層わからない。若干の悲劇を派生しながら、農村が変革しつつあるのは事実だとしても、所有関係の変革ほどに、農民が変革しつつあるとは思われない。いたるところに文化会、文化運動、講習、講座、そして自由大学である。青年団は、またも上からの指導で結成され、そして、その県連合会は、戦争中何かしていたのだが、追放令には引っかからずに済んだ、といわれる人物によって、牛耳られる。それからとりあえず、宮様の行啓である。旅行者などは、温泉の湯槽が一時閉鎖になっているので、はじめてそれと知る。なにも、昔と変ったことはない。ただ、その宮様をつれてきた人物への多少の攻撃と、一部青年の不平と反抗が、目新しく地方紙上をかすめるにすぎない。人々はそれもすぐに忘れ、そしてまた、何もかも昔と変ったことはない。

文化活動では、地方は東京の小さな縮図であるにすぎない。東京から講師も来、本も来、雑誌も来る。すでに日本は「文化国家」、「平和国家」だという。そして憲法普及会の支部活動もある。世界に先んじて武装を放棄したというような、物の云いかた・考えかたのなかに、依然として己れを知らぬ者の強がりが、隠されている。民族の空虚な自尊心が、残影をとどめている。しかし、「グラウンドを一廻りもおくれて走って、先頭の前方にいるからといって、どうしてそれでわれわれが真先に立ったことになるのでしょう。」そう演壇から問いかけてみると、聴衆がげらげら笑うからには、この民族が、いつか中国人の度量を学ぶことも、不可能ではないかもしれない。日本とは、いったい、どんな国であるのか。この国のあらゆる低さを語ることこそ、いまはすべての知識人の義務でなければならないのに、その義務を果たしつつある人々の、いかに少いことだろうか。単に知的な意味での自己反省すら覚束ないところで、どうして世界にむかって、道徳的な反省を告白することができるだろうか。

——しかし、これは断片である。

第五章　国家悪

一九四七年

1

極東国際軍事裁判の判決の日も近い、と伝えられている。終戦直後の虚脱・自失などといわれた精神の状態からみると、とにかく国民は何かの目標をあたえられ、その目標にむかってすすみつつあるかのようだ。終戦三年。この里程標に立って、ふりかえってみると、すぎ去った二年半の歳月は、歴史の体験としては、一世紀のそれにも匹敵するものがあるように思われる。それまでの十幾年にわたる戦争の体験が、無意味だというのではない。それらはすべて敗戦の体験における下塗りとなっている。しかし戦争の体験と、敗戦の体験とを、二つにわけるとなれば、後者の意味は前者のそれに比べようもない深さだ、といわなければならぬ。

敗戦の体験とは、秩序の破壊や、道徳の低下や、交通難、食糧難、インフレーション、等々をいうのではない。それらは多く戦時中にもあったもの。また戦勝国といえども、多くはまぬかれがたいものだ。敗戦の体験とは、敵国への政治的屈服であり、敗北者としての精神的屈辱であり、そして国家および個人における物質的損亡である。しかし、それはかつて史上に書きしるされたあらゆる敗戦に共通なものであって、われわれの場合における体験の本質に関するものではない。われわれにおける敗戦の体験は、すべてそれらの共通要素をふくむと同時に、およそこれまでの史上の敗戦においては、考えることのできないものを、その本質としてもつ。敗戦が同時に「革命」を意味し、それがまた国民の精神革命を前提し、そしてその精神の革命とは、国民ひとりびとりの人間としての反省をはなれて、ありえないということ。

敗戦が革命をともなうことは、現代の歴史にめずらしくはない。しかし日本の革命では、それが戦勝国の管理のもとに、その占領政策として、基礎、出発点、および目標、をあたえられたものだ。それは日本人の自力や自発性を主体としたものではない。われわれは第一に、みずから戦った戦争が何であったかを考えさせられ、第二に、このような戦争がどうして起ったかを考えさせられ、そして第三に、この戦争の前後におけるわれわれの態度が、いかなるものであったかを、いまにおいて考えさせられる。これらはすべてわれわれにとって、民族の反省としての意義をもつ。

このような反省の過程を省略して、「民主革命」への一歩をふみだすことは、われわれには不可能である。このうち、第三の問題こそは、国民ひとりびとりの問題であり、ひとりびとりが、自分で解かなければならない問題である。――自分は戦争をどう思っていたか。内心、どんな疑惑を抱いたか。しかし、またどんな考えで戦争に協力したか。何を信じ、何を憂え、何を恐れていたか。何を肯定し、何を否定したか。何に服従し、何に抵抗したか。いまにおよんでも、みずから恥じないことと、かえりみて遺憾におもうこととは、いかに分かたれるか。未決の問題はなんであるか。そして自分はこれからどう生きなければならないか。これが、いうところの「戦争責任」の問題にほかならない。反省の過程を省略して、「民主革命」への一歩をふみだすことができないということは、「戦争責任」の問題を回避して、民主精神の確立はないということだ。

しかるに「戦争責任」という言葉は、今日いろいろの意味に使われている。第一には、国際法上、戦争犯罪を構成するような行為の有無にかかわる場合。この場合は、国民の大多数にそのような責任はないものと考えられている。第二には、追放令に該当するかいなかで、責任の有無が考えられている場合。第三には、左翼系の人々が「戦犯」ということばで、戦争協力者を追及する場合。日本共産党が戦争犯罪人名簿をつくって、そのなかに皇族の女性の名を列記したことに徴しても、「戦犯」という観念には、いかにいろいろなものが混淆しているかがわかる。第四には、われわれ日本人はとにかく戦争をしたものである以上、だれしもその責任は負わなければならぬ、という場合。第一のものは法廷でさばかれ、第二のものは、法令や審査委員会できめられ、第三のものは、外部からはよくわからない政治的規準で、多少とも気ままに、いろんなリストがつくられている。そして第四の場合は、きわめて形式的な意味でそういわれているものにすぎない。

さて最後に第五に、戦争責任の問題を、法律的・政治的なものを超えて、われわれの人間的内省の問題として、いわば精神的に深められた形で、考えぬくという場合がおこっている。これは第四の場合のような一般的な自己承認とちがって、個人的な、ひとりびとりの人間としての自己省察であり、客観的にみれば責任の最もかすかな人が、最も深刻な反省を遂げるということも、ありえなければならない。それはどこまでも、自己そのものを主題とする精神活動であって、自然にそこに二つの方向を生じる。第一は、いまいう過去についての反省。しかし第二は、将来にむかっての決意である。両者は統一において発展する。

敗戦にともなって生じた責任問題のうち、ここに最後に述べた意味合いのものこそは、最も重要なものである。第一から第四までの意味の戦争責任の問題は、いずれも法律的・政治的限界内のものであるか、さもなくば単に形式性のものである。これをひとくるめに政治的戦争責任の問題とよぶことができる。これに対して最後のものは、精神的戦争責任の問題とよばれなければならない。もちろん、ひとりの個人において、二つのものが同時に生じている場合もありえよう。しかし、後者がもつ歴史的意義は、一般に前者の比ではない。その解決は、日本の再生のための前提条件であり、言葉の本来の意味においては、再生そのものである。戦争責任の問題を回避して、民主精神の確立はない。民主精神なくして「民主革命」の前進はない。その責任問題とは、第一から第四にいたるものを指すのではなくて、主として最後の第五のものを意味する。もしもこの最後のものが無視され、閑却されるとしたならば、極東国際軍事裁判がいかに立派に進行し、そしていかに立派に終結しても、また追放令の実施が、今日こそ永久に完了した、という声をきく日が来るにしても、そしてまた民間でつくられたあらゆる「戦犯」リストが、百パーセントの政治的効果をおさめる日が来たにしても、日本の民主主義がそれによって実をむすぶ、ということはないだろう。

戦争責任の問題というのは、われわれにとって人間としての反省の問題である。世界の人々が、その言葉をどう用い、その意味をどう限定しようと、それはどうでもよい。われわれ自身にとってそれは、政治的・法律的な問題であるにとどまらず、それらを超えて精神的な問題である。しかも、それは日本人の反省と自己解体の問題であるにとどまらず、日本人の自己形成の問題である。

では、われわれにとって、なぜ反省が重要であるのか。敗戦の体験が、なぜ反省によって深められなければならないのか。われわれの「民主革命」が、なぜそのような精神の基調音を必要とするのか。これは当然問われなければならない問題で、また答えられなければならない問題である。多数の人々が単純な敗北感のなかで、まったく受動的になっているときに、われわれ日本人にとって、なぜ反省が第一の課題であるかを説明するのは、きわめて重要なことだが、しかし理由は簡単である。わが「民主革命」の発端は、外からあたえられたもので、われわれの自覚と自力によって、内部から起ったものではない。われわれの反省はまさにそのようなことに対して、事後的な代償として課せられているのである。

もし一つの革命が、戦後においてではなく、戦争の過程において内発し、そしてその瞬間までわれわれがいかなるものに見えていたろうとも、死をもって革命そのものに投じた、という事実があったのなら、事態はまるで違っていただろう。反省の問題が、われわれにとって一つの代償であるというのは、われわれが不幸にしてその火をくぐることもなく、つまり、なんらの自己検証を経ることなしに、革命の最初の段階を外部からあたえられた、ということにもとづく。仮りにもし太平洋戦争のなかばに、国内が分裂し、革命勢力によって政権が奪取され、そして和平が講じられたものとするならば、内乱に際して身を革命運動に投じたものは、それまでの足どりはどうあれ、おそらく火のような政治的実践によって、戦争責任の問題のごときは、焼き切られてしまっていただろう。わたしは前にも、一度これをいった。しかるに、われわれのすべてにとって戦争責任の問題が不可避であるのは、事態がすこしもそう行っていないことにある。民族の反省こそは、主体なき革命の主体化のための、機軸とならなければならない。

2

戦争の体験のうえに、敗戦の体験がかさねられている。しかも、それはわれわれに無限の反省をもとめる。反省と体験とは、表裏のような関係にある。敗戦はただの敗戦におわったのではない。それは日本歴史の歩みとしては、社会の本質的な進歩への一段階を約束している。このような敗戦は、おそらく歴史のうえに数あるものではない。ただし、日本社会の本質的な進歩が、われわれ日本人の真の自覚の過程として、自主的に、自力によって、国内的に、自然になしとげられていったのではなくて、「大日本帝国」の廃滅を機会に、降伏の条件として課せられた政治変革によって、軌道をあたえられたものだということは、瞬時も忘れることのできない一事だ。たしかに多くの人々は、それも忘れてはいない。民主主義への発足の基礎条件は、連合国によってあたえられたものであることを、感謝をもって承知している。しかし、「軌道はあたえられたものだ、あとはそれを走ればよい」という考え、「前進、また前進あるのみ」という考え。政治はそれでよいかもしれない。政治というものはそのようなものだろう。しかし、思想や精神の領域では、これはあまり結構なゆきかたではない。「民主革命」の根が、深くつちかわれるためには、歴史と精神の反省が必要である。遠望と同時に、回顧が必要である。きびしい自己省察。それのみが真の前進を意味する。それがわれわれにおける精神の条件なのだ。

たとえば、極東国際軍事裁判の被告諸氏に対する国民の感情は、いま、どんなものであるか。また、求刑および判決に対する国民の感情は、どんなものであるだろうか。もしわれわれの現在の感情が自然なものであるならば、それがどうあろうと修正する必要はない。総じて感情というものは、自分の意志でどうなるものでもない。しかし、自己省察というのはそのことではない。戦争中、それらの被告たちに対して、われわれが抱いていた見解と感情とは、いま、どこへいったのか。それはなにゆえに変質したのか。その変質にはどんな論拠があるのか。それをつきつめてゆくことが、自己省察の第一歩であろう。わたしはそう考える。

首相時代の東条英機氏に対するわれわれ知識層の感情は、きわめてよくないものだった。とはいえ、それでもそれは抑留前後からの同氏に対する感情のようなものではなかったといわなければならない。民情を視察すると称して、民家の台どころや、ごみ箱まで、のぞきまわる東条首相は、一般国民の眼からみれば、救国の英雄だったかもしれない。しかし、アメリカから迎えに来られて、氏がピストル自殺をし損じた日から、また拘置所食堂で、何かを頬ばるところを、アクメ写真にとられた日から、そしてひとりの狂人(?)被告に、公判廷で禿頭をたたかれた日から、だんだん英雄とは別なもの、それとは反対のものとして、東条氏は国民の眼に映りつつあった。これはいかんともしがたい推移だった。それはそれでよい。しかし、わたし自身が、ほかならぬその東条氏を首相にいただき、その独裁のもとに戦争を戦った人間だという事実は、それによって少しも消えさることはない。わたしは、開戦の当初、東条氏に対していだいた期待や信頼の、いくばくかの感情を、いま、忘却の谷に沈めたくはない。その感情を、記憶の表面によびさまし、そして、その感情に対して、わたしは責任をとらなければならない。それをつきつめていくことが、自己省察ということの意味である。たとえば戦後、東条氏を悪しざまに罵った作家志賀直哉にも、この種の自己省察の欠落した文章がある。

やがて求刑があり、判決も下るだろう。そして被告に対する断罪は、もちろん被告たち個々の人間に対するものであって、国民代表または国家代表としての人間に対するものではないだろう。しかし、いったい、われわれはこの裁判に関係がないのだろうか。われわれは単なる第三者であるのだろうか。つまり、あの「だまされた」人間、おろかではあるが罪のない種類の人間に、すぎないのだろうか。積極的にこの戦争に協力したわれわれについては、追放令の実施がある。しかし大多数の国民にとって、東京裁判が意味するものは、いったい、何であろうか。その判決がわれわれに語るものは、いったい何であろうか。重臣たちをはじめ、かれら被告諸氏と同一の政治的階層にあった人々は、はたしてこの戦争について、絶対に連帯の関係はないのだろうか。また、戦争に反対することはゆめにも考えず、東条氏を支持した全国民は、はたしてこの戦争について連帯の責任がないのだろうか。国際法は国際法である。それがこの大戦を境として、なにか革命的な飛躍をとげたらしいことは、驚嘆させるに十分である。しかしこの裁判を、法的見地からばかり見なければならないということがあるだろうか。道徳的・社会的見地において、ここに連帯性の問題をつきつめていくことが、自己省察のさらに前進した方向ではなかろうか。そして、これはわずかに一例にすぎない。自己省察の契機は無数にあり、それは無限にひろがっていく。

敗戦が、同時に国家の革命を意味し、それがまた国民の精神革命を前提し、そしてその精神革命は、国民ひとりびとりの主体的な反省をはなれてありえないということ。このような反省の過程を省略して、「民主革命」への一歩を踏みだすことは不可能だということ。そして戦争責任の問題というのは、政治的なものだけでなく、それを超えた日本人の、人間としての自己省察の問題であり、それは最もきびしい形で、くまなくおこなわれなくてはならないものだということ。それは以上述べるとおりである。これは主体なき革命にとって、まさに主体化の機軸である。自己吟味、自己批判などというものは、否定的で消極的なものにとられやすい。しかしそれは、最も積極的・形成的なものであり、自己吟味の深さと、きびしさとは、人間的自覚の高さを測るにたる。反省は一つの能力なのだ。個としての実践者の自覚のないところには、主体的な反省もありえない。知識階級こそ大衆にさきだって、民族の反省と自己形成の方式を示すべきであり、もし日本の知識階級が、いまにおいてそれを忌避するならば、民族の再生などは考えられない。

戦争責任の問題は、政治問題としても、軍事裁判の問題としても、やがて終結してしまうだろう。それは終結せざるをえないものだからだ。しかし、われわれが意味する責任の問題は、決して終結はしないだろう。それは終結してはならないものだからだ。この問題は最初、主として政治的な提起の仕方、すなわち追放問題の形で、論壇・文壇・芸能界・学界などの文化諸領域における、戦後的日程に上った。政治問題としての色合が濃厚だったために、問題の一層根本的な側面は看取されなかった。自分は戦争責任を問われるおぼえがない、とみずから欺く人々が、責任ありとみとめられる人々の氏名を列挙したり、その戦時活動を摘発したりすることが、風潮となった。そのねらいは多くの場合、かれら問題の人々の戦後活動を中止させるか、禁止するかにあり、そしてまた時には、羽仁五郎氏の場合のように、かれらの無反省をたしなめるにあった。終戦直後の政治的雰囲気のなかでは、この問題はそれ以上に発展することができなかった。それが政治問題としての性格を超えて、精神問題としての深さに到達することができたについては、『近代文学』同人諸氏の活動が、その端緒をつくったように思われる。

たしかに終戦直後の、歴史的な一段階は過ぎ去りつつある。最もはげしい政治意志と政治意識の、急速調の一期。それは日本共産党が発表し、そして総司令部に提出した包括的な「戦犯」リストをはじめとして、各界別の左翼系団体の手によって作成された「戦犯」リストの発表が、あいついでおこなわれた時期だといえば十分だろう。その作成の規準が何であり、そしてその規準による判定がはたして正当であるかどうかなどは、もちろん問題ではない。いくらかでも自分自身に嫌疑を感じる人々の多くは、かたずをのんでこの時期をすごした。自己の責任をみずから問いただし、自己の戦時活動をみずから検討するなどということは、この政治的な暴風のなかでは、勇気を必要とし、それを敢てする勇気があったとしても、人々の耳目には気違い沙汰と映ったことだろう。政治がすべてであって、人間の内面性が問題として入りうる余地はなかったのである。

もちろんこの時期においても、戦争責任の問題を、政治の問題よりも深められた形で胸にあたためている人々が、日本に絶無だったのではない。映画界では、自由映画人集団が戦争責任者の追放運動に乗りだしている矢さき、伊丹万作氏はひとり死の床によこたわりながら、「戦争責任者の問題」を書いていたし、そして日本の文壇の三十代を代表する『近代文学』同人諸氏は、相会して自分たちの戦争責任を問いただす座談会をひらいていた。伊丹氏といい、『近代文学』同人諸氏といい、衆目の見るところ、この戦争には最も責任の乏しい人々である。にもかかわらず、いずれもそれを自己責任の問題として問いつめ、民族の反省と新しい日本人の形成への道を、求めたのだ。しかも、この一つの方向は閑却され、あるいは否定された。問題を、あくまでも政治的なものに限定しようとする動向は、右にも左にもあった。これを文壇についていえば、中野重治氏も、福田恆存氏も、両氏の思想的立場は逆でありながら、この点における方向は一つだった。目前の政治的なものを超えて、しかも一層深められた方式で、政治と生活の根をつちかうことは、要するにこの第一期の問題ではなかったのである。

しかし戦後に一期を劃する段階は、もはや過ぎ去りつつある。そしてあの政治的昂揚と闘争的昂奮、そしてまたそれに対する沈黙と抵抗の代りに、冷却と沈静が、熟慮と反省が、双方の人々に、そしてあらゆる人々に、しのびよっている。これは明かに歴史の新しい段階を語るものだ。この第二期が、どんな長い期間にわたるであろうかを予断することはできないが、われわれはすでにその入口にある。かなり幅のある入口のようである。徴候はいたるところに散見される。一言にして、それは自己反省の傾向と呼ぶよりほかにないもののようであり、他人に反省をもとめるのではなく、自己反省こそ最初のものだとする傾向である。

明かに精神的内面性の問題が、ときとしては場違いなところにまで、滲透してきている。ひとりの財政学者（永田清）が、「日本財政の苦悶」と題する論文の冒頭に、第一次大戦後のポール・ヴァレリーの文章を、ながながと引用したときには、経済問題の多くの読者が、めんくらったも道理である。けれども、「精神は精神家の胸に呻吟して悲しくみずからを批判している」などというフランス文学者の言葉を、文学好みの財政学者が引用したくなっているその精神情況が、頰笑ましいのである。終戦後二年も過ぎて、いまごろになっていいだされたところに、注目すべきである。ひとりの哲学者は、自分は歴史主義の立場を更えようとは思わないが、と断わりながら、これまでの自分の考え方、これまでのわが国の哲学の在り方を、疑いはじめている。わが国の哲学者たちに、戦争に際して身を挺してそれをせきとめようとする勇気を示したものがなかった事実をかえりみ、自由主義的だとみとめられていた哲学者のとった態度も、いまにして戦争の真相に照らして反省すれば、時代の良心たるを自負するにふさわしいものではなかった、といっている。これまた終戦後二年も過ぎていいだされたものだということに、注目すべきである。

およそ一九四七年の七月あたり（わたしの「個における国家問題」が発表された時期）が、思想界の分水嶺であった。かねて戦争責任の問題は政治問題にとどまるとしたのが、福田恆存氏であった。その福田氏が持論を翻したのも、この直後であった。いかなる理由があろうと、文筆にたずさわるものの戦争責任を曖昧にして、現在を飛びこえることはゆるされぬ、などと同氏もいいだした。そして、自由映画人集団の書記長である岩崎昶氏が、戦争責任追及の運動を打ちきって、「映画の記録」を書きはじめ、その冒頭で意外な告白の筆をとったのも、やはりこの時期以後のことである。

3

すでに日本の思想界は、論壇のみならず、文学界から映画界にわたる広い領域をふくめて、一つの反省の時期に入りつつある。いかにも「反省」という言葉そのものは、終戦直後からはじまっていたし、わけても戦争協力者の反省を要求する問責の声は、右にいう第一期の基調音ですらあった。戦争責任の問題が、いわば現象論的に、ただ政治的にのみとりあげられていた時代には、新居格氏が久米正雄氏の責任を指摘し、羽仁五郎氏が新居格氏の戦時放送を指摘するというような、イタチごっこがあらわれ、その余波はいまにつづいて、「余和井真三」氏が羽仁五郎氏の戦時動静を摘発する、というようなことまで生じている。これもまた羽仁氏に対して、反省を要求するものなのだ。それのみではない。『近代文学』同人の荒正人、花田清輝両氏は、筆をそろえて、中野重治氏の戦時中における一つの行動を問題視し、その行動について中野氏が反省を示さぬことに不満を表明した。真下信一氏のさかんな文筆活動も、ほとんどその多くは京都学派の攻撃のためにむけられたものであり、その派の人々が戦時中の行動について無反省であることに対する攻撃が、出発点をなしている。そして、すべてこれらの多くは、自己の戦争責任を反省するのでなくて、他人の責任を追及し、他人の反省を要求することで終るものであった。それは内にむけられた自省の精神ではなくて、外にむけられた戦いの精神であり、多少とも政治的なものであったといわなければならない。

ひとり、このなかにあって、最初から出発点を異にしたものは、『近代文学』同人諸氏の態度だった。これらの人々もまた「文学時標」などによって、終戦後いちはやく、文壇人の戦争責任を問いただす活動をはじめ、最初に詩人高村光太郎氏を槍玉にあげたりしたが、しかしこれら『近代文学』の人々を、「新日本文学会」の主流たる旧左翼系から分かつものは、その内向性にあったといわなければならない。いかにも、これらの人々は、他人の戦時中および戦後の言動を観察し、そして納得のいかぬ点を指摘することでは、まことに無遠慮だった。しかしそれは、自分自身の問題を忘失した姿において、他人を追いまわしている人々とは、精神の根柢を異にしていた。『近代文学』同人諸氏の活動こそは、戦後の思想界が、その最初の政治的颱風の時期を過ごしつつあったときに、それにつづくべき第二の時期を用意したものであった。

『近代文学』同人諸氏にとっては、戦争責任の問題は一面において、政治問題であった。戦争中むやみに動いたものは、こんどは少し引っこんだらどうか、という気もちは、追放運動につながるものだといえる。しかし、これらの三十代を支配している精神は、一言にして自己反省と自己形成の精神である。問題は、「これまでの自分をどう思うか」、「これからの自分をどうするか」、である。戦争責任の問題は、根本において、自己追及の問題以外のなにものでもない。しかも戦後の思想界を通じて、これらの人々ほど、戦争責任から遠いものもないことは、さきにもいった。つまり、責任の最も微かな人々が、最も深く責任を感じ、反省の必要の最も乏しい人々が、最も強く反省の必要を感じているということ。——まさしく戦後の思想界に、一大転回をあたえるべき機軸は、ここに用意されていると考えたい。

『近代文学』同人諸氏の反省は、主として戦時中の自分たちの態度の、腑甲斐なさにかかっている。なぜ、あの戦争と死をもって抗争することができなかったか、という自問自答が、その重心になっている。トルストイ、ロマン・ローラン、トマス・マンなどが、模範として仰がれ、またアラゴン、ブロック、マルロオ、モーリヤックなどのように、武器をとってファシズムとたたかった文学者の態度が、及びがたい手本として、思いだされている。世界の思想界における二、三の英雄、または小英雄を亀鑑として、これからの自己形成を思い立つというのは、けなげなこと、美しいことだ。戦争責任の問題というのは、これから十年も、三十年も、あるいは一生を通しても、なさねばならぬ逆転向の問題だというのは、まさに現代において英雄の道をえらもうとする、決意の表明であろう。諸氏はそれを、「近代的人間」、「近代的自我」、「内なる権威の確立」、というふうに考え、それをもって近代日本、近代日本人、および日本における近代文学の確立の道だと信じている。戦争責任の問題が、その本質において自己反省の問題であるのみならず、自己形成の問題であることは、これらの諸氏によって最初から語られている。盲目、過誤、過失、卑屈、無気力、怯懦、等々に対する人間的反省が、新しき出発への強烈な弾条のようである。

わたしは、このような文学者たちの登場を、日本における最大の戦後的事象だと考えたい。しかし、個人差はいろいろあるであろう。戦争の問題を、これから一生もかかって究明しようという意志にしても、諸氏において、どれほど強く、どれほど持続力をもつものであるかは、わたしの与り知るところではない。『近代文学』同人諸氏の動きは、これを戦後における日本のヒューマニズムそのものとして、つまりヒューマニズムを対象化した論議の姿としてではなくて、ヒューマニズムそのものとして、とらえられなければならないことは、別の機会に論じたい。わたしはむしろここでは、『近代文学』同人諸氏の思考方法そのものに、一つの大いなる疑問をはさみたい。疑問とはなにか。いったい諸氏は戦争の問題を、単に戦争の問題として考えるのみで足りるのかということ、これである。

戦争責任の問題を突きつめていけば、国家対人間の問題に帰することは、すでにいくたびとなく説いた。ところが不思議なことに、『近代文学』同人諸氏には、とんとこの問題意識がない。諸氏にとって、平和と戦争の問題が、ほんとうに生涯にかかる問題だというのならば、諸氏はまずトルストイとともに、戦争の主体たる国家そのものに、眼を、心を、向けるべきではないだろうか。

『近代文学』同人諸氏は、いったい、国家というものをどう考えているのか。戦争責任の問題は、それを政治問題としていうかぎり、もうすでに終末に近づきつつある。しかし戦争責任の問題は、これを思想と精神の問題としていうかぎり、わずかに諸氏によって、その糸口をあたえられたばかりである。戦争責任の問題は、これを知的に、論理的に追及すれば、そのまま国家問題であり、国家における人間の問題である。これを逆からいえば、それはそのまま、人間における国家の問題である。国家とは何か。そして人間とは何か。もしも現代における人間の問題に、これまであったいかなる時代とも異なる時代の条件が附着しているとするならば、それは国家との対決における人間が、はじめて一般的な問題と化しつつあるということではないか。それは政治と人間の問題といいなおしてもいいし、政治と文学の問題といいなおすのもいいかもしれない。しかし政治は国家をその枠とするものである。したがって国家と人間の問題、国家における人間の問題こそが、現代における人間の問題を形づくるのであり、このような歴史の条件から抽離された人間の問題、人間性の問題、ヒューマニズムの問題、等々は、すべて実践的には、方途なき問題の提出にとどまらざるをえない。それはなんら現代における問題提起ではありえない。

国家をどう思うか。これを人間そのものの歴史的な存在形式にかかわる根本問題として、根源的に問うこと。それは現代の哲学者の、社会科学者の、そして文学者の、いずれも避けがたい課題となりつつある。問題の出しかた、問題への近づきかた、その取扱いかた、そして結論の出しかた、結論へのみちびきかた、結論の現わしかた。それらはすべて、哲学や、科学や、文学が、たがいに異なるものであるように、異なるものであってよい。国家学説史を読むことや、国家理論の現状を大観することは、少くとも文学者にとって不可欠なことではないかもしれない。しかし、人間における国家の存在が、新しい世代の文学者の共通の盲点である、というような今日の精神情況は、もうこれ以上つづけるべきではない。

4

いったい、国家悪という言葉は、どのような意味で、われわれに受けとられているのか。その語原や語義を探求することは、学者の仕事にまかせてよい。しかし、われわれがこの言葉一つを口にするときに、自然に集中してくる想念は、これを大切に扱わなくてはならない。わたしはいう。——それは必ず、われわれ自身の直覚と体験とに、深くむすびついていなくてはならないのだ、と。

わたしはさきにも、つぎのように述べた。——国家というものは一見して、社会における兇悪なもの、暴力的なものを、取締まる力のようである。社会生活の日常性についていうならば、それはいまもむかしも変ることのない事実のようである。社会党政権下の近来の大規模な暴力団検挙は、よい実例である。国民はこの場合の国権の発動を、自分たちの生活に対する平安の保障と見る。この見方は、もちろん正当である。かくして国家は人民の生活秩序の維持防衛のために、その物理力を組織している、という一面を無視することは正しくない。日常性の意識においては、国家はそのようなものとしてあらわれている。そこには国家悪という想念や観念が入りこむ余地はない。

国家悪というような想念が発生するには、われわれの認識が、その日常性を突きやぶり、ものごとの本質にせまろうとする瞬間である。軍隊組織、警察組織、行刑組織という系列の物理力の組織そのものが、二重の機能を果たしつつあるという認識は、日常性の意識から生まれてくるものではない。二重の機能とは、第一には、一定の社会勢力による政治的支配秩序の維持であり、第二には、人民の社会生活における生活秩序の維持である。これら二つは、同一の物理力による二つの機能である。それは決して同一の機能ではない。その認識こそ、日常意識の裂け目に生ずるものであり、そして第一の機能こそ、国家の本質であることが、ときとしてその裂け目から、ひらめくのだ。

国家は、人間による人間の支配の組織である。少くともそれはそういう骨組みのものである。しかるにわれわれの日常意識というものは、多少とも政治における被支配者の意識である。「日本思想」とか「日本人意識」とかいわれるものは、実はすべてその被支配者の意識なのだ。国家権力を神聖なものと考え、あるいは神聖なものと結びつけて考えようとするかぎり、権力の実体をなすものが、われわれの認識にのぼるということはない。あらゆる近代の犯罪のなかに、「政治犯」と名づけられる特殊な犯罪がある。この犯罪を他の一切の犯罪から分かつものはなにか。ここに国家の組織における機能の二重性を感知させる一つの場面がある。日常意識の日常性そのものにおいてさえ、深い裂け目を生ぜしめる場面である。われわれはその裂け目から、国家の本質を瞥見せざるをえない。

国家は、人間による人間の支配の組織である。その支配を支えているものが、政治学者のいわゆる「暴力」あるいは「物理力」であることは、さきにも論じた。荒々しく衝動的なものを連想させやすい「暴力」という言葉は、避けるにしくはない。あらゆる新旧兵器とそれに適応する軍隊組織、また警察組織、また行刑組織。すべてそれらのものは、個人の肉体的な力からみれば、うち勝ちがたい物理力として配置されている。それは冷厳な、数量的なものだ。その数量の前に、個人の肉体的な物理力は、無にひとしい。

人間を支配している根源は、現代においても依然として、物理力である。倫理が人間を支配しているというのはよい。しかし倫理は心理を基礎としないではありえない。その心理は生理を基礎としないではありえない。生理が心理を支配し、心理が倫理を支配する。が、生理を支配しているものは物理である。このこともすでに一度ならず述べた。人間の在りかたそのものが、超歴史的な基本において、物理的であるということは、自覚を必要とする一事である。体重、体容、体力は、人間における物理性であり、物理力である。そしてそれは、きわめて微々たる物理力であるにすぎない。国家の組織する物理力の前には、ひとたまりもない。人間が、道義または倫理において、国家に屈しないことは可能であろう。死をもってこれと抗争することも、たしかに可能であろう。しかし人間が、死をもって抗争するとは、実は自己の死によって抗争を終る、ということである。国家の本質が物理力であるということは、これらの角度から理解されていい。

ところで国家の本質は、国内的には支配と被支配の関係であるが、しかし国家は国際的には政治的発展力の主体的単位としての、競合的な対立者である。現代の国家を支えているのは、一つの階級ではなくて、民族的なものの全体である。国と国と国とが、たがいに対外的緊張をもって同時的に併存するということは、これもまた国家の本質に属することである。単独孤立の国家というものは、国家であって国家ではなく、「世界国家」というごときものも、その意味で国家の本質を半ば失ったものであるだろう。現実における国家の本質は、国と国とが対外的緊張をもって同時に在るということ、すなわち国際関係そのもののうちにある。国内的な政治関係（支配関係）か、国際的な政治関係（対立関係）の、いずれか一方において国家の本質を読み尽くしたとするのは、いずれも正しくない。これが、マルクス主義的な国家理論に対する批評でもある。

世界内存在としての政治的発展力の主体たる国家は、民族または国民の愛国心によって支えられたものである。そして愛国心とは、民族的我慾または人間的エゴイズムを、その核とするのである。「愛国心」の語義を改めることで、その本質を改めようとした、あらゆる戦後の論議は、問題の真の所在をくらまし、解決を不可能にした所業にすぎない。単純な善意から出たものだろうと、政治的な計略から出たものだろうと、それが現代における害悪であることに二つはない。人間的我慾の表現としての国家の本質は、それ自体が兇暴なものである。戦争がその兇暴性の表現である。

国家は、国内的な政治関係として、悪であり、国際的な政治関係として、ふたたび悪である。近代のあらゆる政治思想が、それぞれの意味において、国家または政治の否定にかたむいているということは偶然ではない。それらの思想がそれぞれ系譜を異にするとはいいながら、人間意識の日常性を克服しえた思想家の思索から生まれたという点では、みな傾聴すべきものである。国家は一方からみれば、人間の暴力性をそれ一つに吸い揚げた組織であり、他方からみれば、人間のエゴイズムを昇華せしめた観念的主体である。われわれはみずからの動物的恐怖によって、国家の命に服し、また、みずからの人間的我慾によって、国家の発展をささえている。国家悪という言葉によって、自然に集中してくるわたし自身の想念には、そのようなものがふくまれている。しからば、戦争責任の問題を問いつめるというのは、人間における国家問題を問いつめることである。そして人間における国家問題を問いつめるというのは、かかる想念にうかぶ国家悪の問題を問いつめることである。現代における人間の問題が、国家との対決における人間の問題だということは、国家悪との対決者たることが、現代人の人間としての運命だ、ということである。

もちろんこれは現代の国家問題なるものの、おそらく輪郭らしきものについての、一つの個人的な素描にすぎない。問題への接近には、ほかに幾通りもの道が考えられるだろう。どんな道をえらぶかは、人々の自由である。いま、『近代文学』同人諸氏の決意が、近代的人間への自己形成にある、というのはうなずけることである。しかし、わたしはいう。その近代的人間とは、世界政治の現実によって具体的に規定された人間でなければならない。わけても、敗戦国たる日本の政治的境涯によって、条件づけられたものでなければならない。国家問題は、歴史的現実がわれわれ日本人に課した最大の問題である以上、諸氏がこの問題を回避することは、ゆるされないのではないか。『近代文学』同人諸氏に対する設問として、これを提起する。

5

わたしは極東国際軍事裁判が普通に意味するものを、ここで論じようとは思わない。しかし一、二の言葉をついやす必要はある。被告諸氏は、「文明に対して宣戦した」ものと論告され、そしてこの裁判における原告は、「文明」であると宣言されている。国際法はすでに全く一変して、国際紛争を解決するための戦争も、国家政策の手段としての戦争も、ことごとく犯罪である。これまでの国際法は、戦争を適法なものとし、国際関係の処理における最後の審判者は戦争であるとした。しかるに戦争はそのような地位から引きずりおろされ、逆に、犯罪性の烙印をおされている。まさに国際法の革命である。

このような法の転変を批判する諸説については、いまは何もいうことはない。これを肯定し、そして説明する学者の立場は、わが国では二つにわかれる。第一（横田喜三郎）は、これを国際社会そのものの変化または成長から説明するもの。第二（松下正寿）は、これを国際法の基礎をなす国家観そのものの変革から説明するものである。第一の説明にしたがえば、国際法の革命はおそらくここ二十年、黙々としておこなわれていた国際社会の変革を基礎とし、それは日本人の気のつかぬうちに生じていた国際平和機構の進歩発達にもとづくとある。第二の説明にしたがえば、国際法の革命はおそらくその背後をなす国家理論の転換を意味する。これまでの国際法が、イギリス流の国家観とドイツ流の国家観との妥協でできていたのに対して、今次の大戦を境に、英米型の国家理念が支配的となったものだという。

この二つの見解のいずれか一つをとって、他をすてなければならないということはあるまい。しかし国際社会の変革という見地から、今次の軍事裁判を説明することは、いろいろの困難がともなうだろう。たとえば、国家ではなしに、個人が「戦争責任者」として処罰される根拠は何か、というような、最も興味ふかい問題に対して、それは満足な答えをあたえがたいだろう。国際社会の発展から、世界社会の形成へ、という思想は、もちろん重要である。現代の世界史の歩みを、そのようなものとして捉えなければならないのはいうまでもない。しかし、それは同時に、人類思想史の歩みであり、国家に関する思想であると同時に、人間に関する思想であり、国家対人間の基本関係についての思想でなければなるまい。国際法の革命を、国際社会の変化という側から説明しようとする学説では、このような人類思想史の展開に対する考察が欠けている。

これに反して、国際法の革命を、その思想的根拠にふれて説明しようとする松下氏の学説は、われわれに対して示唆をあたえるものがある。その示唆は、受けとりよう次第では、思考力をもつ日本人を底からゆりうごかし、旧来の自己を解体して、新しい人間の形成に向かわせなければやまないようにおもわれる。――戦争指導に重要な役わりを演じたものが、敗戦によって政治的地位を失うことは、これまでも例があった。しかし、法律上の責任を問われた、という先例はない。法律上、戦争をしたのは個人ではなくて国家であり、責任は国家にある、というのが通念だったからだ。しかるに今次の大戦では、若干の個人が戦争犯罪人として、国際法廷に引きだされた。かれらの責任は、政治上・道徳上のみならず、法律上の性質をもつことが明かにされた。日本国家のみではなく、若干の日本人が戦争責任を問われなければならない。しからば、われわれ個々の人間というものが、そのまま国際政治の領域において、すでに存在するものとなっているわけである。国際法の革命を、思想史の側から説明する学説は、この根本問題に答えることのできる方向をさしている。それのみが東京裁判の意義を、日本人の国家観の変革にまでみちびくことができるように思われる。

国際法の背後をなす国家観の問題。——国家の理念には、これまで英米型とドイツ型または大陸型とがあった。前者によると、国家は人民の安寧幸福をまもる機関であって、人民がその主である。国家の意思は人民多数の意思にすぎず、それを指導するのは個人である。官吏の違法行為も、上官の命令であり、国家の意思であると主張することで、責任をのがれることはできない。しかるに後者によると、国家はそれ自体が人格化され、神聖化され、人民は国家に奉仕すべきものとされる。国家そのものが意思の主体である以上、すべての責任も国家のみに帰せられることとなる。

もちろん国家観の問題は、それほど簡単ではあるまい。英米諸国民を現に支配している祖国感情には、第一の学説でつかみきれないものがふくまれ、ソヴエト連邦の人民を支えている祖国感情にも、階級国家思想では割りきれない要素をまじえているだろう。しかし、われわれ自身にとっての問題はいま、軍事裁判や公職追放令を、そしてまたポツダム宣言の原則を、どう受けとるかという一点にかかる。単に客観的な、法的な、解釈の問題ではない。まさに、主体的な、能動的な、日本人としての、ぎりぎりの受けとめかたの問題である。われわれ日本人は、このような事態を通して、英米型の国家思想なるものを、自分の骨の髄にまで吸収してみなければならぬ。それがおそらく日本人における精神革命を意味するのだ、とわたしは考える。しかもわれわれは英米型のそのような国家観をさえ突きやぶって、そのさきに出なければならない運命にある。

もう筆をおかなくてはならない。日本の戦後思想を担いつつ、人間革命の問題を提起している『近代文学』同人諸氏に対してだけ、問いかけたのではない。わたしは同時に、現代における日本の社会学者や、政治学者に対して、国家本質における二面性の問題を、一葉の素描の形ではあるが、提出したつもりである。戦争責任論の思想的背景には国際法上の転変があることも、指摘したつもりである。ここでは最後に、進歩または文明の問題について一言しなければならない。

われわれはいま、次のように疑ってみることが必要な場合だとおもう。現代の国際社会というものは、今次の軍事裁判とその結果を支えてゆくだけの、確乎たる進歩の段階に立っているものであるのかどうか。それは世界史的にうしろへ退くおそれのない、国際関係であるのかどうか。国際軍事裁判の原告は、「文明」であると宣言されている。しかし、その「文明」そのものが、未来の世界政治の領域において、おびやかされる危険はないかどうか。心から歴史の進歩をあやぶむ者は、むしろ進歩を信じようとする人々であり、あくまで進歩の側にくみする決意の人々である。一方、進歩と文明の思想に、現に身をもたせかけて、安心しきっている人々は、おそらく進歩を真に進歩たらしめる人間ではなく、「文明」を維持する人間でもないかもしれない。進歩も、文明も、つねに不安な、危険な航路を、風浪にもまれながら、たゆたっているものであることを感じることのできるものだけが、進歩と文明を守るべき人間である。愛のないところに怖れはなく、怖れのみあって愛のないところに、実践者たる人間としての主体はない。わたしはこの意味において、現に進歩と文明への懸念に、胸をふさがれた人間であるのが当りまえだと考える。

総じて、歴史の進歩を信じることは、だれにとっても容易であり、そしてつねにまた危険である。われわれはそれについて過去幾年、したたか経験したばかりだ。今度こそ世界の進歩を信じてよいかもしれない。しかし、八分の信とともに、二分の不信を残しておくことは、世界の進歩そのもののために必要なようである。危険は外にあり、また内にある。外からの危険に対しては、現在のわれわれ自身は、もはや無力以外のなにものでもない。内なる危険は、われわれの我欲を核とする愛国心、またそれを包む国家至上観、そしてまたそれに焼きこまれた天皇観の、亡霊のなかにある。「戦争は人間の心のなかではじまる」、という名文句は、一つの歴史的情況に適応するだけではない。もっと深められた意味で受けとられていい。

ものごとを信じるというのは、なまやさしいことではない。それは時として、信じるもののために死ぬことである。われわれが進歩を信じるというのは、時としてそのもののために、命をかけることである。国家が文明と進歩を信じ、文明を担うものだというのは考えられることではない。進歩も、文明も、これを担うものは個々の人間であり、そしてまた国家以外の、人間の自由な集団であるよりほかはない。「平和国家」、そして「文化国家」。なんというおかしな、芸のない合言葉だろう。国家本質における我欲と暴力。およそ道義の世界では、二つながら絶対にゆるしがたいものが、ひとり国家においては、それが自己存在の理由である。われわれは国家との対決者として起つ場合にのみ、進歩の側に立つことができるのではないか。

人間はそもそも、いかなる意味で国家に所属し、いかなる意味で国家を超えることのできるものなのか。「国家的人間から世界的人間への出発」は、どのようにして、どのような形で、可能なのか。われわれが現に国際的人間でなければならないということは、おそらく今日では、ひとりの世界的人間がわれわれの内部に呼吸している、ということでなければなるまい。そもそもわれわれは、孤絶の個人として世界的人間であることは可能だろうか。一定の政治意志とむすびつくことなしに、このような歴史の段階を人間として生きぬくことは可能だろうか。すべてこれらの問題は、われわれ日本人の問題であると同時に、世界の人々の問題となりつつあるのだ、とわたしは考える。

　絶対主義国家というものは、もはや存在しない。しかし国家そのものの絶対主義は、世界を通じて現実に消えてはいない。人間が人間であろうとすることは、現代においてもまだまだ軽易な志向ではない。もしも戦後のわれわれが、ヒューマニズムをなまやさしく講釈しているとすれば、それは現代の課題を知らぬ者のおしゃべりである。国家と人間との対決が何を意味するかを考えないところに、現代のヒューマニズムはない。われわれは自己の内部において、国家を断ち切らなければならない。それはわれわれ自身の我慾を、残忍を、断ちきることだ。しかしわれわれは自己の外部において、国家への恐怖を拒まなければならない。その恐怖を恐怖として受けとることは、われわれが動物に近づくこと、人間であることを譲歩することだ。

　われわれは国家の物理力の前に、ひとたまりもなく死ぬかもしれない。しかし動物としてではなく、人間として死ぬことを考えなければならない。人々が「国家的人間」として死んだのは、今次の戦争を最終たらしめてよい。われわれは世界的人間としての道を――国家のために死ぬる道ではなくて、国家によって殺されるかもしれない人間の道を、過去にも未来にも、尋ねてゆくよりほかはない。

第二部

第六章　政治と人間

一九四七年

1

およそ政治についての日本人の無自覚と、あらゆる政治上の過失は、国家観の誤謬とむすびついている、というのが現在到達しているわたしの見解のひとつだ。もし教養の問題としてこれを論ずるとすれば、われわれの教養において、一番ひどく欠けているものは政治上の見識だった。しかし政治教育という言葉から連想されるものや、公民講座などといわれるものの内容が、われわれの政治上の欠陥を、ただちに改めるだろうと信じることもできない。戦後、民主主義教育などといわれているものが、ここにいう意味での政治的見識をわれわれに保障してくれるだろうと信じることもできない。われわれはきびしい意味での政治の科学に学ばなければならない。この際、日本の哲学者の政治哲学や国家哲学に走ることは禁物のようである。われわれは科学に学ばなければならない。政治の科学は本質において社会科学である。政治の本質をわれわれに説くことができるものは、その科学である。そしてわたしのごときは、現にそのことにようやく気がついたばかりの人間であって、政治と人間との関係を人々にむかって説きあかすような立場にはいない。その能力もない。

かつてわたしは、人間は政治から離れていることのできるもの、政治は避けられるものと信じていた。

そう信じて、政治色の生じやすい団体活動への参加を、自分にむかって厳重に禁じていた。新興歌人連盟（一九二八年結成）が左右に分裂したときには、即座にそれらの組織と運動からの脱退を宣した。それで政治を避けうると信じたのだ。日本評論家協会にさえ、再三の勧誘にかかわらず、加入を肯じなかった。協会に政治的色彩が生じないとはいえなかったからだ。およそ政治的なものに近づくことをおそれていた自分であるが、しかしこれが政治の本質について、なにも深い見識があってのことでないのは、いざ太平洋戦争に入り、そして言論の「挙国体制」が生まれるとなると、なんの狐疑もなく、その準備委員にあげられているのをみればあきらかだ。「挙国体制」は政治ではない、といえるだろうか。それは最も猛烈な政治だったといわなければならない。その後の言論統制の、あらゆる現われかたのなかに、いかにおどろくべきことが生じたか。しかも、国家の名において行なわれるものには、すべてこれに服する、という単純な信条が、自分を支配していたのだ。人間は政治からまぬかれうるものではない。まぬかれえたと考えることは、一層ひどく、一層わるいかたちで、政治と結びつくことでしかない。わたしはいま、そのような反省のなかに自分を沈めている。経済学の領域では、純粋経済学の否定の意味において、政治経済学の提唱者のひとりとなったが、あの時代的条件のもとで政治経済学を主張するというようなことは、当時の政治的現実を前提し、前提することで承認し、承認するのみならず、推進することの意味にさえ、ならざるをえない。もちろん日本の現実と自分の構想とのあいだには、食いちがいがあり、その食いちがいが質的にも大きなものであったことは事実だが、しかしわたしは政治という言葉を、その本質的な意味において用いることをわきまえず、単に「政策」の意味において用いているのがつねだった。「政治の科学性」などというときに、すでにそうであった。これは学問上の重大な過失であるといわなければならない。わたしはいま、そのような反省のなかに自分を沈めている。政治を論ずる資格がなく、第一歩から学ばなければならない境域である。最初にこのことを断わっておく。しかも、なおあえてこの問題について筆をとることを憚らないのは、おそらく現在の日本には、自分とおなじような境域にありながら、それをそれほどに感じていないひとが多いと思うからだ。そしてまた、一層わるいことに、政治上の教養の欠如こそ、過去における日本人の最も大きな欠陥であるのに、その欠陥は、終戦後において必ずしも急速に改善されてはいない、と思うからだ。わたしはまず眼にふれるものの二、三に取材しながら、日本の知識層の政治観を検討し、それと同時に、戦争ならびに敗戦の体験を契機として生じた政治の本質問題への反省の一端を、書きしるしたい。

政治についてはは政治学者に聴くのがよい。政治についてのわれわれの見識を養成する途は、政治の理論を学ぶことだ。国家理論をふくめての政治学でなければならぬ。もしわたしが読者にむかっていいたいことは、しかしそれはどこまでも科学としての政治学よりほかに、われわれの蒙をひらきうるものはない。しかしそれはどこまでも科学としての政治学でなければならぬ。もしわたしが読者にむかっていいたいことを要約するとすれば、そんなことになる。国家理論にまで根ざしていない政治論というものは、だめなものだ。われわれは国家の本質に触れなければならない。一方では体験こそ肝腎だが、他方では思索がなければならない。思索は人類の思索のあとを継がなければならない。われわれが国家の本質に触れるためには、どうしてもこの二つのことが同時に必要だ。これがわたしのいいたいことのすべてだ。

——最初に柳沢健氏の政治に関する文章をとりあげる。詩人で外交官だった人の見解である。第二に広津和郎氏の政治に関する文章をとりあげる。この戦争に対して最も消極的だった、作家の見解である。第三に高坂正顕氏の政治に関する論文をとりあげる。この戦争に対して、大いに積極的だったとみられる一哲学者の考察である。第四に中村哲氏の一論をとりあげる。戦争を通った政治学者の科学的な政治論である。第五に赤岩栄氏の共産主義に対する内在的な省察の文章をとりあげる。人間の原罪に対する基督者の見解である。最後に丸山真男氏の若き世代に寄せた一文をとりあげる。そこには新時代の政治学者が、政治の「宿命的な限界」を述べた箇所がある。わたしはできれば、政治の問題とむすびついた人間の良心の問題や人間改造の問題、人間革命の問題、そしてまた「政治と文学」の問題にも、入らなければならない。その場合には、おそらく渡辺一夫、中村哲、そして本多秋五、荒正人、平野謙その他『近代文学』同人諸氏のかずかずの所説に、触れなければならないことになるだろう。しかし、いまは紙幅の制限が、それをゆるさないだろうと思う。

戦争責任の問題といわれているものは、政治問題であると同時に、思想問題であり、精神問題である。それをせまく政治問題だけのことにしようとするのは正しくないし、その反対に政治問題にすぎないじゃないか、というのも正しくはない。またその政治問題化を否定し、むしろ精神問題にこれを限定しようとするのも、正しいとはいえない。この問題はまさに人間の問題として、双方が統一されなければならない。われわれはこの問題の現実性のなかに、「政治と人間」の問題の骨骼が露出していることを認めなければならないだろう。それではまず柳沢健氏の場合をとりあげよう。

2

巴里コンミューンにつづく弾圧の時代に、フローベルもゴンクールもそれを阻止するような文章を一行も書かなかった。これはかれらに責任があるのだ。そうサルトルはいっている。そんなことをするのはかれらの本職じゃない、という弁護もだめだ。カラスの裁判事件はヴォルテールの、ドレフュスの処刑はゾラの、コンゴー植民地の行政はジードの、本職だったのか。そうサルトルは反問するからだ。文学者は政治に無関係であることはできない。文学者は時代の政治に責任がある、とかれは信じている。かれは反ナチの地下運動に参加したが、共産主義者ではなく、実存主義と反ナチ闘争とのあいだには、必然的な関係がないともいわれている。共産主義者が政治に責任を感じるのはわかりきったことだが、サルトルのような文学者が、同様に政治を考えているし、そして一方、ヴィシー政府のペタン主席の顧問格だったシャルル・モーラスは、戦後フランスでおこなわれた裁判で、終身刑をいいわたされている。アナトール・フランス以後の名文家といわれるかれの有名な標語は、「政治を真先に！」というのだった。サルトルとモーラスでは、フランスにおける立場は逆だが、双方、政治を随一のものと考えていることでは一つだといえようか。

この材料は、柳沢健氏の書いたものから、わざわざ取った。(1)同氏が右の両者を左右両翼の代弁者といっているのは当たるまいが、フランス文学者の政治に対する態度を知るのにはいいと思う。フランスでは戦後の裁判で、幾人かの著名な文学者が銃殺された。同氏はそれをつたえきいて、政治というものは怖いものだ、という気もちと同時に、かれらはどうして文学のみに終始できなかったものか、という愚痴も出ると述べている。これは、いつわらぬ感懐であろう。しかし、われわれはまずこれを問題にしたい。われわれの内部にも、愚痴ではないが、多少の疑問があたまをもたげないでもない。――われわれはどうして政治関与からまぬかれがたいのだろうか。政治から自分を隔離することは可能でないのだろうか。そしてそれは正当でないのだろうか。「政治ぎらい」という言葉があるが、われわれは「政治ぎらい」で押しとおすことはできないものだろうか、等々。

しかしサルトルや、モーラスや、その他のフランス文学者の場合を、わざわざ海をへだてて問題にするまでもあるまい。目のまえの日本の文学者について、問題となっている戦争責任のことを考えてみなければならない。われわれはおよそ好むと好まざるとを問わず、意識するとせざるとを問わず、政治に関係していたのであった。それが政治への関与だという意識は、当時乏しかったとしても、いまではおそろしいまで明瞭に、自覚にのぼっている。たまたま日本の場合には、新たに成立した民主主義政権なるものの性格の曖昧さによって、戦争責任者の追及は国民裁判の方式をとるにいたらず、文学者の戦争責任は、主として左翼陣営からの微々たる筆誅をうけているにとどまるとしても、しかしもはやそれにしても、われわれは政治が何であるかを知りそめつつあり、右にならべたような疑問があたまをもたげるのは、古い観念の亡霊がひそんでいる証拠でしかないことにも、気がついているのだ。そして柳沢氏がみずから愚痴といっているものは、危険な愚痴であることにも、気づいているのだ。

政治はわれわれにとって運命である。そしてそれはいよいよ深刻な、いよいよ逼迫した意味において、われわれの運命となりつつある。それに目をつぶることや、それを忘れることは自由だが、しかし身をもってまぬかれることや、延期することはできない。政治と文学との関係について、もし何かの誤謬が、日本の一部の文学者をとらえているとするならば、それは根もとにあるべき政治と人間との関係についての省察が、不十分なためではないかと思われる。

政治と文学者との関係をフランスの場合についてのべた柳沢氏は、サルトルともモーラスともちがった考え方が、依然として別にあることを述べている。ところが、それはフランスのことであるのか、どこのことであるのか、わからない。同氏がより多くその考え方について紙幅をさき、しかもフランス人の名が出てこないのをみると、氏自身の意見に近いものかもわからない。ともあれ、それはざっと次のようなものだ。——政治は現代におよんで、ますます複雑機微で、専門知識と多年の経験によらねば理解できぬものとなり、いわんやこれに関与するなどということはできがたくなっている。各階級各職業間の利害の錯綜は、さらに国際間の利害関係によって拍車をかけられ、冷徹微妙な料理人の腕をまたねば、その調理は不可能になっている。しかるに文学者なるものは書斎の人であって、職業上、個人的・自己本位的であり、政治運動や社会運動には縁の遠いものだ。おまけに文学者は独創的で、奇矯に走る傾向もあり、平衡、冷静、良識を尊ぶ政治には、むくものでない。文学者が政治問題に関与するや、あたかもかれの愛する作中人物に没頭するごとき勢いをもって、自分に関係のあるひとつのコースに傾倒し、他に無数のコースのあることも忘れてしまう。しかもその媚薬に毒されるのは多くの読者であり、当の文学者自身はついに改革や革命の渦にまきこまれ、あるいは亡命、あるいは断頭台という悲惨な運命にさらされてしまったことは、フランス大革命の前後に無数の例がある、云々。

われわれはここに述べられたような政治観（あえて文学観とはいうまい）が、だれのものだろうと、その持主を問題にしない。ただ、ここには古臭さにおいて典型的な一つの政治観が述べられていることをみとめ、そしてそれがいまではいかに卑俗で、いかに浅薄で、しかも依然としていかに多くの人々のそれを代表しているかを、みとめれば十分だ。政治が現代において複雑で、専門化しつつある、ということは事実だろう。しかし、それはより多く国家政策における計画性の拡大という方向と、むすびついたものにほかならない。政治の本体は複雑化したとも、微妙化したともいう必要はない。ただそれは刻々、ひとつの危機にのぞみつつあるというのが事実で、世界的規模においての変革が、不可避の情勢にあるということを認めればよい。亡命とか、絞首台とかいうものは、政治の限界や終局にあるのではない。そのような物理的制約は政治の真只中にあるものであり、いつでもそれ自体が政治なのだ。そして現代ほど政治のそのような本体の露出した時期は、かつてないのだ。右のような政治観が、いまでは卑俗で、そして浅薄に感じられるのは、安定期の政治観が、そのまま現代にもちこされたものであるからだ。政治とは人間による人間の支配であり、そしてその支配とは、根本において物理力または暴力によるものだ、という単純な原理が、安定期においては忘れられ、変革期において露出するのだ。

サルトルが文学者の政治責任を云々するのも、かつてモーラスが政治を真先にと叫んだのも、そして戦後のフランス文学者が、同胞文学者の死刑を主張するのも、そして、あらゆる文学者が政治への関心を掻きたてられずにいられないというのも、すべては政治そのものが重大な変革期にあるということの証左だ。このような時期には、あらゆる事象が政治的意味をおびて来、あらゆる事象に対して政治的判断を下す必要が生じ、そしてあらゆる問題に対する答えは、然り、または否、のいずれか一方に帰するようになり、意識は底を割って、もっと深い層に下降し、複雑と思われたものが単純化し、諸対立は消えて、一つの決定的対立が確定する、——支配するものと、支配されるもの。

政治というものは怖いものだ、という柳沢氏の感懐には、少しも無理はない。しかし、それは変革期のある瞬間において怖いものとなるのではない。それはいつでも怖いものなのだ。政治的意志をもって行動する人間、たとえば革命家にとって、亡命や死刑台が日常意識内のものでなければならないのはいうまでもないとして、およそ政治的意志というほどのものを、自分ではもったつもりもない人間でも、政治的な危機においては態度を明かにしなくてはならず、そして戦争というようなものは、つねに政治的な危機そのものなのだ。われわれは祖国の戦争指導者に協力することで、われわれ自身の政治的意志を明かにしたばかりじゃない。戦争反対者を否定する意味で、すべての社会主義者をむこうにまわしたことになっているのだ。これが日本の政治的危機におけるわれわれの行動だった。それが政治的行動でなかったと、だれがいま、いい張ることができるだろう。当時の政治的条件を云々することは、多少の弁護には役立つかもしれず、当時のわれわれの国家観念を云々することは、これも一部の耳をかたむけさせる理由を若干ふくむかもしれぬ。しかし日本人の最大多数が戦争に従事する以外になかったという、ぎりぎりの諸条件をよくよく考えてみるならば、政治というものは怖いものだ、という事実は、終戦後にはじまったのじゃないことを悟らなくてはならない。あえて怖いということをいうならば、仮りに戦争責任のゆえに、幾人の文筆家が銃殺され、幾百人が終身刑に処せられようと、その怖さは、戦争政治そのものの全体としての怖さにくらべたら、ものの数にもなるものではない。人間による人間の支配が、戦争遂行に名を借りて、最もすさまじく、理不尽に行なわれたのは、その時だったのだ。

3

政治は人間による人間の支配である。われわれは政治の本質が暴力的なものだということを感知してしまっている。しかるにいまひとつ、いわば政治の属性として、ふるくから政治は謀略だといわれている。術策、宣伝、そして虚偽。表裏は政治のつねであって、いかに公正な政治とみられるものにも、政略がないなどということはない。

この問題に多少とも近づこうとしたものに、広津和郎氏がある。しかし同氏はマキァヴェリズムだの、「国家理由」だの、「国家理性」だのという国家問題を、政治の問題として意識しているのでなく、個々の政治家なるものをそのまま政治の問題として、こんなふうにいっている。——

私がいままでの日本の政治家や官僚を毛ぎらいした最大の原因は、かれらのウソとカラクリである。保守陣営も進歩陣営も、それをやめてくれぬかぎり、この国の政治は信用できない。私たちは長いあいだ政治というものに冷淡だった。その結果は国民として大きな反省をすべき事態に立ちいたったが、しかし長いあいだ冷淡であったその習慣は、いまもふかく心に根ざしている。私がのぞむのは、今度こそ新しい政治家が、良心の苛責なしに表裏のあることを政治の常道だと考えることから、放たれるということだ。ポリティックの文字どおりに、ある策略も政治上では必要とされる場合のあることは想像される。信念をとおすために、それを用いなければならない特殊な例外的な場合もあろう。しかしそれはやむをえずして用いるということに対する信念と責任と良心とが、裏づけられていなければならない。しかるに古くからポリティックの意味を最も低劣に解し、嘘のうえに嘘をきずきあげ、さらにここ十数年、最も露骨に、破廉恥に、傍若無人にそれを実行してきたのがこの国であり、そして一朝にして手のつけられない瓦解をしたのだ。イデオロギーの問題も、階級の問題も、これからますます激化するだろうが、しかしいかなる党派によらず、策略と手段をえらばずに政権をあらそう政治を、われわれは信用しない。青年の純粋な差恥心と正直さをもって行動するものが出て来ないかぎり、この国の土台は建ちなおりはしない。(2)

広津氏は、日本の最後通牒に対して、ハル国務長官が野村大使に答えた言葉の一節をひき、そして、策略とだまし討ちを常道として恥じることもなく、国内にも国外にも権力をふるおうとする日本政治が、あのおどろくべき東条内閣をつくりあげたのだ、ともいっている。だから問題を、国内政治に限定しているわけではない。国際社会における政治上の悪を、同時に省察していることも明らかだ。ここに、今次の戦争について、おそらく責任の最もかすかなひとりの文学者の、日本人としての一般的な反省のみならず、作家としての政治に対する潔癖さを、十分に読みとることができる。しかしそれと同時に、日本文壇の同時代のなかでは、政治について比較的理解の深い人とみられているこの作家でも、政治理論または政治思想というような方面にかけては、なにものをも通過しているようではないことを、読みとることができる。

戦後の選挙さわぎや、選挙演説に対する作家らしい感覚も、いちいち、うなずけることばかりだし、「あの選挙風景は、せっかく政治に対するわれわれのニヒリズムが解放され来つつあるのに、ふたたび懐疑と虚無感とに逆もどりさせる」という言葉なども、同感なしに読むことはできないが、それでもなお「政治について」という広津氏の感想文は、全体としてわれわれ日本人の、殊に文化人の、殊に五十代の文学者の、政治についての基本的な見識の不足を、感知させるもののようだ。われわれ日本人は、あらゆる知識の領域のなかで、これまで政治の基礎知識に一番欠けていたようであり、そしてその基礎知識というのは、いわば政治の科学また政治の理論の意味でなければならないのだ。われわれは政治についての文学者の感覚を尊重しないつもりはない。しかし、政治は直観のみでとらえうるものではなく、政治についての考察は、個人的な経験や我流の推理で終始できるものではない。

政治とはいったい何であろうか。あらゆる政治的な事象を集中していって、そして最後にこのような問いを発するということは、およそ知的な人間には、避けるに避けられないことがらだと思うけれども、広津氏の場合には、そのように問題を攻めていって、全体を統べた形の問いにまで、ひきしぼったところがなく、またかつてそのように問いつめた帰着点があって、それが基調になって所見がのべられているようではない。氏はまのあたり見る政治家の鉄面皮と二枚舌とその無良心に愛想をつかし、そしてそのような個人的な観察と感情から出発して、ついにあらゆる政治家に対してばかりでなく、政治そのものに対して「冷淡」になったものだ、と告白している。そしてまた、その結果は国民として大きな反省をなすべき事態に立ちいたったともいい、政治に対する侮蔑または無関心については、ひるがえって責任を感じているようでもある。政治というものを、個々の政治家をとおしてつかむという行きかたが、方法としていかに素朴なものであるか。そして、いかにまちがったものであるかは、とりわけていう必要もない。ところが、それがわざわざ一つの方法として、意図的におこなわれた例もないではない。高坂正顕氏の場合がそれだと思う。

4

グラッドストンは、かつて自分の生涯のさまざまな経験のなかで出会ったすべての人物のなかで、政治家たちが最も奇怪 mysterious なものであった、といっているという。高坂氏はそれを引用し、それから政治の本質をとらえるのに、政治家なるものの分析から出発するという方法をとっている。(3) 同氏が戦後における思索の主題を、国家または政治においたのは、もっとものことだが、「政治概念の検討」という長論文は、戦争中、積極的な活動をした氏自身の、自己反省として書かれたもののようではない。また、高坂氏の政治概念や政治家の概念が、十分にふかく現実の直観に根ざし、社会科学的な確かさに到達しているかといえば、それは疑わしい。同氏の哲学的活動に、戦時におけるほどの精神の燃焼があるかといえば、それも疑わしい。政治の本質とその可能なる根拠というような問題を中心として、政治家なる存在の分析から出発する、という方法をえらぶといいながら、その政治家の概念からは、革命家が排除されている。方法そのものについては、一般的に否定することはできないかもしれないが、しかし今日、政治家の概念から革命家の本質をとりのぞくというようなことは、ゆるすべからざる恣意であろう。現代における偉大な政治家の前半生は、革命運動家である。そしてまた現に革命政治家である。

代表的な政治家がしばしば革命政治家であるということこそ、現代世界政治史の刮目してみるべき徴候だというべきだろう。高坂氏の政治哲学は、あえてこの着眼をそらすことによって、みずからを性格づけているように思われる。

政治とは、人間が人間を、しかもある絶対性をもって支配することだ。そう高坂氏は定義している。われわれが容易にこれに同意しても、おそらくはそれは言葉のうえの一致にとどまらざるをえない。問題は、支配の意味、絶対性の意味にある。そのような概念用語のうらに、湛えられている現実直観のひろさ、たしかさ、また、ふかさの如何にある。

人間は、政治にむすばれることによって、つまり国家においてあることによって、本来の自己たることを失うのか。あるいは国家とは、かえって人間が本来の自己たりうるための場であるのか。われわれは国家において、運命的な謎のごときものに出会う。そう高坂氏がいうときに、氏はまさしく国家対個人の問題を提出していることになる。しかし、この問題提出に同意しても、国家とは何か、そして自己とは何か、まずそれらを問いつめることが先決である。そしていま、われわれにとって国家の本質は、決して自明なものではなく、自己はさらに自明なものではない。グラッドストンの政治家についての言葉が、どんな情況で語られたにせよ、個々の政治家その人のなかに、現代の政治の問題性や、国家のもつ運命的な無気味さが、ことごとく籠められているなどと考えることはできない。

さらに国家と個人との関係を論じたなかで、高坂氏はつぎのようなことを述べている。――古代の大帝国では、その強大な力にもかかわらず、その強制力は人間存在の内面にまで浸透することはできなかった。のみならず、国家の強制力の圏外に立ちうるような人間存在の余地が残されていた。日いでて耕し、日かくれて眠り、堯舜われにおいてなにかあらん、ともいいえた。しかし近代国家では、その強制力の圏外に立ついかなる個人もありえない。それは納税その他の義務をもち、戸籍によって登録される、云々。そしてわれわれはこのような叙述にも反対する理由はない。むしろ近代国家の強制力が、人間存在の内面にまで浸透しなければやまないという情況については、近代国家をこえた「現代国家」の理念がよびだされ、そしてそれについては鈴木成高、西谷啓治、高山岩男の諸氏によっても、近年論じられたものが少くない。このような世界史的な現代政治の性格は、戦争終結における無条件降伏という未曾有の方式や、それにもとづく占領政策の広袤《こうぼ》においても、見いだすことができなくはないかもしれない。しかしわれわれは国家における強制力という概念を、いかなる内容においてつかむのか。政治とは、人間が人間を支配すること、しかもある絶対性をもって支配することだというとき、その絶対性を絶対性たらしめている実体は何であると考えるのか。われわれはそれを問わなくてはならない。政治の本質が暴力であることを（これについてもあとで論じるが）認めることのできないものだけが、戦争を否定し、階級闘争を否定し、そして革命を否定しようとするのではあるまいか。

　高坂氏が近代国家の強制力を説いて、納税の義務だの、戸籍登録だのを挙げたのは、もちろんまちがった挙例ではないだろう。しかし戸籍を云々するぐらいなら、なぜそれを国籍の面においてつかもうとしないのだろうか。国籍というものは、すでに他の場所でも述べたように、個人対国家の関係であると同時に、国家対国家の関係である。それらの関係が、個人に集中してくる最も劇しい事例が、戦争である。個人の思想も、感情も、政治的意見も、生活の志向も、他の一切の弁明とともに、意味をもたない。個人的なもの、具体的なもの、特殊的なものは、すべて国籍という一つの抽象のなかに消えてなくなってしまい、そして個人から見れば極度の抽象でしかないものが、国家から見ればそれがそのまま、現実の一面なのだ。戦争反対者が、反対者だったゆえをもって、資産凍結をまぬかれ、戦火をまぬかれ、徴用と徴兵をまぬかれ、引揚げ財産の没収をまぬかれ、そして賠償をまぬかれるというなら、国家などというものは謎でもなんでもありはしない。「プロレタリアの祖国」ソ連における日本の俘虜、すなわち日本のプロレタリアートが、われわれを羨しがらせる条件のもとに解放されているというなら、国家などというものは、謎でもなんでもありはしない。「現在われわれは国家において、運命的な謎のごときものに出会う」とは、高坂氏の言葉でもある。しかし、何度もいうようだが、言葉というものはそれだけでは一定の意味をもつものではない。その言葉が、発言者自身において、どれだけの現実直観と、どれだけの含蓄において語られているかで、その意味は決定するのだ。

国家の強制力を論じるのはいい。しかし、強制力そのものの前提をなす国家の絶対的な最初の拘束力を、見のがしてはいけない。国家は、いかなる個人の意志をも問うことなしに、いな、その意志能力の有無をも問うことなしに、一定の条件のもとで生まれた赤子の額に、ひとつの烙印をおす。個人が出生によって「国籍を取得する」というのは、実はそういうことであった。自由選択をゆるされる国籍などというものは、現代では言語矛盾である。政治が人間にとって運命であるということは、人類に共通の命題だけれども、しかしわれわれにとっては、日本国家とその政治こそ、脱出すべからざる運命なのだ。個人というものは必ずいずれかの国に所属し、しかもその所属の関係は、場所をかえても、何をしても、断ち切りようがないものとして、残されている。この関係は、個人対国家の関係であると同時に、国家対国家の関係となってあらわれる。それが個人においてあらわれた国家関係であるということは、ひとが外国を旅行し、あるいはそこに住みつこうとする場合に、あらわれてくる。開戦前夜のパリをえがいているレマルクの『凱旋門』や、そして映画『カサブランカ』には、あらゆる国からの避難民があふれ、旅券のない人間の絶望が、ひしめきあっている。戦争こそ、国家関係の本質を露出したものであるから、国家関係の個人的な結節である国籍が、はじめてそこでものをいいはじめるのだ。そのことはすでに一度書いた。もし国家対個人の関係において、われわれが「運命的な謎のごときもの」に出会うとすれば、そのぎりぎりの出会いの場所は、納税だの戸籍登録だのというものじゃなくて、まさに国籍である。もはや高坂氏にむかっていってるのではない。わたしは別の機会に、階級国家説の立場にある政治科学者にむかって、この事実の理論的な説明を求めた。

　ひとりの哲学者の政治論または国家論を、全体として論評することは、わたしの目的ではない。広津和郎氏の政治の考え方にくらべて、高坂氏の考え方が根本的であることは、いずれにしても明瞭だ。わたしはしかし、日本の哲学者の国家問題の扱いかた、政治問題の扱いかたに、根本的な疑問をもつのだ。それは日本の哲学者における社会科学的な理論性または厳密性の欠如ということになるのかもしれないが、わたしはそれを日本の哲学者の概念構成における恣意または無責任、時にはその放置または未決定のままの思弁、と名づけたいと思う。すなわち政治家の概念についても、政治における支配の概念についても、またその絶対性の概念についても、そしてまた強制力の概念についても、およそそれらの基礎的な概念用語によって、それぞれ統べられなくてはならないことがらの具体的・現実的な全体を、根こそぎ自分の直観的世界において踏まえているのでないならば、それらの用語を学者が駆使することは危険であるか、あるいは無効である。わたしはそれをいうのにすぎない。ひとり高坂氏の場合が問題なのではない。同氏と近縁関係にある多くの哲学者について、おなじことがいわれなければならず、それのみならず社会科学者についても、この警告はしばしば必要であり、わたしはこれを自戒の意味をこめて、いうよりほかはない。

5

戦後における中村哲氏の、政治学者としての啓蒙的な活動は、他の多くの政治学者のそれにくらべて、深く思想の領域にわたっていることと、そしてその活動がいかにも活潑なことで、ほとんど類例がない。わたしは別の場所（本書第三章）で、同氏の国家理論に疑問もさしはさんでいるけれども、ここにとりあげる「政治と暴力」という一論などには、批評の余地はあまりない。中村氏のいわんとするところは、今後の社会主義革命が平和的な方法でなしとげられるとしても、それがなんらかの「力」を思わせないような変革ではありえないというにある。同氏はそれをこういっている。——

> 国家は組織化された暴力であり、革命はその担い手たることをとって代ろうとするものであるから、なんらかの力を伴わずしては不可能だ。日本の場合において、共産党は武装革命を必要としないといっているが、政治の一般的な性質としての力の使用は、もちろん否定されていない。この意味での暴力的なものを否定するとなると、革命一般を承認することが不可能になろう。（政治一般を承認することも不可能になる、と附言すべきではないか——大熊）。今日、多くの世俗的な批判者が、平和革命期に入ったにもかかわらず、暴力革命をしきりに問題としているのは、革命の方法に批評を加えようとしているのでなく、革命そのものの意味をみとめようとしていないのだ。今後の社会主義革命は、各国において主として平和な方法でおこなわれるだろうが、しかしそれがなんらかの力を思わせないような変革ではありえない。強権発動といわれるものは力の実現であるが、社会主義的政権が資本家階級に対してこれをおこなうことは、少くとも力を思わせる社会変革であろう。革命がこの意味での力の実現であることは、平和革命といえども

否定しないところだ。(4)

第一に、国家は組織化された暴力であるということ。第二に、革命とは革命的勢力が国家の担い手たることをとって代ろうとするものだということ。したがって第三に、革命はそれ自体が力を伴うものだということ。すべてこれらの諸点については、一応問題はない。しかし平和革命においては、政権の授受に際して、革命的な暴力の直接行使がなく、国家暴力と革命的武装勢力との衝突がない。それはいわば合法的過程として、既成の秩序のなかで遂行されるものと解される。政権の授受を終ってのちに、社会主義的政権が強権を発動し、産業その他の諸部面の社会化を強行するという場合、それはいうまでもなく一つの力の発現ではあるけれども、その力はすでに国権としての力であり、合法性における力であって、国家権力と対立する意味での革命的暴力とは、すでにその質を異にするものだといわなければならない。中村氏は、革命が力の実現であることは平和革命といえども否定しえないというけれども、われわれとしては、その力がすでに国家権力としての力であることを注意する必要があるだろう。革命そのものの危機的な重点を、政権授受の瞬間におかず、新政権による新たなる強権の発動と、制度の変革過程に重点をおいていうとすると、平和革命といえども力の実現である、と説くことは、革命理論そのものにおける暴力の観念としてはどうだろうか。

ともあれわれわれは、政治そのものを、本質において暴力的なものであるとする政治学者の所説を、ここで尊重しなければならない。そして常識的見解とは一見して距離のあるこの命題を、多少とも常識の咀嚼にたえるものに書き改めてみなければならない。政治は人間による人間の支配であるといい、その支配を支えているものは暴力であり、国家は暴力の組織であるというとき、暴力という言葉は、荒々しく衝動的なものを、持続的なものよりも突発的なものを、連想させる。革命という言葉から、これまで連想されたものこそ、まさにそのようなものとしての暴力であり、突発的で、やがて過ぎさるもののように、考えられていた。逆に政治を支えているものが暴力であり、国家が暴力の組織そのものである、という命題が呑みこみにくいのは、「暴力」という言葉の平常の用例がせまいためであり、それを威力などといいなおせば、実体から外れるおそれもある。思うに学者がこれまで暴力といってるのは、物理的な力の使用における相対的な優位の意味だと解すべきだろう。それは発動において衝動的なこともありうるが、衝動的であることはもともと本質ではない。

人間の生存における基本的な条件は物理的なものだということを、われわれは改めて考えてみなければならない。われわれ人間が倫理的なものであるということは、心理的なものであることの上においてであるし、われわれが心理的なものであるということは、生理的なものであることの上においてである。しかし、われわれが生理的なものであるということは、まさに物理的なものであることの上においてである。われわれの在りかたは、物理的であることから脱けだしてはじめて、人間的であるのではない。このことをよく考えてみなければならない。わが掌中の雀は、これを開かないかぎり、逃ることができず、わが足の下の蜘蛛は、これを踏むことでつぶされる。しかし、人間自身の身体的な物理力は、まことに限りのあるものだ。みずから軽いものの上に乗れば、それをつぶしてしまうが、重いものに乗られれば、みずからつぶれざるをえない。相対的にははるかに大きな物理力を持つものに対しては、われわれの抵抗はつねに無効であるか、絶望である。暴徒の襲撃だろうと、警官隊の包囲だろうと、そして原子力だろうと、檻だろうと、手錠だろうと、およそ優越した物理力をもって、われわれに臨んでくるものに対しては、われわれは物理的にひとたまりもなく屈折する。

国家が暴力の組織であるというときの暴力とは、そのような物理力のことであるし、組織とは、そのような物理力を一方的に掌握する人間の組織ということだろう。人間における支配関係には、いかに心理的にいろんな要素がみられるとしても、それを客観的・現実的に支えているものは、一方的な優位性において組織されている物理力であり、警察、監獄、処刑場、そして軍隊組織というようなものが、その現実形態なのだ。「権力」または「強権」というのは、そのような物理的実力を合法化した観念にほかならない。それはおよそ厳粛な規律とともにある冷厳な組織のようである。低い常識にしたがって考えれば、それは「暴力」ではなくて、暴力の反対物、あらゆる暴力を抑える神聖な力のようである。しかし物理力に二つはない。革命における民衆の武力と、それをしずめようとする国家権力とのあいだにおける相違は、エネルギーの量の相違であるにすぎない。兵器の種類や、訓練の有無や、服制の如何や、それらはすべて本質的なことではない。もし国家それ自体が暴力の組織でないというならば、その内部における支配関係をくつがえすために、暴力が行使されなくてはならない、というのはおかしなことだ。もちろん革命勢力の行使する暴力が、国家における組織的暴力の総体よりも、大きいのではない。ただそこに急所もあり、ものはずみもあることで、成敗を生ずる。国家は組織化された暴力であるが、しかしいかなる実在の人間も、これを自分の手ににぎったピストルのごとく、自由に用いることができるものではない。組織が大きければ大きいほど、そしてそれが制度化していればいるほど、それはそれ自体として独立の存在となり、したがって、これを握っているものの交替も、可能となる。国家権力の担い手が、社会階級的に交替することが革命であるが、国家権力の組織的な実体をなす物理力が、革命の過程において、いつでも反革命的に発動するというようなものではない。物理力の主体は個々の人間であり、そしてかれらは単なる物理力ではなくて、生理的・社会心理的・階級的・倫理的な存在であるからだ。

人間による人間の支配としての政治の本質。それを考察するために必要な条件は、われわれが被支配者の意識から自由になることだ。国家権力を神聖なものと考え、あるいは神聖なものにむすびつけて考えようとするかぎり、権力の実体をなす物理的な力は、そのかげにかくれてしまう。もちろんわれわれは他方において、現代政治の二次的な諸機能、すなわち公安・教育・厚生・文化・経済などの広範囲にわたる諸機能を、ありのままに認めるべきだろう。しかしそれにしても、あらゆる犯罪のうち、他の一切の犯罪から区別された政治犯なるものを、見つめることを忘れてはなるまい。おそらくそこに政治の本質がひらめくのだ。

中村氏はおなじ論文のなかでいっている。――「政治が好ましからざるものと考えられる要素をもっていることは否定できない。近代において発達した政治思想は、いずれも政治を究極において否定する態度にかたむいている。無政府主義・虚無主義のみならず、自由主義も、共産主義も、その理想の達成されたかたちでは、政治が存在しなくなっていることを考えている。自由主義においては政治は必要悪であって、できるだけその進出を阻むべきものとされ、共産主義においては、政治が働く階級のものとなった場合に、その効用において肯定される」と。マルクス主義の理論は、空想的社会主義の理想を拒否するものではなくて、はるかな未来にそれを延期したものであり、その意味では空想的社会主義と理想をともにするものだ、ということもさまたげないだろう。しかし、その国家学説すなわち国家死滅説については、地上最初の社会主義国家圏たるソ連の政治的実態にかんがみ、なんらかの修正または発展が考えられなくてはならないように思われている。中村氏も別の場所でそのような意見を述べているし、ほかにも類似の見解をしめしているひとが二、三あるようだ。しかし体制を異にする諸国家が同時に世界に存在するかぎり、社会主義国家といえども権力国家たることを廃しうるものでないのはわかりきったことで、生産力の発展段階が仮りに国内的にどんなに進んだとしたところで、世界内存在たる国家としての在りかたが、国家主義的とならざるをえないのはわかりきったことだ。とすれば国家の衰滅どころではなくて、国家としての政治権力の拡大強化こそ、対内的にも、対外的にも、絶対的な命法とならざるをえない。政治は人間による人間の支配である。社会主義国家の初期の段階における「無産者独裁」という形式は、実際には共産党独裁という形式をとっており、この独裁政治においては、人間の自由は拘束されたもの、と一般に解されているとみていいだろう。しかしまた、「自由」の観念そのものが問題であり、自由主義者における「自由」の観念、また「良心」の観念、また「人間」の観念、また「個性」の諸観念は、共産主義者における「自由」や、「個性」や、「人間」や、「良心」などの諸観念と同一であると仮定してはならないように思われる。われわれは、「政治と人間」という題目のぎりぎりの場面に、逢着しつつあることを感じる。

6

政治の問題とむすびついた良心の自由の問題、社会変革とむすびついた人間改造の問題、そしていわゆる平和革命の問題と関連ありとされる人間革命の問題。これらの問題には、歴史的季節を異にするものが混淆している。後進国におけるわれわれは、気候のおくれた北方人の経験するような草木開花の同時的経験をなめなければならない状態にある。われわれは渡辺一夫氏の「〝世界観〟以前」や、「良心を持つ自由」や、そしてまた中村哲氏の「人間の改造と良心の自由」や、さかのぼって「ヒューマニズム

の現代的性格」や、そうした文献にふれながら、政治と人間の問題を考えてみなければならない場合だとおもう。(5)

しかしわたしは、それらを別の機会にゆずって、ここで赤岩栄氏の「現実的ヒューマニズムの限界」という一論に注意をむけたい。赤岩氏はそのなかでこういうことをいっている。——

抑圧階級に対する火のごときマルクスの憤怒は、ヒューマニズムの発露だとさえいえるが、この憎しみは、かれにおいて社会解放の実践の原動力にかえられた。空想的社会主義者とマルクスとを区別するものは、この憎しみの爆発による暴力を肯定するか否かにある。マルクスは人間の原罪をよく知っていた。したがって法律的な機会均等では無産者の解放は不可能であり、財産の共有制よりほかに実質的な平等はのぞみえないとみた。しかも人間の原罪の解決によって新社会をつくるのではなく、逆に、その原罪を発条として新社会を形成しようというのが、かれの狙いだった。理想主義によって人間の原罪を解決しようというのは、エラスムス的空想だ。原罪そのものを発条として革命を実現すれば、合理的な社会では原罪もやがて原罪ではなく、あらゆる憎しみは解消するだろうと信じた。(6)

赤岩栄氏は東京の上原教会の牧師であって、共産主義を肯定する人。それとキリスト教的なヒューマニティーとの、相逢う地平においてのみ、世界平和の可能性を期待することができる、という見解の人だ。エゴイズムという代りに、原罪という宗教上の概念用語を機軸にしているけれども、ここに述べられていることは実質的には目新しいことではない。にもかかわらず、これにつづく次の個所は、政治の本質に当面するわれわれに、問題を投げているように思われる。いわく、——

人間の原罪を見つめることで、深い洞察力を示したマルクスも、この原罪を単なる社会的不合理の反映とみなし、合理的な社会の実現と同時に、霧のごとく消えるとあっさり考えている点では、人間の原罪がエチオピヤ人の皮膚のごとく人間にとって本来的なものであることを知っている宗教的人間の眼には、実に楽天的な夢想家にすぎない。人間の原罪がその名のごとく、人間の存在とともに古く、且つ新しくあるかぎり、原罪の根本的解決なき社会には、ニーバーも指摘しているごとく、必ず不合理が存在し、経済的階級制の撤回された社会にもまた、支配者と被支配者との暗黙の対立がおこるということも考えられないではない。むろんそうかといって、私は階級制の廃絶に反対したり、人類解放の争闘的必然性を否認するものでなく、ただその憎しみの無反省な自己義認のかげに、改革された社会にはびこる悪の種子が、かくされていないかを心配する。

政治は人間による人間の支配である。社会主義革命は、政治の否定を目標とするのじゃなくて、権力の交替を目標とする。しかも階級的憎悪はその原動力であり、復讐の予備もまたその属性であるらしい。勝利への確信は、時にその潜在意識として、勝利者の尊大をやしないつつある。人間の抵抗は無効のようであり、政治はいよいよ深刻に、いよいよ逼迫した意味において、運命となりつつある。目をつぶることは自由だが、それからのがれることはできない。あらゆる事象が政治的意味をおび、あらゆる事象に政治的判断を下す必要が生じ、複雑と思われたものが単純化し、諸対立が消えて、一つの対立が確定する。――敵か、味方か。

「改革された社会にはびこる悪の種子」という赤岩氏の言葉。すでに革命以前の政治闘争において、また文化闘争において、目にとまるもの。それにまた、階級的憎悪の純粋性においてではなしに、個人的憎悪が、そしてまた階級的感情ではなしに、なんらかの私的感情や偏見が、それらの場面に流れ出していないとさえいえない。しかし、それこそがまさしく生ける人間というもの、生ける政治というものであり、そのゆえにわれわれが断絶し、または断念すべきものではなくて、さればこそ決意し、覚悟すべきもの。そしてつねに改善の希望を、すててはならぬ当のものなのではあるまいか。政治は侮蔑すべきものだということも、政治は怖いものだということも、政治は謎のごときものだということも、すべてまちがってはいない。そして政治は暴力であるというのは科学的真理であるし、政治は原罪であるというのは宗教上の真理であろうと思われる。現代の宗教は、社会科学と対立することなく、赤岩氏の場合のように、政治への内在批評としてあるかぎりにおいて、われわれの魂にふれるものをもつ。これはほとんどヒューマニズムそのものであるのかもしれない。われわれは原罪を、人間のエゴイズムを、断絶することなしに、しかもそれを超えなければならない。

わたしは最後に、丸山真男氏の政治と人間に関する見解を、一つの文章からさぐりだしてみたい。丸山氏は、人間そのものに政治型と非政治型のあることをみとめる。それが戦後日本の学生層に、純粋な対立を生じてきていることを指摘し、それらの双方にむかって、別々に忠言を述べている。まず非政治型の、私的内向性の学生にむかっていう。──「政治は諸君を個性としてとらえない。まさにそのゆえに諸君を社会的人間として最も強力に支配する。〝のがれよわが友、なんじの孤独の中に〟というニーチェに呼応したところで、諸君が社会的人間としてとどまるかぎり、政治はどこまでも諸君を追っていく。だから政治に一様の無関心を示すことは、実は一切の政治傾向を同様に妥当させることであり、それによって諸君は、たがいに闘争しつつある諸政治様式のうちの最も悪しきものの支配をゆるすことになるのだ。そうしてその政治はやがて、諸君のひたすら依拠する個性と内面性の最後のひとかけらまで、圧殺してしまうだろう」と。そしてつぎに政治型の、社会的外向性の学生にむかっていう。——「諸君はおおむね、正義に対する燃えるような熱情と、社会的矛盾に対するはげしい憤激とにおいて、欠けるところはない。しかし諸君は目的意識が強烈なあまり、一切のものをもっぱら戦術の相の下に処理する傾向がありはしないか。そこにおのずから悪意なくして、しかも他の人間を手段化し、利用する傾向がある。内面的個性を満足せしめえないのは政治そのものの性格であり、政治運動をする以上、人間の量的な把握は必然である。しかし問題は、こうした政治のもつ宿命的限界を、限界として自覚しつつ、行動するかどうかということだ[7]」と。

ここに新時代の政治学者によって語られている「政治のもつ宿命的限界」という想念は、注目されなければならない。この想念は、政治そのものの立場から出てくるものではなくて、なにかしら政治を超えたものの立場から、つまりは人間そのものの立場から、出てくるもののように思われる。そしてその人間とは、物理的・生理的・心理的であると同時に、それを超えて倫理的・精神的であるところのもの、つまり一言にして内面的であるところのものだ、といわなければならないもののように思われる。しかし現代の政治は、みずからの「宿命的な限界」などというものを承認するだろうか。全体主義国家は、その政治を人間の個性と内面にまで浸透せしめようとしなかっただろうか。そしてまた共産主義は、それみずからの論理的・精神的内容をもたないといえるだろうか。政治のもつ宿命的な限界として、それは人間の内面的個性を満足させるものでないといわれているのは示唆的だが、しかしそれは党の外部からでなく、党の内部からの声として聞ける声だろうか。おなじ丸山氏が、他方でいっているではないか。政治は時として、人間の個性と内面性の最後のひとかけらまで圧殺しかねないものだということを。だとすれば同氏のかかげる双方の命題のあいだに、われわれは板ばさみとならざるをえないことになる。いずれにしてもこれは自然にわれわれが、あの「政治と文学」の問題に近づきつつあるのだ、ということになるのかもしれない。

（1）柳沢健「文学者と政治論」（『改造』一九四七年5月号）。
（2）広津和郎「政治について」（同誌同号）。
（3）高坂正顕著『政治・自由及び運命に関する考察』（同年2月）。
（4）中村哲「政治と暴力」（『進路』同年7月号）。
（5）渡辺一夫「〝世界観〟以前」（『世界文化』一九四六年8月号）、同「良心を持つ自由」（『文芸春秋』一九四七年4月号）、中村哲「ヒューマニズムの現代的性格」（『潮流』一九四六年10月号）、同「人間の改造と良心の自由」（『進路』一九四七年3月号）等の内容には触れることができなかったし、『近代文学』同人諸氏の文献については、いまは一々列挙しないでおく。
（6）赤岩栄「現実的ヒューマニズムの限界」（『世界評論』同年7月号）。
（7）丸山真男「若き世代に寄す」（『日本読書新聞』同年1月1日、同1月29日）。

第七章　「義」の意識について――ある哲学者の軽躁を排す――一九四八年

1

戦後の日本人に、反省が欠けていることについては、アメリカの記者もそれを指摘し、反省を欠くことについての反省は、国内にもある。それのみではない。わが思想界は戦後約二年にして、多少の落つきをとりもどし、なんとなく反省的な雰囲気が生じつつあることも、いちいち指摘するのに容易である。しかし問題は、反省の仕方そのものが、どんな形をとっているかにあるのである。反省は、なにを基軸とし、なにを出発点とし、どこを通り、そして、いかなるところに帰着するかにある。戦後思想の行く手は、そのような座標において、眺められなくてはならないものに思われる。個々の言葉だの、文字の配列だのというものは、なにものでもない。

「反省」という用語が出てくるから、そこに反省があるのだということでもない。「平和」という用語がくり返されているから、かれは平和のために生命をかけている戦士だということでもない。「道義的生命力」という用語がもちいられているから、かれは道義の哲学者だということでもない。「義人」という用語が出てくるから、そこに現代世界における「義」の観念が述べられているということでもない。そして「精神的革命」とあるから、精神の内面が問題とされているということでもない。言葉というものは、なにものでもない。印刷工場の棚に薄光りして、ずっしりと睡っている活字が、その象徴である。われわれは言葉ではなしに、文章を読まなければならない。文章は論理である。論理は精神である。われわれは精神をつかまなければならない。しかるに、ただ言葉をつかませ、論理を朦朧たらしめている思想的文章が、いかに多いことだろうか。してまた、その言葉にすがって喜ぶ読者の、いかに多いことだろうか。

　われわれの目的のために、ひとつの例をとろう。ひとりの哲学者は戦後におよんで、日本にはいまだ曾て精神的に偉大な「犠牲者」というものがなかったということへ、われわれの反省をみちびこうとしている。――日本の歴史には、国民の精神に永遠に感奮をおこさせ、それが国民の思索なり、哲学なりの尽きぬ根源となるような歴史的事件がない。ソクラテスの死のような事件も、イエスのはりつけのような事件もない。孔子は世にいれられず、老子は牛に乗って去った。しかし日本には、そのような賢哲の歴史的物語もない。いわんや「民族的受難の世界史的事件」のごときは、これまで一回もなかった。ひとりの哲学者は、そういっている。日本民族は、明治以後に世界に乗りだしたものの、その島国的な独善根性は、次第に世界的地平から逸脱する傾向に走り、ついに今日の惨憺たる敗戦に終ったものだ。かくして民族的受難は、肇国以来はじめてのことだ。そういうのである。

「犠牲」とか、「受難」とかいうことばは、宗教上の意味にもつらなるところがある。現にこの哲学者は、日本の神道に「犠牲」の観念がなく、世界宗教となりえなかったゆえんを論じている。しかし遺憾なことに、「犠牲」ということばは、そこで二重の意味に用いられており、あるときは全体のための積極的な自己否定を意味するが、他のときは行為者たる主体性を欠いた「遭難」の意味にすぎない。

　最初「犠牲」ということばが、人間の精神を奮起せしめる悲劇的な行為の意味に用いられながら、やがてそれが災禍への遭遇という意味に転じてゆくありさまは、次ぎのごとくである。――満洲事変以来の、目にあまる軍部の横暴にたいして抗議し、その犠牲となった人物もなく、太平洋戦争がはじまるときの東条軍閥の私心に抗して、犠牲となった義人もない。なんとしてもこれは日本民族の意気地なさ、「精神的無気力」、「道義的生命力の頽廃」を語るもので、日本人が世界史的民族たる資格を欠く証拠と見られないでもない。国民精神の原動力となり、国民思想の尽きぬ源泉となるものは、個人の歴史的な犠牲の悲劇であって、国民大衆の戦禍の犠牲ではない。しかし敗戦による国民的受難は、日本を、日本民族を、日本国家を、そして日本歴史を、深く反省させ、民族復活の原動力たらしめなくてはならない。そしてわれわれは子孫のために犠牲となる覚悟をしなくてはならない、云々。――日本歴史の反省こそが、民族復活の原動力だというのは、まことによい。しかし日本歴史の「反省」とは、いかなることをいうのだろうか。ここでも問題は言葉になく、言葉の意味内容にある。

　それよりもまず問題は、「犠牲」ということばの意味内容の転化である。それは最初に、英雄的な、悲劇的な個人の行動の意味であった。しかるに、それが一転して「戦禍の犠牲」というようなことばとなり、そのような別な意味に移っている。犠牲者は国民大衆である。しかもわが哲学者は、そのような第二の意味の犠牲を、第一の意味の犠牲にまで高めようとし、まるで高めることができるかのように、簡単に考えているのだ。いったい、これは正当だろうか。また、可能だろうか。

　今日、通俗の用語例にしたがえば、「犠牲」ということばは、たしかに二つの意味をもつ。第一は、全体または理想のための、積極的な自己否定の意味である。それは宗教的または道徳的行為者としての、その主体性の確さにおいて、歴史の上にかがやく。これに反して第二は、一定の意志的な行動にむすびつくことのない、外からの災禍との遭遇の意味である。ところで、第二の意味における犠牲を、第一の意味のものに、切りかえるなどということは、可能なものだろうか。わが哲学者はいっている。――今日のわれわれが、子孫のために犠牲となるということは、すでにわれわれの忍受しつつある戦争の犠牲を、真の犠牲として反省し、自覚することを意味すると同時に、われわれのひとりびとりが、進んで犠牲の歴史的意義を獲得すべく、覚悟することを意味するのであり、これほどの敗戦のなかから、「義人の犠牲」が出ないというのでは、とうてい日本の再生は不可能である、と。すなわち、ここでは敗戦の惨苦を、第一義の犠牲にまで高めることができるかのように説かれており、それをその自覚にまで引きあげることが、まるで当の哲学者の任務であるかのようである。

それは日本民族の戦争目的が、人類の未来にかけて、思索と感激の源泉となるような性質のものだったことを、これから証明しようとでもいうのだろうか。そして敗戦のなかから起ちあがる「義人」としての哲学者を、そのようなものとして期待しなければならないというのだろうか。わたしはここで、この奇説を吐く哲学者の名前をあげるのがよいと思う。これは高山岩男氏である。

しかし今次の戦争を、いまさら合理化する意志が高山氏にないことは、すでに引用した「満洲事変以来の目にあまる軍部の横暴」云々のことばで明かなようだ。軍閥の制圧に屈することなく、これと抗争する「義人」が、日本にひとりも出なかったことを、同氏は嘆いているのだ。しからば、この敗戦のなかから「義人」があらわれると同氏がいうのは、具体的に、いったいなにを意味するのか。同氏みずからが、「義人」たることを行動で証明する日の来るまで、それは秘められねばならないものでもあるのだろうか。それとも、ただなんとなく漠然とした気持のままに、終戦直後、このような奇説を吐いてしまったのだろうか。

いったい、このような敗戦と、このような政治的環境のもとで、一命をおとす覚悟であらわれなければならない「義人」があるとすれば、そのような日本の「義人」は、いかなる思想的性格の人間であらねばならないものだろうか。

2

思うにこれは、この上もなく重大な問題である。高山岩男氏の場合などとは、まったく独立に、そして徹底的に、考察されなければならない問題である。およそ義人は、一定の歴史的条件の成立をぬきにして、生れてくるものではない。義人の出現を待望するということは、それと同時に、それを必至的ならしめる生活情勢の生起が、想定されていることを意味しなければならない。われわれはいかなる意味において、この国の未来に「義《ただ》しき人」の生れて来ることを、待ち設けねばならぬ理由をもつのだろうか。そもそも現代において、しかも敗戦の日本において、「義しき人」とはなんであり、それはいかなる姿をもってあらわれて来なければならない運命にあるのだろうか。われわれにとって、ひとりの哲学者の奇説は問題ではない。しかし、これほどの敗戦のなかから、「義人の犠牲者」が出ないようでは、日本の再生はおぼつかない、というようなことばが、その文章にみえている以上、その意味するところが結局不明であるとしても、一応それに言及しないわけにいかない。くり返していうが、日本のひとりの哲学者をいためつけることは、わたしの目的ではない。しかし問題をみちびきだすために、そうすることが有意義だとなれば、同氏の文章を徹底的に検討することも、ためらうにおよばないだろう。

高山岩男氏といえば戦時中、その哲学によって戦争の歴史的意義をみとめ、これを全体として基礎づけようとした京都学派のひとりであった。その人が、ひとたび敗戦をみるにおよんで、「軍閥の横暴」に死をもって抗議する人のあらわれなかったことを嘆くというのは、どう考えても辻褄のあった話ではない。戦時中、日本の「道義的生命力」を鼓吹した人が、当時、反軍的な犠牲者が、ひとりとしてあらわれなかったことを指摘して、それを「道義的生命力の頽廃」に帰するというのは、あまりにも「道義的生命力」の観念をもてあそぶものだ。同氏のなすべき最初のことは、とにもかくにも氏自身の思想的な戦時活動の後始末でなければならない。そのような戦時活動の全体を、自己の精神的基礎において反省し、自己をその基礎において解体することこそが、先決であろう。いまにいたって、「精神的無気力」とか「道義的生命力の頽廃」とかいう問題を出すのはよいとしても、しかしそれは日本民族などという全体の問題に押しつけるべきではあるまい。それをいきなり高山氏自身の問題として、自己の内部に問いつめることこそが必要ではないのか。未来の日本における「義人」の出現などという一事を考えてみることは、そのような自己追跡の苦闘が、ついにぎりぎりまで闘いつくされてしまったあとでなければならないはずだ。高山氏にとっても、最初の、そして最大の問題は、個としての人間の自己反省でなければならず、それは個を疎外した民族全体の反省ではなくて、民族全体を内にふくむ個の、反省でなければならないはずではないか。

　敗戦による国民的受難は、日本を、日本民族を、日本国家を、そして日本歴史を、深く反省させ、民族復活の原動力たらしめなくてはならない、ということば。しかし日本、日本民族、日本国家、そして日本歴史というようなものは、そもそも反省の主体なのだろうか、客体なのだろうか。それらはすべて反省の客体であるとしても、主体ではありえないのではなかろうか。反省の主体といえば、ただ個々の人間であり、日本人と名のつくひとりびとりの人間なのではあるまいか。個としての人間の反省が、いかに大きく民族と歴史の果てにおよぶことがあるとしても、それはかれ自身における人間的反省の、延長としてあるもの。また、そのすべてはかれ自身に引き返して来なければならないものなのではあるまいか。民族の反省といっても、それはわれわれ個々の人間の反省の総和以外のものではなく、個人的な反省をはなれて、別に何かがありうると考えられてはならない。わが哲学者は自分をさておいて、日本の、日本民族の、そして日本国家の、反省をいう。しかし真の問題は、われわれ知識人の、ひとりびとりの、それぞれ具体的な、反省の仕方にこそあるのではないか。

高山岩男氏においては、日本民族の反省が説かれながら、氏自身の人間としての反省が述べられていないということ。これは、なにも同氏ひとりの特色なのではない。このことを、注意する必要がある。これは日本でこれまで「哲学」として信じられていた知的活動に、通有なものからの、必然的な派生であるのにすぎない。日本では、西洋哲学を学ぶこと自体が、久しく哲学であると信じられていた。哲学は、自己をはなれて、単純に存在する知的なもののように考えられていた。「人間の自覚の学」である、ということが久しく忘れられていたのだ。それが京都学派と呼ばれる一群の学者だけのことであるだろうか。これこそ、近代における日本文化なるものに通有の、最も不幸な特質だったのではあるまいか。わたしはここで京都学派を論評するつもりは毛頭ない。この派の人々が戦時中なにを説き、戦後なにを論じているか。それらの前後に、どんな連続、不連続があるか。その不連続の存在は、なにに由来するか。それにたいする、羽仁、古在、真下、林、臼井その他の諸氏の攻撃には、どんな異同がみとめられるか。それらの攻撃は、いかなる意味で正当であり、いかなる意味で正当でないか、等々。それは別の機会を待とう。

すでに用いられている「犠牲」の語義が、二重のものであることは、さきにいう通りである。その語義の二重性が利用され、そして次ぎのような説が形作られる。憲法公布一周年記念大講演会などという立看板を通りぬけ、席をとった会場の、おそらく正面演壇からひびいてくるものの中には、さもありそうな言葉の連続の一種であるが、とにかくその大体を書き写してみよう。——深く大いなる日本の発展を考えるためには、今次大戦における日本の敗戦を、人類の犠牲に転じ、この犠牲を通じて世界恒久平和の確立を計ることだ。日本民族は現代科学技術の尖端にたつ原子爆弾の最初の犠牲となった。原子力を動力源とする時代が来れば、人類はまったく新しい文明の段階に入ると考えてよいが、しかしそれはまず人間を殺戮する爆弾として出現した。これは人類にとってきわめて重大な意義をもつ事件であり、その最初の犠牲者が日本民族である。この犠牲は、人類に永遠の平和を招来する重大転機に高められなければならぬ。広島や長崎は、世界恒久平和発祥の聖地となるのでなければならぬ。日本人はこのために最大の努力を払う必要がある。この国から世界恒久平和の機運がひらかれること、これこそ敗戦日本が、かえって世界史的役割を演ずるゆえんである、云々。

このように論じる高山氏は、原子力の文明史的意義を、極度に高く買うのである。それは戦争を不可能ならしめる暗示をふくむとみる。恒久平和の歴史的段階も間近だと考える。資本主義も、帝国主義も、社会主義も、共産主義も、すでに一歩過去帳に入りつつありとする原子力時代に、即応すべき社会・経済・政治・文化の新原理を創造するのが、世界史の新しい課題だという。その新原理の創造に欠くべからざるものが「精神的革命」だといい、その革命の先駆は、敗れた国々のなかから生れ出るべきものだという。なにか、きらきらと真理の破片のようなものが、あちこちにきらめき、そしてこころよく脳髄を刺戟するようだ。しかし「精神的革命」と「義人」の出現とは、いったいいかなる関係にあるのだろうか。ただ言葉に次ぐ言葉、言葉、言葉、また言葉。なんかしら、思考上の軽躁がいたるところに感じられてならぬ。

原子力はひとつの巨大な物理力である。その出現にわれわれ素人がおどろくのも当然だ。その力を未来社会の夢にむすぶのも自然であろうし、その物理力が政治の基礎となっている新事実を前にして、科学の進歩が政治を一変し、戦争を一掃するだろう、と考えるのも無理はない。しかし物理力が政治の基礎であることは、いまにはじまったことじゃない。それは政治の歴史とともに古い。政治は物理力である。それを社会学者は、政治は暴力だといい、国家は暴力の組織だという。社会学者も、そして政治学者も、おなじことをいう。

原子力の発明が、いかに奇蹟のごとくに見えたとしても、それは科学技術の発達における必然の段階であろう。人類社会の歴史的発達に関する社会科学者の法則が、それによって破壊されるものと想像することはできない。社会主義も、共産主義も、一歩、過去帳のなかに脚を入れているなどというのは、軽躁というよりも、狂想である。原子力の発明が、最初に兵器の形態で出現したこと。つまりそれが経済とむすぶまえに、政治とむすんだことは、現代そのものの歴史的性格をしめす。しかし、いずれの時代にも、政治が最大の物理力を、しかも独占的に把持するものであることは、政治学の「いろは」ではないか。現代こそは、そのような政治の本質の最も露出した時代であり、改めて政治学の能力が試されるべき時代ではないのか。原子力の出現が、政治学を無力とするのではない。政治学こそは、かかる時代にその能力の全振幅を証明すべきはずなのだ。

われわれは戦中戦後を通じて、科学精神やら科学的態度やらを、むやみに教えこまれている。しかし科学の眼をもって見ることの難儀な領域は、依然として社会であり、生活であり、そしてなかんずく政治である。戦後のわが民主教育についても、総じて政治そのものの本質にふれた科学的討議が行われているとは、信じることができない。もしこの敗戦の事態において、しかも、この世界的危機において、断崖の岩と岩とのあいだに挟まった石ころのような日本国家において、なんらか「義人」のごとき者が出現しなければならない約束があるとするならば、かれはかならずや直覚において、政治なるものの本質を見ぬいた人間であるだろう。もはや古代の宗教的天才のようなものを、現代に考えることはできない。マハトマ・ガンディーが「政治家」である意味とおなじ意味において、かれはおそらく「政治家」でなければならないだろう。

3

政治は物理力である。しかるに日本の政治は物理力であることができない。が、世界政治の領域において、物理力を基礎としない政治の主体というものが、考えられるだろうか。現に日本は、世界政治におけるひとつの客体であるにすぎない。しかし同時に、ひとつの潜在的な主体でなければならない。これはいったい、どういうことなのだろうか。このような民族の運命を表象する義人は、究極の意味において、政治の否定者でなければならない。かれは武器をもたず、暴力を否定し、あらゆる内乱と、あらゆる戦争への参加を、厳として拒むものでなければならない。民族の根元的な生活の欲求を体現し、生命の理念に燃え、民族を死滅から守るために、自己の一命は棄てる覚悟の人でなければならない。

なにも、「義人」のごとき者についてばかり、論じる必要があるだろうか。すでに個としての人間が、世界政治における責任の主体でなければならないことは、今次の大戦を境とする世界的な思潮ではないか。国内法としての制定をみるまで、国際条約は批准されるべきでない、という新しい主張も、国家に属する個々人がその責任をとれ、ということではないか。東京裁判は、すでにその原理で行われているではないか。新憲法は、われわれがこしらえたもの、われわれの心から生れたものだ。われわれは絶対に戦争はしない。その決意をあらわしたものだ。しかし憲法は、紙に書いた証文にすぎない。われわれの決意は、その瞬間に終ったのではない。決意は固めるべきもの、いくどでも、たしかめてみるべきものだ。それはひとりびとりにおいて、検証されるべきものだ。われわれは戦争がいやなのだ。国家として戦争を廃棄したのみではない。人間として戦争は否定すべきものだ。われわれは戦争がいやなのだ。やめてもらいたいし、はじめてもらいたくないのだ。それを思いつめ、思いつめた心は、凝って祈りのような心となっている。しかも、不安は次第に深まりつつある。なるほど、観測者のような顔をして、雲ゆきをながめているのもあるし、他人の噂話のようにして、民族の政治的境遇を語りあって、形勢を論じているものもあろう。しかし、心ある者は、いい知れぬ恐怖をもって、民族の政治的境遇を語りあっている。われわれは憲法の条文を、おまじないにするわけにいかない。個としての人間が、ひとりびとりの日本人が、戦争を拒まなければならない。証文が、国を守るのではない。われわれ個人が、証文を守るのだ。もし「義人」のごときものが、日本に出現する日があるとするならば、かれはおそらくそのような国民の祈りのなかから、生れてくるであろう。祈りなき民において、「義人」というものがあるだろうか。

さて、いったい、「義人」とは何であろうか。——われわれ日本人は、「義士」「義賊」などという言葉をもっていた。のみならずわれわれは、「義民」ということばをもっていた。「義人」とは、「義民」とは、なんであろうか。この世には、合法と違法をわかつ意味の、正・不正、という言葉がある。しかるに、義と不義とをわかつ意味の、当・不当、という言葉もある。——「正義」という言葉は一つである。しかし、ある瞬間において、それが二つに割れるのである。すなわち「義」は「正」の上位に立つのである。（わたしはこれをJ・ラスキンから学んだ。）「義」こそは大勇をともなわねばならぬ。

われわれの意識を支配するものは、二重の道徳である。ひとつは、現実の法秩序を維持することに規準をおくもの。他のひとつは、根元的な生活の欲求にねざし、法を超えた生命の理念とむすんで、衝迫するものである。「義」は前者を否定して、後者とむすびつく。後者が前者にとって脅威であるのは、それが秩序の破壊行為としてあらわれてくるからである。してまたその行為が、犠牲的性格のものであるということは、その本来の運命でなければならないのである。

「義」の行為は、それが第一の法秩序または政治秩序の立場から見れば、必ず悪であり、犯行である。が、行為者の罪の自覚が、一方で明確であればあるほど、そしてそれが適切に表現されればされるほど、その行為が社会の尊敬を博することは、歴史の教えるところである。

われわれは個人の行為における「義」の構造を知らなければならない。社会そのものになんらの不義もなくして、個人の行動に義があらわれるということはあるものではない。しかし、罪の自覚をともなうことのない義の意識は、ひとり革命家のものであることも知らねばならぬ。革命家は、現存の政治秩序をくつがえすことを目的とする。現に一つの秩序を成りたたしめている根元の社会勢力を否定する。のみならず、みずからこれに取って代ることを自己の目的とする。それは宗教の人ではなく、本質的に政治の人であり、政治そのものの極限を表象する。

4

日本史には、ソクラテスの死もなく、イエスのはりつけもなかった。それは事実である。しかし、学者の受難や、教徒の殉難が、わが史上になかったなどといえるだろうか。主家や同輩のために、すすんで犠牲となった武士社会の史話はあっても、被圧迫階級における義人の史実がなかったなどといえるだろうか。日本の歴史には、国民の精神に永遠に感奮をおこさせ、人類がその思索や感激の源泉とするような、世界性をもった歴史的事件がない。そうわが哲学者はいった。いかにも、思想と宗教の分野において、それはなかったといわなければなるまい。しかし世界性とは、そして世界性をもった歴史的事件とは、なんであるのか。われわれ日本民族は果たして、世界性をもった歴史的事件を持たないであろうか。そもそも歴史とはなんであろうか。人類解放の歴史は、歴史として考うべからざる歴史なのだろうか。明治の日本は、大正の日本は、そして昭和の日本は、世界性における解放運動の歴史をもたないといえるであろうか。

満洲事変以来の、日本の政治情勢にたいして、これと死をもって抗争した日本人がひとりもいなかったという見解も、奇妙というべきだ。なんらかの意味で、その犠牲となったものは、学界にさえも、その数はすくなくない。いかにも軍国主義者のなかには、命をかけてテロをやった人間がいくらもいるのに、太平洋戦争においては、戦争反対に命をかけた平和主義者というのはいない。これはたしかに事実だった。この事実を分析し、反省してみる必要があることは、『近代文学』同人の本多秋五氏その他の人々が、いう通りである。しかし日本の帝国主義戦争に、反対した人々の存在を、まったく無視して、日本人の「精神的気力」、「道義的生命力の頽廃」を云々する権利が、いったい高山氏にあるだろうか。理想の見地からみれば、たしかに日本人は勇気に欠けたところもあり、精神的気力において足らぬところもあったかもしれない。しかし、それは程度の問題にすぎない。勇気といい、気力といわれるものが、そもそも歴史の歩みの、いかなる道に添うて生じ、いかなる道を外れることによって、消えるものであるのか。それを見さだめることこそ、大切ではあるまいか。「世界史の哲学」を説くわが哲学者の歴史認識における怖るべき盲点は、これらを見落したところにあるのではなかろうか。

しかし現実の政治における議会政党の組織は、それが「人民の解放」を説くことで、ただちに「義」を述べたことになるだろうか。国民をして、義を義として、直覚せしめるために必要な諸要素は、そもそも何であろうか。それは組織であろうか。人間であろうか。言葉であろうか。行動であろうか。そもそも精神的諸要素をともなわない政治だの、人格的諸要素をともなわない政治だの、というものがあるだろうか。政略があって、人間のない政治というものがあるだろうか。してまた国民の直覚を無視した政治、というものがあるであろうか。——日本の人民は、直覚を持たないだろうか。きわめてするどい、世界無比の、直覚を持たないであろうか。その直覚が、いかにして養成されたかは、わたしの説きうるところではない。しかし、もしこの世に真に「義」を述べようとする政治があるのならば、おそらくそれは日本の人民の直覚をこそ、最も敬重するものでなければならないのではあるまいか。もうこの辺で、筆をとめなければならぬ。

第八章　基本的人権への惑いのなかに

——徴兵制度は「自由権」の帳消しである——一九五三年

1

わたしは現に、基本的人権などというものはない、という感じをもって生きているものである。それはいうまでもなく不安な感じであって、その不安は、政治というものに対する不安なのである。しかし政治に対する不安とか、政治への恐怖とかいうものを、筆にするつもりなら、人権問題だけにとらわれる必要はない。ここではやはり求められるままに、人権問題を中心としなければならない。およそ人権は、人間の理想とか渇望とかいうものにつらなる、総括的な権利の名称であって、その範囲や内容を、経験的にたしかめることは、不可能である。また実際に、そんな権利が保障されているという感じをもって、われわれは生きているわけではない。これまで「人権宣言」とよばれるものが、幾つあるかしれない。が、宣言文のなかに盛られたすべての権利は、ひとびとの美しい渇望を、言葉であらわしただけのものであって、その渇望がどれだけ充たされるかは、いつもその時の政治がきめるだけの話であった。

日本の憲法でも、第三章が基本的人権に関する規定をつらねている。が、この憲法が国民に保障する自由と権利とは、国民の不断の努力によって保持されなければならない、とある。ということは、基本的人権はたえずこれを護ってゆかなければ侵されやすいものだ、ということを語っているのである。それはよいとして、「すべて国民は健康で文化的な最低限度の生活を営む権利を有する」とあるのは、だれしもそれが空文であることを知っているだろう。そういう権利が、保障されるためには、どういう条件が必要であるかが謳われているのならば別であり、その条件が日本の社会体制にそなわっているのならば別であるが、国家はすべての生活部面について、社会福祉・社会保障・公衆衛生の向上に努めなければならない、とあるだけで、社会経済体制の問題に触れないのであるから、実際は空文たるにとどまるのである。消極的な中立的な態度をとる政府を前提しておきながら、経済的人権を憲法で保障するなどということが無理なので、その点、ソ連憲法が労働の権利を謳っているところでは、その保障の方法が具体的に述べられているのと、対照されなければならないだろう。

政治的自由として認められていた近代社会の人権にしても、実際は少数者の「財産の自由」を保障したのにすぎない、といわれる。が、政治的自由といっても、それは経済力の函数である。産業組織のなかでは、結社の自由といっても、やはり経済力の函数である。そして言論の自由とてもまた経済力の函数ではないのか。マス・コミュニケーションが大企業の一部門をなして、独占化している時代に、言論の自由があると考えるのがおかしい。そうH・J・ラスキは論じている。また、国際的に経済的権力をふるう大国があって、その影響をまぬかれない弱小国があるとすれば、その弱小国民の人権は、なんらかの圧迫を蒙らないということもあるまい。移民制限・高率関税・通貨政策などによって、弱小国民の福祉のうえに、重大な制限や影響を蒙るものとすれば、それは国際的な人権の圧迫である。そのように人権意識をすすめてゆけば、人権の保障のために必要なものは、国際的な人権保護の組織だということになる。その組織は、国家以上の権威をもたねばならず、そして個人の忠誠心は、その祖国をこえて、まず世界秩序そのものにむかわなければならない、ということになる。

人権とか基本的人権とかいう言葉が意味するものは、固定していない。ことに経済的人権といわれるものが、人権思想のなかに生長してきている現代では、人権の保障は一方では、社会体制の問題から切りはなして考えることができなくなり、他方では世界秩序の問題に触ることなしに論ずることもできなくなっている。わたしが現に、基本的人権などというものはないのだ、という感じをもって生きているというのは、もちろん人権の要求を、ラスキが説くほどに拡充して考えた結果の報いではない。そうではないけれども、人権観念が固定しておらず、「自由」という言葉の意味内容とともに、その観念が激動または激変をとげつつあるという事態が、わたしの思考を不安におとしいれているのである。

しかし退いて考えてみると、日本人であるわたし自身に、権利思想の欠けていることが、もっと根本的な事態であるのかもしれぬ。法意識の欠如は、戦後日本の知識層のあいだでもいろいろの徴候を示したが、権利思想が日本人に欠けているという事実の根は、深いものと思わなければならない。古代ギリシャやローマでは、主権在民の原理がおこなわれ、今日いうところの法治主義の原則もおこなわれていたのに、人権思想が欠けていたのは、やはり宗教国家のつねとして、人間の生活はそのまま、国家における生活であったということらしい。が、国家における生活のほかに、別な生活があって、その地位において人間は、国家に対立するのだという考えが、今日の日本人に欠けているのも、やはり政治と道徳とが未分化の状態で受けとられていた伝統に根ざすものであろう。国家を個人の対立物として考えるという考え方が、日本の知識人に欠けているのも、やはりこの事情と無関係のものではあるまいと思われる。

日本の知識層が、階級社会とか階級支配ということを、強く意識している場合にも、支配機構としての現代の国家そのものに、問題性を見いだすことが稀なのは、おそらくおなじ事情からであろう。資本主義国家を批判することのなかに、国家一般を批判する態度が、重なりあって出てきていいと思われる場合にも、それが見られないのはそのためであろう。――「ソ連もまた他の国家と同様に、強制と抑圧はその本質であるということのわからない人間は、国家の本質を理解しないものだ。」そういったヴィシンスキーの言葉などを、たよりとするまでもない。およそ国家というものは、強制と抑圧の機関である以上、人権問題について多少とも考えなければならない気持ちの人間ならば、まず国家というものを、じっと見つめないではいられないはずである。

2

平和擁護の運動に、憲法擁護論があるのはいいとして、平和憲法にはまだいろいろ不備な点もないわけではない。たとえば日本国が、国家として戦争を放棄したのでは足りないので、個人としての日本人も、国外の戦争に参加することはゆるされない、という規定が補足されなければならない。そういった主張はあってよさそうなものだが、そういう主張を耳にしたことがない。また徴兵制度反対の運動があるのも当然だとして、かりに国家が戦争にのぞむ場合があるならば、参戦拒否の市民的権利を確立しておかなければならない、という提唱を耳にしたこともない。総じて法の創造的改修を通して、自己をつらぬいていこうという意識が乏しいのは、近代の法治主義が日本人の生活意識に欠けていた証拠なのではあるまいか。

占領政策の一環としての追放措置は、占領終結とともに終った。が、刑罰ならば公開の裁判にかけられ、審問も弁論もおこなわれるのに、判決も判決理由もはっきりしないままに、多数の人権が圧迫されていた事実は、人権意識そのものからみれば、異様なことである。が、それも憲法以上の力で、軍事的におこなわれたかぎりでは、納得もいくとして、追放は独立後も解除すべきでない、などというような主張になれば、そこにも人権感覚の有無が問われることにもなる。法意識をまとわぬ赤裸の政治主義が、疑問の対象となってくるのである。

しかし人権感覚というのは、おそらく静止的な精神状態のひとびとのなかにある法感覚ではあるまい。いわば〝前向き〟の、前進的な行動性のひとびとの、行動感覚なのであろう。静止的な法感覚で受けとれば、「世界人権宣言」のなかの、何人も専断的に逮捕・拘禁または追放されることはない、という条項だの、何人もその行為の時において国内法または国際法により、犯罪を構成しなかった作為または不作為のために、有罪の判決を受けることはない、という条項だの、そういった条項は、敗戦後の戦犯裁判や追放令の是非を、想起させずにおかないだろう。が、実際のところ、追放解除の必要を説いた人権擁護論者などというものがなかったのに徴しても、人権意識というものは、つねに〝前向き〟の政治的な意欲であることが、感じられるのである。

およそ人権宣言といえば、文章の表現のうえでは、普遍的な形式をとっているのがつねであっても、その表現のうらには、何かを実現しようとする企図がある。まして人権擁護運動が、その窮極に、一定の政治目的を設定せずにすすめられる、などということは考えられない。今日の人権擁護運動が、その目標としているものは、おそらく国際間の平和である。国際関係に平和の保障がないかぎり、いかなる人権宣言も空虚である。人権擁護運動そのものが、国際間の平和擁護を、ぎりぎりの目標としてゆくのでないかぎり、これもおそらく空虚である。つまり、個々の人権の保障そのものが、目標なのではなくて、平和の保障こそが目標であり、人権擁護は、その手段または過程としてすすめられなければならない、というのが事実である。人権擁護は、渇望であり、意志なのであって、なにごとかを現実に設定するものとはちがうのである。われわれに完全な人権などというものは、いまだかつてなく、いまもなく、将来もないのである。しかし、それがあるかのように考えられるところに、信念がうまれ、その信念がひとびとを、行動に駆るのもたしかである。

3

完全な人権。——それはいったい今日、どんな構造のものであろうか。それを捉えようとすると、いいがたい矛盾の中に、おちこむのに気がつく。法学者ふうにいえば、基本的人権は、国家権力との関係において、消極的人権（自由権）と積極的人権（要求権・請求権）の二つにわけられる。西欧的デモクラシーにおいて「自由」とよばれたのは、主として消極的人権のなかでも、思想・信教・言論・集会・出版などの自由であった。一言にして、言論の目的であった。しかるに今日、社会主義体制において確立され、またはそれをめざしてゆく過渡的な体制において求められているものは、むしろ積極的人権のなかでも、労働権・生存権などのような「窮乏からの自由」を意味するもの。すなわち一括して経済的人権とよばれるものである。いったい、これら二つの異なる「自由」は、はたして統一することのできるものであるのだろうか。

古典的な諸宣言は、市民の自由と国家権力とのあいだの敵対関係を強調して、政府の権力と個人の自由とは反比例の関係にあるものとしたのであった。が、いまや現代において国家権力の手にゆだねられなければならないものは、巨大な防衛組織だけではない。教育制度・住宅施設・公衆衛生・失業対策など、いずれも個人の経済的人権の保障のために必要な条件が、国家権力の手をとおさなければ充たされないという事態が、日に日にひろがりつつあるのである。つまり現代の人権問題は、国家権力の制限という面と同時に、おなじ権力の拡大による達成、という逆な面をおびてきているのであって、これらの二つの面が、どのような関係において統一されなければならないかは、まだ問われていないのである。もちろん、この問題は「社会主義社会における自由の問題」という名で呼ぶことのできるもので、われわれはいま、それに人権概念の枠を通して、接近しつつあったのだといってもよい。アントン・メンガーが、近代のあらゆる社会主義思想を、三つの権利思想に集約したとき、それが人権思想史上に新たな一期を劃するもの、とみずから考えたか、それとも人権思想とは異なる系譜に属するものと考えたかは、憶いだせないのだが、自由権の思想の延長線上に、労働権や生存権の思想が浮かんでくるということは、ちょっと考えにくい。しかし、消極的人権と積極的人権という二つのものは、「ヴァージニア権利章典」のような、人権思想の初期の文献にも見られるところをみると、それはいっそう深いところで一つのものであるのだろうか。

最後に、わたしが基本的人権というものを疑っているぎりぎりの点に、引き返さなければならぬ。それが徴兵制度である。およそ国家の人間に対する強制というもののなかで、これほど抗しがたいものはない。しかし第五回全露ソヴェト会議の決議（一九一八年）のなかには、労働階級の権力を確保するため、すべて労働者は武装されるべきこと、社会主義的赤軍を組織すべきこと、そして有産階級は武装されるべきでない、という規定がある。そこでは武装することが義務であるのみならず、労働者にとって権利であるかの観がある。このことは注目されなければならない。また、全国的な兵役義務を提唱した別の条項にも、ただし武器をとって革命を擁護する名誉権は、労働者階級にだけあたえる、という一項があって、そこでも兵士たることは権利である、という一面を感じさせる。しかるに今日の資本主義体制では、一国民の内部における利害の分裂は深く、分裂に対する意識も深められているのみならず、戦うに値する戦争が現代にはあるかどうかが、根本的に疑われている事態にあるために、徴兵制度を通して国家権力が民衆にあたえる弾圧は、次第に堪えがたいものに感じられてゆくように思われる。

　憲法に列挙されている自由権などを、いくら束にして保障されてみても、それとはケタちがいなところで、生命をおびやかす拘束としての兵役をまぬかれず、しかもそれが殺人行為に従事することになるかもしれないとあれば、それは「自由」というものの全面的な帳消しとして受けとられるよりほかはない。兵役拒否・参戦拒否の自由のないところに、人権としての自由権があるなどという考えが、納得いかないのである。わたしが、基本的人権などというものはない、という不安な感じをもって、生きているものだといったのは、すでに述べたいろいろの理由のほかに、実はこの兵役問題があるためである。

　最近発生した一つの不法監禁事件（鹿地事件）は、そのとりあげかたが、人権問題としてよりも国権問題としての色が、最初から強いようだけれども、わたしが受けた精神の衝撃は、やはり人権問題としてであった。人権問題が、これほどわたしを不安にしたことはない。しかし一友と語りあいながら、いろいろ考えてゆくうちに、いつのまにか当面の問題を離れてしまった。そして数日のうちに、上述のような思考の経過となった。わたしは自身の国家および政治に対する恐怖については、ここはそれを筆にすべきところではない。

第九章　現代人の忠誠

一九五三〜五五年

1

忠誠の問題は、日本人にとっては一つには過去についての反省の問題である。日華事変および太平洋戦争における国民としての協力は、悪であったという観念が、占領政策によって植えつけられ、そしてそれは表面的には国民に受けいれられた。しかし、どんな戦争にせよ、祖国が戦争に突入したとき、ひとりびとりの国民が、それぞれ応分の協力を拒むということは、多くの場合、不可能にちかい。それが正義の戦争であろうと、不義の戦争であろうと、個人がその属する国家の危機にあって、これに協力するという関係は、運命的である。亡命ということは、一部少数者には可能であっても、最大多数の国民にとって、不可能事だからである。太平洋戦争を戦った日本人の理念は、「天皇への忠誠」であったというのが、外国人の見かたであるけれども、わが知識層の多くは、むしろ近代の主権国家における国民のつねとして、善悪を超えて祖国を至上のものとする態度で、戦争に協力したというのが、むしろ真実に近い。にもかかわらず日本人の国家に対する忠誠が、いざというときに「天皇への忠誠」という精神的な形式をおびていたという事実は、否定しようがない。敗戦によって天皇主義が排除され、絶対主義国家に特有の「君臣関係」が否定されるとともに、忠誠義務もまた同時に滅びたかのように、無意識のうちに信じてしまったことが、右の事実を裏書きする。

占領政策としての「革命」によって、日本が一夜にして近代国家に再生したとすれば、日本人の忠誠義務の対象は、天皇から転じて、国家そのものへ移るべきはずであった。近代国家における忠誠は、君主個人へのそれではなくて、国家への忠誠でなければならず、君主への忠誠が滅びたということは、とりもなおさず国家への忠誠がはじまることだからである。が、日本人の場合は、実際はそうでなく、「天皇への忠誠」感情を放下すると同時に、忠誠問題一般を遺失したのである。これが戦後日本人に特有の精神情況である。このような道徳的盲点の発生は、一言にして連合国の戦後処置、わけても占領政策に起因するものといえる。国民の忠誠義務は、軍務において頂点を示すのがつねであるから、仮りにもし日本に多少なりとも軍隊が残されていたとすれば、おそらく新しい軍隊組織の精神的支柱となるべきものが何であるかは、日本の「民主革命」と同時に、早急に解決されなければならない問題であっただろう。ところが、日本の征服者としての占領軍総司令官は、日本人に絶対服従を要求しても、自己への忠誠を求めたわけではなく、また、平和憲法の制定によって「軍隊なき国家」が生まれた以上、国民の献身と犠牲を要求する意味での忠誠問題は、表面上、永遠のかなたに遠退いたのである。

日本国民の「再教育」に乗りだしたアメリカが、市民社会における人間関係の原理として、自由と平等を説いたとしても、それが占領政策の一環であるかぎり、日本国家または日本政府への忠誠という別な次元の問題にまで、日本人をみちびくことを避けたのも当然である。民主主義社会とても、国家に対する個人の関係は、対等でも平等でもありえず、国家がその成員に対して、献身と犠牲を要求することは、絶対主義国家の場合と根本的に異なるところはない。しかし、占領軍またはアメリカ教育使節団が、たとい新しい意味においてであっても、「国家への忠誠」を日本人に説いたとするならば、過ぎさった戦争における日本国民の一致団結と、戦争遂行への協力をも、自然に是認する結果におちいらざるをえず、それは占領政策を根本からくつがえすものとなったであろう。総じて、ある占領軍が、占領下のある国民に、祖国への忠誠を想い起させるほどの危険はないわけである。

日本人の戦後の生活意識における一大盲点は、ほぼ以上のようにして発生した。しかし、たとえばもし「戦争責任」の追及という問題が、当時、政治的な感覚だけで処理されるにとどまらず、理論的な形で科学者によってとりあげられ、社会学的な考察の対象となっていたならば、すでにそのときに国民の忠誠義務の問題が、広範な論議の対象とならざるをえなかったであろう。したがっていま述べたような一大盲点も、生ずる余地はなかったろうと思われる。その盲点の深さを最もよく語るのが、戦後における愛国心論議の果てしない累積である。愛国心問題の核をなすのが国家的忠誠の義務であるのだが、多くの人々は空しくその核の周辺を駆けめぐって、すでに戦後十年を経た、というべきである。

「忠誠」は、字義としては、もともと忠実、誠実、信義などという意味に近い。ところが敗戦までのわれわれの用語例では、それは「忠義」という用語とともに、「忠君」と同義異語になっていたのである。「天皇への忠誠」という問題が廃滅すると同時に、忠誠問題一般が消え去ったかのように、日本人が錯覚した根柢には、日本人の忠誠概念そのものが、きわめて狭隘なものであったという一つの事実が横たわっている。明治政府は、「忠君」と「愛国」とをむすびつけることに腐心したといわれるが、その場合でも、「忠」は君にむかい、「愛」は国にむすぶのであって、国への忠誠という考えかたは、なかったわけである。したがって忠誠問題を科学的にとりあげようとすれば、まず「忠誠」という日本語にこれまで染みついていた「忠君」のにおいを、ぬぐいさることが先決で、そして次にその語義を適当な範囲にまで拡充することが、必要となる。忠誠とは、一定の対象に対する人間の奉仕の態度をいい、殊にそのような関係の渝《かわ》ることのない持続への、意志的な心的状態を意味する。しかし、個人間のそのような相互的態度については、日本では「信義」という用語が、それをあらわすに十分であり、これに反して集団に対する成員の一般的責務をあらわすものとして、「忠誠」という用語が適切である。それはもともと人間の主従関係・君臣関係を維持したところの、臣下または従者の道徳であったことは、歴史的に明らかであるが、そのような上下の関係における隷属者の道徳が、近代においては一般に、集団とその成員との関係における、成員の側の一方的な徳目に転じたとみることができる。

近代社会において、人間が同時にいろいろの集団の成員であることは、かれが家族の一員であるにとどまらず、出身校の同窓会員であり、そして同時に日教組の組合員であり、ときにはある党派の党員である、という事例によって明らかである。しかし、かれは同時に、日本の国籍をもつことによって、日本国民の一員である。

しかし、かれはその所属するいずれの団体からも、その利益と名誉と秘密を守り、また、それらが課している規律にしたがう責務を果たすもの、と期待されている。就任・加盟・加入などに対して、誓書・誓約などが求められるのは、それである。忠誠の語義をややひろく解すれば、かれらがそれらの集団に対して負うところの責務は、一括してこれを忠誠の名で呼ぶことができるのであり、組合員の組合に対しての忠誠というような用語例は、たとえばイギリス人にとっては普通のものである。しかし、ここで注意すべきことは、それらの忠誠にはおのずと限界もあり、たがいに競合もあるのに、ひとり国家に対する国民の忠誠義務には、一定の限界が認められず、これに背くものには、厳重な刑罰規定があるという事実である。しかも国籍の決定は、人間の自由選択によるものではない。忠誠問題の重大さは、主としてこの点にかかるのであって、それは国家対個人の根本問題、すなわち基本的人権の問題に、深くつらなるのである。

国家に対する国民の忠誠義務には、おのずから消極・積極の両面がある。国家の機密を他にもらさない。国を売らない。裏切らない。そういうような側面と、祖国に奉仕し、その安全を守るために献身し、そして、ときには文字どおりその犠牲となる、という側面である。男子における義務兵役制は、世界各国を通じて現にひろく認められるところだが、その義務を忌避し、あるいは兵役に服しつつも、軍規にそむくことは、忠誠背反である。しかし、ここに注意すべきは、現代における除外例の成立である。キリスト教の福音信仰に発する暴力否定の思想を守りとおしたクェーカー教徒は、第一次世界大戦にいたって、米英両国の徴兵法規のなかに、宗教的良心から発する兵役拒否者に対して免除規定を設けさせることに成功した。なかんずくその節操の高いものは、いかなる戦時活動にも従事することを拒み、そのために投獄された。またゴドウィンに淵源するアナーキズムの思想に信念の支柱をもとめ、徹底個人主義の立場から、国家権力の強制を拒み、徴兵制に反対したフランスのアナキストは、「逃亡兵」の扱いをうけて死刑に処せられたが、国家がその成員に対して活殺自在の権利を行使することは妥当か、という問題がそれによって論議されるにいたった。これらはいずれも、国家がその成員に絶対忠誠を要求するのに対して、成員の一部が国家を超えたものへの献身を志し、その節をまげない事例である。

2

歴史をかえりみれば、忠誠について国家と競合したものに、かつて宗教があった。しかし、現代においても、国家と拮抗し、人間の忠誠を争奪するものとして、クェーカー教徒の福音信仰があり、また、非宗教的なヒューマニストの理性の立場がある。かくして個人における絶対忠誠の対象は、現代において、その属する国家のみとはかぎらない。ときには神、または理性、あるいは人類の観念も、ありうるのである。B・ラッセルは現代における忠誠問題を論じて、仏陀、キリストおよびストア派の哲学者が、いずれも「人類への忠誠」を説いたにもかかわらず、結果の見るべきものがないことを嘆じ、今日の世界情勢では、国家に対する盲目の忠誠ほど危険なものはない、といった。しかも、かれみずから反共的立場にありながら、現代において民族や国家をこえた忠誠心を創りだすことに成功したのはコミュニズムである、と指摘しているのは、現代における忠誠問題の焦点に触れたものであった。革命的な党派の党員にとっては、党およびその理念こそは絶対忠誠の対象であり、国家は階級的機関であるにすぎない。

一部の社会学者（たとえばジンメル）にしたがえば、忠誠概念はここで述べているよりも、さらに包括的なものであり、対等関係における信義原則をもふくむのであるが、ここでは現代史における問題情況を解明するのに適切、とおもわれる限度に、その語義を規定することが賢明であろう。以上述べてきたことから、忠誠という日本語にこれまで染みついていたものを漂白し、多少ともそれを科学的な概念用語に近づけることができたならば、満足しなければならない。

愛国心に関する戦後幾年の論議が、ついにその中核をなす一問題をさぐりあてていなかったのと同様に、戦後の平和主義に関する多くの主張もまた、現代における人間の窮極的な対決の場がどこにあるか、という一問題を解明していない。平和を守るとは、戦争の勃発とともに、それを断念することなのか。それとも反戦運動にまで発展することなのか。また、徴兵制度のもとに兵役義務を強いられたとき、実践的な決断として、それを拒否することなのか。そういった問題は、ほとんど問われていない。一方には国家的に制度化された忠誠義務と、他方には個の内面における神、理性、階級、ヒューマニティーなどの観念に対する、内発的な忠誠心の燃焼。この二つの忠誠の相剋こそ、世界的な意味における現代人の忠誠問題の様相なのである。しかし、日本の多くの平和論者が、現代における人間の、そのような限界情況を意識していないのは、これもまた敗戦とともに忠誠義務の問題を遺失してしまった結果である。

およそ国家を超えたものへの忠誠。そしてそれと国家への忠誠との相剋。これまで近代国家の独占物であった献身的忠誠が、いまやその独占物たることをやめ、これと競合するものが現われつつあるというのが、現代史の新しい問題情況である。忠誠は、すべての集団がその成員に要求する徳義であるけれども、それにはおのずから限度のあるのがつねであり、生命の犠牲にいたる献身は、ひとり国家の占有であった。ところが、いまや「鉄の規律」によって統制されている革命主義的政党においても、無限定の忠誠が党員に要求される。問題は、国籍の取得が人間の自由選択をゆるさないのに対して、入党は人間の自由意志によるものであり、したがって党への忠誠は、内発的であるのをつねとする、という一点にある。といって、近代国家がその存立の基本条件としての国民の忠誠心を、失いつつあると考えるのも、早計である。軍隊、警察、教育機関、報道機関の独占または掌握をはじめとして、国民の忠誠心を育成し、それを国家にむかって集中せしめる機構は十全であり、他方、人間の自然性そのものの側にも、家族愛、郷土愛、祖国愛の名において、国家そのものを守ろうとする暗い衝動が息づいており、それは教育による加工によって、比較的容易に、国家への忠誠心にまで形成することのできるものである。

人間が、その属する集団のために、自己を棄てるということには、三つの場合がある。第一は、個としての自覚なくして、全体のなかに埋没すること。第二は、個としての自覚はありながら、制度的な強制によって、全体の犠牲となること。そして第三は、個の自覚にもとづきながら、しかもその集団のために、自発的に奉仕し、献身し、犠牲となることである。この最後の場合の献身は、前近代的なそれではなくして、R・ニーバー流にいえば、生の最高の充実であり、最高の自己実現である。しかし、現代の国家における強制的な制度としての忠誠義務は、むしろ服従義務としての性質がつよく、個の内面性とのつながりを失いつつあり、その強制的な制度のもとで自己を犠牲とすることが、「最高の自己実現」であると説くことは、空疎の感をよびおこしやすい。

二十世紀のヒューマニズムが、絶対平和の立場だといわれるにしても、現代のヒューマニストの忠誠目標がなんであるかは、つねに明瞭であるとはいえず、その実践における行動方式がなんであるかは、未知に属している。ところが、自発的な献身の実例を、現代史がもっとも豊かに提供しているのは、コミュニストの場合であり、たとえばアラゴンの『共産主義的人間』(一九四六年・邦訳一九五二年)に収められた多くの手紙は、フランス人におけるコミュニズムの信念と祖国愛とが一つであることを示しており、現代人の忠誠に関する貴重な一資料である。

他方、国家の側からいえば、国民の忠誠心の一般的な再吟味が、制度的方法によって実施されなければならない、というのが現代史の問題情況における他の半面である。それには北アメリカ合衆国が、コミュニズムの脅威にそなえた方法としての、「連邦忠誠計画」または「忠誠宣誓」とよばれる立法をあげれば十分である。仮りに問題を大学教育に限定していえば、大学はコミュニストそのほか国家に対して不忠誠な教師を、大学の自由の名のもとに雇傭してはならないとするものであり、自分は共産党員ではないという宣誓を拒む者は、その椅子を追われるのである。そのような忠誠審査の実施に対する抵抗は、一九四九年ハーヴァード大学にはじまり、一九五一年カリフォルニア大学における忠誠審査拒否事件の、抵抗者の勝利が、それにつづくのであるが、一九五三年三月二十四日には、アメリカ大学協会が「大学とその職員の権利および責任」と題する声明書を発表し、共産党員は大学教授たりえない理由を述べると同時に、大学教授に対する特殊な忠誠審査が学問的自由の原則に反することを、主張した。しかし、アメリカにおける忠誠宣誓の制度化は、すでに一般的な形で発展しつつあるものとみられる。

忠誠問題が、敗戦後の日本国民の精神的盲点をなすのみならず、その情況は知識層においても、また専門学者においても、ほとんど同様である。したがって戦後の道徳教育論や社会科改訂のすべての意図においても、それが一盲点をなすことはいうまでもない。高等学校社会科の学習指導要領の改訂内容（一九五五年）についてみると、「人間の理念と民主的社会」の項に、「人間の理念としての人権と平和についての思索を深め、民主的社会の担い手としての個人や集団の役割を、自由と平等、権利と責任などの問題に結びつけて理解させる」とあるが、集団とその成員との一般関係における成員の道徳を示唆するものはなく、また、「権利と責任」という語はあるが、義務という用語はない。そこで忠誠問題は、責任または責務の問題のなかで解明するのがよく、その場合、忠誠概念を社会学的に拡大することは、かえって生徒の理解をさまたげるおそれがある。人間が、何に対して絶対に忠誠であるべきかについては、永久不変の規準というものはあるはずがなく、また今日、万人がことごとく一致する規準というものはない。封建社会が、その社会特有の忠誠観念によって、安定をえていたことは事実であるが、現代世界には、もはやそのような意味の精神の安定はない。たとえば教師は、現代の新しい問題情況をありのままに語るのがよく、しかしそのためにも、「忠誠」という用語にまつわる古いものを、まず自己の内部で漂白してしまうことが先決であろう。

3

世界史的な意味においての、現代における忠誠問題の一般的情況。それと戦後日本における最も特殊な問題情況。その二つを併せ説明したのであるが、日本の問題情況は一言にして、「忠誠喪失」の精神情況とよぶのがいい。「忠誠喪失」とは、忠誠目標の喪失と同時に、忠誠問題一般をも喪失した状態を意味する。日本人が敗戦までは「臣民」としての忠誠目標をあたえられており、そして「忠誠」が「忠君」と同義語に化していた結果、忠誠問題一般なるものを知らなかったのは事実である。したがって忠誠目標を失ったのも事実であるが、失うべき問題一般は、最初から持ち合せていなかったというべきである。が、その状態を指して「忠誠喪失」の精神情況とよぶことは、依然として適切であるとおもわれる。

ここにおいて問題は二つである。第一は、過去の事実について、われわれ日本人の忠誠意識を省察してみること。第二は、将来発生の可能な事実として、問題を設定してみること。まず日本人における過去の事実としての忠誠意識について、それを省察する手がかりとなるべき文献資料をかえりみる必要がある。第二の問題は別の場所にゆずる。

さて、第一の問題で手にしなければならない文献が、日本人自身の著作であるよりも、日本および日本人を研究した外国人の若干の著作でなければならないというのは、これもまた奇異である。しかしそれは、「忠」こそは日本人の道徳体系の中枢であるという見かたが、一致して多くの外国人を捉えたということである。おそらく最初にくるのが、小泉八雲の「忠義の宗教」であろう。(1)「殉死」「腹切」「敵討」という三つの恐るべき風習に、最高の表現を示した忠義の宗教が、その義務の範囲においてまことに狭かったのは、社会機構そのもののために制限されていたのだ、と八雲は説明する。過去一千年の戦乱によって発展した忠義の宗教は、氏族や部族の解体によっても、にわかに捨て去ることのできるものではなく、これが維新によって、「近代的愛国心」にまで転化された次第を述べている。しかし日本の将来は、古来を通じて死者の宗教から生まれたこの「新しい忠義の宗教」の維持にかかっている、というのが八雲の結論であった。

つぎにG・B・サンソムがくる。(2) 日本人の倫理体系が、すべて個人の義務を強調して、権利を軽視するものであったこと。そして家族、共同体、種族または国家に対する忠誠が、その他のあらゆる義務に超越していたことが、指摘される。この社会的規律に対する強い感覚は、明治以後もそこなわれることはなかったとみる。一面には、過去に深い根をもった行動の習慣から、他面には、日本の指導者がその国を近代国家に改めるにあたって、その目的に都合のよい封建的伝統の特色を利用したことから、うまく保存されたのだ、という説明である。

R・ベネディクトが、『菊と刀』で最も多く取りあげたのも、日本人の「忠」である。(3) それは同書の第五、六、七章で、連続的に扱われ、さらに第十章でふたたび取りあげられる問題である。日本人の教えの大きな部分は、「忠」を最高の徳とすることに当てられ、その他の徳をことごとく「忠」の下位におくことによって、義務の体系を単純化しようとした、という。「忠」を全うすることによって、他のすべての義務は果たされたことになるという考えの、権威ある表明として取りあげられたのが、「軍人に賜りたる勅諭」であるとし、軍隊の無降伏主義と集団自殺の説明もある。一般行政においては、「忠」は死から納税にいたる一切の義務を遂行させる強制力であり、収税吏、警察官、徴兵官は、臣民が天皇に捧げる「忠」を媒介する機関だといっている。しかし、歴史を溯れば、将軍に対する忠誠が、封建領主に対する忠誠と、しばしば矛盾した事実や、そして高次の忠義が低次の忠義ほどの強制力をもたなかった事実も、観察されているし、封建時代には、敵側の大名にその忠誠を買収された多くの武士のあったことも指摘されている。そして、西洋人にとっては一般に、忠誠とは忠誠に対する忠誠であるが、日本人のいわゆる「大節」は、これに反して、ある特定の個人または特定の主張に対する忠誠である、と断じている。中国では忠孝の上に至高の徳「仁」があるのに、日本では「忠」の絶対化によって、それが失われたと指摘しているのが、眼をひく。[4]

T・ライエルはその著『一英国人の見たる日本および日本人』の第一、二部を通じて、ベネディクトの著作に匹敵するほど、日本人の忠誠に関する考察に傾いている。[5]「忠義の宗教」という言葉が、小泉八雲から継承され、天皇への忠誠が軍閥によって悪用された事実は、忠誠感情そのものの価値を減ずるものでないと考えている。

かくして外国人の日本人研究が、ほとんどいい合せたように、焦点を日本人の「忠誠」に当てているのは、看過できない一事である。しかし日本語の「忠」が、英語その他のヨーロッパの該当語ほどの広い意味をもたないという点は、注意されなければならぬ。「忠」は、主従・上下関係における一方的な義務の観念にとどまり、それ以外の忠誠目標が多元的にありうることは、日本人の観念にはないのである。このことは何を意味するか。われわれ日本人が、現代の忠誠問題に正しく接近しようとするのには、むしろ思考の出立点をヨーロッパ語に（すなわちヨーロッパ的概念に）、置かなくてはならないということである。これがさきにいった語義の「漂白」の意味である。日本的な忠誠概念から出発して、それを西洋的概念の方へ拡充するのでなく、逆に、西洋的概念から出発して、改めてこれに日本的概念を包括するのである。しかし日本人を研究した西洋の著者たちが、この点を明かにしていないのは、かれらがいずれも現代の社会学者の立場にはいなかったということであろう。

「忠」の問題については、日本の学者では津田左右吉氏が、教育勅語の思想を分析した一論のなかで、国家意識の統一のために皇室観の変化が必要だったことを述べ、「忠君」という語が皇室に対して用いられるようになった由来を考察しているのは、西洋人の見解とおなじではない。同氏の皇室観では、皇室と国民との関係は、本来「忠」という語であらわすにふさわしいものでない、ということになっている。(6)

日本の学者で、ここにいう忠誠の西洋的概念にもとづいて、理論的な思索を展開した事例は、ほとんど皆無に近い。社会科学者であって、愛国心を理論的に取りあげたものは戦後に少くないが、清水幾太郎氏の場合を別として、他はみな問題の核たるべき忠誠の問題を、例外なく取りおとしている。(7)高島善哉、松村一人、難波田春夫の諸氏が、みなそうである。(8)清水氏は、愛国心を昂めるに必要な方法は、国家そのものが人間の欲求を完全に充足する方向に改造されることだと説いた。(9)しかし、現代における国家の改造という課題が、社会そのものの分裂を避けがたいとすれば、改造そのものが二つの忠誠の相剋の場となりかねない。愛国心の提唱が、二つの異なる政治的立場から別々におこなわれている現況が、それを暗示する。

4

忠誠問題を、西洋的概念にもとづいて、正面から取扱ったおそらく唯一の例は、社会学者村田廸雄氏の場合である。同氏には、「忠誠について」、「忠誠についての試論―道徳社会学の一問題として―」という二つの業績がある。(10)第二論の冒頭の一節には、つぎのように記されている。――

忠誠を上下的な君臣・主従関係におけるそれ、あるいは国家へのそれとのみ観念する封建的な道徳意識から（国家への忠誠を「封建的」とするのは最も大きな誤りであろう──大熊）、われわれはどの程度脱却しているであろうか。忠誠の問題が、たとえば「国家を超えたものへの忠誠、そしてそれと国家への忠誠との相剋」というような問題として、現代人にとって、いわば世界史的な意義をになう問題であるにかかわらず、日本人にはそのようなものとして意識にのぼっていない。「君主への忠誠が亡びたということは、とりもなおさず、民主国家そのものへの忠誠がはじまることでなければならない」というように、忠誠の問題が真に近代的な意味においてわれわれの意識にのぼるためには、敗戦はそのたえがたい契機をなしたはずにもかかわらず、われわれは今日このような問題を見過し去っている。したがって忠誠の問題は実に戦後わが国における道徳論の盲点をなしている、というようなことがいわれるとき、われわれはあらためて、われわれの忠誠の意識について、上のような問題を、自ら発してみなければならないのではないか。

右の一節に、引用されているのは、ほかでもないわたしの文章（「愛国心と忠誠義務の問題──戦後道徳論における盲点の発生──」、『中央公論』一九五三年6月号）である。忠誠問題についての一応の到達点を、ひろい読者層をもつ月刊誌上に、はじめて発表する機会をあたえられたときの文章である。(11)いわば問題の提起があまりに早すぎたため、当時のジャーナリズムから一顧もあたえられず、論壇時評からは黙殺され、その代り意外にも、アカデミズムの領域で拾われたことになる。村田氏の忠誠研究は、社会学的純理に深く入るものであって、わたしの論文を中心問題とするのではない。ただ同氏は、世界史的な意味での現代の忠誠問題が、どんな構造をもっているかについてのわたしの所説を評価し、氏自身の研究論文の発端に、これを引用したものである。

では、村田氏の研究論文は、何を目的としたものであるか。同氏にしたがうと、それは日本人の忠誠観念の封建的な狭さを打破するための「予備作業」だという。そこに遠大な志向があるわけだが、しかしその場合、「封建的」という一般的な用語で、日本人の「忠」の観念の狭さを一括することには、危険が感じられる。西洋の封建社会においては、忠誠目標がむしろ多元的であったこと、それを克服して国家への忠誠一本としたのが、近代国家であることは、歴史の教えるところである。日本語の「忠」の観念については、「封建的」という一般的な評語では片づかぬものがあり、これはむしろ文化形態論的または文明論的な研究の対象でもなければならないことを知るべきである。

この見地に立てば、一定の用語が担っている語義そのものの研究が大切であって、たとえばドイツ語の“Treue”を「忠誠」と訳して、それだけで安心している村田氏の態度にも、疑問が生じてくる。ドイツの社会学者ジンメルやフィアカントが、Treueという概念で、驚くばかり広い人間の徳義を理論的に包括できたのは、ドイツ社会そのものが進歩しているためや、ドイツ社会学者の頭脳がずばぬけているためではなくて、もともとTreueというドイツ語が、包括的な意味をもっているからではないか。恋人同士や夫婦間に忠誠があるといえば、日本人には滑稽であるが、信義があるときけば、納得がいく。ドイツ語のTreueが、日本語の「忠義」と「信義」の双方を意味するのは、辞書を引けばわかることである。日本人の忠誠観念の封建的な狭さを打破するという村田氏の志向に、問題はない。しかし、日本語の「信義」が意味するものを「忠誠」という用語におきかえ、いわば社会学的に、ジンメルやフィアカントなみに、忠誠概念を拡充することで、それで日本人の忠誠意識の狭さを打破できる、と考えることには問題がある。忠誠概念の漂白と、適度の拡充は、当面必要であるが、しかしそれを「信義」概念の広さにまで重ね合せてしまうのでは、現代に生きる者の問題意識を失うだけの結果になるだろう。社会学者村田廸雄氏は多少その危険にさらされているようにおもわれる。

　人間の対等関係における信義原則をも、忠誠概念に包括することで、忠誠問題を非常に広大な問題として、理論化・体系化することが可能であるのは、ドイツでも、アメリカ（たとえばジョサイア・ロイス）でも、実際にみられるところであり、日本の一部の社会学者がそれに追従することを非とすべき理由はない。しかし、もし村田氏の志向が、日本人の忠誠観念の狭さを打破して、これを「近代化」するにあるというのならば、忠誠概念の規定には適度の制限を設けるのが賢明であろうし、また、日本人の「忠」の観念については、むしろ文明論的な視角からの接近も必要であり、そのためには日本の日常の生活語そのものを、慎重に取りあげてみる別な態度も必要であると思われる。われわれ日本人が、現代の忠誠問題に正しく接近しようとするのには、思考の出立点をむしろヨーロッパ的概念に置かなくてはならないということは、決してそれが手放しでいいという意味ではないのである。

　あえて遠慮なくいえば、村田氏の研究態度は、わが国の多くの学者の例にもれず、外国文献を渉猟し、文献そのものを研究対象とし、その上に立って自己の理論を展開する、という習性をすてていない。科学研究の客観性は、継承性を必至とする以上、西洋学者の文献から出発することが誤りであるとはいえないが、むしろ文献考証よりも、生活考証の態度を養いあげることが、いまの日本の学者にとって必要なのだと考える。その意味では、世界史の現段階における忠誠問題の意味と、日本人における「忠誠喪失」の特殊な精神情況とを、新しい問題として提起しているわたしの方法は、特定の社会科学の概念規定から出発したものではなく、いわば「戦争責任」の問題を動機として、生活体験そのものの分析から出発したのであり、そしてきわめて徐々に、科学的・理論的な思考方法へ近づいて来たのである。いくらか諧謔の気持をこめていえば、こういうのが生活考証的な態度なのである[12]。

社会学の領域にも政治学の領域にも暗く、みずからぶつかっている問題が、社会科学のどんな分野に属するかも弁えず、いや、それが科学的に取扱いうるものだ、ということにさえ思いいたらず、ひとり遅々として、思索の歩みをすすめてきたものにとって、村田氏の上述の論文がどれほど大きい意味をもっていたかは、いいつくしがたい。わたしは村田氏の業績に接することで、社会学における忠誠問題の在りかたと、その取扱いかたの大要を学んだことを、銘記しなければならない。にもかかわらず、村田氏の業績に対しては、如上の忌憚なき評語を呈することが必要である。アカデミズムがその強壮な力を恢復するために必要なものは、生活考証的な態度である。

さて最後に、わたしの忠誠論が驚きをもって迎えられた唯一の例が、評論家今村太平氏の場合であることを最後に書きしるしたい。村田氏が取りあげたのとおなじ性質の論文について、今村氏はいっている。――

私はこの一論を読み、不意をつかれた思いがした。それというのは、私にとってもこの問題はまさしく盲点だったからだ。それが盲点であったのは、大熊氏のいうように「忠誠」が日本人には「忠君」であり、したがってこの問題を考えることは、それだけで反動的と思われていたからである。(13)

わたしは、「不意をつかれた思いがした」といっている今村氏の率直な表現をよろこぶ。なぜといってわたし自身、この問題にぶつかった最初の感情が、一つの驚きであったのだから。読者をおなじ出立点にみちびくことが、すべての著作者の目的である。

（1）小泉八雲「忠義の宗教」（『小泉八雲全集』第九巻、一九五四年）。
（2）G・サンソム著、福井利吉郎訳『日本文化史』上中下（創元選書、一九五一年、下巻一九五二年）。
（3）R・ベネディクト著、長谷川松治訳『菊と刀―日本文化の型―』（一九五〇年、その後、文庫本となった）。
（4）西洋人にとっては、忠誠とは忠誠に対する忠誠である、というベネディクトの言葉は、意味するところが明瞭でない。ジョサイア・ロイスの『忠誠の哲学』（The Philosophy of Loyalty, 1908）などに準拠するかともおもわれるが、これを「忠誠」という観念に対する忠実、という意味に取るべきだとすれば、「忠誠への忠誠」は日本人にもあると思われる。
（5）T・ライエル著、野口啓祐訳『一英国人の見たる日本及日本人』（一九五〇年）。
（6）津田左右吉著『日本の皇室』（一九五二年）。
（7）大熊信行「日本の愛国心論争」（『理想』一九五二年1）、これには敗戦直後から一九五〇年朝鮮戦争勃発までの論壇の潮流が、三期に分けて描きだされている。しかし、わたし自身もまだそこでは、忠誠問題に触れるところがない。関係文献とともに次の氏名が挙げられている。――野坂参三、パルティスキー、鹿地亘、中野重治、佐野学、志賀義雄、河上肇、柳田謙十郎、船山信一、横田喜三郎、戸沢鉄彦、京口元吉、田中惣五郎、青野季吉、恒藤恭、尾崎行雄、田中美知太郎、出隆、重松俊明、南原繁、安倍能成、高桑純夫、淡徳三郎、向坂逸郎、大熊信行、高田保馬、清水幾太郎、丸山真男、遠山茂樹、竹内好、高島善哉、井上清、西谷啓治、竹山道雄、中村哲、板垣與一、永田清、大河内一男、久野収、千葉雄次郎、島芳夫、川島武宜、金森徳次郎、高瀬荘太郎、小泉信三、飯島幡司、赤松要、A・カミユ、山本新。
（8）高島善哉著『新しい愛国心』（一九五〇年）、松村一人著『新しい愛国主義』（一九五二年）、難波田春夫著『新しき愛国心―新生日本の基本原理について―』（一九五一年）。

（9）清水幾太郎著『愛国心』（岩波新書、一九五〇年）七六ページ。

（10）村田廸雄「忠誠について」（『社会学研究』第八号、東北社会学研究会、一九五四年）、同「忠誠についての試論―道徳社会学の一問題として―」（『大阪学芸大学紀要』一九五五年）。

第二論は第一論の改稿であり、発展であるともみられる。第一論の冒頭はつぎのようにはじまっている。――「中央公論一九五三年6月号に、大熊信行氏の『愛国心と忠誠義務の問題』という論文が出ている。それによれば、忠誠の問題は例えば、『国家を超えたものへの忠誠』そしてそれと国家への忠誠との相剋』というような問題として、現代人にとって、いわば世界史的な意義を担う問題であるにも拘らず、日本人にはそのようなものとして意識に上っていない。これは日本人の従来の道徳意識においては、忠誠とは忠君、即ち天皇への忠誠義務にほかならず、従って『敗戦によって、天皇主義が排除され、君臣関係が否定されるとともに』、忠誠の問題一般もまた日本人の意識より遺失されたものであろうという。『君主への忠誠が亡びたということは、とりもなおさず、民主国家そのものへの忠誠がはじまることでなければならない』というように、忠誠の問題が真に近代的な意味において我々の意識に上るためには、敗戦はその得がたい契機をなした筈であるにも拘らず、我々は今日このような問題を逸し去っている。従って忠誠の問題は実に戦後我国における道徳論の盲点をなしている、という。」そして、さらにつづけて村田氏自身の主張するところによれば、日本人の忠誠意識が近代化されるためには、別に「予備作業」が必要であり、それは「一言にして忠誠概念の拡張」だという。この見解に対するわたし自身の考えかたは、本文に述べたとおりである。

（11）この文章は、「日本人の生き方の問題」と題する特集のなかに収められたものである。これを加筆改題したのが、「現代人の忠誠問題」（草薙正夫・山本新編『世界危機と現代思想』一九五四年）である。

さらにそれを書改めたのが、平凡社『教育学事典』Ⅳの「忠誠」である。本章の第一節から第三節までが、その引き写しであり、第四節以下が本書のための書きおろしであるから、いわばこれは第四稿である。

（12）文献考証という熟語はあるが、「生活考証」はわたしの新造語である。日本の社会科学が生活経験から游離していることに対する警告の意味と、科学が生命を維持するには生活経験を第一としなければならないという提唱を、この一語にこめているつもりである。忠誠問題を生活の中から探ったわたしの過程については、他の場所に書いておいた。なお国家的忠誠を主題としたものに、Nerton Crodzins, The Loyal and The Disloyal, 1956（The University of Chicago Press）が出た。政治学と社会学の交流の兆候と見られている。

（13）今村太平「大熊信行氏の忠誠論」（『時事通信・時事解説版』一九五四年7月30日）。

第十章　未決の戦争責任

——鶴見俊輔氏に寄せて——一九五六年

1

太平洋戦争が終った一九四五年という年に十二歳だった子供が、いまは二十二歳で、その一部は大学に在学中であり、そして総合雑誌や新書判の熱心な読者である。それらの諸君にも戦争の体験がなかったわけではないが、敗戦の当時、戦争責任の問題がやかましく論じられた事実については、知るところがない。いま、ひろく読まれている『昭和史』（岩波新書）をあけてみても、東京裁判のところで、戦争責任という言葉は出てくるが、それは戦争犯罪の意味であり、今日ふたたびやかましくなりそうな知識人の戦争責任という問題は、扱われていない。この問題は、新しい世代にとって、いわば勝手のわからない問題であるから、それについての正しい解明が必要になっている。戦争責任の問題は、それを一つの体験として次代に伝えるということが重要である。

戦争責任論の再燃は、厳密にいえば鶴見俊輔氏が本誌（『中央公論』一九五六年）新年号に執筆した「知識人の戦争責任」という一論に始まる。(1) この一論がどのように高く評価されなければならないかは最後にいうが、しかしこれには同時に、危険なものも含まれていると思うので、その点をまず指摘することからはじめたい。

鶴見氏の一論よりもさきに、去年は本多顕彰氏の『指導者』が出ており、またそれよりさきに全貌社の『学者先生戦前戦後言質集』(一九五四年四月)が出ており、そして鶴見氏の一論と前後して長尾和郎著『戦争屋』(一九五五年十二月)が出ている。最後の一書は、室伏高信氏によって鼓舞されたものだということだ。全貌社の『学者先生言質集』から、『指導者』『戦争屋』とつづく一連の刊行物は、ある角度から見ると、共通の性質を持っている。(2)それが悪い性質のものであることは、あとから説明するが、鶴見氏の一論では遺憾ながらその点についての考察がぼやけている。同氏は『全貌』や『指導者』を、戦争責任追及の方法としてそれぞれ承認し、これを高く買うというが、そのような評価の仕かたは撤回されなければならない。

問題は、なんのための戦争責任の追及か、という点に帰着するだろう。およそ目的そのものを破壊する方法というものは、考えられることではない。わたしの見るところでは、『全貌』も、『指導者』も、『戦争屋』も、正しい目的をもっているとは思われない。それらの著作が、学生・青年層に混迷をあたえる作用面を考えてみたならば、それらは単なる暴露物でしかないことは明かである。(3)鶴見氏は戦争責任を追及する方法が四種類あるといい、そしてみずからは、それらのうち第三と第四の方法を併せ用いることで、「自分の考えをたてる」といった。実際に同氏は問題の一論では、それをしていないのであるから、つぎの機会には示してほしい。わたしの見解では、戦争責任の正しい追及の仕方はただ一つしかなく、それは鶴見氏の分類の第三種に当るのだが、しかしその方法を確立するということは、第一や第二の方法を否定することでなければならない。

まず全貌社の『学者先生戦前戦後言質集』について一言しよう。同書の「はしがき」をみると、——

今日、民主勢力の前線にある学者・評論家は、かつては戦争協力者であったが、かれらは戦時中の言動について、なんらの責任もとらず、過去の過ちについて告白も懺悔もしていない。青年・学生層は、かれらの過去の言動を知らないから、かれらの今日の言動を信じて、尊敬したり、賛成したりしている。この事態は国家のために危いといわなければならない。そこで、読者が正しい判断をくだすための「客観的資料」を提供するのが、この本の目的である。読者はこれによって、大家然たる学者先生が、いかに迎合的で、無節操で、人間的弱味をもっているかを思い知るだろう。ここに掲げた人々は、過去の発言に対して、なんらの責任をとらぬばかりか、現在ではそれと全く反対の言葉を発して、平然としているのである。——

大体、そんな意味のことが述べられている。同書の内容が、『全貌』誌上に連載されていた当時、人間は進歩し、変るものであるから、昔の言動が過っていても、いま正しいことをいえばいいのではないか、という投書があったことも記されており、しかしその変節の内容が現に見るようなものである場合、はたして進歩の名に値するか、とそれを反駁している。それらの論調の全体から推して、進歩的知識人の戦後の活動を、全面的に叩きつけるのが同書の狙いであることは、ほぼ明らかである。

この「はしがき」の論旨に、注意すべきものが二つある。その一つは、知識人が敗戦を境として逆転向をするにあたって、自己批判または告白をしなかったことを非とするもの。いま一つは、逆転向そのものが変節だとする見解である。第一の見解には同感であるが、それについてはつけ加えたいこともあるから、あとに廻し、ここでは第二の見解をまず取りあげる。わたしは敗戦を境とする知識人の転換を、「変節」と呼ぶのは、きわめて不用意な語法だと考えるものであり、鶴見氏にもその語法がみえるのを遺憾とするのである。これにには若干の説明を必要とするであろう。

そこで、まず考えてもらいたいのは、次のことである。日本は占領下にあって憲法を改正し、主権在民を唱え、民主主義という新しい国是を打ちたてた。これを絶対主義天皇制の擁護者の眼から見たら、恐るべき忠節背反であり、「変節」の極であろう。しかし、これを天皇への「裏切り」または「変節」として論じたものが見あたらないのは、どういうわけであるか。もし戦後の日本人の「変節」を云々するつもりなら、まずこの問題を解明してからのことでなければなるまい。もしこれを「変節」の問題として取りあげていいのなら、個々の人間の戦後活動における転変をも、「変節」の問題として取りあげていいかもしれない。

つぎに考えてもらいたいのは、他人の「変節」を攻撃できる立場は、自分に変節がないことを前提し、そして変節以前の状態が善であったことを、前提しなければならないということである。つまり、知識人の「変節」を非難しうる立場は、戦時中の日本の立場すなわち軍国主義の立場よりほかにはない。また匿名や無署名は禁物だということである。

つぎに注意を乞いたいのは、『学者先生戦前戦後言質集』などが提供する「客観的資料」（それがどれだけ客観的・包括的であるかは、別に検討を要することだ）が、われわれに対してもっている意味は、必ずしも一つではないということである。それが学者の「無節操」を語る資料だというのは、一つの見方にすぎず、それを別な角度から見れば、日本の知識人が、いかに国家の動向とともに、右しまた左するかということの、活きた資料である。そこからつかみだすことのできる根本的な問題は、国家対個人の一般関係、という問題なのである。これについてはまたあとで触れる。

以上、敗戦を境とする知識人の転換を、「変節」と呼ぶのは当らないということの説明のために、多少の言葉を費したわけだが、しかしそれは知識人に節操の問題がないということではない。節操の問題は、その時期を正しく設定することが大切なのであって、もしその時期の設定を誤れば、『全貌』『指導者』『戦争屋』などの系列が、あとからあとから悪循環をつづけるということである。鶴見氏の一論に、もし一つの欠陥があるとすれば、これに対する遮断工作を講じなかったという点にある。いや、それどころか、「相互中傷が出揃う」ことを待つといった態度で、その種のものの続出を歓迎する態度をとったことにある。このわたしの批評に対して、鶴見氏の所見をききたい。

では、知識人の節操の問題は、歴史のいかなる時点に設定されることが正しいのであるか。これに対する答えは、きわめて簡単だ。それは戦時から戦後にわたる時期においてではなく、戦前から戦時におよぶ時期に、設定されなければならないのである。鶴見氏の問題の一論は、一面において、いま指摘したような欠陥を伴うものではあるが、しかし知識人の節操を積極的に論じたところでは、それは微塵の誤りをも冒してはいない。それは全体として、きわめてすぐれた一つの節操論である。節操の問題は、知識人が自分の合理的な判断を放棄して、心から信じてもいない政治勢力の動向に巻きこまれていった時点にあるというのが、同氏の見解であった。また、戦争責任の追及のために、同氏みずから取ろうとする方法というのが、いわゆる第三の方法であり、それは「戦争協力に入ってゆく仕方をはっきりさせ、こういうずり落ちかたをしないための方法を定式化することである」と説明されているのも、右の見解と完全に合致する。

2

問題は、何のための戦争責任の追及か、というに帰するのであって、事実の詮索は、遠く溯るとしても、心の方向は将来を向いていなくてはならず、将来にかかる実践の課題として出てくるのでないならば、意味はないはずである。かつてわれわれが戦争のなかに巻きこまれていった精神の過程は、実際にどんなものであったのか。それは二十年に近い過去の精神史に属するとしても、自己解剖は徹底的になされなければならず、そしてふたたび過ちをくり返さないための心構えは、どんな構造のものでなければならないか。それは「定式化」されなければならず、またその「定式」は、戦後の新しい世代に伝えることのできるものでなければならない。この最後の点が重要である。

惜しいことに鶴見氏の今度の一論では、『コチレドン』に掲載された猪狩君の一文が意味するものを、読者に語ることに重点がおかれたため(それはそれで深い理由のあることであったが)、同氏みずからの意中にある責任追及の方法に関しては、説明不足に終っている。しかも「この種の仕事はまだなされていない」という言葉もある。だからその実際の内容を想像することは、遠慮したほうがいいのかもしれないが、しかしわたしは鶴見氏のいわゆる「定式化」の意味を、以上のように解したいのである。

鶴見氏の「定式化」の意味を、以上のように解するわたしは、ここで一ついわなければならないが、同氏が「この種の仕事はまだなされていない」といい切ったことについて、実はひそかに不満をもったのである。わたしはこの小文よりもさきに、鶴見氏の一論をとりあげた他の機会に、それは鶴見氏の見落しであろう、とだけいっておいた。ここではそれを具体的に述べることになる。(4)

しかしその前に、いま一度、新しい読者のために、鶴見氏の分類の仕方を要約しておこう。——戦争責任を追及する論法には四種類ある、といって同氏が挙げたのは次のようなものであった。第一種、岡っ引的論法。権力者に密告する方法で、『全貌』の場合もこれに属する。第二種、私小説的方法。自分の受けた被害を中心に、自分の知人の戦争協力の実例を非難するもので、本多氏の『指導者』がその例。

第三種、問題解決的方法。これは、戦争協力に入ってゆく仕方をはっきりさせ、こういうずり落ちかたをしないための方法を定式化すること。この種の仕事はまだなされていない。第四種、歴史的方法。世界史の主流がどの方向に流れているかを測定した上で、それからいかなる仕方で、戦争協力者がそれを行ったかを測定する。この方法は、戦争直後から今日まで、進歩的思想家によって用いられてきた。平野義太郎・淡徳三郎・風早八十二・伊豆公夫氏らによってとられた。しかし、これらの実例では、自己の戦争責任について言及しないため、私小説的方法の使用者から、批判のまとにされている。

右のうち、第三、第四は、ほとんど原文のままである。鶴見氏によると、第四の方法には手落ちがあったので、戦争責任の問題がもう一度とりあげられる気運にある、ということになるのだが、同氏はそれらのやり直しとして、第三と第四の方法を併用するといっていることは、さきにも述べた。

さて、すでにいったように、わたしの見解では第一、第二は、戦争責任追及の目的そのものに反し、いずれも有害なものであるから、右の分類から排除されなければならない。また第四は、第三の方法における資料としての価値はあるものの、方法としての独自性はありえない。一定の積極的な目的をもった追及の方法としては、ひとり第三の方法よりほかにない。これのみが主体的で、そして生産的な方法である。鶴見氏のいわゆる「定式化」は、この方法からしか生まれようがない。しかも鶴見氏自身この方法による仕事はまだなされていないといい、またそれを自分の方法だといいながら、こんどの一論では、なにも企てることがなかった。それは同氏のつぎの機会に期待すればいいことだが、しかし、この第三の方法による仕事は、まだなされていないという断定については、それを同氏の調査不足から来たものだ、とわたしはいいたいのである。

ここで自分の仕事のことを引合いに出すのは、あまり気のすすむことではない。が、しかし、ここで遠慮をしていては、さきへ進むことができないから、必要な最小限度において、それをしるすことをゆるしていただく。簡単にいってしまえば、鶴見氏によって第三種の方法と呼ばれるものは、まだなされていないのではなく、すでに久しくなされているのであって、その仕上げの出来・不出来はともあれ、それをしたものの一人は、わたしだと思うのである。[5] また、ついでをもってつけ加えれば、戦争責任論というもののなかには、鶴見氏の分類には入らない種類があって、しかも一番貴重なものが残されている。たとえば『近代文学』同人の本多秋五・荒正人・小田切秀雄の諸氏による「文学者の責務」という座談会や、伊丹万作氏が死の直前に書きのこした「戦争責任者の問題」という一文や、そして岩崎昶氏がある雑誌に連載した「映画の記録」という長篇の、自己告白に関する部分や、それらのものは日本の知識人の戦争責任について述べられたあらゆるもののなかで、最も良心的なもの、いわば第一級の資料なのであって、これらを見落すことはゆるされないと考える。いずれも主体的で、鶴見氏のいわゆる第三の方法に近いと見てもいいが、これを逆にいえば第三の方法なるものは、これらを踏まえることによってこそ、確立されるというべきであろう。少くともわたしにとって、自分の戦争責任を追及するということは、つねにこれらの人々の精神に即して、ものを考える、ということであった。

　しかし、戦争責任の問題は、単に道徳的な反省の問題ではなくて、それと同時に、きわめて知的な問題であった。この問題は心の内部では、いちはやく国家対個人の問題という形で定着することになった。国家はわたしにとって、戦争中から苦悩と興味の対象であったが、戦後はそれが政治学的な興味の対象となり、また倫理問題の一焦点となった。本業の経済学に対する関心を、しばらく放棄したも同様であった。国家を中心とする思索のなかから、多くの文章を書いた。関連ある文献を読みあさった。わけても戦後十年におよぶ愛国心論争は、絶好の資料であった。わたしがそこから導きだした最後のものが、

ほかでもない忠誠義務の問題なのである。(6)

戦争というものは、戦争する国の人間をすべてその中に巻きこむのがつねで、それに巻きこまれまいとして抵抗すれば、その結果は最前線に駆りたてられるよりも一層ひどい遭遇が、待ちかまえていることになる。拘禁、投獄、銃殺、絞首刑などのほかに、政治的手段としての「抹殺」もある。また、戦争への抵抗は、やがて個人の内部に自己分裂を生じ、「祖国愛」や「運命共同体」の意識が、人間を打ちのめしてしまう公算も小さくはない。それが戦争というもので、世界を通じて過去においてそうであったように、現在においてそうであり、それは未来においてもそうであることを罷めないだろう。しかし、いま、日本の二十歳前後の青年・学生たちは、戦争がそういうものであることを、学んではいないし、戦争への抵抗が戦時において何を意味するかを、承知しているともいえない。もっと別な角度からいえば、かれらは国家が人間に課する忠誠義務の何たるかを、理解していないのである。

しかし、これは今日の青年たちだけの問題ではない。そういう問題意識をまったく欠いているということが、『指導者』その他の最近の暴露ものに共通の、性格なのである。戦争責任の問題は、わたしの到達点からこれを「定式化」していえば、現代国家における個人の生き方の問題であり、もっと内容的にいえば、個人の理性または良心と国家の動向との矛盾の問題である。もう一歩突っこんでいうと、国家に対する忠誠義務の拒否または放棄の問題である。さらに一歩を進めていうと、それは新たな忠誠目標の設定の問題であり、これを客観的にいいなおすと、現代における忠誠目標の分裂または競合の問題なのである。(7)

わたしは最初に、戦争責任の問題は新しい世代のために解明が必要だといい、またこの問題の「定式化」は、これを新しい世代に伝えるために必要だといったが、いまここに述べたようなことが、大方の読者にとって、すぐさま理解できることだとは期待していない。このような考えかたは、戦後の日本人にとって、まだ馴染みの薄いものであるし、またわたしの述べかたも、紙幅の都合上、定義でも並べるような切り口上を一歩も出ていないからである。しかし、少くとも鶴見氏が如上の「定式化」に対して、是非または賛否の意見を聴かせてくれるであろうことは、わたしのいつわらぬ期待である。

戦争責任の追及という問題で、その基本の方法がどうなければならないかに関しては、粗略ながら以上をもって卑見の概要を述べたことになる。そこで残るは鶴見氏の一論のうち、議論の余地があるとおもわれる他の一、二の点に触れておくことである。

3

鶴見氏は今日、戦争責任の問題が再燃する「気運」にあるというが、わたしは必ずしもそう思わない。戦争責任の問題は、その追及の仕方が重要なのであって、『全貌』誌や『指導者』のようなものの続出をもって、「気運」観測の材料とするわけにはいかない。鶴見氏は「同時代人の相互中傷が出そろうこと」を期待するというけれど、その考えかたも健全とはいえず、殊に知的ジャーナリズムが自然にこの題目を好むだろうと考えることは、迂闊のおそれもある。敗戦後の両三年を通じて、戦争責任の問題を編集者が進んで取りあげた事例はほとんどなく、それが総合雑誌の特集のテーマとなった事例は一度もない。鶴見氏自身の今度の一論にしても、与えられた題目を外らすことによって、はじめて戦争責任論となりえたはずである。

戦争責任の追及が、占領軍によって代行された結果、わたしたちの思想史に「不自然な接骨の部分」

ができた、という鶴見氏の形容は痛切であるし、「この接骨はうまく行っていない。もう一度、決断をもって折ってしまい、自分の手でつぎ直すことが必要である」という言葉には、あふれる気魄が感じられる。しかし占領下の日本人が、なぜみずからの主体性において、戦争責任の問題を反省することができなかったかという問題は、同氏によって解明されず、これもまた解明を要する問題の一つである。それは現代のジャーナリズムの機構そのものに深くつらなることがらである。わたしは鶴見氏の「接骨」という形容にあたるものを、今から八、九年前に、「精神史の落丁」という言葉でいいあらわし、この「落丁」は必ずいつか補正されなければならないと書いた。「もし戦後の民主評論が、すでに百里を進んだとするならば、百里を引き返さなければならぬ。問題を跨ぎ越していってしまったものは、すべて引き返さなければならぬ」とも書いた(8)。わたしにとっては責任問題の当初から、総合雑誌を中心とするジャーナリズムそのものが問題であった。遠慮なくいえば、編集者というものが現代の謎なのである。

すべての言説の蔭にいるものが編集者であり、主題を選び、筆者を選び、方向を決定するのが編集者である。戦後の総合雑誌が、占領下という未曾有の事態のもとで、民主主義論議に明けくれ、過去における戦争協力または戦争責任についての、知識人の内省という問題に、多くのスペースを割こうとしなかったのは事実である。他人の戦争責任についての政治的追及はいたるところにあったが、責任を感じるものの主体的な自己解明のための余白は、ほとんどなかった。しかも、戦時中の編集者が、そのまま戦後の編集者に居直ったというのは、編集ということの機能を知るものからいえば、やはり驚倒に値いする一事でもあった。これが日本の編集者というものを包む一つの謎であり、解明を要する問題の一つなのである。十年後の今日、戦争責任の問題が正しい方法で再提起され、その究明の途がひらけるのは、ほんとうに願わしいことであるが、しかしそのためには編集者が、この問題の意義を再評価してくれることが先決である。いずれにしてもこれを「編集者における戦争責任の問題」として扱うべきであり、それはこの問題に盲点を残さないために、必要なことである。

東北大の学生猪狩君の一文が、鶴見俊輔氏によって、戦争責任の問題に関係のある資料としてとりあげられたことも適切であった。知識人の責任のとりかたは、まず第一に、戦時中の自分の態度を「告白」することでなければならない、というのが猪狩君の主張で、鶴見氏もこれを支持しており、また、学者先生言質集の匿名の著者もそれを要求していることは、さきに見たとおりである。「告白」ということについては、だれしも異存があるはずもないが、ここでも考えておかなければならないのは、現代のジャーナリズムの機構そのものである。主題の方向を決定するものは、さきにもいうとおり編集者であり、戦時と平時を問わず、編集者という一つの起動力がなくては、一千種の文章のうち、九百九十幾篇までは、ただの一枚も書かれることはない。だから知識人の告白ということは、かれら知識人にその気があるかどうかということではなくて、編集者がそうした取材に乗出す気持があるかどうかということである。われわれは自分の両脚が、どんなものの中に突っこまれて歩いているか、ということだけは忘れたくないのである。

また、仮りに告白がなされたとしても、それが石原莞爾流の「一億総懺悔」ではなんにもならず、個人的な過去の言動の羅列だけでも意味がないとすれば、要求されている告白の正しい在りかたが、ふたたび問題でなければならず、それは結局、責任追及の第三の方法につらなってゆく。

4

さて最後に、鶴見俊輔氏の一論「知識人の戦争責任」を、全体としてどう見るか。ここにわたしの評価の仕方を述べなければならない。敗戦直後にあらわれた一群の責任論のなかでは、羽仁五郎・高島善哉・武谷三男・山川均・加藤勘十・横田喜三郎・松下正寿の諸氏のものが、それぞれ注目に値いするものであったし、戦争責任を否定する見解としては、竹山道雄、福田恆存両氏のものが、記憶に浮かぶ。[9]鶴見氏のこのたびの主張が、そのきびしさにおいて山川・羽仁・高島の諸氏の十年前のそれを、飛びこえているのも注目すべきことで、それは革命的な政変への期待と結びついているのかとも思われるのであるが、同氏の主張のその部分に関しては、いま別にいいたいこともない。やはり、ここでは、もともと鶴見氏の主題である知識人の戦争責任に問題を限定するのがよいと思う。同氏の一論のすぐれた特色は、すでに他の機会にも述べたことだが、知識人の今日における「責任のとりかた」を、具体的に述べたところにある、というのがわたしの見解である。たまたま日高六郎氏も、論壇時評でその点に触れていたと思うが、わたしは敗戦直後の責任論と十年後の責任論との一つの違いを、ここに見ようとするのである。いま鶴見氏の所論をすぐに正確に憶いだすことのできない一部の読者のために、そのところを抄出すると、――

「日本人のほとんど全体が戦争に協力してしまったことを考えるなら、徳田球一、志賀義雄、野坂参三、尾崎秀実、市川正一、宮本顕治たちの果した役割は、共産党だけでなく、日本人全体にとって重大である。

戦争責任について考えることは、この人々について考えることと切りはなしえない。」「共産党が日本の思想史に占める位置は、共産党が他の国々の思想史に占める位置とちがう。」「上記の人々にしても、政治家として有能であるかどうかは分らない。学者として有能さに欠けていると思うところについては、私の理解するかぎり、積極的に攻撃したい。だが学問の場でも、教育の場でも、戦争〔と平和〕にかかわりをもつどの社会的行動の領域においても、共産党をふくめて合議の場処をつくることが、現在の日本に必要なことと思う。それが私たちにとって、戦争責任をとる方法の一つである。理由を伏せたまま、共産党と一線を劃してつくられる幾つもの社会行動コースは、それがどんなに戦争反対を唱えたとしても、日本の特別の歴史的条件の下にあって、戦争責任を自覚した行動コースとはいえない。」（傍点は大熊）

というのである。これは解説を必要とするような、むずかしい文章ではない。戦争責任というものの原理的な追及方法に関しては、鶴見氏に別に一個の構想（いわゆる第三、第四の方法の併用）があり、その説明が未発表の状態にあることは、さきにいったとおりだが、しかし今度の一論が結論として打ちだしているのは、右の個所であり、戦争責任の問題を、知識人における当面の実践問題として解明したことは、大いに注目されなければならない点である。責任の問題というのは、ただそれを強く内に感じていればいいとか、一度書いたことがあればいいとか、いうものではない。

「責任をとる」とは、一つの方向に行動系列を起すことでなければならないが、鶴見氏はそれを明日の問題としてではなく、今日の問題として提起したわけである。戦争責任の考え方について、鶴見氏以外の方法が絶無だとはいわれまいが、とにかくここに明確な一つの方向が指示されたことは、問題に一期を劃したもの、といっていいのではないかと思われる。

ただ、ここでやはり注意したいのは、戦争責任問題のそのような実践面と、鶴見氏が最初から提起していた追及方法の原理面との関係である。同氏の一論に欠点があるとすれば、それら二つのものが無統一の形で提出されていることであって、つぎの機会にはそれら両者の関係についても説明を期待したい。あるいは人によっては、「責任をとる」ということの実践的な意味が、これだけ明瞭に述べられた以上、さらに多くを氏に求めるにはおよばないという意見もあろうけれど、わたしはそうは思わない。最初に一言したように、戦争責任の問題は、これを一つの体験として次代に伝える、ということが重要なのであって、それがいかにひどい失敗と過失の体験であったにせよ、それを論理的に整理することによって、問題の構造を明かにすることは可能なはずである。鶴見氏が責任追及の第三の方法と呼ぶものについて、わたしは自分なりの解釈にもとづき、忠誠義務を中心とする一つの定式を出したのであるが、この定式こそは、わたしが新しい世代に遺そうとする当のものである。それはさきにことわったように、若い読者層にとって、馴染みやすい形では述べられていない。説得力をもった形で述べることは大切であるが、それは別の機会を待たなければならない。

この小文が広い読者層に訴えているのは、『全貌』誌『指導者』『戦争屋』などの一連の現象が、それらを書いた人々の動機の詮索はとにかく、戦争責任論の系列としては、いずれもゆるしがたい錯誤を犯したものであり、知識人の節操を論じたものとしてこれをみれば、問題設定の時期を誤ったことにおいて、いずれも同類であるという事実である。それらは実際の作用面において、平和主義および平和運動を傷つけるものであり、また、民主勢力に対する後方攪乱の作用を伴うもののように思われる。

といって、自己の戦時中の言動を棚上げして、他の人々を批判することに急であった一部の知識人を、わたしが弁護するつもりでいると思われてはならない。わたしはそれらの人々を弁護しようと思ったことはなく、ゆるそうと思ったこともないことは、ここできっぱりといっておかなければならない。

わたしは鶴見氏の手配のお蔭で、今日、『コチレドン』第六号を手にいれ、猪狩君の一文を、二度くり返して読むことができた。大地に手をつきたくなった。このような文章を、総合雑誌が一つの資料としてでもいいいから、転載してくれることが望ましい。なおつけ加えていうが、鶴見氏はその関東・関西のグループとともに、昭和元年以来の日本人一千名の言説について、その転変推移のあとを、個別的に調査中であり、あと二ヵ年でその仕事も完了するということである。同氏がつぎの機会には、その仕事の性質について、読者に紹介してくれることが望ましく、また、同氏の最初の一論の基礎になっていて、しかし表面化されていない理論意識についても、若干の説明をしてくれることが望ましい。

「戦争責任」は、政界や財界ではすでに廃語である。これを知的ジャーナリズムにおいて廃語たらしめないために、鶴見氏がこれからどういう仕事をするか、わたしは見守っていきたい。

（1）正しい意味での戦争責任論の再燃が鶴見氏にはじまるというのは、わたしの誤りであった。それは半年以上も前に、詩壇ではじまっていた。（追記）

（2）『学者先生戦前戦後言質集』にとりあげられている人々は、中村哲・宮原誠一・平野義太郎・長田新・蜷川新・清水幾太郎・今中次麿・前芝確三・木村禧八郎・高良とみ・柳田謙十郎・宗像誠也・末川博・淡徳三郎・堀真琴・青野季吉・鈴木安蔵・帆足計・木下半治・信夫清三郎・高倉テル・戸沢鉄彦・堀江邑一・矢川徳光・出隆・西園寺公一・風見章・深尾須磨子の二十八氏。その後『全貌』に連載中の続篇にとりあげられている人々は、中野好夫・菅井準一・伊豆公夫・国分一太郎・阿部知二・岡本清一・中島健蔵・安井郁・松本治一郎・内山完造・窪川鶴次郎・城戸幡太郎・穂積七郎・吉野源三郎・周郷博・蠟山芳郎・三枝博音・金親清・暉峻義等・羽仁説子・菅忠道の二十一氏である。『指導者』『戦争屋』にとりあげられている人々の氏名は省略する。

（3）『指導者』の副題は「この人びとを見よ」、『戦争屋』の副題は「あのころの知識人の映像」である。後者の表紙の折返しには、「若い世代を戦争にかりたてたのは、はたして東条か、または戦後平和運動の旗をふる民主々義のチャンピオンか」という言葉もある。

（4）わたしが鶴見氏の一論を本文より先にとりあげたというのは、『時事通信・時事解説版』（一九五六年1月4・5・23日付）においてである。そこでは同氏の一論の意義を評価したほかに若干の解釈と批評をそえておいた。節操の問題は共産党にあるのでなく、党員にあるのだということや、同氏が節操を論じて、渝《かわ》らざる献身の能力だといっているのは、みずから慮らずして「忠誠」問題の戸口に立つものだ、ということなどを指摘した。「変節」の問題を歴史のいかなる時点に設定するかについて、同氏が正確な考えかたをしていることには、そこでも注意を払ったし、最近の暴露的な出版物に対する同氏の寛容については、そこでも反対意見を述べた。したがって本文に多少の重複があることは、ゆるしを乞わなければならない。

（5）単行本の形では、『国家はどこへ行く』（一九四八年）、『戦争責任論』（同上）の二つ。雑誌論文では、「反省なき民族」（『文芸春秋』一九四七年9月号）、「反省の主体―義人について―」（同上、一九四八年1月号）、「人間の責任と国家悪」（『光』一九四八年1・2月号）、「国家について」（『玄想』一九四八年3月号から7月号まで五回連載）など。また愛国心論争の展望とその批評は、一九四六年の初頭から今日まで、主として『時事通信・時事解説版』紙上で、論壇の推移を追うて継続し、思索の途上最後に逢着したのが、忠誠義務の問題である。「愛国心と忠誠義務の問題―戦後道徳論における盲点の発生―」（『中央公論』一九五三年6月号）は、それを一応まとめたもの（第九章の註11参照）。

（6）忠誠義務に関する思索を持続的に発表したのは、やはり前出の『時事通信』紙上で一九五三年初頭にはじまり、今年におよぶ。『中央公論』誌上の一論は、当時ジャーナリズムからは顧みられず、アカデミズムの領域で一人の社会学者の注意を引くことになった。

（7）忠誠目標の分裂または競合というのは、一方には国家的に制度化された忠誠義務の強制と、他方には個の内面における神、理性、階級、ヒューマニティーなどの観念に対する内発的な忠誠心の燃焼を意味する。この二つの忠誠の相剋が、世界史的な意味における現代人の忠誠問題である。これまで近代国家の独占物であった献身的忠誠が、いまやその独占物たることをやめ、これと競合するものがあらわれつつあるというのが、現代史の問題情況である。わたしが戦争責任の問題を、自己の内部に追及していって、最後に到達したものを「定式化」すれば、それが国家対個人の一般関係に帰着するというのは、その意味である。「責任をとる」というのは、忠誠目標を切りかえることである。

（8）『戦争責任論』（前出）一八八頁。わたしはそこで編集責任の問題をとりあげ、編集者の戦争責任を問うものがほとんどいない事実を指摘し、「中央公論は京都学派に自己批判の機会をあたえよ」とも主張している。京都学派とよばれる哲学者数氏が、戦時中、同誌上で活躍したことにかかわらしめての主張である。同書は、一九四五年から四八年にかけて、『時事通信』紙上に執筆したもののうち、主として戦争責任に関係のあるものを編集している。

（9）一九四六年一月四日の公職追放令にあらわれた思想を、それより約二ヵ月前に、国内から提唱した日本人が、横田喜三郎氏である。しかし羽仁五郎氏は、もっと積極的・建設的な議論をした（『戦争責任論』一二五〜一三七頁）。それをここに紹介する余白がないのは残念である。また松下正寿氏がこの問題を欧米の国家思想の観点から省察したのは、最もすぐれたものの一つであった（同書、九〇〜九四頁）。

第十一章　絶後の「平和思想」——一九五七年

1

わたしは戦後、国家とは何かという問題から、つまり国家対人間の問題から、出発した。動機の一つは、戦争責任の問題にあった。しかし国家問題を起点とすることから、天皇制論議や、愛国心論争や、わけても平和論議に対して持続的な関心をいだいた。忠誠義務についての問題意識は、愛国心論争の問題点を解明しようとする努力の過程から、生まれたにはちがいないが、しかしそれは戦後の「平和思想」に対する、わたしの懐疑的・批判的な視点の根拠となった。意識の底にあるのは、依然として国家対人間の一般関係である。わたしの見るところ、敗戦直後の天皇制論議は、それよりも根本的な国家問題を、忘失させる作用をともなっていたし、愛国心論議は、多くの政治学者や社会学者の国家論の、破綻をしめす機会でしかなかった。幾年にわたる平和論議では、国家問題への盲目が支配し、行動的人間の苦悩は完全に無視されたといってよい。人間に対する制度的強制としての国家への忠誠義務が、過去の経験的事実として、回想されたことがないくらいであるから、将来の事実として予想されるわけもない。戦争責任論においてそうであるだけでなく、すべての平和論においてそうであった。つまり、われわれ日本人の「戦後思想」といわれるものは、自分の歴史的な存在形式そのものの、完全な忘却の上に立ったものだということである。それは唯物論者における『昭和史』の方法においても例外でないだけでなく、これを批判する亀井勝一郎氏の側においても、国家対人間の問題は空白のままである。新しい愛国論も、新しい平和主義も、そして戦争責任論の再燃も、自己の反省から出発するのだといいながら、実際にその反省というのは、「民主主義」という一つの抽象的な仮説に照らされた「悔恨」であり、戦争体験の内面的な自己分析が起点をなした事例はない。それらの論議は、一言にして仮説から出発したものにすぎず、それらの思想に行動的次元が欠けているということが、共通の特徴をなしている。

　われわれ日本人は大東亜戦争を戦ったのである。この事実の重みは、千百の思考よりも重い。この事実を忘れることはゆるされない。ところが、敗戦後になって奇妙な心象がつぎつぎにあらわれた。まず、おれは戦争には初めから反対だったのだ、という心象である。つぎに占領政策がはじまると、おれは戦争の被害者だ、という心象があらわれた。つづいて、おれは戦時中、軍部に抵抗したのだ、という心象があらわれた。戦争についての被害者意識のみならず、抵抗意識までが、戦後に醸成される、という奇態なことが起きた。われわれは日本人というものを知るうえに、また、おそらく人間というものを知るうえに、この事実を忘れてはならない。しかし、われわれが日本人として大東亜戦争を戦ったという事実は抹殺できないものである。肝腎なことは、「どういうつもりで戦ったか」ということである。わたしはそれを、戦争体験の自己分析とよぶ。それは自己の思想と精神の分析であるにとどまらず、自己の行動の分析である。人間は、みずからそう考えるところのものよりも、みずから行うところにおいて、自己を捉えうるものである。われわれ日本人に、もし「戦後思想」というものがあるならば、いまいったような自己の内部にある過去の事実を出立点としないでは、それは生れてこようのないものである。行動の分析から出発してこそ、新しい行動原理としての思想の方向が、探られるのである。自己の行動に内在した過去の事実の解剖なしに、どうして新しい思想が生れることができるのか。くり返していうが、肝腎なことは、どういうつもりであの戦争を戦ったのか、ということである。少くとも今日三十歳以上の日本の知識人は、めいめい自己に内在する事実として、いまもこの一つの問いを残しているのである。しかも日本の知的ジャーナリズムは、この問題の解明に場所をあたえたことがない。

　わたしを戦後の多くの評論家たちから分かつのは、むしろひとまわりして古い事実と古い思想に回帰したことだ、といってもいい。過去の行動を支えていた一つの論理を再発見し、改めてその重さをはかり、同一の実践の次元で、方向を切りかえることが果たして可能かどうかを、慎重に考察している状態だというべきである。簡単にいえば、「人間は国家的忠誠に背きうるか」という難問を難問とすることである。それがわたしの理論的・実践的な課題であり、また未決の課題である。

　過去の行動の事実に執着し、その事実を支えていた論理を定式化し、いわばこれを多面的・客観的なものに改鋳して、読者の参考に供するということ。――わたしには、それ以上多くのことができるとは思われない。戦争責任の問題は、自由に行動を選択できるような、普通の人間行動の問題とは、根本的に異なるものである。忠誠義務は納税義務に似るといえる。そして平和主義の問題は、ぎりぎりまでゆけば国家的忠誠の拒否または放棄の問題につらなるのである。

　わたしは一年前に、国家的忠誠の問題を定式化してつぎのように述べた。

> 戦争責任の問題は、わたしの到達点からこれを「定式化」していえば、現代国家における個人の生き方の問題であり、もっと内容的にいえば、個人の理性または良心と国家の動向との矛盾の問題である。もう一歩突っこんでいうと、国家に対する忠誠義務の拒否または放棄の問題である。さらに一歩を進めていう

と、それは新たな忠誠目標の設定の問題であり、これを客観的にいいなおすと、現代における忠誠目標の分裂または競合の問題なのである。

これは現代人における忠誠問題の限界情況を、簡潔にいいあらわそうとしたものだが、註において、つぎのように補足した。――「忠誠目標の分裂または競合というのは、一方には国家的に制度化された忠誠義務の強制と、他方には個の内面における神、理性、階級、ヒューマニティー（人類）などの観念に対する、内発的な忠誠心の燃焼を意味する。この二つの忠誠の相剋が、世界史的な意味における現代人の忠誠問題である。これまで近代国家の独占物であった献身的忠誠が、いまや国家の独占物たることをやめ、これと競合するものがあらわれつつあるというのが、現代史の問題情況である。わたしが戦争責任の問題を、自己の内部に追及していって、最後に到達したものを〝定式化〟すれば、それが国家対個人の一般関係に帰着するというのは、その意味である。」云々。

国家対個人の一般関係。――論述の仕方によっては、それが最後の帰着点になるが、わたしの内部では最初の起点であった。わたしは「忠誠」という概念に到達するまえに、愛国心という言葉で表象される問題領域を、長くさまよい歩いた。ところが最近、手もとを調べているうち、十年前（一九四七年二月）に書いた「愛国心問答」という小篇の冒頭に、つぎの一節があるのに眼がとまった。

このあいだ、コルベールの主演する『追憶』という映画を見ていると、起立した学童が、アメリカの共和制に対して、忠誠を誓う場面がある。映画の筋としてはどうでもよい一瞬であるのに、それが異様な印象をあたえた。第一次大戦の時期を背景としたストーリイであるが、こういうことはいまも行われているのであろう。われわれ自身はいつのまにか変ってしまって、自分の国家に対して、尊崇の念をいだくとか、政体に対して忠誠を誓うとか、そんな気もちはなくなっているので、右の一場面がかえって奇妙に感じられたのだ。もし日本が、アメリカの学校教育をまねるとして、これから日本の学童に、どんな誓いをさせたらよいのだろうか。(1)

この一節には、「忠誠」という紛れもない用語が、二度でてくる。（しかし、その時はそれに傍点を打たなかった。）戦後の日本国民における忠誠目標の喪失という問題も、提起されているように読みとれる。当時すでに忠誠義務の問題意識が、わたしにあったかのようにみえる。が、実をいうと、いまのような問題意識があったわけではない。早晩、この問題に引きこまれる下地はあったにしても、人間における忠誠義務の問題が、現代のような大きな歴史的変革の時代を背景とした問題として、わたしの心を撃ったのは、アラゴンの『共産主義的人間』の一部（邦訳『愛と死の肖像―フランス殉難者の記録―』一九五〇年、原名どおりの完訳は一九五二年）を読んだ瞬間であった。その日から、わたしにとって、「忠誠」という用語は、生命にみちた用語となった。「忠君」の同義異語であるかのような残臭が、一瞬に消えうせ、そしてこの一語は、いわば生の大義にかかわる理念を表象するものとなった。書評の筆をとって、その結びにつぎのように書いた。――「忠誠の史的美談は、君主制をもって終るのではない。主義や、階級や、人類や、わけても一つの政党が、その悲壮美を担うにいたった時代の変に直面して、魂のゆるがぬ読者はあるまい。」(2) わたしはその日、忠誠問題を、国家対個人の関係に局限された用語としてでなく、組織と人間との一般関係に伴う普遍的な問題として、理解する端緒をつかみ、人間の信念とその行動との一般関係に伴う問題としても、それを理解することができるようになった。忠誠についての問題意識を深めていくのに役立ったものは、その後、二つあった。一つは、R・ニーバーの所説、他の一つは、B・ラッセルの所説である。(3) あとから知ったことだが、忠誠の問題は、欧米の一部の社会学者によって、いやになるほど包括的な仕方で、以前から取扱われていたのであった。しかし、それを遅れて知ったことが、むしろ倖せであった。この問題領域が、科学的な取扱いの可能な領域であるまえに、忠誠問題の具体的な資料の収集に、いくたびか発見のよろこびをもった。これを仮りに文献考証に対する意味で、わたしは生活考証の訓練とよびたい。これは思惟の方法として、われわれ日本人には格別の意味をもつものだ、とわたしは考える。(4)

2

国家的忠誠の問題は、いわば愛国心を一皮むいたものだ、というのがわたしの到達点である。愛国心の問題は、戦争責任の問題と表裏の関係にあった。そして戦争責任の問題は、同時に平和思想の問題につらなるのであった。三つはわたしにとって、別々な問題ではなかった。戦争責任や平和の問題は、最初は道徳的な問題であった。『近代文学』一派への設問の一文（本書第五章）までが、等しくその音調をとどめている。しかし、それはむしろ知的な問題として、わたしの心を奪うようになった。わたしがこの問題に離れがたく執着したのは、道徳的な動機によるとはいえ、知的な問題としてこれを解明したい欲求が、次第に強まったためである。人間が免れがたく投げこまれている国家という檻の中。その檻の中の人間、という不可避の存在形式から、眼を放してしまった思考は、それが実存主義だろうと、マルクス主義だろうと、ヒューマニズムだろうと、総じて空虚であることを知るようになった。わたしは知的ジャーナリズムの一観察者として、この十年あまりを生き、学者・評論家・編集者たちが、自己の内部に遺されている過去の事実を問わないことに、問題を感じていたが、それと、諸氏の思想的評論が人間の存在形式を素通りしていることとは、実は同一事物の両面であることを知るようになった。おどろくべき数にのぼる戦後の平和論者と、測り知れない分量に達した平和論文献について考えてみると、思想の行動性の問題として平和を考えるには、国家対人間の一般関係から出発するのでなければだめだ、という感じを深くする。絶対平和の思想は、クェーカー教徒やレオ・トルストイにおいてみられるように、国家そのものとの直接の対決としてのみ、歴史的に実在する。ところが日本の戦後の「平和思想」では、それがしばしば超政治的な絶対論の形をとりながら、しかしその場合にも国家対人間の一般関係にまで到達するものは、絶えてなかった。トルストイの平和思想に言及するものさえ、皆無だった。わずかに世界連邦の思想に近づいた谷川徹三氏が、ひとり国家問題に立ち入りかけたのを見ただけである。

一言にして忠誠喪失ともいうべき日本人の精神情況は、無類のものであった。戦争への反省、戦争への嫌悪と恐怖、そして戦争絶対反対へ、といった国民の感情は、きわめて素朴に、憲法擁護、再軍備反対という方向へみちびかれた。知識層においては超政治的・絶対論的な平和主義が、一つの風潮であった。もちろん超絶的な絶対平和の思想を、わたしが尊重しないのではない。たとえばトルストイの平和主義は、国家権力の否定、軍隊の否定、徴兵制の否定であって、一つの政治形態を是とし、他の政治形態を非とするのではない。それは一言にして、国家否定の精神である。ところが日本の平和主義者は、個人としての信条における平和主義のみならず、国家そのものを主体とする絶対平和主義もありうるかのように説いた。しかも憲法制定の直後ではなく、講和問題が間近にせまって、日本がふたたび独立国にもどらねばならぬという情勢のもとで、それが頂上に達した。かねて、ある学者は、絶対平和のためには国家の独立を失ってもよい、と説いた。ある学者は、たとえ国が亡んでも戦争はせぬ、という平和主義を唱えた。また、ある学者は、他国の侵入を受けることも覚悟で平和を守らなければならぬ、と論じた。また、ある学者は、参戦するよりは侵略されるほうがいさぎよい、と主張した。そして、ある学者は、国の滅亡をかけても平和の理想に仕えたい、と告白した。わたしはこれらの論議を別な著作(『戦後思想史』)で取扱う日があるだろう。

これらのうち、キリスト教の信仰にもとづく一、二の人のものをのぞいては、平和思想としての系譜や思想構造の捉えがたいものである。一見して、トルストイの暴力否定と無抵抗主義を、民族そのものの立場に拡大した観があるけれども、それにしては議論があまりにも簡単にすぎた。戦争は天災地変ではない。戦争はつねに政治の延長であり、国家にのみ固有の行動である。この世に恐怖すべきものがあれば、それは兇器ではなくて、権利としてこれを使用するものの存在である。平和の問題に直面するものは、国家の問題に直面せざるをえない。戦争は人間の運命でないにしても、国家はわれわれにとって運命だからである。平和主義の精神は、この運命を人類に省察させる力を持たねばなるまいと思うのに、それらの思考の系譜は、その力を欠如していた。まさにジャーナリズムの功罪が問われなければならない一例だと思う。戦後の平和論に、国家についての政治学的な思考の跡がないのは、忠誠喪失の精神情況につらなるものであった。国民にとって究極的に必要なのは、国家が無防備にとどまることでなくて、一つの安定した真に平和的な政府の樹立である、という政治的自覚への到達は、それらの超絶的な平和論の介入によって後廻しにされ、ゆるぎのない平和的な政府の樹立においてこそ、改めて国民としての忠誠を誓わなければならない、という政治的・実践的な心意への契機にいたっては、皆無であった。もし「戦後思想」というべきものがほんとうにあるのならば、過去における自己の行動に内在する事実の解剖なしに到達できるものとは思われないのであるが、戦後の「平和思想」は、そのような事実に起つ脚を持ちあわせていなかったのである。(5)

なるほどわたしは戦争責任の問題を定式化した。しかしそれが同時に、平和思想の行動方式の定式化であることは、いまいうとおりである。定式化とは、それを覚えておけば、もう今度はいつ戦争が来ても戦争協力の誤りや失敗をくりかえす懸念はないという、おまじないの護符ではない。そんな摩訶不思議の存在を匂わせたとあれば、山師か騙《かた》りになるだろう。戦争や擾乱に遭遇して、その日にそれが何であるかの判断を下し、何を為すべきかを決断する指針としての「定式」が、既成品として存在するという考えは、滑稽である。定式というのは、戦争と人間との一般関係を考察するのに必要な、思考方法のことでしかありえない。人間の戦争責任を原理的に取りあつかう際にも、ある意図のもとに長期にわたる関係資料を整理する際にも、いずれにしても必要な思考方法のことでしかありえない。文献資料の整理の結果として、五年、十年後に、何かが出てくるかもしれないという問題ではなく、むしろ逆に、資料整理そのものの方法として、最初から欠くことのできない思考方法のことである。国家的忠誠とは何かという問題については、社会学や倫理学の領域に問うよりも、政治学の領域に向うのが捷径であり、国家対人間の一般関係については、そこから基本的なものを学びとるにしくはない。

政治学はわたしにとって、戦後の独習であって、それも初歩的な学習の域を出ていないのだが、わたしの知るかぎり、政治学と社会学という二つの隣接科学の間に、忠誠問題についての交流が欠けているのは不幸である。政治学説史では、忠誠義務はまず、ジャン・ボーダン(一五三〇～九六年)の『国家論』六巻によって、絶対主義国家における国王の臣民に対する「忠誠服従要求権」として、基礎づけられたのである。忠誠といえばもともと、中世封建社会の領主に対する、家来たちの献身の義務を意味した。ところがボーダンは、かれの有名な主権論において、主権をもって国家最高の永久の権利であるとし、神と自然法のほか、いかなる制限にも服さないものと考え、その内容として、立法権、宣戦布告および講和締結権、官吏任命権、最高裁判権、恩赦権、貨幣鋳造権および度量衡選定権、課税権などのほかに、忠誠服従要求権をあげた。ここで注意しなければならないのは、もちろん最後のものである。主権概念をはじめて学問的に位置づけたのはボーダンだといわれるが、かれの学説は、中世的な多元的秩序を克服すべき絶対君主による、集権的な近代民族国家に、理論的根拠をあたえたことになった。忠誠服従義務はもともと、中世における君臣関係の一方的な（といっても君主の庇護に対する）義務であったのだが、ボーダンの学説は、忠誠義務を近代国家における人民の義務たらしめる転轍機の役目を果したと見られよう。中世の多元的な社会構造では、忠誠目標も多元的に分散していたのを、改めて一元的に国王のみに集中させたのが、ボーダンである。

国王という一個人を目標とした忠誠義務が転じて、祖国、国家、国民、政府、そして憲法、などという抽象的なものへ、移行していく過程が、近代国家の形成過程であるが、E・H・カーのごときは、自由競争によって富を築く「企業家」の観念と、「国家への忠誠」という観念を対挙して、これら二つは近代における「革命的な観念」だといっている。[6] 国家的忠誠が古い観念ではなくて、それとは逆に新しい観念であることは、注意を要する。それが日本では明治維新によって、「臣民」としての天皇への忠誠となり、太平洋戦争の末期における戦争指導では、愛国主義が否定され、時宗ではなくて正成が日本人の典範でなければならないという極点へ、落ちこんだ。敗戦の日まで日本が近代国家ではなかったことの、究極的な体験であった。アメリカのような民主主義国家では、新任の大統領が、人民への忠誠を宣誓するとしても、人民が国家への忠誠義務を負わないというのではない。共産主義の脅威に備えて、国家的忠誠の再吟味が制度化しつつあるのは、同国における近年の情勢であり、「連邦忠誠計画」または「忠誠審査」とよばれる立法が、それを語っている。[7]

3

ところで、もしも国家的忠誠の義務が、近代の自由主義国家に特有のもので、資本主義体制がくつがえされたあとの社会主義体制では、この義務が消滅していくのだったら、問題は簡単であろう。国家的な忠誠義務の厳格さは、社会主義国家において、さらに高度に達するときに、われわれの問題意識はいよいよ深まらざるをえない。忠誠服従の義務が、もと封建領主に対する武士階級のそれであったように、近代の自由主義国家および社会主義国家においても、それはまず軍隊の将兵を規律する定則であり、この義務の構造が軍隊組織において最もよく読みとられることは、だれでも知っている。しかしそれは、軍隊組織における封鎖的な体系なのではなく、少くとも義務兵役制の存在するところ、国民的な体系である。『モスクワゆき旅券』のなかで、ソ連国家の表彰を受けた模範的な母が、「必要とあれば、私は平和と祖国防衛のために、ただ三人の子供だけでなしに、愛国者の私の一家全部を送りだすでしょう」と語るのが、それを示している。他方、ヒロシマに原爆を落とした当時の米兵の一人が、「いまでも国家の命令とあれば、私は同じことをやるだろう」と語っているのも、それを示している。いやしくも軍備をもった独立国の人間が、正面切って問われれば、男も女も、そう答えるよりほかないのである。それは人間の声ではなくて、制度の声なのであり、世界はいまも変っていないのである。

わたしは日本の誠実な平和主義者の一人である笠信太郎氏について語ってみたい。と同時に、ここで自分自身についても語ることのゆるしを読者に乞いたい。笠氏は一九五六年の『朝日』の元旦号に、「愛国心ということば」と題する一論を発表した。『モスクワゆき旅券』に出てくる模範的な母親の言葉や、広島に原爆を運んだ米兵の言葉は、そのなかに出てくるのである。わたしがこの一論に心を惹かれたのは、正直にいって、そのなかに珍らしくも「忠誠」という一語が見えたためである。笠氏はこういっている、「愛国心というものの核の真ン中には、自分の同胞とか国民とかへ、生命をかけて誓う誠実という問題がはいっている。この忠誠というものと、世界とか人類とかの関係は、いったいどうなるのか。実にむつかしい話であるが、それを回避するわけにいかない」（傍点は大熊）と。しかし、これは問題を解明したわけではない。ソ連の母や米兵の言葉を「大声」で口にされては、日本の国は立ってゆかれない、という気持を、物柔かに説いたものである。一九五六年はともかく日本人に、国家的忠誠の問題意識が兆した年として、記憶されなければならない。

笠信太郎氏の所説には、平和主義者としての一筋の主張がある。それは国家への絶対忠誠というものへの否定に近い精神から来ている。世界政府とか世界連邦とかいう「青い山脈」を、国際連合の背後に遠望する現代において、慎しみなく「国家的忠誠」を振りまわすのは、少々時代錯誤でもあり、日本にとっては近所迷惑この上もないというのが、笠氏の論旨である。しかし、もしわたしの忠誠問題の扱いかたが、笠氏のそれと比べてどうちがうかを説明するなら、それは次のようなことになる。

すべての思想と哲学とは科学に解消する運命にある、というのが、わたしの現に到達している考えかたである。すでに現代の思想は、科学を中心としており、また科学として表現されなければならなくなっている、とわたしは考える。それは人間の思想が、事実そのものへ無限に接近する過程である。わたしの戦後活動は、しばしば本業の経済学をはなれて、戦後の論壇と、いわゆる「思想界」の動きを観察し、記録し、そしてそれを分析することに、主力を傾けていたといっていい。その場合、わたし自身が拠りどころにしたのは、なんらか特定の科学ではなくて、自分一個の生活経験そのものであった。

わたし一個の生活経験は、過去と現在の事実と結びついてはなれず、他にゆずることのできないものである。その経験に反し、またその経験にまで到達することのできないものは、それがどんな思想であろうとも、わたしはこれを拒否しつづけたといっていい。わたしの書いたものを一貫しているのは、一言にして、その態度であると思う。が、わたしは忠誠問題に到達するまでに、長い模索の過程を経ているし、そしてこの問題もまた科学的な取扱いが可能であることを知るまでに、ある意味では必要以上の時間とエネルギーを費している。その過程において書かれた初期の文章は、敗戦と占領下の未曾有の精神情況を反映して、むしろしばしば文学的であったといえる。客観的精神はもともとわたしのものであったとしても、科学そのものへ近接するにいたったのは、わずかにここ両三年のことである。おそらくそれに伴って、文体そのものにも推移があるのは自然であろう。

わたしは笠信太郎氏の忠誠論には同感である。が、笠氏と違うところは、一個の主張者の立場に立たないことである。わたしに主張があるとすれば、それはつねに学者の態度に関連し、思想の在りかたに関連するのである。いずれは結局、時事問題についても主張者の立場に立つことになるとは思うが、しかしそれを急がない。むしろ努めて後廻しにしているのである。わたしの問題の取扱いは、どこまでも客観的・科学的であろうとしており、むしろ何かを主張することを戒めているともいえる。もしそれが評論家として失格ならば、何度でも失格してみたい。人々が見失っているもの、忘れているもの、しかし歴史のなかに動き、われわれの生存を支配しているものを、つかみだしてくるのが、わたしの最初の任務であり、それが探求者としての生き甲斐である。（考えてみれば経済学の分野における仕事の場合にも、任務の性質は本質的に異なるところがないようである。）わたしはもちろん国家的忠誠の擁護者ではない。しかしそれが、近代国家における主権の絶対性というものの、人間における内面化である、という事実そのものを、無視しようとは思わない。仮りにもし国民に忠誠義務がないとすれば、おそらく現代の国家そのものが、瞬時にしてその在りかたを一変するであろう。しかし、ジャン・ボーダン以来の国家主権が、いまのままに存続するかぎり、『旅券』の母親のような国家的忠誠は、存続するだろう。いや主権と忠誠とは函数関係にあるとでもいうべきか。これがわたしのいう客観的な見かたであり、何かを主張しろというのなら、むしろ国家主権の制限をこそ、唱えずにはいられない。わが憲法改正はその方向を取るべきである。平和主義者としての笠氏の論調に、一種の感傷主義がただようとしても、愛国と平和の訴えが、数百万の読者大衆を相手とする場合には、それはそれで美しいものである。

4

共産主義が平和主義そのものでないことについては、もう改めて論ずる必要もないだろう。なぜといって、ハンガリア事件そのものが、それを語ってしまったからである。

ソヴエト国民が「平和を守る」というときの平和とは、第一にソヴエト連邦における「平和な生活」の意味であり、国際関係における平穏の意味ではあるまい。第一に守られなければならないのが、国民生活と国民経済の発展そのものであり、これを脅かすもの、これを犯すものに対しては、断乎として国を挙げて戦う決意こそ、ソヴエトの「平和思想」そのものだろう。またしても『モスクワゆき旅券』のなかの模範的な母親の言葉が憶いだされてくる。あれは、この決意につらなるものと思うためである。

それにしても、ここで少し共産主義についての、わたしの考えを述べるのがいいと思う。

アラゴンの『共産主義的人間』が、わたしにとって、忠誠問題を一般的な形で取扱う契機となったのは、七年前のことであった。ガブリエル・ペリ（パリ西北の工業地帯選出の共産党代議士、下院の外交委員会の副委員長）が、ナチの甘言と拷問にたえ、最後の誘惑に「否《ノン》」と答えて、遺書を書き、そして銃殺された。その遺書の最後の一行が、「さようなら、そしてフランス万歳！」であったということは、当時は気にもとめなかった。わたしはかれの英雄的な行動の純粋さに、打たれたのだ。しかし、かれの信念が、かれの祖国愛と結びついていた一事が、いまのわたしにとって重要である。

前衛党・革命政党としての共産党は、それ自体が、軍隊のように自己封鎖的で、命令系統の厳然たる組織、あるいはそれ自体が国家のような組織である。いわば国家の中なる「国家」として、生長する筋のものらしく、党員には党に対する無限定の忠誠が要求される。その極限情況として、党のために一命をささげるにとどまらず、自己の「名誉」をも犠牲にすることを要求される極限を描いたもの。それがシャルル・プリニエの小説『偽旅券』である。

しかし、国籍の取得が、人間の自由選択をゆるさないのに比べると、入党は人間の自由意思によるのであり、したがって党への忠誠は、内発的であるのを本質とする。それは少くとも知識人の場合、多くはその最初の動機において、生の大義にかかわる情念と結合したものである。この情念の実現は、国家の中なる「国家」が次第に拡大していって、国家そのものを呑みつくす瞬間に期待される、というのがその論理だと思われる。

その場合、国家的忠誠を、改めて内面的に支えるものが、党への忠誠を支えた精神と、同一のものでなければならないことは明かである。にもかかわらず、共産党が依然として党組織を、国家そのものの内部に存続させている独裁的段階では、資本主義国家におけるような忠誠義務の根本衝突は止揚されているとしても、忠誠心は依然として党および国家への二重性のものであることを免れない。このような状態は、いくらひいき目にみても、社会主義体制としては初歩的段階を離れたものとはいいがたい。政治的にかかる段階を超える気配もないのに、経済的には「共産主義段階」に近づきつつあるかのように喧伝するのは、理解しがたい。

B・ラッセルは反共の思想家であるが、現代において民族や国家を超えた忠誠心の創造に成功したものは共産主義あるのみ、といった。わたしはその指摘に驚き、また、そこからも思索の糸口を一つ摑んだものであるが、しかしいまではラッセルの指摘は、必ずしも正確ではないと考えるようになった。ハンガリア事件が契機である。もしプロレタリア階級が民族や国家を超えて真に実在するのならば、ラッセルの言葉はそのまま正しいといえるかもしれない。しかし、コミュニズムが現実に創造したのは、新しい「祖国」の観念であり、そして同時に党そのものへの絶対忠誠の観念である。「国家への忠誠」が近代の革命的な観念であることを指摘したのは、E・H・カーであった。しかしコミュニズムの理想と結びつけられた党そのものへの絶対忠誠の観念は、今世紀の革命的な観念のようである。プロレタリアートに祖国はないというマルクス主義の古典的思想(『共産党宣言』)は、その誤謬のために葬られなければならないもののように思われる。

ラッセルはその忠誠論において、民族や国家を超えたものへの忠誠心を創造することに成功したのはコミュニズムあるのみ、といった。しかしコミュニズムが実際に国家そのものを形成した瞬間には、コミュニズムへの忠誠が「国家への忠誠」に一転した事実を、見忘れてはいけない。もし共産主義の古典的思想を持ちだしていいなら、共産主義はプロレタリア独裁の廃止と共産党そのものの解消を考えなくてはいけないのだし、国家そのものの衰滅を必至とする以上、国家権力一般に対する否定の精神を、つねにいきいきと保つべきはずである。しかるに、共産主義がはじめて地上の現実となったとき、それは階級感情を超えた祖国感情によって護られた事実をわれわれは見てしまった。——いや、それは階級感情と祖国感情とが一体化したのだ、と弁じる人があるかもしれない。ところがわたしは、祖国感情こそがすべてに優位した、と見る。一九四五年九月三日、日本の降伏文書調印の日のスターリン議長の演説ほど、端的にそれを示したものはない、と見るのである。あれは当時、スターリンという一個の独裁者だけを支配した思想感情ではない。「大祖国戦争」を戦いぬいたソ連国民の思想感情だったはずである。それは第二次大戦中にすでに培われていたものである。そしてこの事実は、マルクス主義の古典思想とは衝突するものだとわたしは考える。注意を乞いたいのは、わたしがその矛盾を非難しているのではないということである。矛盾を矛盾として認めず、理論をもって事実を隠蔽し、あるいは事実を糊塗する人々を非とするのである。既成の理論をもって説明できない事実が生起したら、事実を糊塗する代りに理論を撤回し、あるいは学説そのものを改修すべきだというのである。つねに事実というものが最後の権威である。

スターリン批判以後、人間には誤りが付きものだという寛宏な精神が、マルクス主義者の内部から流れはじめている。スターリン批判以後一年、日本のマルクス主義者によって書かれたもので、蔵原惟人氏の一論「共産主義的人間論」ほど、眼のさめるような文章はほかにない。大宅壮一氏によると、日本の共産党員や左翼知識人の間には、ソ連の最近の動きによって、「精神的にショック死をとげた」ものが多いということだが、しかし蔵原氏の右の論文は一部の人々に、起死回生の作用をもたらすかもしれない。蔵原氏はその中でいっている。——欠陥をもたない、誤りをおかさない人間はありえないし、またそれに対する私たちの評価そのものも、誤りをおかすことがありうる。これはスターリンのおかした重大な誤りから学ぶべき教訓である、と。[8]

必ずしもその「教訓」にちなんでいうわけではないが、わたしは、すべてのマルクス主義者に誤りがありうるだけでなく、知識体系としてのマルクス主義そのものに、未熟と誤りがあることを、一生語りつづけたい。誤りとは、不完全な真理ということであろう。マルクス主義に誤りがないというのは、マルクス主義の完全性をいうことであり、そして完全性という観念は近代の科学精神と相容れるものではない。完全性を信じるのは、宗教の立場である。これまでマルクス主義は科学性を主張しながら、自己矛盾におちいっていたといわなければならない。人間に誤りは付きものだという言葉。ついでに、「人間は努力するかぎり誤りに落つ」といった詩人ゲーテの言葉も、憶いだしてみるのがよい。しかしわたしは、人間の知識にこそ誤りが付きものであることを主張しなければならない。もしスターリン批判が、わたしのようなものにあたえた影響があるとすれば、それは正面切ってこれを口にする一片の勇気が湧いたことである。[9]

経済学の分野で、マルクスの『資本論』（一八六七年）や、ソ同盟『経済学教科書』（一九五四年）の書き改めを、わたしが提唱するだけでなく、マルクスの古典的思想そのものの不完全を指摘するのも、その一片の勇気のためである。プロレタリアに祖国なし、という『共産党宣言』の思想は、二十世紀の歴史的現実に大きく矛盾し、わけても昨秋以来の東欧的現実にいよいよ矛盾する。事実というものが、最後の権威である。共産主義が平和主義そのものでないことは、事実がそれを語っている。これがわたしの到達している考えかたである。

5

わたしは現代における忠誠問題の構造を、すでに定式化してしまった。しかし、あれは極限情況における問題構造というべきものである。現代におけるすべての男女が、そのような目標選択の決意の断崖にさしかかるというのではない。また、制度的強制としての忠誠義務には、社会的な道徳的圧力も作用し、個の内面からも多少の義務感情を誘発するものである。制度的強制としての国家への忠誠義務に対して、一方に内発的な忠誠心の燃焼を考え、その目標として、仮りに神、理性、階級、人類などの観念をかかげたけれども、そのような観念は、A・シュワイツァーのような稀有の人物の場合はともかく、普通の人間の行動原理となりうるものではない。国家への強制的な忠誠義務と、国家以外のものへの内発的な忠誠感情とが、地上的な同一次元において、ぎりぎりに競合するなどということは、多くは不可能に近い。国家権力による制度的強制を身をもって拒むことは、クェーカー教徒といえども、同信者のすべてが一致して実践しえた道ではない。一つの戦争に反対する共産主義者といえども、資本主義体制における兵役義務を拒否しうるものとはかぎらず、所属する政党に絶対の忠誠を誓いながらも、当面の国家的強制に服することはありうるのである。

国家的忠誠は、ジャン・ボーダンの昔から、何よりもまず強制的な服従義務につらなる。「強制と抑圧がその本質であることを知らないものは、国家の本質を理解しないものだ」とはソ同盟のスターリン主義者ヴィシンスキーの豪語であった。が、それにしても、国家権力と対立するものとしての近代の人権思想を、ここで想起することが必要だと考える。わたしは現代の平和思想が人権の思想と結ばなければばならないと信じるものであり、戦後日本の「平和思想」に、その次元が欠けていたことも、気になることの一つなのであった。

基本的人権は、国家権力との関係において、消極的・否定的人権（自由権）と、積極的人権（要求権）の二つにわけられる。いくつかの古典的な「人権宣言」は、市民の自由と国家権力との対立関係を強調したけれども、現代において国家権力の側にゆだねなければならないものは、防衛組織だけではなくて、経済的人権（生活保障）とよばれるものの確立である。したがって、今日における人権問題の構造は、一方には国家権力の制限という面と、権力の拡大による諸人権の実現という逆の面を、同時に含みあげる。社会主義体制はむしろ今日の段階では、自由権としての基本的人権の抑圧において、経済的人権の伸長にすすむ傾向がある。近代の自由権に対する最も根本的な否定面としての国家的忠誠の義務もまた、自由主義国家における以上に、厳格さを加えることは、さきに触れたとおりである。ただ、注意しなければならないのは、すでに第五回全露ソヴエト会議の決議（一九一八年）において、労働者階級の権力を確保するため、労働者は武装さるべきこと、社会主義赤軍を組織すべきこと、そして有産階級には武装させてはならないという規定がみえ、武装することは労働者にとって権利である、という思想があらわれた一事である。また、全国的な兵役義務を提唱した別の条項にも、武器をとって革命を防衛する名誉権は労働者だけにあたえる、という一項があって、そこでも兵士たることは権利である、という思想が看取されたのであった。これは新しい国家の創成期において、むしろきわめて自然なものであり、したがって『モスクワゆき旅券』のあの母親の言葉なども、単なる制度の声としてではなく、この創成期の人間的感情につらなるものとして、読みとられるべきかもしれない。

一方、自由主義国家において注目されるのは、アメリカ、イギリス、バヴァリア、西ドイツなどにおいて、良心から発する兵役拒否者に対して、第一次大戦後または第二次大戦後、免除規定を設ける事例が増加しつつある一事である。憲法に列挙されている自由権などを束にして保障されても、桁ちがいのところで、身体の自由と生命そのものを脅かす兵役をまぬかれず、しかもそれが殺人行為につらなるかもしれないというのでは、「人間の自由」というものの全面的な帳消しである。兵役拒否・参戦拒否の自由のないところに、人権としての自由権があるという思考は、滑稽だともいえる。この見地からすると、右の諸例は、国家権力に対抗する近代人権思想の発達史に、一ページを加えたもので、国家対人間の一般関係に、ほんのわずかながら隙間をこしらえたもの、といえるかもしれない。

　およそ人権は、人間の理想や渇望につらなる総括的な権利の名称であるから、内容の全部を経験的にたしかめることは不可能である。いろいろの「人権宣言」に盛られたすべての権利は、一人々々の美しい渇望を言葉であらわしたもので、その渇望がどれだけ充たされるかは、その時の政治がきめる。古代ギリシャやローマでは、主権在民の原則や、今日いう法治主義が行なわれていたのに、人権思想が欠けていたといわれるのは、宗教国家のつねとして、人間の全生活がそのまま、国家における公生活であったということであろう。国家における生活のほかに、別に自分の生活というものがあって、その立脚点において人間は国家に対立するという考えかた。この考えかたが日本人に欠如しているのも、政治と道徳とが未分化の状態でわれわれの心を占めていた伝統に根ざすところがあるのかもしれない。国家を個人の対立物とする思考方法が、日本の知識層に欠けている原因は深いとみなければならない。階級社会とか階級支配という意識が、言葉のうえに出ている場合にも、社会主義体制をふくむ現代の支配機構そのものに、すなわち国家そのものに、根本的な問題性を見いだすことができないのも、おなじ原因に根ざすかもしれない。

平和擁護の運動に、憲法擁護論があるのは当然だけれども、平和憲法にも不備な点がないではない。たとえば日本は、国家として戦争を放棄しただけでなしに、個人としての日本人も、国外の戦争に参加するのは平和憲法に対する忠誠背反だ、という規定が補足されなければならない、という主張もあるべきだが、実際には耳にしたことがない。また、徴兵制反対の予行運動があるのも当然だとして、仮りに国家が戦争に巻きこまれる場合のため、参戦拒否の市民的権利はこれを確立しておかなければならない、という提唱も耳にしたことがない。総じて、法の創造的改修を通して自己をつらぬくという意欲が乏しいのは、わが知識層の意識に近代の法治主義が育っていないためだろうとおもわれる。[10] いずれにしても義務兵役制反対が人権思想とのつながりを欠くところに、日本における「平和思想」そのものの無性格が看取されたのである。

日本の平和論は、まことに空前のものであった。しかし、それはついに一つの思想にまで育つことなしに、一過した。骨骼をもたぬ「戦後思想」は、絶後たらしめていい。

(1) わたしの「愛国心問答」(『時事通信』時事解説版、一九四七年二月)、同じく本書第四章(一九五一～一九六ページ)も参照。

(2) わたしの『愛と死の肖像』の書評(同通信、一九五〇年12月14日)。

(3) R・ニーバーの著作には数種の邦訳もあるが、わたしは山本新著『暴力・平和・革命―ニーバーの社会変革論―』(一九五一年)から多くを学んだ。ここでは特にその「集団エゴイズム」の章を参照。B・ラッセルの忠誠論は、「原子時代に生きるために」(『世界』一九五〇年3月号、United Nations World誌に発表されたものの訳載)。

(4)「忠誠問題の具体的な資料の収集に、いくたびか発見のよろこびをもった」というのは、具体的には次のようなことである。――(Ⅰ)一九五三年二月九日の衆院予算委員会における岡野(清豪)文相の答弁に、教育勅語の復活を匂わす答弁があって、大きな物議をかもしたこと。つづいて『婦人公論』三月号の吉田首相訪問記事中、吉屋信子さんの談(「軍国の母」的なもの)が舌禍事件を起したこと。わたしはこれらの事件を、戦後日本の忠誠喪失期における忠誠意識の抬頭の兆とみる。しかし問題意識を欠如した形で、不用意に提起されたものであり、いずれも当時のジャーナリズムから袋叩きに遭った。つぎには(Ⅱ)国連本部首席法律顧問A・フェラー氏の飛び降り自殺である。わたしはこれを祖国アメリカと国連にたいする二つの忠誠の板挟み事件とみる。つぎには(Ⅲ)映画『ひめゆりの塔』である。製作者今井正氏はこれを「無知の悲劇」として扱ったつもりであったが、実際の作品は「元寇の現代版」であり、むしろ「忠誠の悲劇」であるというのが、わたしの解釈である。その未曾有の観客動員数の分析には、この観点が必要だと考えた。つぎに(Ⅳ)おなじく『中央公論』四月号の志賀直哉「車上雑談」という小文。イタリアのサン・ジミニアーノという町近くに、アメリカの国旗が掲揚され、そこに日本人二世部隊の墓地がある。その話をきいた安倍能成氏が、ともかく日本人でありながら、故国と戦争をしているアメリカのために、よくもそれだけ忠誠になれたものだ、と不思議がった一節がある。国家問題で悩みぬいている者からいうと、それを不思議がるほうが不思議に思えた。(Ⅴ)一九五四年になると、『東京新聞』の元旦号に、アメリカのネーソン大佐という人の寄稿が載り、日本の再軍備のためには最も古い精神の復活が必要だとして、「天皇に対する赤誠」「臣民の実践」を説き、荒木貞夫の道義論へ還れ、と主張した。(Ⅵ)しかしアメリカ人が外国人にむかって、いつでも祖国への忠誠を説くものと限らないことは、いわゆる「ミグ事件」がそれを教えた。「ミグ事件」は、朝鮮で戦っていた連合軍当局が、敵側の将兵を、忠誠義務の裏切り・売国行為へ誘惑した、買収戦術の一つだとわたしは見る。これについて中野好夫氏の「汚された道義性——ミグ事件について——」(『婦人公論』一九五三年七月号)がある。その論評の仕方については、当時若干の批評を加えておいた。(Ⅶ)おなじく三月には、ブラジルのサンパウロ市の『昭和新聞』から、三月二十日付で創刊五周年記念号への執筆依頼状が、わたしにとどいた。それは長文の書簡であって、日本移民の二重国籍者としての苦悩を訴え、忠誠問題の板挟みをどう解決すべきかを、問うている。国家的忠誠についての問題意識に完全にめざめた文章であって、日本国内では求むべくもないものであった。現代の忠誠問題を正面から扱った最初のわたしの一論「愛国心と忠誠義務の問題—戦後道徳論における盲点の発生—」は、『中央公論』一九五三年6月号〝日本人の生き方の問題〟という特集に収められているから、それがたまたま、ブラジルの日本人新聞の記者の注意をひいたのかもしれない。わたしの一論が、国内で理解されなかったのは、問題提起が早すぎたためと思われる。(Ⅷ)映画『二十四の瞳』は、監督木下恵介氏によれば反戦映画であり、それについて木下氏と辻政信氏との間に論争を生じたが、わたしの見るところ、高峰秀子の大石先生が手に日の丸のハタを振って、昔の教え子の入隊を波止場に見送るのでは、これは反戦映画ではない。やはり人間が国家に呑まれ、国家に奉仕する姿である。(Ⅸ)一九五五年となると、小泉信三氏が、神奈川県遺族会のために執筆したパンフレット『遺児の皆さんへ』が、防衛庁幹部の感動をよび、ここに自衛隊の精神があるとして、教科書に採択のことが伝えられた。吉屋さんの舌禍事件に似た反響が、ジャーナリズムに起った。国家のために犠牲となることの道徳的意義を高唱するのは忠誠論である、というのがわたしの解釈であるが、「殺身成仁」という論語からの小泉氏の引用は、その場合誤用であることを指摘しておいた。(Ⅹ)東京ローズこと戸栗いく子さんが、模範囚であるのを理由に、仮出所となり、一月二十八日の夜明けに、ウェスト・ヴァージニア州のオールダソン女子刑務所から出される。ところが出所に先立つ六時間前の真夜中に、移民局から新しい逮捕状が突きつけられた件は、無残であった。アメリカの国籍を離脱しなかったことから起った反逆罪の一事例である。(XI) おなじ年の秋、新任の清瀬(一郎)文相が、しきりに「孝」を説いて、「忠」に及ぶところがない。たまたま時事通信社の主催による文相との歳末対談で、わたしはそのことに及び、現代における忠誠問題の問題情況の一端を説明してみた。(XII) 一九五六年の春の国会で、「忠誠」という用語が、しばしば同文相の口から聞かれるようになり、三月六日の衆院「内閣文教連合委」の議事録によると、砂川の基地拡張問題にからんで、西村力弥代議士(日教組系・社会党)が、忠誠観を鳩山首相に問いつめ、清瀬文相が助太刀に立つ一幕もあった。反射的に忠誠問題を論じる教育学者なども現われたが、現代における忠誠問題の構造を弁えての発言とはまだ見られず、他方、「忠誠」の一語は、政界ジャーナリズムの流行語にもなった。(XIII) 自主憲法期成議員同盟会会長の広瀬久忠氏は、年頭の一論で、自主憲法なるものの内容として、納税、遵法の義務のほかに、「国家に対する忠誠の義務、国家防衛の義務」を挙げたのも眼にとまった。逆に、忠誠喪失の精神情況を反映した文献資料となれば無数であるが、その顕著なものの一つに、天野貞祐氏の「国民実践要領」(『心』一九五三年1月号)があることを忘れるわけにはいかない。わたしは当時、これを徹底的に論評しておいた。

(5) 当時わたしが取りあげた平和論者には、つぎの人々がある。平和主義・平和運動への懐疑者・批判者数氏をふくむ。――中野好夫、小松清、淡徳三郎、高桑純夫、武谷三男、加藤周一、花田清輝、荒正人、新村猛、野間宏、渡辺一夫、清水幾太郎、吉野源三郎、南原繁、大内兵衛、矢内原忠雄、氷上英広、谷川徹三、宮原誠一、安倍能成、岩橋武夫、山本新、保田与重郎、木村健康、高田保馬、小泉信三、和辻哲郎、務台理作、上原専祿、杉捷夫、久野収、西谷啓治、平野義太郎、羽仁五郎、笠信太郎、天野貞祐、土屋清、蠟山政道、高見順、吉川幸次郎、佐野学、石川吉右衛門、竹山道雄、高柳賢三、

三好十郎、福田恆存。「知識人と平和問題」（『時事通信』時事解説版、一九四九年4月11日から一九五〇年3月31日まで二二回）、「ひとびとの平和哲学」（同上、一九五〇年8月3日から五二年2月6日まで五九回）、「平和論は反省すべきか」（同上、一九五五年1月4日から9月19日まで六回）。

（6）E・H・カー『新しい社会』（一九五一年、邦訳一九五三年）。

（7）わたしの「アメリカ大学の危機―学問の自由と忠誠宣誓―」（『時事通信』時事解説版一九五三年6月18日から三回）、おなじく「アメリカ大学協会声明書の要点」（同上、同年同月23日）。

（8）『中央公論』臨時増刊（一九五七年2月20日発売）。

（9）わたしの『経済本質論＝計画経済学の基礎』（一九五七年）序章。

（10）本書第八章参照。

第十二章　歴史の偽造者たち——一九五七年

1

籠に生まれた小鳥が、籠の存在を感じないように、檻の中で育った子虎が、檻の存在を知らぬように、人間は国家の中で生まれ、そして国家の中で死ぬ。「人間の解放」という近代思想は、人間が国家とよばれる檻から解放されることを、すこしも意味しない。森鷗外の小説に出てくる山椒大夫が、どこにいるか、眼には見えないが、しかしわれわれが国家の奴隷であることは変らない。奴隷制度の最終形態である「賃銀奴隷」制は、資本主義の覆滅とともに罷む、というのが社会主義者の教説であった。しかしそれが人間の宿命を甘く見すぎていたことは、徐々に明かになりつつある。現代では資本とともに、国家が新しい問題である。マルクス主義では、国家は資本に従属する機関でしかないように考えられていた。しかし資本および資本主義が消えた場所で、前面に正体をあらわすのが国家そのものであることは、社会主義体制が地上に出現してみて、ようやく明かになった。社会主義国家においては、人間は賃銀奴隷ではないにしても、国家奴隷であることが、判明した。といって資本主義体制において人間が国家奴隷でなかったわけではなく、そこでは人間が、二重の意味で奴隷である。

パリに世界各国から集まっている留学生には、事情がゆるすかぎり在留を延ばして、なるべく帰国すまいとするものが多い。かれらのパリ遊学は、一種の「亡命」であり、それは革命からの亡命ではなくて、徴兵制からの亡命である。日本の一留学生が伝えてきたところでは、パリにいる中国人は、中共側と国府側とに分かれ、互に疑心暗鬼で交渉をおそれているが、兵隊になるのをいやがる点だけは、双方まったく一致しているという。フランスの場合は、青年は十八歳で、陸海軍いずれかに入隊しなければならないが、中学生で徴兵をいやがらないものは一人もいない。アフリカの仏領植民地でも、原住民が徴兵制をいやがって、英領植民地へ逃げる若者が多い。日本の留学生は、「君の国は徴兵制がなくてよかったね」と、だれからもかれからも羨まれる。[1] イギリスの兵役は、徴兵制と志願兵の二本建。ソヴエトは男子が義務制で、婦人が志願制。アメリカでは、その国に在住すると、外国人にも兵役義務がふりかかることは、日本の留学生が実際に経験した事例がある。

G・B・ショウは、この世に監獄があるというのは恐ろしいことだ、といった。それは人間がこの地上に監獄をつくっているのは恐ろしいことだという意味で、自分だって、いつぶちこまれるかもしれないという意味があった。が、現代では、この世に軍隊があるということが恐ろしいのだ、と青年たちは考えはじめている。義務兵役制と結びついた軍隊の存在は、文明諸国の青年たちにとって、監獄や刑務所の存在よりも恐ろしくなりつつある。懲役よりも兵役が怕いのだ。青年たちは、わたしのいう国籍の不思議というものを考えてもみないし、生まれた瞬間に忽然、山椒大夫があらわれ、かれの眉間に眼にみえぬ一つの烙印を押していったことなど、思ってもみない。小鳥や子虎とおなじように、自分が檻の中にいることを、感じてはいないのは事実だが、徴兵制へのかれらの恐怖は、眉間に烙印を押された奴隷の恐怖と本質的に変らない。

中野好夫氏が、戦争が終った途端に、おれは「奴隷」だったと吼えたて、そして「徹底個人主義」への道を唱えた。[2]「世界市民第一号」騒ぎがはじまると、さっそくこれに同調の説も吐いたが、しかし日本人は天皇制の奴隷であったにしても、国家の奴隷ではないと信じたのであろうか。中野氏の奴隷説は、それっきりで鎮まってしまった。おなじく文芸家の荒正人氏。この人は、戦時中の「赤紙」の恐怖を描いて、ドストイェフスキーが連座したペトラシェフスキー事件の、死刑場の恐怖になぞらえた。[3]しかし同氏も、義務兵役制そのものの根元を考えた形跡はない。奇態な話だが、この人の場合にも、天皇制と戦争だけが問題であって、国家そのものは問題ではない。戦争は国家の行為であり、戦争の主体は国家だという考え方が欠けている代りに、戦争それ自体がひとつの「組織」だと信じられ、そして「組織悪」だの「状況悪」だのという言葉がでてきている。[4]国家そのものが精神の盲点になっていることは、初期の『近代文学』同人諸氏に共通のものであり、またそれが戦後世代の吉本隆明氏等によって、そっくり受け継がれることになる。[5]

要するに国家ではなくて天皇制が戦争の根因で、天皇制こそは究極の問題だと信じられているのだ。「近代的自我の確立」は、天皇制との対決にあったと信じられているのだ。そして、わが天皇制とても、近代国家の絶対主権を基礎としてこそ成り立っていたものだ、という一事は、そこでも見落されている。戦後の『近代文学』一派は、昭和初頭のプロレタリア文学によって育てられた三十代であるという。けれどもそれは、マルクス主義または社会科学を通過したことを意味しない。といってマルクス主義を通過すれば、人間は国家問題に直面する、という約束もない。マルクス主義の虜となることでも、国家問題は完全に見失われてしまう。人間が「思想」につかまることで、事実を見失うことになるのは、頻発する事件である。日本は、その種の事件で充ち満ちている。国家問題は、社会主義国家の出現と同時に、新しい意味をおびてきたのであるが、しかしそれがマルクス主義の国家学説そのものを脅かす事実であることは、なかなか看取されない。もし現代において、社会科学者の批判と解剖を必要とする新たな対象があるとすれば、それは資本と資本主義であるより以上に、むしろ国家および国家を枠とする政治そのものであることは、まだ看取されていない。しかし、資本よりも国家こそが、すでに二十世紀の最大の課題である。また国家を枠とする政治が、現代の主題だということは、人間そのものが社会科学の主題となりつつあるということでもあり、現代はその徴候に充ち満ちている。——政治と人間。いずれにしてもそれがこの小論の主題である。

2

戦争責任の問題は、これを将来に懸けていえば、平和主義の問題である。平和主義はもともと、政治そのものの現実の実践コースにおいて、探求されなければならないものである。しかし、個人としての人間の立場において、「少数意見」として、これを当面の実践に移すことも不可能ではない。それは個人としての平和主義者の行動方式の問題であり、その方式を定式化すれば、国家対人間の問題に帰着し、それがすなわち忠誠義務の問題であることは議論の余地もない。鶴見俊輔氏その他の人々においてさえ、国家問題が精神の盲点をなしている観があるのは、信じられないほどのことであるが、現にあらわれている事物の範囲内でいえば、やはりこの盲点が、日本の「戦後思想」を一番よく特徴づけている。

わたしは戦後、『近代文学』一派に法外な期待をかけたことを、後悔はしていない[6]。しかし、単に一場の座談会「文学者の責務」を捉えて、そこに戦後の新しい精神を発見したように考えたのは、錯覚であった。戦争責任の問題を、今後二十年、三十年考えぬこう、といった諸氏の決意はその時は真実であったにしても、結果からみれば、それも放言であったことが、十年後の今日、明瞭となりつつある。(7)諸氏には、この問題を考えぬく根気がなく、いっそう悪いことに、この問題意識の底が浅い。諸氏にとっては天皇制が最大の問題であって、国家が問題であったことは一度もなく、十年後の今日においても、事態は変化していない。「組織悪」を論じはじめている荒正人氏は、依然として国家論に到達する気配がない。荒氏の心には、戦争そのものが一つの「組織」として映り、国家悪は「状況悪」という奇怪な概念に埋没する。

『近代文学』一派の戦争責任論は、事実において雲散霧消し、そして十年後のいま、それを継ぐものがあらわれている。わたしがそれを取りあげたいと思う理由は四つである。第一に、鶴見俊輔氏の戦争責任論をもって、問題再燃の口火を切ったもののように書いたのは、誤りであったこと。それを訂正し、正しい意味で口火を切ったのはだれであったかを明かにし、その人の仕事を自分なりに評価することで、償いをしたいと思うこと。第二に、その人の名は吉本隆明であるが、吉本氏の仕事は二つに分かれており、その一つは厳密にいえば戦争責任論ではなくて、戦後の左翼文壇に発生した政治的な虚偽の摘発であること。この摘発が、日本文学の将来になにをもたらすかは測りがたいが、この組織的な虚偽の発生は、わたしの興味をそそる。微小な事件ながら、わたしはそれをもって政治の本質を示す一例と認め、多少の省察を試みたいと思うこと。第三に、吉本氏とこれにつづく武井昭夫氏の戦後＝責任論は、左翼文芸家の戦争期の転向と、戦後の逆転向の様相を批判し、これを絶望的に打ちのめす形のものであるが、戦争期の転向現象は戦後の人が考えるほど簡単なものでなく、内面的には、むしろ二重性のものだったのが通例であり、それはいまもって語られざる一章に属していることに、注意を喚起したいと思うこと。そして最後に第四に、吉本、武井両氏の戦争責任論は、『近代文学』一派の人々がなすべくしてなさなかったことを、承け継いでいるとはいうものの、しかし同時に、その盲点をも、そっくり引き継いでいることを、指摘したいと思うこと。

戦争責任論の再燃は、正直のところ、わたしにとって予期しない出来事であった。わたしはすでに、日本人に絶望していたというべきだが、にもかかわらず戦争責任の問題を、著作としてまとめようという意志は、放棄しなかった。問題の再燃が、わたしに人生への新しい希望をあたえたのは事実である。人間は結局、虚偽には堪えられないということ、歴史の偽造は永くは続かないということが、証明されたように思ったのだ。しかし、戦争責任論の再燃が、全体として大きくわたしに印象づけたものは、残念ながらただ一つであった。それは依然として問題構造そのものが、だれにも摑まれていないということである。

3

それにしても、なぜ戦後十年のいま、戦争責任論の再燃という現象が、知的ジャーナリズムに拡がりつつあるのか。鳩山一郎は軍事占領下で追放になったし、重光葵は軍事裁判で有罪となり、刑に服した男。しかし、日本の首相であったり、副首相であったり、だれもそれを疑うものがないばかりか、つぎつぎに日ソ交渉の立役者となって、ソ連に渡ったではないか。そしていま、岸信介はアメリカへ立つという。歴史のページは、風にめくられるような迅さで、めくられてしまっている。十年はおろか、六年前の朝鮮戦争さえ、いまは昔。「戦争」といえば、あの戦争ではなくて、東欧や中東における軍事情勢のそれである。日本における戦争責任論の再燃は、なにを意味するか。これは問うてみる必要のある問題であり、また、わたしとしても答えるに値いする問題である。

しかし、この問題に答えるまえに問うべきことが、二つある。第一、なぜ敗戦直後、戦争責任論が起ったかということ。これはポツダム宣言の受諾と極東軍事裁判を離れては考えられないことだが、人々の問題意識は、そこから切りはなされてしまっている。第二は、なぜ敗戦直後、総合雑誌を中心とする知的ジャーナリズムが、この問題を一斉に回避したかということ。これは軍事占領下の政治情勢と知識層における自己欺瞞の必要を離れては考えられないことだが、人々はそれも忘れてしまっている。戦争責任の問題を根本的に考えようとすれば、実はこの二つの問題から出立しなくてはならないはずであった。が、ここではそれにも立ちいるまい。

戦争責任論の再燃は、責任の追及にあるのではない。なかには依然として責任の追及を思いつめている人もあろう。しかし再燃が意味するものは、そこにはない。――いかにして日本の知識層は、あの悪い戦争に協力することができたのか。その内面の精神過程は、実際にどんなものであったのか。つまり悪い戦争と知りながらも、国家の軍国主義的動向に追随せざるをえなかった日本の知識人の精神構造を、改めて検討してみることが、戦争責任論の再燃の一つの意味である。すくなくともわたし自身は、その見地から関係文献を評価するのである。が、責任論の再燃には、もう一つの意味がある。

その意味からいって、詩壇の戦争責任論こそ、再燃期の一典型である。この仕事はまず責任の当事者自身によって、自己批判の形でなされなければならないものであった。が、その仕事はここ十年、なされたためしがほとんどない。そのために、代ってたれかがそれをやらなければならないことになり、他人がそれをやるとなれば、形はおだやかでなくなる。戦争責任論の再燃は、二重の意味において、おだやかなものではない。第一に、ある人物の戦時中の言動を、今日の読者に暴露する点において。第二に、その言動の性質を忌憚なく解剖する点において。

吉本隆明氏の「高村光太郎ノート」という一論は、詩人高村に対して、非情であるが、無情ではない。明治人たる高村光太郎が、「国家の危急」(高村の言葉)に際会してとった言動は、吉本氏には不可解であるが、しかしその高村を罵った壺井繁治は、かえって吉本氏から見ても、ゆるしがたい存在である。以下は第一論の要約である。(8)

高村光太郎の詩集『道程』は、自我確立の歓喜と誇りを表現しているが、実生活のうえでそれを裏打ちしたのは、智恵子夫人との遭遇であった。しかし夫人は狂気から死にいたり、中日戦争期において、高村の主体的な自我は崩壊する。かれの自我の崩壊を論ずることは、すなわち日本的自我の運命を論じることになる。高村が、世界の動乱期において、日本国家の動向に抵抗せず、これに屈していった経過は、中日戦争直前の「堅氷いたる」と、直後の「秋風辞」とを比較すれば、読みとれる。「堅氷いたる」では、ドイツ・ファシズムの文化破壊に対して、痛烈な批判がみられたのに、「秋風辞」では、はやくもかれの主体性は、南に急ぐわが同胞の隊伍を謳い、庶民の熱狂のなかに、崩れ去る。二つの詩篇の発表の時間的距離は、九カ月にすぎず、この短い期間に、戦争肯定のモラルとロジックが用意されたことになる。「堅氷いたる」の後半に、すでに超越的な倫理感がその兆しをみせている。

堅氷いたる。堅氷いたる。
むしろ氷河時代よこの世を襲へ
どういふほんとの人間の種が
どうしてそこに生き残るか大地は見よう。

「堅氷」は、高村の好きな言葉の一つで、その愛読書『維摩経』の思想を要約するために、使ったこともあるもの。氷河時代がもう一度きて、いかものを絶滅してしまえ、といった超越的な倫理感は現実把握の機能が低下したときに、かれをおとずれる思想的「故郷」であった。それはかれの擬アジア的な思考をかたちづくるもので、その底にあるのは、支配権力にならされた庶民意識である。(アジア的思考とは何かについては述べられていない――。大態)。高村の自我が、日本の庶民意識に屈したということは、日本における近代的自我の最もすぐれた典型がくずれたということであり、おなじ内部のメカニズムによって、日本における人道主義も、共産主義も、崩壊していく。

では、なぜ日本では、人間がその内部世界を維持することに、異常な困難があるのか。それについては、高村の崩壊過程に、一つの暗示がある。それは近代日本における自我は、内部に両面性をもたざるをえないということである。両面性とはなにか。日本的自我は、一面では、近代意識(人間としての主体性と自律性、ならびに頽廃と爛熟性)をもつが、しかしそれと同時に、他面では、日本特有の生活意識をもつ。この生活意識というのは、自己省察と内的検討のおよばない空白の部分であって、これを残しておかなければ、日本の社会では、社会生活をいとなむことができないのだ。

ここで吉本氏は、「近代意識」と「生活意識」とを対置し、後者なしには日本では生きられない、という。吉本氏が「生活意識」という言葉で、いいあらわしているものが何であるかは、問題であるが、しかしここできわめて重大な問題が提供されていることだけは、だれでも感知せざるをえないだろう。そこで、もっと吉本氏のいうことを聴いてみよう。日本的自我につきまとう「宿命」が、説かれているのである。

それゆえ、動乱期の現実のはげしい力は、この内部の両面性に、くさびをうちこむとともに、現実が要求する倫理性は、近代の頽廃面を否定するようにはたらき、同時に、生活意識として残された内部の空白の部分を、日本的な庶民の生活倫理から、侵されざるをえなくなる。いわば、内部が、思想的な側面と、生活意識の側面から挟撃されるというのが、動乱期の日本的自我につきまとう宿命にほかならなかった。

これは、かなり抽象的な分析である。鶴見俊輔氏は、知識人の戦争責任を論じて、「あれほど悪い戦争に、どうして日本の知識人は協力したのか」という問題を提起し、あのような「ずれ落ちかた」をふたたびくり返さないための、「定式」をつくる必要がある、と考えた。鶴見氏においては、「定式」以前に、知識人の精神構造の分析という仕事がある、とは考えられていなかった。そして鶴見氏の一論よりも半年も前に、吉本氏によって企てられたのは、すでにそのような仕事だった。

戦争期における日本の知識層の「祖先がえり」的心象について、吉本氏の分析の操作は、さらにつづく。高村は、昭和十四年から太平洋戦争の半ばにかけて、一群の回想記をものにしている。そのなかには、父光雲のことにとどまらず、香具師の親分のことが記されており、「祖父は体軀は小さかったが、声が莫迦に大きく、怒鳴ると皆が慴伏した。……小兼さんと言えば、浅草では偉いものだったらしい」といった一節もある。吉本氏は、するどくこれに眼をとめ、これらの回想群は、「父の家、父の権威、そこに象徴される半封建的な庶民意識へ、〝祖先がえり〟的に屈服し、親和していった高村の、戦争期の内部世界のうごきを、直接に象徴するものである」とみる。この着眼は正しい。が、わたしにも憶い出がある。――ひとり詩人の高村がそうであったのではない。ほとんどすべての知識人に、前後しておなじような心象があらわれたことは、それを証明する無数の文献資料がある。わたし自身、長い戦争期において、次第に固い、古風な、文章を好むようになり、候文《そうろうぶん》を書くようになり、毛筆と巻紙をもちいるようになった経験を、忘れられない。また歌壇では、新短歌、自由律歌、口語歌が亡び、そしてすべての歌人たちが、擬古的な定型歌に復帰した一事なども、想いださずにいられない。わたしは当時、小さな和歌運動をつづけていたが、擬古主義への復帰をがえんじない歌誌『まるめら』一派は、大東亜戦争時代に歌作を断絶したままになった。学者としては戦争に協力することができても、短歌によって戦争に協力することはできなかった、ということだと考えている。

4

詩人吉本隆明の「高村光太郎ノート」は、これを一種の戦争責任論としてみれば、第一には、再燃期における先駆性が認められ、第二には、問題設定の正しさと目標の高さが認められる。では、「高村光太郎ノート」の残りの部分に移ろう。そこには明治人である高村の、国家観をうかがうにたる一つの資料が提供されており、そしてこの資料が、戦後世代に属する吉本氏にとって、まったく咀嚼し切れないものとなっている点が、わたしの興味をそそる。高村の精神構造を研究するために必要な一つの視角は、明治人の背骨をなした国家観である。それは封建的道徳によって一部を支えられていたとしても、同時にまた近代国家における国家主権そのものの、個人における内面化であり、簡単にいえば、それは国民的忠誠の理念と感情によって包まれたものであった。ところが戦後世代の吉本氏には、国家的忠誠という視角が欠如しており、「国家の危急」に際会した高村の豹変は、まったく理解を超絶した一事となる。

戦後世代そのものの精神構造の、骨の髄からの新しさでもあると同時に、根柢からの虚しさでもある。くり返していうが、このような世代の精神構造の盲点が、わたしにとって最大の興味である。

さて、第一回臨時中央協力会議のころ、その一員に挙げられた高村光太郎に、「戦時下の芸術家」と題する一論があり、そこに次の一節がみられた。

今日、国家有事の時にあっても、美術家は一輪の菊花を書き、一匹の蟬を刻むことに、心臆してはならない。その本来の美は必ず人の力となり、又延いては国家の力となる。此の確信を抱き得ぬ者は、よろしく美術家たることを断念するがよい。（中略）此の千年の見とおしの外に、美術家は今日焦眉の問題をも一方に持つ。即ち国家の危急に応じて己の能力を活用する責任である。（吉本氏による引用の一節。「（中略）」も同氏によるが、傍点は大熊。）

ここでも、吉本氏がこの論文について、最も意外としている点に触れなければならない。同氏によれば、詩人高村が芸術政策の根本目標を論じたり、美術家の動員を提唱したり、芸術による国威宣揚を提議したというような行動は、詩人としての生涯のなかで、「唐突な、異和感をもよおさせる事件」である。高村のそれまでの孤高な生きかたと、権威への背反を示す生活態度に引き比べ、どうしてそんな行動が起りえたのか。それは戦後世代の吉本にとって、解きがたい一つの謎として残ったのである。そこで、改めて問題を提出しよう。――吉本氏によって「庶民意識」という用語で一括されたもののなかには、厳密な意味での庶民意識と、封建的な家臣意識とでもいうべきものが、同時に含まれているのではないのか。またそれら二つの混淆の中からこそ、明治の日本人の国家意識が形成されたのではないのか。

吉本氏によって引用された右の一節には、国家という言葉が、二度までも出てくることに、わたしは注意を払いたい。明治の人高村にとって、国家はまったく無条件のものであった。おそらく高村は、その生涯を通じて、国家を疑ったことはあるまいと思われる。吉本氏が「生活意識」という用語を、「近代意識」と対置し、それを「空白の部分」とも呼んでいることは、さきに見た。その空白の部分を「生活意識」として残しておかなければ、日本では社会生活をいとなむことができない、という見かただった。しかし、その「空白」と見えたものの底には、実は何かたいへんなものが横たわっていたのであり、そこに横たわっていたものこそが、大日本帝国ではなかったのか。この視点が、吉本氏に必要であると思う。

詩人高村光太郎は、「国家の危急」に際会して、起ちあがった。戦後の世代から見れば、一見「唐突」で、「異和感をもよおさせる」ものも、今日の五十代、六十代から見たら、なんの不思議もない。国家こそは高村の生命につらなるもの、またそれは近代国家における国民の忠誠義務につらなるものなのであった。国家対人間の問題が、戦争責任論の中核をなすべきものであることは、すでにくり返したことであるが、戦争責任論としての「高村光太郎ノート」は、要するにこの盲点を軸として回転するものだというのが、わたしの結論である。

吉本氏によると、モダニズムの詩人村野四郎はそのころ、「立てよ神の裔、今こそ妖魔撃滅の時！挙り立て剣を取れ　神霊は天に在り」と謳ったそうだし、コミュニストの詩人、岡本潤はそのころ、「おおみいくさはひろがる　わが荒鷲　路なき空を翔けり」云々と歌い、おなじくコミュニストの詩人壺井繁治は、「国民学校一年生」のように胸をおどらせ、地図の上で、侵略の「指の旅」をこころみたということである。もちろん、それは九牛の一毛に比すべき事例にすぎまい。知識人のほとんどすべてを捉えていたものが、観念としては国家あるいは祖国であった。「国家の危急」に関する高村の一論は、それを語る好個の資料にほかならない。

われわれは、「高村光太郎ノート」の末尾に近づく。そこでは詩人高村についての研究は終り、戦後における詩人たちの厚顔について、つぎのように論じられている。これは吉本の第二論「前世代の詩人たち」の前奏曲として、受けとられる。

戦後、これらの現代詩人たちが、自分の傷あとを、罪業の汚辱を、凝視し、そこから脱出しようとする内部のたたかいによって、詩意識をふかめる道をえらばず、あるいは他の戦争責任を追求することで、自己の挫折（戦争への協力に滑りおちたこと）を隠蔽し、あるいは一時の出来ごころのようにけろりとして、ふたたび手なれた職人的技法とオプティミズムを氾濫させたとき、かれらは自ら日本現代詩の汚辱の歴史をそそぐべき役割を、放棄したのである。

戦争責任論の戦後十年における再燃の意義については、それがもはや戦争＝責任論ではなくて、戦後＝責任論に変ったところにあることは、この一論が完結するまでに、いやというほど判明するだろう。しかし、右の一節が、すでにそれを示すのである。注意すべきは、吉本氏の戦争責任論が、その動機を、事実の摘発におかず、事実の分析におく、という点である。本多顕彰の『指導者』と本質的に違うところである。吉本氏にとって真の問題は、日本の知識人における「近代的自我」の崩壊は、何に起因するか、という精神的な問題である。表面上、詩と詩人のみが問題とされて、日本の知識人の一般問題という形はとっていないが、しかし自我の問題を次のようにいっている。

日本の現代詩は、日本的な現実との自我のたたかいを、詩の方法にまで実現する努力を怠っていたために、モダニズム詩も、プロレタリヤ詩も、内部的には、近代的自我の解体・喪失の表現にすぎない、という一面をもっていた。（もっと突込んだ論述があるのだが、詩壇の実情に通じないため、抽象的な説明では判らないところがあり、そこを省略する。――大熊）ところが、モダニズム詩を、近代的自我の解体・喪失の文学的表現とみなし、また、プロレタリヤ詩を、自我意識の社会意識への止揚の過程としてとらえる文学史家の公式理論にしたがったのでは、戦争期における現代史の全崩壊（戦争協力への全面的傾斜）という日本的特殊性を、説明することができない。これは重要な点である。なぜなら、詩壇における戦後の新しい世代が、刻苦して克服しようとしているところは、意識的であるにしろ、ないにしろ、この公式理論に馴致されない日本的特殊性（自我の脆弱さ）の問題そのものであるからだ。

はなはだ抽象的であるが、あえてこの一節を紹介するのは、吉本氏の戦争責任論が何を究極の目的としているかを、示したいためである。同氏は近代的自我の再建をめざし、再建の途を探求していることで、『近代文学』一派の系譜を引くのである。

5

さて、戦後における歴史の偽造という小事件。世界史から見たら無にも等しい事件であるが、わたしはそこに政治と人間との関係を見、政治というものの属性を見ようとする。小田切秀雄氏にとって名誉なものではないが、「高村光太郎ノート」の結びに同氏の名前がでてくる。新日本文学会が、戦争責任の追及を企て、文壇における戦争責任者のリストを作ったとき、小田切氏がその署名人であった。リストを作るときの方針としては、「ここで特に文学及び文学者の反動的組織化に直接の責任を有する者、また組織上そうでなくても、従来のその人物の文壇的な地位の重さの故に、その人物が侵略戦争讃美のメガフォンと化して恥じなかったことが、広汎な文学者及び人民に深刻にして強力な影響を及ぼした者、との二種類の文学者に重点を置いて取上げた」と記されている。注意すべきは、これに対する吉本氏の批評である。——

> だが、残念なことに小田切は、文学者の戦争責任を、日本の文学の崩壊の内因を質的にほりさげることによって精確に追求する持続力をもたなかったため（これは『文学の端緒』に収められた論文でも変らない）、戦争期の日本文学の崩壊、挫折の体験から未来への方向をくみとる貴重な道はとだえ、自己陣営の戦争責任の追及を回避することによって、空文にひとしい権威しかもちえないままで終った。……そこで残された空白は、若い世代のひとりひとりが、苛酷な内部的・現実的格闘によって、背負わねばならない重荷となって、いまも、あるのである。」（傍点は大熊）

敗戦直後、各界に戦争責任の追及が行われ、文壇では戦争責任者のリストが、新日本文学会によって発表された。が、吉本氏によると、問題は戦争責任の追及の仕方にあり、その正しい仕方は、リストをかかげて事を済ますことではなく、責任の「内因」をさぐることでなければならない。それは戦争への協力という自他の内体験を分析し、その分析と探究とを通して、未来にむかって自我の再建の道を求める、ということでなければならない。その場合、自己の陣営に属するからといって、ある人物の戦争責任を隠蔽したり、それを不問に付したりすることは、戦争責任の追及ということの本質的な意味を、蹂躙するものである。しかし小田切氏のとった態度は、遺憾ながらそれであった。そのために戦後の若い世代は、そのような空白を自分たちの手で埋めるよりほかはない、という不当な重荷を負うことになってしまった。これが、吉本氏のいおうとするところである。

戦争責任の「内因」をさぐるということ。それはいいかえれば、自他の戦争体験を分析するということである。吉本氏は、高村光太郎という日本の典型的な一近代人をとらえて、その精神構造を分析し、そうすることで、高村の戦争責任の「内因」をさぐりだしたが、そのような仕事は、なるべくならば戦争責任を感じる当の人間自身が、それぞれ自己解剖のメスをふるい、その深い創口を次の世代に示すにしくはない。それは決意と、忍耐と、勇気と、そして執拗なまでの根気を要する仕事であり、底ぬけの誠実さによってのみ成就する仕事である。それは、新日本文学会やその他の団体が、いわゆる「戦犯リスト」をつくり、そして自分や仲間の相対的に軽いと思われる戦争責任を棚に上げるといった「頰かむり」方式とは、反対極に立つ仕事である。だれかがその仕事をしないかぎり、日本民族の「精神史の落丁」は、いつまでもそのままである。そしてこの仕事の重荷は、ついに十年後、戦後世代の肩に転荷されてしまった。――吉本氏の考えかたを補足すれば、そういうことである。「精神史の落丁」という一つの比喩は、一九四七年ごろにわたしが一度ならず用いたもの。いま、塵を払って持ちだすのである。

吉本隆明氏の第二論「前世代の詩人たち」(9)。これは第一論の末尾に出ていた問題を承け、四ヵ月後に発表された。その第二論は次のようにはじまる。――

わたしは、民主主義文学陣営によって、戦後になされた「文学者の戦争責任」の問題の提起の仕方や、戦争期の日本の文学についての評価の仕方について、広範囲にわたる疑問をいだくものだが、それを総括的に論ずる準備がないから、まず素材を出すにとどめ、他日を期したい。

まず敗戦後の平和革命論というのが、問題である。占領軍の隷属下において、平和的に革命が成就するというのが、平和革命論であったのではない。それはもっと別なものを含んでいた。連合軍によって敗戦をむかえたのであるにもかかわらず、自力で戦争を終結させたように錯覚し、その錯覚で自慰をしながら、自己陣営内の戦争責任を抹殺し、それとは逆に、他の陣営に対しては、威猛高にその戦争責任を追求することで、結局、人民の不信を買った。平和革命論に含まれた害毒とはそれである。だれでも自己陣営に近よってくれば、とたんにエビス顔をし、批判をむけてくるものには、反動よばわりをする。当時ほとんど手のつけられない気狂い沙汰であったことは、だれでも記憶している。

左翼陣営内部の新しい世代から、この発言があるのは、一つの驚異である。大敗戦につづく征服者の軍事占領下にあって、昨日の敵の軍事権力を笠に、今日は日本の民主革命のチャンピオンになりすました知識人が、文壇といわず、論壇といわず、学界といわず、一夜にして姿を変えたあの時代。あの未曾有の大政治季節。——吉本氏は、あの未曾有の大政治季節以来の左翼文学者の言動を、ここに改めて問題とするのである。

6

ポツダム宣言の受諾による大敗戦の確認につづいて、おもしろい心象が日本人にあらわれたことは、まえにもいった。おれは戦争には初めから反対で、戦時中は軍部に抵抗したのだ、という心象である。戦争についての被害者意識のみならず、抵抗意識までが、戦後になって醸成されたということ。便利のためにあの時期を、わたしは大政治季節とよぶ。政治がすべてを圧倒した時期であり、政治によって人間の良心が吹き消された時期である。戦争期が、一つの大政治季節であったことはいうまでもないが、敗戦によって招かれたものは、それにもまさる大政治季節であった。「バスに乗りおくれまい」というのは、たしか戦時中の常用語であった。しかし、それは、より以上に戦後の心象であった。日本の「民主化」のための自己演出は、軍事占領下、まさに国民的規模において行われた。もはや共産党は、晴れて天下の公党であった。それはただ一つ、戦争の穢れを知らぬ党派だ、と信じられた。入党が戦争責任の免罪符になる、という立札はなかった。が、それにしても党員であることが、戦争の穢れを知らぬことに、通じるかに思われた。いずれにしても増員が必要で、組織の拡大強化が至上命令であった。新日本文学会は、日本共産党を主導勢力とする「文壇民主勢力」の大同団結であった。新日本文学会創立準備会の「活動経過報告」には、次のような、まことに注目すべき文字があらわれた。(10)――

発起人としては、帝国主義戦争に協力せず、これに抵抗した文学者のみが、その資格を有するという結論となった。秋田雨雀、江口渙、蔵原惟人、窪川鶴次郎、壺井繁治、徳永直、藤森成吉、宮本百合子が決定した。

この「報告」の署名人は、中野重治氏であった。「戦犯リスト」の署名人が小田切秀雄氏であったことは、さきに見た。ところで発起人のなかに、「抵抗文学者」として窪川鶴次郎、藤森成吉、壺井繁治、徳永直の諸氏の名が、つらねられている。――「抵抗文学者」？　もちろんこれはある意味で、ウソである。当時それがウソであることを知らないものは、おそらくアメリカ占領軍当局ぐらいのものであっただろう。にもかかわらず、文壇ではこのウソが立派に通用した。やはり大政治季節である。だれもそのウソを衝くものがなく、筆にするものもなかった。いや、そのウソを正当化するための、小田切氏その他の評論活動が、つづいて起った。組織的に虚偽が行われ、歴史そのものの偽造が、はじまるのである。

征服者の占領政策は、最初「革命」の擬態をとった。この擬態に平仄を合せようとする心象が、「民主勢力」の間に大きくあらわれた。「革命」には、革命勢力と反革命勢力とがなければならないし、革命勢力は反戦派、反革命勢力は主戦派でなければならない。「革命」の擬態に平仄を合せるには、そんな膳拵えが必要だと思われた。構想としては正しかったかもしれない。しかし、その構想を実施するには、虚構が必要であった。咄嗟に、歴史の偽造が着手され、それにもとづいた二つの陣営が描きだされていった。

新日本文学会創立準備会の名による歴史の偽造を、戦後十年目に摘発し、古い「病巣」の大手術に最初のメスをふるった詩壇の吉本隆明氏は、あの大政治季節における日本文壇の虚構を、次のように書いた。――

連合軍によって敗戦をむかえながら、自力で戦争を終結させたように錯覚し、その錯覚を自慰しながら、自己陣営内の戦争責任者を抹殺し、それとは逆に、他の陣営に対して、威丈高にその戦争責任を追及した。（大意）

吉本氏は、それによって「人民の不信を買った」というが、その「人民」とはなにをさすのか。わたしはかつて羽仁五郎氏にも、同氏のいう「人民」の意味を、問うたことがある。(11) いずれにしても、他の陣営に対して、「威丈高にその戦争責任を追及した」というのは、たしかな事実だった。いまや、十年後の今日、それらの虚構は突き崩され、「革命」の擬態の上にあらわれた一切の心象は、消滅しつつある。戦争責任論の再燃が意味するものが何であるかは、まだ評価を確定すべき時期ではない。しかし、それが歴史の偽造を破壊したという一事は、すでに文学史的に決定した。

吉本氏の第二論は、そのような破壊作業の一齣であり、武井昭夫氏の第一論は、おなじ破壊作業の前進である。吉本氏の第二論における破壊作業。同氏が「素材」を提供するといって、われわれの前に明かにした資料は、新日本文学会創立準備会の中野重治署名の「報告」のほか、数種ある。小田切秀雄氏は、壺井繁治の戦時中の詩が、「戦争に対する日本の文学者の抵抗の姿」を、「記念碑的に定着」させたものだといった。「戦時下の日本の抵抗文学」の「代表的な達成」だといった。のみならず、「発表当時わたしたちを深く感動させた」とまで附け加えた。ところが吉本隆明氏はこれを、文学史的な虚偽だと指摘する。これは小田切氏の「善良で、浅薄な、つねに政治従属的な、批判の盲点」から生じたものだという。平野謙氏もまた、抵抗文学として評価すべからざるものを、戦後において「芸術的抵抗の主要なもの」として列挙し、「太平洋戦争勃発前後の、もっともかたくなな文学的抵抗の主線」がそこにあった、と書いた。吉本氏によると、そこに列挙されたものの半数は、その評価に値いしないのである。大政治季節に際会して、作品についても、人物についても、大規模な「抱合せの売込み」が行われたというべきか。

壺井繁治氏の場合になると、ことは簡単ではない。同氏は戦時中、「指の旅」「鉄瓶に寄せる歌」などという、侵略戦争謳歌または愛国詩をつくり、敗戦になると、「絞首刑を言渡された東条英機ら七人の戦争犯罪人に」と副題する「七つの首」や、「鉄瓶のうた」を発表した。のみならず、「高村光太郎論」という戦後の一論では、自分の戦争責任を棚にあげ、詩人高村に戦争協力についての反省と自己批判がないことを指摘し、高村を「一人の反動的な俗物」とまで、こきおろした。もし、詩人壺井氏を同情ある眼でみるなら、いや、せめて吉本氏が高村光太郎を扱ったとおなじ眼でみるなら、壺井氏のプロレタリア詩人から戦争詩人への転落にも、苦悶の過程がたどられるにちがいない。しかし、戦争詩人から反戦詩人への転換は、不連続であって、一個の人格としての内的過程が、そこにあろうとは思われない。自己を撃つべきときに、他を撃つことで、その瞬間は過ぎ去ったのである。戦後の高村に自己批判がない、などといって攻撃した壺井自身は、自己批判をまったく欠いた一人であった。吉本氏は、おなじ鉄瓶に取材した壺井の二つの詩を、ユウモラスに対照したうえで、「わたしは、詩人というものが、こういうものなら、第一に感ずるのは差恥であり、屈辱であり、絶望である。戦争体験を主体的にどううけとめたかという蓄積感と内部的格闘のあとがないのだ」といい、「極論すれば、壺井には、転向の問題も戦争責任の問題もなく、いわば、時代とともに流れゆく一個の庶民の姿があるだけである。また、もしこういう詩人が、民主主義的であるなら、第一に感ずるのは、真暗な日本人民の運命である」と痛論した。
岡本潤氏に関する追跡は、省略してもよかろう。

7

文芸評論家武井昭夫氏は、その第一論「戦後の戦争責任と民主主義文学」の冒頭に、ふたたび新日本文学会創立準備会の中野重治報告をかかげた。[12] 吉本隆明氏によって、すでに一度摘発されたものである。わたしの見解では、中野報告（小田切報告を含めてよい）にあらわれた虚偽が、その後十年の一切の虚偽の電源であるから、この措置は偶然の一致ではない。新日本文学会の結成と同時に、歴史の偽造がはじまったのだ。人々はこぞって、政治の立場に立ち、そして文学の立場、人間の立場を、放棄した。新日本文学会準備会は本質において政治的徒党であった。中野報告にあらわれた人間的に堪えがたい虚偽は、一つの必要から生まれた。それを必要としたのが政治である。文学は完全に政治に従属してしまった。吉本・武井両氏の指摘を別として、このことはまだだれにも反省されてはいない。たとえば小田切秀雄氏は、「政治に対する文学」という最近の一論で、ソ連やフランス人においては、文学の政治への従属が革まったことを論じている。[13] しかし日本のことになると、戦後文学の「頽廃」の根因に関して、小田切氏自身も、多少責任を分かたなければならないことには、気がついているようにはみえない。

さて、以下は、武井昭夫氏による吉本氏の業績の評価である。

吉本隆明の「高村光太郎ノート」と「前世代の詩人たち」という両論は、戦後の民主主義運動において主導的な役割を果してきた壺井繁治と岡本潤に対して、かれらが太平洋戦争期から戦後の今日まで演じてきた醜悪な喜劇の本質を、完膚なきまでに、えぐりだしてみせた。それは民主主義詩運動全体を、震駭させるにたるものだった。

しかし、わたしのみるところでは、それは詩壇を震駭させるにとどまらず、全文壇と全論壇を、震駭させるにたるものである。武井氏はつづけていう。――

吉本は、壺井・岡本の過去の戦争責任を、単に道義的に追究したのではない。それが今日もちこされているかれらの思想構造と芸術方法の性質を、明らかにしたのであった。私（武井）は、吉本の両論によって、民主主義文学運動の内部にあった戦後世代が、当然なすべくしてなしえないでいた怠慢・無力・無責任を、いまさらながら思わせられた。しかし、戦後世代のすべてがそうであったのではなく、この問題意識は一部のあいだに予感として胚胎されていたともいえる。戦後十年、ますます深化しつつある民主主義運動内の病巣へ、たれかが大胆なメスをつきさすべき機は、熟していたのであり、その執刀の光栄をになったのが吉本だったともいえる。

これが詩人吉本の活動に対する武井氏の評価である。武井氏によると、詩壇の戦後世代の民主主義詩は、内外から批判を受けており、しかもそれは「誹謗・中傷・歪曲」の性質をおびていた。そして吉本氏の戦争責任論そのものが、すでに「誹謗・中傷・歪曲」の対象となりつつある。そこで武井氏は、吉本氏の問題提起を「全文学ジャンルに拡大し、深化し、決着をつけ」なければならないと決心する。武井氏もまた、詩人壺井繁治を糾弾することからはじめているが、その惨憺たる内容には触れずにおきたい。ただ、「私は壺井氏の戦争責任を追及しているのではない。戦争責任を回避してはじめられた戦後責任を問うているのである」という言葉は、責任論再燃の意味を解く鍵である。わたしはこのような仕事の動機に、文学以外の何かがあったことを論ずることには、興味をもたない。六全協以後、日本共産党内部に、言論の自由が生まれたという。それならば党員である吉本・武井両氏の最近の活動は、その自由がもっとも強く活かされた一例だと解するにとどめたい。政治と文学との関係について、武井氏は次のようにいっている。

戦後十年、民主主義文学運動内部に生起した似而非「文芸思潮」は、すべて文学の政治への従属によって生じたのではなく、文学の誤れる政治へのもたれかかりとして発生したものであった。文学の政治への従属とは、芸術が自律的に解決すべき課題を、政治に転嫁することでは断じてない。政治におぶさってものを考え、ものを言う態度は、いまこそ根絶されなければならない。それは政治を弱め、芸術を枯らす道だからである。

だが、戦後十年、民主主義文学運動内にくりかえされたこうした誤謬は、どこにあったか。それは、わが民主主義文学が、戦後まず第一になさなければならなかった戦時下十年のブランクと、そのもとでの文学解体の実相の究明を、さけて出発したことに起因していたのである。

左翼文芸家の政治的転向と、戦争文学への転落の「実相」を、あますところなく明るみにくりひろげ、その前後の精神構造を内面的に解剖してみること。そのような自己解剖を回避して、民主主義文学の新しい出発はない。――これが吉本・武井両氏において一致する根本見解である。しかも自己解剖が、いっせいに回避された以上、戦後世代はみずから差し代って、かれら転向文学者を俎上にのせるよりほかはない。武井氏がつかまえたのは、窪川鶴次郎・藤森成吉の両氏であった。だから次はその解剖の場面である。

8

人間の思想や態度が変化するのは、人間にとって自由であって、その変化の自由と、また表現の自由とは、ゆるされなければならない。しかし大切なのは、その思想や態度がつねに人間の内なる人格とつながっていなければならない、という条件である。もしあの戦争が敗戦を通してわれわれに何かを教えたとすれば、人間は個としての人格において、思想をもたねばならないという一事である。もしそういえないならば、少くともわたし自身は、敗戦によってそれを学んだ一人だといいたい。わたしは「節操」の意味を、思想が不変なことだとする鶴見氏流の普通の考えかたには、必ずしも心を惹かれない。変りかたのなかに「節操」があるべきだ、とする考えかたを取るためである。

詩人壺井については、武井昭夫氏も、戦中・戦後の言動のあさましさをえぐりだした。が、それは吉本氏の仕事と同一線上のものだから、改めて取りあげるにおよぶまい。ここでは、壺井氏とおなじく新日本文学会の発起人であり、「帝国主義戦争に協力せず、これに抵抗した文学者」と謳われた窪川鶴次郎・藤森成吉両氏の登場をねがうことになる。両氏もまた壺井氏と同様、その戦時中の言動を忘却の淵に沈め、自己批判を通過することなしに、戦後、不連続の形をもって、左翼文芸陣に返り咲いた人々だと見られている。武井氏が、批判の俎上にのせるべく両氏を選んだ事情は問うにおよぶまい。以下は、武井昭夫氏の一論「戦後の戦争責任と民主主義文学」にもとづく。藤森成吉氏は作家として知られながら、意外にも和歌をつくる人でもあった。

清三郎恙もなくてもどりけり「風船貼りの神技」みやげに
啄木の国に来たりて啄木を「打た」んず言葉聞くは悲しも

第一首は、作家同盟解体期のもの、第二首は、昭和十三年秋、武漢占領のころのものだという。「啄木の国」というのは、その郷里をさすのであろう。当時の藤森氏は、時代に抵抗していたのである。日華事変当時、事変に対して懐疑的・批判的であることは、知識層に共通の心象であった。しかし、藤森氏はそれを表現していたのである。

ところが、大東亜戦争の時期に入ると、藤森氏は、次のような歌を表現した。

日の御子の生れましし日ぞと大東亜共栄圏の諸《もろ》たみことほぐ
神兵の誇りに燃えて将も士も戒め合ふとぞこれや神兵
小気味よく勝つわが軍の記事を見て食へば菜なき飯の味よさ

当時の藤森氏には、散文も多いとのことだが、武井氏がそれらに言及しないのは、右の歌三首で、資料は十分と見たのであろう。ところがこの藤森氏は、戦後『新日本文学』創刊号の特集「八月十五日の記」に一文をよせ、終戦の報をきいて、「ほう、もうきょうそういうことになったかと感慨しながら、ぼくはもどって家族にその由を告げた」と書き、そして天皇の責任を追及し、GHQの戦犯指定者の動揺を、「あきれた曳かれ者の小唄をうたった未練者」と嘲笑った。大東亜聖戦下では、「日の御子」をうたい、人並に捷報をよろこんだ人でも、一旦敗戦となると、「戦犯」を嘲り、天皇の責任を問う人となった。このような心象の変化そのものを、非難する資格のある知識人が、どれだけあるかをわたしは疑う。しかし問題は、戦争時代の言動を伏せるという一点に懸かる。

一九五五年の『新日本文学』七月号に、藤森成吉氏は、「奇異」と題するエッセイを発表した。それには、つぎのような意味のことが書かれていた。

> 青年時代にマルクス主義を信じないやつは馬鹿だが、いい年になって信じているやつはなお馬鹿だ、という警句がある。すると、六十代にもなっていよいよマルクス主義を信じるぼくのような者は馬鹿の骨頂で、レーニン、スターリン、毛沢東など、偉大なマルクス主義者は、全部馬鹿ということになる。若いときは進歩主義や革命思想にとりつかれ、中年になると反動に変る人物が、ツルゲーネフやその他のロシア小説にでてくるのを、むかし読んで、人間がこうも変りうるものかと、奇異の感に打たれたものだが、日本もいまは歴史がすすんで、恥知らずの転向者を大量生産するところまできた。しかし、終始一貫した進歩主義者や革命運動家を、前述のような警句で罵倒する人間は、ロシアの小説のなかにはない。(大意)

知らない人が読むと、藤森成吉という作家は青年期にマルクス主義を奉じ、六十幾歳の今日にいたるまで、終始、その主義を貫徹した点では、毛沢東とちがわない人物である、と受けとりかねない。作家藤森が、太平洋戦争時代に、マルクス主義を捨てたことは、「日の御子」の歌一首で明白であるのに、戦後十年、そのような転向の事実が忘れ去られ、氏自身非転向のマルクス主義者であることを謳い、そして日本の「恥知らずの」転向者は、同氏によって嘲られることになった。

　そこで、事実は一つではなくて、二つである。第一。作家藤森成吉氏が、太平洋戦争期に天皇制を謳歌し、捷報を讃えたという事実。これはマルクス主義者としての転向であり、崩壊であった。第二。作家藤森氏は、戦後、戦争期における自身の言動を伏せ、自分が不屈のマルクス主義者であるかのように、他の転向者をののしるという事実。これはマルクス主義者における欺瞞である。

　第一の事件が、比較的単純であるのに比べて、第二の事件は、壺井氏の場合と同様、甚だ始末の悪いものである。第一の事件なくして、第二の事件はないという意味では、これら二つは、ひとつのものとして、捉えるべきかもしれない。しかし、わたしは思うのに、作家藤森が、「日の御子」を讃え、捷報をよろこんだこともまた、実はもう一つの自己欺瞞であったのかも測りがたい。——人間の心というものの重層性。もしそれならばそれで、どうして藤森は作家として自己解剖に向うことができないのか。歯がゆさはその点にかかる。とはいうものの、政治が文学を呑みつくしてしまえば、そこに文学のひとかけらも残らないのが、必然であるのか。

　またここで、一言を挟みたい。——人間の転向とか、崩壊とかいうことは、わたしにとっては嘲られるべきものではないということを。わたし自身には、人間が左翼運動に関係したという一事を、単にそれだけで尊敬に値いする、と感じる傾向がある。「極右思想」には最後まで抵抗しても、戦争そのものに抵抗することを知らなかったわたしにおいては、そうである。ある程度まで、ある時期まで、戦争に抵抗したという事実は、そのあとに崩れたという事実で、まったく帳消しになるものとは思われない。

わたしのようなものの誤りは、戦争そのものが、日本社会の「社会化」の過程だと信じたことにある。戦争期のわたしの経済学上の文献の多くが、それを証拠だてている。わたしはそれが誤認であったことを、戦争中にだんだん感知した。この体験は、いつか書き残したいと思うものの一つである。戦後における わたしの反省は、一言にして「自分は政治を知らなかった」というに尽きる。わたしは専攻の理論経済学については、少しばかり打ちこんだ問題をもっていた。が、社会科学について基礎的な素養をもっていたとはいえない。戦後におけるわたしの反省が、道徳的人間としてのそれであるよりも、科学者としての無知についての反省であるのは、かくすに及ばないことである。わたしはあの戦争期において、天皇に「帰一」できない自分の悩みを一度告白したが、しかし『国家科学への道』（一九四一年十二月）と題する論集を公刊する勇気をもっていた。[14] この「国家科学」の提唱は、戦後は社会科学の立場から、大河内一男氏などによって批判的に回想された。社会科学の立場を守りながら、しかもあの戦争に積極的に協力できたという大河内氏の精神構造のほうが、わたしにとって深い謎であることは、十年前に書いた記憶がある。[15] いずれにしても、戦争そのものを国民の運命として甘受し、これに抵抗することを知らなかったわたしは、一度でもあの情勢に抵抗した人だと聞けば、たとえ屈折と崩壊がすぐあとにつづいたにしろ、その人々を尊敬したくなるのである。しかし、いまはこの問題に深く立ちいるいとまはない。わたしは政治と人間の問題に戻らなければならない。

十年も経てば、人間は、都合のわるいことは忘れがちになるものだ。しかし、左翼文芸家の自己欺瞞は、戦争の終結とともに始まり、そしてそれは、新日本文学会準備会の「活動経過報告」において、一つの定着をみた。この「経過報告」が、前後十年にわたる左翼文壇の、自己欺瞞の電源をなすことは、さきにいうとおりである。壺井、藤森、窪川の諸氏をふくめて、多くの人々はこの中野報告の呪縛によって、自己の戦争協力を告白し自己批判する自由を、つまり表現の自由を、永久に奪われた。もしこのわたしの着眼に理由があるならば、人々はまずそのような政治の呪縛から、解き放たれることが先決であろうし、政治的集団によってつくられた電源そのものを破壊することが、第一に必要であろうと思われる。

武井昭夫氏は、「藤森の内部世界の荒廃のすさまじさを凝視することが必要である」といった。「内部世界の荒廃のすさまじさ」とは痛烈な言葉であるが、わが作家たちをそのような「荒廃」に引きずりこんだものが、ほかならぬあの大政治季節以来の政治主義であったことは疑いようのないことである。戦争期の政治だけではない。戦後の政治主義もまた、詩人や、作家や、そして評論家を、果てしない「荒廃」に導いたままである。政治からの人間の恢復は、依然として未決の課題である。

9

つぎに窪川鶴次郎氏。——マルクス主義の立場に立った文芸評論家である窪川氏の著作は、昭和九年作家同盟解散後から、昭和十九年までの十年間に、『現代文学論』まで、十八巻におよぶ。戦後、それから選抜して、三巻の書物ができた。削除された半数以上のエッセイのなかには、同氏の転向時代のものが、全部含まれているはずだが、窪川氏は、自分の転向の前歴を打ちあける代りに、それは「文学のファッショ化」に対する「人間性の擁護のたたかい」であった、と書いてしまった。

評論家小田切秀雄氏は、詩人壺井についても讃美の言葉を書いたが、おなじように窪川氏についても「抑圧の時代」に、「烈風に吹き消されることなく、暖かい燈火を文学的にともしつづけたいくたりかの」

一人だ、と書いた。窪川氏は戦後の著作のなかで、「自己批判」をした。が、武井氏によると、それは「私生活」についての反省にとどまり、自己の文学的活動についての批判ではなかった。そこで武井氏は、窪川氏の文学活動を、三つの段階にわける。第三期というのが、「中日戦争の開始とともに急速な変質をとげつつ、戦争文学の御用理論家に転落」していった時期である。窪川氏はこの時期に、その著『再説現代文学』（昭和十八年十二月）の「あとがき」に書いた。――「時代の飛躍的な発展に伴い、且つささやかながら国家の要望に応えようとする私自身の努力によって、私は絶えず自分の立場をも一新せしめようとして来た」（傍点は大熊）と。そして書名が「続」でなくて、「再説」でなければならないわけを、縷々述べた。武井氏はそれを引用して、高見順の窪川弁護（文例は省略する）が失当であることを、衝いた。

マルクス主義者であった窪川鶴次郎氏が、「戦争文学の御用理論家」に「転落」していく過程は、「日本文学の位置」（日本文学報国会結成式の日、すなわち昭和十七年六月十八日に綴られたもの。窪川鶴次郎著『再説現代日本文学論』所収）によって、たどられる。これによると、窪川氏は日本文学報国会の第一、二条の思想を、積極的に受けいれたのみならず、「皇国文学者としての世界観の樹立」という立場から、芸術主義者たちに自己批判を要求した。引用をみると、なるほど「戦争文学の御用理論家」と呼ばれても、返す言葉のないものである。武井氏は問題の一論を結ぶにあたって、窪川の三段階の足どりを、つぎのように概括した。――

　マルクス主義世界観から世界観一般へ、そして皇国主義世界観へ、さらに戦後三転して、マルクス主義へ回帰した窪川の道すじは、私たち戦後世代にとって、探究すべく、くめどもつきぬ宝庫である。すなわち、第一に、どのような世界観のもとでも組立て自由な芸術方法論の典型がここにあるからである。第二に、どのような世界観をもうけいれうる人間の内部世界、その思想構造の見本がここにあるからである。第三に、皇国世界観といれかえできた窪川の「マルクス主義」とはどのような内容のものであったかという問題である。(同書一五六・一五七ページ)

武井昭夫氏に、痛烈な皮肉の音調がないわけではない。しかし、吉本氏が高村光太郎の精神構造を分析した部分と、いま、武井氏が窪川の精神構造にメスを入れている右の部分とは、おなじ性質のものである。これを日本の知識人における転向現象の、単なる一特例の解剖だと思わないほうがよい。もし壺井氏や、藤森氏や、窪川氏が、政治的人間である以上に、文学的人間であるならば(ということは、人間としてその内面性に誠実であるならば、ということだが)、戦争期における自己の心象や思想の動揺について、戦後、矢も盾もなく自己分析をしないでは、一日もいられなかったはずだろうと思われる。それが大政治季節に併呑され、良心は吹き消され、そして十年後のいま、戦後世代の批判の俎上にのせられ、自己切開のできなくなった内臓の腫物に、ふかくメスを入れられている。これは一つの悲痛な事件である。しかし、これが戦争責任論の再燃ということの本質である。「政治は虚偽をゆるす。しかし、文学は虚偽によっては生命をたもちえない。」そんな古い命法が、ふたたび人々の心の中で作用しはじめたということとであろうか。

日本の知識層の精神構造についての自己解剖。それを戦争期に即して、徹底的になしとげること。——鶴見俊輔氏の集団的な資料調査的な仕事も大いに期待されてよいと思う。しかし、鶴見氏たちの仕事に、一方においてここに見るような意味の自己解剖が含まれていないなら、問題の解明はおそらく永久に不可能かもしれぬ。この種の自己解剖は、清水幾太郎氏によって、敗戦後まもなく試みられた例があり、わたしはそれを取りあげた記憶がある。(16) 清水氏の所説も、わたしの所見も、そして吉本氏の「高村光太郎ノート」も、鶴見氏の一論はすべてそれらを無視して書かれたものであった。そしてアカデミズムの世界ではあるまじきことでも、ジャーナリズムではむしろ普通のことというべきである。(17) 武井昭夫氏はいっている、「俎上にのぼる前世代の文学者たちが、みずからもその探究者のひとりとして、この課題に正面からとりくむこと」を切望する、と。最狭義の自己解剖は、個体としての人間が自己の内部を分析することであるが、しかし広義の自己解剖は、知識層がおなじ内部の者を解剖することであり、吉本・武井両氏の責任論は、その意味において知識層の自己解剖に属するのである。

わたしは鶴見氏の一論に因んで、「未決の戦争責任」という批判的な一論を書いた。それは同氏の回答を求めるものであった。それにつづいてこの一論の筆をとった四つの理由は、さきに述べた。これは吉本・武井の両氏に、回答を求めるものではない。――なんのための戦争責任の追及か。少くともわたし一個にとって、戦争責任そのものは、もはや最後の問題ではない。戦後＝責任論も究極の問題ではない。わたしにとっては結局、すべてがある目的のための材料であり、資料であるにすぎない。必要なのは、政治《い》というものの本質を見つめていくことである。目的のために手段をえらばぬ政治《い》というもの。もしそれが人間を「荒廃」に陥れるというなら、その様相をつぶさに知ることである。戦後十年の詩壇で取りあげられた一つの事件は、政治《い》そのものの必然から生まれた「組織的な虚偽」の一例であった。世界史から見たら、無に等しい小事件にすぎない。にもかかわらず、ものを肉眼で見るのには、しばしば微視的な材料のほうがいいのである。

わたしにとって究極的な問題が、国家対人間の一般関係であることは、いまさらくり返す必要はないかもしれない。しかし旧天皇制の廃止とともに、国家問題そのものまでが、「湯水といっしょに」流されてしまった今日の情況では、戦前・戦中・戦後のあらゆる世代を通じて、この問題がどのくらい大きな空白を残したかを調べ、アト・ランダムにそれを指摘することが、仕事の一部となるのを避けがたい。戦争責任論はようやくにして、丸山真男氏や古在由重氏など、社会科学者の手に移りつつある。わたしはそれらに期待し、またそれらから学ぶことで、自分の考えをすすめる機会を持つだろう。(18)

ふたたびくり返す。資本主義批判は十九世紀の思想の課題であった。経済学が社会科学の王座を占めたのも偶然ではない。しかし現世紀の思想の課題は、おそらく政治学によって担当されるよりほかあるまい。資本の奴隷たることを免れたはずの人間が、依然として国家と政治の奴隷たることを罷めないのならば、社会科学者は人類のために、この新しい事態を正視する任務を負うべきである。そもそもこの国家とは何であるのか。エンゲルスからレーニンにいたる国家学説によって満ち足りている人々には、この問いは無意味であろう。十六世紀の半ばころ、イタリアの教皇使節ジョヴァンニ・デラ・カサが使ったのが、歴史に残る初めだといわれる「国家理性」という不可解な言葉。(19)「掠奪と非行とをめざす邪悪・不純・放恣な理性」の意味だといわれるこの言葉に従うよりほか、いまもその存在原理と行動原理を理解しようのない国家という巨獣《リヴァイアサン》。その「国家理性」の脊柱をなすのが国家主権ならば、その主権を、国家奴隷としての人間において内面化したのが、忠誠服従の義務にほかならない。現代の国家論は、これら両面の一つの統体としての国家そのものを解剖し、その本質を暴露しなければならない。それはおのずから、共産主義国家が現に奉じているマルクス主義を、超えることでなければなるまい、というのが日につのるわたしのもつ予感である。

(1) 森乾「パリに居る外国人学生の〝徴兵談義〟」(『朝日新聞』一九五五年6月3日付)。
(2) 本書第二章(九九ページ)。
(3) 同 第三章(一五八〜一五九ページ)。
(4) 荒正人「状況悪」(『群像』一九五七年2月号)。
(5) 吉本隆明「高村光太郎ノート」(『現代詩』一九五五年5月号)。武井昭夫氏との共著『文学者の戦争責任』(一九五六年九月)に収載。
(6) 本書第五章第三節参照。
(7) 座談会「文学者の責務」(『人間』一九四六年4月号)から十年後、座談会「戦争責任を語る」(『近代文学』一九五六年9月号)がもたれた。出席者は、荒正人(司会)、吉本隆明、武井昭夫、本多秋五、小田切秀雄、平野謙、佐々木基一、原田義人、大熊信行。この座談会は、十年という歳月が『近代文学』同人諸氏にとって、こと戦争責任に関するかぎり、一歩の前進もないことを明かにした。また、同人諸氏に対する十年前のわたしの国家問題の提起(本書第五章)も、諸氏によって全然顧みられていないことが、判明した。わたしを驚かしたのは、本多秋五氏の発言が、十年前とは何の脈絡もないものに一変した観があることだった。
(8) 吉本隆明「高村光太郎ノート」(前出)。
(9) 前出『文学者の戦争責任』所収。
(10) 『新日本文学』一九四六年3月創刊号。
(11) 本書第二章(一〇七〜一一〇ページ)。
(12) 前出『文学者の戦争責任』所収。
(13) 『東京新聞』一九五六年11月8・9・10日。

(14) わたしの「われわれの問題」(『思想』特集「大東亜戦争」一九四二年5月号)。
(15) 本書第二章(六八~八四ページ)。
(16) 本書第二章(八四~九二ページ)。
(17) 日本の知的ジャーナリズムは、すくなくとも一つの点でアカデミズムに学ぶのがよい。同一問題については、過去の主要関係文献を無視しない、という態度である。わたしはそれを今後は鶴見氏にも期待する。
(18) 丸山真男氏は『思想の科学』会報に、古在由重氏は岩波講座『現代思想』に、それぞれ戦争責任論を発表するものと予告されている。(新版追記。それはいずれも両氏によって果たされなかった。)
(19) 林健太郎「国家的利益の観念」(岩波講座『現代思想』Ⅲ)。「国家理性」を主題とするものとしては、鈴木成高氏の一論が、別に同講座同巻に収められているけれども、読者が必ず多くを学ぶのは、林氏の一論からであろう。用語例の歴史をたどった部分は、殊に貴重である。鈴木氏の所見については、H. J. Morgenthau, In Defence of the National Interest, A Critical Examination of American Foreign Policy, 1951の邦訳『世界政治と国家理性』(一九五四年)の「訳者のことば」も参照。

第十三章　人間は進歩したか——一九五七年

1

ポーランドの古都クラカウから西へ約八〇キロの地点というと、人口三万の町アウシュヴィッツである。映画『アウシュヴィッツの女囚』や、フランクル『夜と霧』の邦訳に添えられた数葉の口絵写真が浮かぶ。一九四〇年に、ナチが、占領地の人民を掃滅する手段として、この町に殺人施設を含んだ強制収容所を設け、多くのユダヤ人を殺害した。また社会主義者、自由主義者、キリスト教徒などを、ここで大量殺戮した。当時三八〇ボルトの電流を通していたといわれる有刺鉄線で、いまも囲まれたままの広大な地域に、鉄道の引込線があり、それがプツンと切れた地点が、かつて「選択」の行なわれた場所だという。昼となく夜となく運ばれた人々のうち、年齢十五歳以下のもの、三十五歳以上のもの、病気のものは、すぐここで殺されるほうに選りわけられ、その他のものは、ここで強制労働と飢餓に追いやられるという「選択」である。歩みをすすめると、煉瓦作りの二階建の家屋が二十棟ばかり。ナチの殺人官吏の宿舎だったところで、いまは博物館になっている。陳列されているものは多種多様で、強制収容所の設立と運営に関するナチの正式文書、殺人に使用された毒ガスの罐の山、殺された人々の夥しい遺品、その他である。ある部屋では、天井まで一杯に充満した茶色の雲のような、よく見ると女性の髪の毛の山である。アウシュヴィッツへ連れてこられた女性は、すぐクリクリ坊主にされ、それらの髪の毛は、織物の一材料となった。その織物も、ナチの配給票を添えて陳列されている。ある部屋では枯枝の堆積と見えるのは、何万人か何十万人かの眼鏡の縁で、ガラスは一つもなく、曲りくねり、絡みあっている。ある部屋は、子供の小さい肌着や玩具の山である。子供たちも、毒ガス室やブルドーザーで殺された。

わたしはこの記述を、『夜と霧』からでなく、それを見てきた日本人の最近の一文から抄出した。[1] 清水幾太郎氏は一九五六年十一月、ポーランドに一週間滞在した。アウシュヴィッツを視察するのが、同国訪問の「真実の目的」だった。博物館を出て、いくつか残っているクレマトリウム（人間を焼いた場所）を見、立ち去るにあたって同氏は、案内の女性の求めに応じ、事務所に備えつけてある大きな署名簿に、署名した。ドイツ語と日本語で、「何人もアウシュヴィッツを見ないで、ファッシズムを云々することはできない」と書きつけた。注意をひくのは如上の記述よりも、つづく次の一節である。

> 私は、今までにもファッシズムについて少からぬ書物を読んでは来たのですが、ここへ来て初めて、ファッシズムとは何であるかが骨身に応えて理解出来たのです。……何物にも換えることの出来ない貴重な生命が、それも一人や二人でなく、一千万に近い生命が、ファッシストによって塵芥のように取扱われているのです。ただ塵芥のようにでなく、極めて冷静に、科学的且つ組織的に奪い去られているのです。生命より貴重なものはない、と私たちは思うのですが、ファッシズムにとっては、幾百万、幾千万の人命より貴いものが、少くとも一つはあったのです。即ち、ファッシズムにとっては資本主義が大切だったのです。それは、如何なる犠牲を払っても資本主義を守りぬこうと考えていたのです。（傍点は大熊）

この文章は某所での講演の速記だとことわってある。それは科学者の論文ではないということだ。それにしてもアウシュヴィッツについて清水氏がもっている結論は、単純である。――資本主義の発展のなかから、いろいろの矛盾が起ってくる。広汎な大衆が資本主義をくつがえす運動をはじめる。そうなると資本主義を守る道は暴力以外にない。そこで大衆を暴力の組織に再編成しなければならなくなる。「こういう暴力的方法による資本主義の擁護がファシズムの使命であると申して差支えありません。暴力は、一方、国内における弾圧として現われ、他方、国外へ向っての戦争として現われて来ます。」清水氏のファッシズム論は実によく筋が通っている。が、はるばるアウシュヴィッツまで行って、博物館を眼のあたり見て、この公式論しか出てこないというのは、清水氏を知る者からいうと、不思議である。

第一次大戦で、一敗地にまみれた敗戦国ドイツというもの。ヴェルサイユ体制というもの。その抑圧から生まれたナチというもの。またその発育条件としての西欧デモクラシーと共産主義との対立。いや、わたしはドイツ民族の民族性そのものに触れることなしに、アウシュヴィッツを完全に説明することができるとは思わない。われわれがアウシュヴィッツから受けるものは、ナチズムとかファッシズムというよりさきのもの、ドイツ人というものだ。さらに考えれば、この地上の人間というものだ。そして人間の歴史、またその歴史における現代というものだ。――人間とは何か。そして現代とは何であるか。人間は果たして進歩したのか。進歩があったとすれば、それはどんな進歩であったのか。

もし臆測がゆるされるなら、これらの問題が、すぐれた社会学者で哲学者でもある人の内部に、うずいていなかったはずはない。おそらく清水氏は、これらの問題と自己の内部において対決し、そして表面上、踏み切ってしまったのである。科学者の立場をすて、政治の立場に立ったのである。

案内人のポーランド婦人は、清水氏が署名簿に何を書いたものかと思案していたとき、西のアウシュヴィッツ、東のヒロシマ……というようなことを話しかけた。しかしさすがに、原子爆弾の投下もファッシズムの所業だとは、清水氏はいわない。それよりも当時の日本がドイツの盟友であったことが気になり、アウシュヴィッツのような規模ではなくても、日本のファッシズムが、大陸や南方や、また国内でやったことを憶いだして、恥ずかしい思いだったといい、そして、次のようにその一齣を結んでいる。

ファッシズムは、アウシュヴィッツにばかりあるのではないのです。そして、同時にファッシズムは第二次大戦後の今日も、決して跡を絶ってはいないのです。資本主義を守るために――これは、往々、自由を守るために、などと美しく言い直されています――国内の民主主義的自由を蹂躙しようとする勢力、また資本主義を守るためには第三次大戦も止むをえないという思想、それは以前のドイツや日本のようにゴツゴツした形でなく、もっとハイカラでスマートな形ではありますけれど、今日もなお強く生き残っているのです。アウシュヴィッツは決して単に過去の悪夢ではないのであります。

アウシュヴィッツがわれわれ人間にとって、過去の悪夢ではないというのは、同感である。未来の悪夢は、もう少し怕いようである。原水爆の恐怖は、その規模においてアウシュヴィッツの比ではない。が、組織された残酷と野蛮は、資本主義特有の所産であって、共産主義や社会主義の側には同様に組織された悪は存在しないかのような考えかたは、政治的である。人間が政治的であろうとすれば、一方的であることをまぬかれず、一方的であれば完全であることはできない。不完全ということは厳密にいえば誤謬であり、誤謬は虚偽に通じる。政治の立場に立つことは、虚偽をゆるすことだ。わたしはいま、政治の立場を非難するつもりは毛頭ない。非難してもはじまることではないからだ。いいたいのは、政治を離脱した科学の立場が別になければならず、政治から自己を断絶した人間が、科学の立場を守らなければならないことである。清水氏も、かつてはそれを守る立場の人のように思われた。

原水爆の実験は、資本主義国のアメリカとイギリスだけが、それをつづけているのではない。ソヴェトもそれを無警告でつづける態度を更えていないとすれば、それをつづけているのは社会主義でも資本主義でもない、もっと別なそれらに共通のもの、すなわち国家主権を守る人間そのものである。アウシュヴィッツの屠殺所とても、国家主権の名において、その設営が実現したのではなかったか。

2

アウシュヴィッツはファッシズムの所産で、ファッシズムは資本主義の所産だ。そういえば歴史的で、具体的にきこえ、アウシュヴィッツはドイツ民族の所産で、さらにその奥に、人間そのものがいるのだといえば、非歴史的で、抽象的にきこえるかもしれない。しかしわたしは清水氏の見かたよりも、第二の見かたを本質的だと考え、いわばその意味で本質観にとどまろうとする。

政治の立場を非難するつもりは、わたしにはない。非難する程度ですむことではないからだ。しかし、政治をもっとよく見つめることが必要である。たとえば太平洋戦争勃発の日にさかのぼる。日本の外交暗号を当時のアメリカが解読していた事は有名であるが、アメリカがその目的で複製していた日本の暗号機械は六台であった。しかし一台もハワイには送られておらず、そのため太平洋艦隊は十二月八日（日本時間）の日本の真珠湾攻撃を予知することができなかった。野村大使からハル国務長官に手交されるべき最後通牒の暗号は、ワシントンではあらかじめ解読されており、日本の常套手段である奇襲攻撃の目標がハワイならば、その時刻を推定することが容易であった。にもかかわらずワシントンはその警告を発するのに、迂遠な道をえらんだため、ハワイの陸軍司令官のもとに電報が入ったのは、日本軍の奇襲を受けてから六時間後であった。この一見頓馬にみえる事件について、穿ちすぎた解釈をするものは、ローズヴェルト大統領が極秘のうちに、そうしろと命じたのだ、といっている。日本軍の奇襲が太平洋艦隊にどれほどの損害をあたえようと、しかしその代償として一挙にアメリカ国民に、日本撃つべしという戦意を燃えたたせ、そして国内の孤立主義者を抑えることができれば、それこそローズヴェルトの政治の勝利だというのである。[2]

わたしはこの解釈を必ずしも信ずるものではないが、しかし一部の人々がこれを荒唐無稽と考えず、それもありうることだと思うところに、政治とは何かを知っている証拠があると思われる。あのような最初の奇襲計画を、日本に成就させるということは、日本への謀略である以上に、アメリカ国民への謀略である。政治は、その目的のためには手段をえらばない。政治における謀略は、必要とあれば味方に対しても、自国民に対しても、なされるものだということが、政治なるものの底知れぬ無気味さである。[3]政治と軍事とは別のものではないが、その世界は昔も今も、この種の事例に充ち満ちており、永久の秘密に葬られたものが、いくらあるか測り知ることもできない。変ってきた点を敢て求めれば、買収戦術が傍若無人となり、「軍人の忠節」という敵味方を問わぬ道義の観念が、滅びつつあること。いわゆる「ミグ事件」がその一例である。

「ミグ事件」というのは、一九五二年四月、朝鮮における国連軍当局が、クラーク総司令官の名において敵側に宣伝した布告事件をさす。中国人にせよ、北鮮人にせよ、ソ連人にせよ、ソ連製ジェット戦闘機ミグを操って、完全な形のままで、国連軍に投降してくるものがあれば、第一着に十万ドル、その後のものには各五万ドルの賞金を与える、という宣伝内容であり、身柄は国連軍で責任をもって保護を加え、将来は「自由世界」に永住の権利を約束する、という条件であった。普通の投降勧告ではなく、不忠誠・売国への誘惑である。国際法違反の疑いはないとしても、人間としての忠誠背反をいざなうような謀略戦術は不可である、という声が、イギリス議会を制したが、その戦術が効を奏したことは、当時の新聞がつたえたとおりである。(4)

「自由国家」群、殊にアメリカの今日のイデオロギー的立場からすれば、ソ連圏は「自由」なき世界、無価値の世界である。その人民は、囚われたる人民であり、かれらの国家への奉仕は、奴隷の奉仕である。論理の必然として、共産圏内の人々の共産主義への忠誠は、愚昧と錯誤の産物であり、最も多くは強制の結果にすぎず、かれらの忠誠義務は打破されなければならない。「ミグ事件」をその象徴として受けとれば、やがてアメリカ民主主義への忠誠にまで、投降者を導くことが、アメリカ的イデオロギーの必然の帰結である。それは小さな戦争であったかもしれない。しかし真の意味では講和のない戦争であった、というべきである。おなじことは逆の方向へ、ロシアまたは中国の立場からもいえるとなれば、ここに忠誠義務の争奪という相貌をあらわしつつあるのが、世界政治の現代的性格である。道義の最低線も消え失せ、「敵ながら天晴れ」という戦場の情操は、戦記物語の過去の夢となった。

敗戦国日本の文壇に生じた事件の一つに、「歴史の偽造」と呼ばれる小事件があり、詩壇で吉本隆明・武井昭夫の両氏が、これを戦争責任論の形で問題化した。世界史の眼から見れば無に等しい些事ながら、政治の本質を肉眼で見るには、微視的な資料のほうが便利だともいえる。(5) しかし政治はつねに国家を予想し、国家は暴力機構を属性とする。左翼文芸家が党に属することは、国家権力の争奪を究極の課題とすることであり、文学活動が政治的であることは、政治の一切の属性を拒まぬことである。人間が政治的であれば一方的であることをまぬかれず、一方的であれば完全であることができず、不完全は誤謬に通じ、誤謬は虚偽を産む。これは政治の属性中、最も皮相な部分にすぎない。政治の本質は敵をもつことであり、これを征服するか掃滅する以外に、目的はない。もちろん敵側の目的も同一であれば、最後の落着は二つの場合しかない。しかし人類史の逢着点たる今の瞬間では、世界征服または世界統一の可能性は、いずれの側にもない。（人間の理性による世界政府への道は、完全な空想である。）掃滅戦の方式を通しての、相互破滅または世界破滅への道が、一つあいている。世界政治と軍事情勢はその方向にすすみつつある。政治から離脱することなしに、この情勢に抵抗するのは、われわれの自己矛盾ではあるまいか。

3

みずから武力を独占し、内にむかっては国民に忠誠服従の義務を誓わせ、外に対しては戦争を遂行する権利の把持者として、近代国家は成立した。この国家の性格を決定しているものが、いわゆる絶対主権である。しかし近代国家の性格は、すでに変質の過程にある。日本人はいまも旧い観念を支えとして、「完全独立」を夢みるとしても、しかし自己の運命を自由に決定しうる国家は、勝利者たる連合国側にも、もはやほとんど存在しない。小国家群の軍備は、上衣の二つボタン・三つボタンのように、立派に附いていても、いまでは装飾にすぎない。政治的・軍事技術的見地のいずれからみても、それらは独自性と独立性をもたない。法的・形式的には戦争の権利と能力をもつとしても、小国家群の国家主権は、すでに事実において制約されており、国民の忠誠目標も動揺期に入っている。小国家群の主権を制約しつつあるものは、不幸にして世界連邦政府ではない。近代国家の絶対主権を無疵のまま固執擁護しつつ、肥大の極に到達した二つの超大国である。世界を二つに割ったのが、その二大国家であるとすれば、国家における人間の運命が本質的に変化する希望は、微塵もない。

多くの近代国家が独立性を失ない、小国家群を形成し、変質の過程にあるのはたしかだとしても、しかしそれをそうあらしめ、それを率いる二大強国が、その絶対主権を何ものにも譲ろうとせず、しかも互いに相手を無二の敵国と確定してしまった以上、人間にとって運命である国家は依然として不変の状態にあるというよりほかはない。われわれ日本人はすでに基本的な意味で、祖国を喪っている。それがいいことか、悪いことかは、判らない。たしかなことは祖国を喪っても、われわれの上には依然としてそれに代る「国家」があるという一事。だから国家対人間の一般関係は根本において変らない、という一事である。われわれは憲法を改正して、交戦権を恢復することができるかもしれない。しかし、それは近代国家として持っていた、あの独立の交戦権ではない。戦争を起すか抑えるかを、決定する能力がなく、自己の運命をみずから選択する能力のないところに、本来の意味の交戦権はありようがない。といって、われわれが第三次大戦から離脱する道はどこにもない。沖縄が日本を動かすアメリカの督戦基地、そして日本そのものがすでに「基地国家」と呼ばれているとすれば、この事態を翻す力は、まず日本にはない。一つ可能なのは抵抗運動であるとして、それが政治的・一方的であるかぎり、終末は知れている。水爆戦下の抵抗運動にいたっては、それがどんなものかを想像した人間は、どこにもいない。

原水爆を保有するのが国家主権。これを威嚇実験に供しつつ、人間の訴えに風馬牛をきめこむのが国家主権。そしてこれを敵の殲滅に、今にも使用することのできるのが国家主権である。国家というもののこの存在原理は、近代国家の成立にはじまって数世紀をつらぬき、いまの瞬間まで原理として不変である。それが二大強国の手に集約されたことによって、かつてなかった恐ろしい性格を現わしつつある。この国家主権の名においてならば、人間にとって為しえないことは一つもない。それを制約するのは、ただ技術の限界であり、国家が無限に追究するものは、技術的可能性の拡大だけである。

人間が人間であるかぎり、しようと思ってもできないこと。

人間が人間であるかぎり、してはならないこと。考えてはならないこと。

これが人間の倫理である。しかし、「個人倫理」と呼ばれる、哀れな、はかないものにすぎない。国家の名においてならば、おなじ人間が、しようと思ってできないことは、何一つない。人間性の狡智と残忍、野蛮および非人間が、剰すところなく吸いあげられ、「国家理性」の名において国家そのものの存在原理として凝結し、それがそのまま国家の行動原理である。国家が個々人を超えて、その上に聳え立つのは、一面の事実であるが、しかし人間そのものの内奥に、国家原理たるエゴイズムと自己主張が、まさに小児的・動物的本性のまま生棲し、そしてそれが国家的忠誠と表裏の関係に膠着していないのならば、国家などというものは謎でも恐怖でもありはしない。

国家も、民族も、仮象ではない。少くともそれは社会階級以上に仮象ではない。それは歴史的に存在する実体であり、つらぬくものが「盲目の意志」だということは、争いがたいように思われる。——原水爆実験反対と署名運動、特使派遣、ゲッチンゲン宣言、抗議船団、そして学生たちの盟休。すべてがこの国家原理の前に、無にひとしい。世界の科学者たちの宣言。内外知識人の声明。これまでいくつあったか知れず、これからいくつあらわれるか知れない。しかし、抗議する科学者の立場が、そもそもいかなる根拠に立つかは、問われたことがない。それは自明のごとくであり、名づけて「ヒューマニティー」の立場と呼ぶにしても、それがまた何であるかは、反省の余地のあるものである。世界政治の究極的な手詰まりと、新しい世界戦争の「前夜祭」たる水爆実験の連鎖劇の只中で、科学者が自己を政治から断絶することなく、しかも科学者として何事かを宣言しうると考えるのは、自己矛盾である。今日の情況となっては、政治否定の立場だけが、人間の立場であるように思われてくる。

わが社会科学者はいっている、「何物にも換えることのできない貴重な生命が、それも一人や二人でなく、一千万に近い生命が、ファッシズムによって塵芥のように取扱われている」と。人命を「塵芥」のように取扱うものが、ファッシストにかぎらないことは、最初にいった。しかし、わたしは一歩をすすめたい。殺されるのが「一人や二人なら」仕方がない、と口を滑らしかねない考えかたの出所が、問題である。この出所は政治であって、人間ではないと思う。現代そのものの顕著な特性は、政治と人間との対極的な二つの立場の、救いがたい混淆である。政治はいつも口前では、人間の立場をとる。一方、人間の立場は、本質的に政治と相容れないものであるにかかわらず、政治との遮断を怠っている。反対宣言に署名し、あるいはそれを支持する自然科学者も、自己の立場が何であるかをみずから突きとめていない。政治の考えかたによって汚染されているものこそ、人間の立場である。——いまごろ、「反骨の精神」だの「在野精神」だのと、時代おくれの旧観念に、一部の哲学者たちが取りすがるのも、政治否定の人間の精神を忘れたしるしである。(6)

人間は、一人で一回だけ死ぬものであって、千万人が殺されても、その一人は一回だけ殺されたものであることは変らない。殺すこと、殺されることの悪は、回数に関係はないことが、芯からわからなければ、人間の立場は出てこない。人間における生の一回性に徹する立場からすれば、千万人の虐殺も、一回の殺人も、原水爆による殺傷も、棍棒による殺傷も、同等の重みにおいて、否定されなければならない。殺人や死を数量で測る立場は政治に通じ、すべてを「損害」の大小に帰する軍事的立場が、その極限に立つ。現代では人間の立場が、この軍事的な考えかたによって汚染され、数をもって訴える哀れな署名運動が、これに対応し、原水協の署名者何千万何百万が謳われる。そしてわたしも、その日本委員であることをまぬかれていない。

4

いま、人間によって問われなければならないのは、人間とは何か、という問いである。「人類の進歩」を疑うことをゆるされないならば、問われなければならないのは、「進歩」とは何か、という問いである。科学・技術の尖端が、最終兵器の不可測の性能にまで到達し、個々の人間は極度に矮小化した一方、戦争の非人間性と野蛮性は、その自動機械化・組織化・非情化によって極限情況に達したとすれば、人間族が原始以来、人間として本質的に一歩も前進したといえないことは、争う余地がないように思われる。

人間が国家を形成し、主権を絶対視し、命をかけて国家に忠誠を誓い、動物的エゴイズムと人間的狡智の結合である「国家理性」を擁護するということは、人間が野蛮と非人間に奉仕し、そして自他をその犠牲に供することである。社会主義体制の地上における実現が、この国家問題を解消に導くどころか、かえって国家問題を現世紀の最大の問題と化したことについては、別の場所で論じた。(7) J・H・ロビンソン流にいえば、文明人の精神の基礎には、歴史的な四つの層がある。動物心理、児童心理、蛮人心理、および伝統的偏見である。われわれの祖先は、わが人間族がこの地上にあらわれた全期間、すなわち五十万年ないし百万年、野蛮状態にあった。その原始人心理はいまもわれわれに附きまとっており、そして伝統的な文明精神なるものの内容は、実は無数の偏見の凝集にすぎない。古代、ギリシャ、中世、近代にわたる人類の思想の歴史は、要するに原始野蛮の心意にねざす偏見の延長であるか、変容であるか、もしくはその合理化である。一語を附け足せば、その偏見の最も巨大なものが、国家に関する人間の観念であろうし、また、原始野蛮の心意を矯めるどころか、手をつくしてそれを養護しているのが、国家機構そのものである。

　人間の知性の産物である自然科学は、生産技術を変革し、ひいて社会の生産関係を一変し、さらに空間を縮小して国際関係を一変させた。自然科学は、最大の星雲から極小の原子にいたる宇宙の知識と、それらの応用にもとづく諸技術に飛躍的な発展をもたらし、人間の客観的な生活条件をことごとく一変させてしまった。もはや人類にとって、全世界共同の平和よりほかに平和はなく、全般的繁栄よりほかに繁栄はありえない。にもかかわらず人間の主体的条件は未成熟で、単なる偏見にすぎない伝統的諸観念が、依然として人間を支配している。そういってロビンソンが列挙した諸観念の第一にきたのが「国家主権」であったが、しかしロビンソンにおいては、人類史が逢着した未曾有の悲劇の根因は、自然科学と人間科学の発達における両者のアンバランスに求められ、「国家主権」という観念の背後で、人間そのものの悪が、国家悪の中で自由に呼吸している事態は、捉えられていない。かれは原子力に対する予感を一言書き遺しはしたが、ヒロシマの爆発を見ず、世界の陸・海・空を二つに分つリヴァイアサンの出現を見なかった。かれは人間における理性の信奉者であった。

　いわゆる機械文明の恐ろしさは、マス・プロダクションにあるとは思われない。それはそれで条件さえよければ楽しいものであるかもしれない。機械文明の恐ろしさは、マス・コミュニケーションにあるそれはそれで内容と方向さえよければ幸福なものであるかもしれない。機械文明の恐ろしさは、ビュロクラシーにあるとも思われない。それはそれで分を守っていてくれれば、有用なものであるかもしれない。現代では、それら三者が相結んでますます発達をとげてゆく必然にあるとしても、その結合の必然を恐れる理由はないかもしれない。いわゆる機械時代の恐ろしさは、それら三者の結合と発展そのものにあるのではない。それらがすべて国家という活きた枠の中のものごとであり、時が来れば、全体が一瞬に戦時体制に転化し、人間が戦争のための機械の部品化する運命にあることが、恐ろしいのである。国家問題から游離した今日の機械時代論ほど空虚なものもない。

一九五四年三月、ビキニの水爆実験が人類危機の到来を感知させたとき、湯川秀樹氏は「原子力と人類の転機」という一論を公表し、未開時代の人類は野獣を家畜にすることに成功したが、二十世紀の人類は自分の手で、とんでもない野獣をつくりだしたといった。原子爆弾は原子力の野獣性をあらわしたが、これをつくり、貯えることのできるものは、事実上少数の強国だけである。したがって、それらの国家はこの猛獣の飼主たる地位をたもち、原子力問題のおもな責任者であるのは明かだ、といった。責任問題の指摘はもとより正しいが、家畜と野獣の比喩はすぐれて文学的であるにとどまり、科学的真実に触れていたとはいいがたい。野獣性が原子力そのものにないことは、太陽にそれがないのとおなじであり、野獣性はただ人間の側、国家の側にあるものにほかならない。

現代の宗教が、国家の野獣性または野蛮性に奉仕するものであることは、W・L・ローレンス記者が『0《ゼロ》の暁』に書いたとおりである。ヒロシマに原爆が積みだされる瞬間、進発命令の終りに、ルーテル希望教会の従軍牧師ドウネイ大尉の、非常に感動的な祈禱がささげられた。――「主よ、主を愛する者の祈りを聞き給え。主の在ます天の高みとともに高く天翔けり、戦さに向う者共とともに在まさんことを。（中略）この夜飛ぶ人々の、主が守りによりて安らかに、また帰路を全からしめられんことを。われら常に主の加護を知り、ひたぶるに主を信じ進まん。アーメン。」——「われら常に主の加護を知り、ひたぶるに主を信じ進まん」とは、恐ろしい言葉である。これらの従軍牧師は、いまや増員されてアメリカの空・海・陸の軍隊に配置され、いっそう熱烈な祈禱の練習に余念がないのであろう。クェーカーの人々などを別とすれば、キリスト教が完全に政治と国家の従属物になり果て、放射能が地上の空気と水とを汚染する以前に、すでに人間の魂を汚染する役割にまわっていたのは、十二年前の記録にみえる右の祈禱の言葉が、それを示している。もはやわれわれに残されたものは信仰ではなく、ただ人間の立場というよりほかないものである。それは政治を凝視し、国家を凝視し、そして根本からこれを否定する精神によって支えられたものだというより以上に、まだ説明のしようもない一つの立場、ほとんど無に等しい立場である。

（1）清水幾太郎「マルクス主義・実存主義・プラグマティズム—現代の政治と思想の問題—」（『知性』一九五七年4月号）。

（2）R・A・シオボールド『真珠湾最後の秘密』（R. A. Theobald, Final Secret of Pearl Harbor, 1954. 中野五郎訳『真珠湾の審判』）、わたしの「現代政治への恐怖」「政治への絶望について」（『時事通信』時事解説版一九五四年6月5日、8日）。

（3）ローズヴェルト大統領は、フランスの全面降伏をみたころから、対独戦を決意して、その機を待ったが、一九四〇年九月に日独伊三国同盟が成立した。その同盟規約によると、締盟国の一つが当時のヨーロッパ戦争にも日華事変にも関係していない第三国から攻撃された場合、他の二国はこれを共同の敵とみなす、という条項がある。ローズヴェルトはこれに目をつけ、日本と戦端をひらきさえすれば、必然的にドイツとも交戦状態に入ることができると信じた。そこで、参戦を促進するためにとられた方策は対内・対外の双方にわたるが、なかんずく対日経済圧迫、太平洋艦隊のハワイ海域常駐、そして一九四一年十一月二十六日の対日通告である。ローズヴェルト大統領は、日本の真珠湾攻撃の五日前に、三隻の小型艦艇に対して、日本艦隊のいる危険水域へ出むくよう命令を下した。実際にその方向へむかったのはイサベル号という一隻で、乗組員はフィリッピン人であったが、「米軍艦沈没」と発表することができるように、アメリカの一士官が指揮をとり、アメリカの国旗をかかげる仕組みであった。この「特攻隊」は任務を果たさなかったので、大統領の「演出」は失敗した。

（4）中野好夫「汚された道義性—ミグ事件について—」（『婦人公論』一九五三年7月号）、わたしの「〃ミグ事件〃の意味するもの」（『時事通信』時事解説版一九五四年3月10日、11日）。

（5）本書十二章参照。

（6）「反骨精神」とか「在野精神」という言葉は、大島康正氏（「反骨精神との対決」『中央公論』一九五七年6月号）や、高桑純夫氏の近ごろの所説にみえるものである。戦争期の日本人についての反省が、肝腎な自己そのものを疎外して説かれ、人間の理想像を他に求めていく態度では、高桑純夫氏が高山岩男氏に酷似している。日本の哲学および哲学者の在りかたに、一つの共通問題のあることを感じさせるものである。本書第十一章参照。

（7）本書第十一章参照。

終章　原子雲——一九五七年

人間の思想というものは、いかに不変のままで沈澱し、そしてそれが何かの契機によって掻きたてられると、いかに昔のままの色を呈することだろう。戦争と敗戦の体験、そしてまた敗戦によって惹きおこされた一身上の問題によって、わたしは内部崩壊をとげた人間の一人だが、しかし崩壊をとげたのは、すべて戦争期において政治的なものに関連をもった領域であって、それよりも深い精神の層においては、なんの異変もないばかりか、かえって表層の土壌が崩れ去ったことで、下から岩層が露出しかけたように、青年期の精神が、自分の日常意識に滲みあがってきた。わが家の仏教思想や、トルストイの影響によって、わたしはかつて肉食の問題で悩んだが、戦争責任の問題から出発して、国家問題を考えようとすると、ふたたび青年期の古い問題が蘇ってきた。

国家問題はわたしにとって、すでに「生」そのものの問題である。第一に、国家は「生」そのものの姿を象徴しているという意味で、「生」そのものを考えることなしに、国家について考えることはできない。第二に、これまでの国家は、人間に対して己れのために命をすてることを求めるものであり、そしてまた刑罰の名において、人間の命を断つことのできるものである。人間の生命に対して、公然とこの二つのことをなしうるものは、ほかにこの地上にはない。哲学者が生を考え、死を考えるときに、現実に生の条件をなしているものについて考えないのは、不思議である。第三に、国家は人間を戦争に駆りたてることで、「人間」の皮を剝ぎ、野獣に引きもどし、ときには野獣にも見られない残虐行為に引きこむものである。国家は人間の内部にないものを引きだすことはできないという意味で、それは人間の本質を試すものである。国家について考えることが、人間を考えることであり、人間について考えることは、生命の実存について考えることである。肉食の問題が国家の問題と関係があるといえばおかしく思う人もあろうが、人肉食が国家と戦争とに関係があることについてなら、資料の不足に窮することはない。九州では、墜落したアメリカの飛行士を捕えて、生体解剖に供し、その肝臓を「試食」したのは、わが陸軍将校と軍属であったといわれる。

釈迦の伝説には、かれが一羽の小鳥を猟師の手から救うために、みずから肱の肉を殺《そ》いで猟師に与えた話がある。少年期に母から聞いたのでは、それだけであったが、青年期に読んだのでは、猟師は悪魔の化身であり、かれは衡《はかり》をたずさえて、小鳥と人肉の目方を測る。小鳥が重く、肉片は軽い。肉片をいくら追加しても、衡は平らにならない。ついに身を挺した釈迦が皿に載ると、ようやく衡は一方に傾いたとある。「生」について、そのような極限の思想が、かつて存在したということ。だれかがこの地上で、この思想によって養われたということ。そしてこのような思想に人間が打たれざるをえないというのは、驚くべきことである。一方の極限には人肉食、そして他方の極限には捨身である。人間の「生」は、この両極の間をさまよう。いま、中間にあってその二つを、二つながら同時に人間に実演させるのが、国家という機構である。一方には奉仕、献身、犠牲。他方には強奪、破壊、殺戮。しかし、国家または民族のための犠牲、――あの特攻隊の捨身とは、何であったのだろうか。

国家において生きることが、人間の運命である。日本人も、ドイツ人も、アメリカ人も、そしてロシア人も、その運命において区別すべきところはなかった。国家原理の前には、人間の尊厳も、信仰も、倫理も、いかなる感情も、理性も、歯が立たない。ヨブ記に描かれた怪獣リヴァイアサンは、「誰かその外甲《うわよろい》を剝《はが》ん、誰かその雙齶《ふたあご》の間に入《いら》ん、誰かその面《かお》の戸を開きえんや」とある。嚔《くさみ》をすれば光を発し、口は火焰と火花を放ち、鼻の孔から煙を立て、淵を鼎のごとく、海を油釜のごとく湧きかえらす、とある。そして「地の上には是と並ぶ者なし。これは恐怖《おそれ》なき身に造られたり、是は一切の高大なる者を軽視《かろん》ず。誠に諸《もろもろ》の誇り高ぶる者の王たるなり。」と記されている。ホッブスがかれの国家論を『リヴァイアサン』と名づけ、国家を「人工的人間」と称した真意はともあれ、「一切の高大なる者を軽視《かろん》ず」とは、国家の本質に属するものをいいあてた感が深い。国家は一切の「高大なる者」の否定者である。

もし地上の全人類が協力して当らなければならない災厄が、外部から襲うなら、人類は互いに戦うことをやめて、共同の外敵に当るだろう。おそらく国家を否定して、地上の人類が一体化する契機は、それ一つである。もし原子力の解放が、新しい「野獣」の創造を意味し、そして原子雲の重積が、人類を破滅にみちびく彗星の接近と、同一のものを意味するならば、いまこそ人類の一体化が必至の危機である。が、この外敵は、宇宙の他の天体や、人類世界の外域から来たのではなく、人類そのものの内部から来ているのである。人間の同類に対する猜疑と、恐怖と、そして死闘を辞さぬ動物の闘争本能が、その根元である。その本能が「人工的人間」を動かす炎の竈《かまど》である。

原水爆は、人間に対する人間の、敵意と恐怖から生まれ、刻々の生産とその蓄積は、とどまるところのない相互恐怖を動機とする。最初、その製造と使用を政治にそそのかしたのが、アインシュタイン等の科学者であるが、かれらは一つの政治で他の政治を滅ぼすことができると信じたものであり、かれらを支えていたのは人間の立場ではなくて、一つの政治の立場であった。が、その一つの政治が、かれらの憎悪し恐怖した他の政治と、本質的に異なるものでないことは、いまや疑いようもないのである。「野獣」に牙をあたえたのが科学者であり、その牙はようやく生長し、果てしなく生長して、「スミロドンの牙」と化しつつある。

人類は、みずからの牙のために滅びなければならない。この滅びの道を拓いたのが科学者であり、その発端はかれらが「民主主義」の名において、政治を信仰したことにある。政治を怪しまず、国家そのものを疑うことを知らなかったのは、もちろんかれらの罪だとはいえない。むしろ現代の社会科学者、わけても政治学者が、みずからを政治から断絶して、国家を疑問の対象とする立場に立つべきことを悟らず、己れの科学を、なんらか政治の立場と内通させて疑わない責任のほうが、いかに重いかしれない。政治否定の精神に立った政治思想家が、一人のガンディをのぞいて、今世紀にいなかったということ。これが人類にとっての極限の不幸であり、この情勢が多くの自然科学者を誤らせた根因である。スミロドンを滅ぼすものが、みずからの牙だとしても、牙を刻々怪奇なものに仕立てているのが政治であり、すでにアメリカの保有する原爆数、四万発、ロシアのそれが一万発。双方あわせて三十万発の大小原爆の製造が、準備されつつある。地上に現存する実物とその材料を、一ヵ所で一挙に爆発させれば、地軸が十五度ぐらい傾く、という計算方法になると、素人にはその意味さえつかみにくい。

地球はまるく、宙にあって自転しつつ、旋回しているもの。人類はその地表にあって、かすかなること黴《かび》のごときものだ。この黴とても、昨日までは地表に存在せず、明日はまた消え去るだろう。宇宙にどれほどの恒星と遊星があるのか。いや、宇宙そのものがいくつあるのか。われわれはなにも知らない。この遊星を地球と呼ぶこと。――いったい、地球とは、太陽とは、そして人類とは、固有名詞なのか、普通名詞なのか。それさえわれわれには答えられない。おそらく人類に似た生物は、これまでも何度となく他の宇宙に発生しては滅び、滅びては発生し、いまもどこかの天体の地表に、いくらでもいる。そう想像するほうが、その逆を想像するよりはまだ無理がない。数学、物理学などの諸法則が、人間の地球的存在によって限定されていないように、人間の理性もまた生命現象の発達に伴って生れるものにちがいない。生活体に精神現象があらわれ、それが進化すれば理性を産むものにちがいない。しかし理性は、カントがいうように「螢火」にすぎないのであって、生の盲目の意志を制御する力ではない。あらゆる反対宣言と公開状と、そして抗議使節団と世界大会と、湧きあがる世界の輿論。しかし、水爆やストロンチウム90への恐怖や呪詛の中に、人間の理性の声の含有量が何パーセントに達しているかを検出しなければならない、と考えた科学者はいない。いや、禁止の訴えが、口から炬火を吐くリヴァイアサンそのものへの訴えであっては無効であり、国家そのものを動かす、ひとにぎりの人間への直接の訴えよりほかにありえない、という一点に触れるものがいない。みずからを政治の立場から断絶し、人間そのものの立場から人間そのものへの訴えでなければならない、と説くものがいない。多くの信仰はとうに亡び、起つべき人間そのものの地点が、まだ発見されていない。

　地殻に生えた黴でしかない人間社会。いくら長めに見積っても、人間族はここ百万年の生存にすぎず、うち九十九万数千年は、他の動物と多く区別のない生命体であった。蟻塚のような歴史と文化。地球の寿命にくらべれば、またたきでしかない人類史。第一原因だの、神だの、目的だの、理念だの、そして価値体系だの、――そんなものは人間の精神にゆるされた脳味噌の産物で、全存在は関知するところがない。動物学では「霊長類」という大仰な名称を名乗り、そしていま、生きとし生けるものの地上の生命を、脅かす存在と化しつつある。われわれは宇宙の中心にいるのでもなければ、中心のほうへ無限に近づきつつあるわけでもない。われわれの創りだした神、文化、思想、芸術。それらの一切が仇花であり、「人間」が結局その皮を剥がれなければならないことは、原水爆が被爆者の衣服を剥ぎ、その皮膚を剝ぐのと、同時である。

わたしは昔、『ファウスト』第一部の「天上における序言」の三天使の合唱が、ひどく好きだった。いまも暗誦している合唱はこうである。――「太陽は古風によって、競いの歌を、もろもろの同胞天球のうちに響かせ、その命じられた旅程をば、霹靂の歩みして果たしおわる。それを見れば天使等は心つよまる、ひとりとしてそれを究めなくとも。不可思議に崇高なる天工は、壮麗なること天地開闢の日に異ならず。」しかし、いまはこの一節も魅力を失った。幸福な神秘感が、手ひどい打撲傷をうけた。イワン・カラマーゾフの夢魔《ナイトメエア》に、いよいよ親近感が湧くばかりである。――太陽、そしてまた太陽系。それが現にあることも、かつてあったことも、未来にあるべきことも、全存在にとっては、ことごとく同時的であるにひとしいかもしれない。天地開闢が神秘だというのは野蛮人心理である。宇宙の物理的構造と物質の構造についての知見が、どう拡がろうと、生命現象の宇宙的分布がどう説明されようと、珍奇というは瞬間の感情にすぎない。神秘感が消えれば、つぎの瞬間から、退屈はまた宇宙大にひろがるばかり。――「なんだ君はこの地球のことを考えているのか！　だが、この地球は百万遍も繰りかえされたのかも知れんぜ。寿命が尽きて、凍って、ひびが入って、粉々《こなごな》になって、諸元素に分解して、ふたたび、水が碧落の上を蔽い、そしてまたも彗星、またも太陽、またも太陽から、地球が生じてくる。この順序は、もう無限に、しかも細部にいたるまできちんとおなじに、繰りかえされているのかも知れんのだ。とても不都合な、我慢のならない退屈な……」。このイワンのいうことが、そのまま生の帰着点らしいこと。それが原子戦略時代に真実となった。人間はその科学的な知恵でもって、仮りに旋回する地球の軸を曲げるほどの力を持とうとも、みずから形成した国家という「人工的人間」の外へ、飛びだすことができず、国家的忠誠という狭隘な地域的観念から脱走する力もない。同類に対する猜疑と恐怖に打ち克つことができず、たずさえて自滅への道を指していそぐ。

人類の運命について、その運命を表象する国家について、そしてまた国家の宿命たる戦争について、なにか考えようとすれば、鉄の磁石に引かれるように、宇宙観めいたものへ引きこまれてゆく。人類の運命に関する過去の宗教思想が、それぞれ開闢説をもつように、現代の思想もまた固有の創世記をもたなければならないというのだろうか。しかし物理学者が、現代の開闢説たる宇宙観を提供したのに対して、現代の他の諸科学は、それに相応する人間観を提供していない。物質の解明が、陽子・反陽子まですすんだとしても、かつて宗教が、「業《ごう》」や「原罪」という観念によって、焦点を結んだ人間そのものの実体を、いかなる科学も直視しようとした形跡は乏しい。人間は人間にとって、いまも謎のままであり、そしてそのまま破滅へむかって、いそぎつつある。

生への悲しみと畏れ。――考えればこれが、われわれ日本人のものであった。「お精進」といえば、仏さまの日に肉食を断つこと。わけても殺生をしないこと。幼年期、少年期から青年期にかけての、祖母を中心とする家庭の雰囲気。わたしもそんな中で育った。仏壇に供えられる到来物は、もちろん植物性のものにかぎられる。材料に鶏卵を用いるカステラが仏壇に載るのを、子どもごころに恐れた記憶もある。中学生のころ、釈迦伝を読んでいると、水中の難行で死にかかるところを、通りかかった一人の女性に、牛乳をあたえられて救われる。わたしはその日まで、乳というものが動物質で、しかも罪のない唯一のものなのだとは知らなかった。肉食が思想的な問題として自分を襲ったのは、二十二歳以後であった。菜食主義を思いつめたのは、直接にはトルストイの影響だが、二十五歳のころ、一度実行にかかり、おそろしい瀉痢をおこした。止まる蚊を吹きとばし、つまんだ蚤を窓外へすてた。わたしたちの年代の精神を形成したものは、仏教思想と、ショウペンハウエルと、そしてトルストイである。アルベルト・シュワイツァーとなると、わたしにはむしろ戦後のことになる。

飼うということは、人間が動物の育ての親となること、その動物と環境をわかち、生活をともにすることである。それらのものの通有性も個性も、そして刻々の気分も、われわれと無関係でなくなり、その啼声とあらゆる感情が、われわれ自身の内なるものと、根元において一つになる。必要とあれば自分の空腹は延ばすことができても、動物の救いのない空腹の訴えは、放置するにたえない。自然の災厄や、戦争や、それらの危険の前には、ともに一様に曝され、われわれは互に運命をともにする。生きものを飼うことは、われわれが無限にそのものに近づくこと。また、そのものが無限にわれわれに近づくことのようである。もし、いうことが真にゆるされるならば、両者を支えているのは同類感だというよりほかはない。たとえば鳥類の四肢や鼻や口は、人間のそれと似ても似つかぬものだ。ただ眼だけは、われわれの眼と酷似し、その眼がわれわれを見、われわれがその眼の中をのぞきこむときに、われわれが内に催すのはいかなる悲しみ、いかなる畏れであるか。洪水に流れる樹木にすがる蛇と人間とは、いかに近い同類であるか。

飼ったもの、餌をあたえたものは、食べないという態度。牛や山羊や兎などばかりでなく、鶏や鯉でさえ、家に飼い、餌をあたえたものは、食べる気がしないという日本人の態度。しかし、肉食の問題は、人間における「生」の根本問題であって、この矛盾から解脱する道はない。せめて人間が人間を食うこと、国家と国家とが「食うか食われるか」の死闘を罷めることができれば、それが至福一千年というものであろう、というのが、いまのわれわれの微かな考えかたである。禽獣に対して同類感をもよおすものが、同類に対して同類感情をもたないわけはない。が、現代戦争の恐ろしさは、その人間の同類感情を憎悪や復讐や敵愾心に転化するのではなしに、それをそのままにゆるしながら、一切を非情の中で準備し、組織し、それを非情の中で進行させ、そしておそらく非情のままで、最後の大爆発に至ることにある。人類の歴史に見なかった一、二億の巨大な殺戮が、そこに一瞬にして出現するにしろ、もはや残忍の心理はどこにもない。新しい戦争では、「残酷」とか「残虐」とよばれる心理や観念が消滅し、そしておそらく残虐行為と名づけられる人間行動は、その影を失う。すべては化学と、物理と、機械の自動作業であり、スポーツ精神と忠誠感情に充たされた素樸な人間が、タワリシチと呼ばれ、GIと呼ばれながら、その後方で蟻のように働く。ストップ・ウオッチをにぎった蟻が、つぎつぎとボタンを押す。その都度、キノコ雲がどこかに昇り、それが人類の破滅の日を数える狼火《のろし》となる。

一匹の野良犬を捕獲するものを嫌悪をもって見る人間。しかし政治的闘争とあれば、地上二十幾億の人命を寸時にして原子雲の中に葬り去ることをも、辞さない人間。――この人間とはそもそも何であるのか。われわれはそれを虚空に向かって問い、それを問いつづけながら滅びてゆく。

生物学的な意味では、人類はそうとう生き残るかと思う。原子雲が人間の肉眼から飛び去ったあとには、ふたたび青空があり、やはり太陽があると思う。どこかで、蟬さえ啼くかもしれぬ。しかし四つの島の日本民族は、生物学的にもほとんど滅びるかもしれない。アメリカが太平洋の陸海空軍を原子戦力化し、その司令部をハワイに後退させてしまうならば、新しい大戦の原子爆発戦場の一つがどこになるかは、内定していると思う。アメリカにとって無上のものが、自国および自国民であるのはわかりきった話で、それを守るために、敵の核爆発をなるべくアメリカ以外の諸地域に分散しなければならないのは、戦略のABCであろう。ジェット爆撃機の時代から、誘導兵器や大陸間弾道兵器時代に入ろうとして、米ソ間に激烈な競争がはじまっている。研究試作から大量生産と戦列化までに、あと五年ぐらい。この一触即発の戦時体制が、なにかの契機で緊張を緩和し、やがて解体し、互いに武器を棄てる日が来るだろうと想定するには、いかなる夢想家も真似のできない超人間的な空想が必要なようである。峯の雪崩《なだれ》が、崖の中途で止まるだろうと想像するのは不可能だが、それが峯のほうへ逆戻りするとなれば、フィルムを逆に廻した場合の、映写幕にかぎられる。

それでも歴史に最後の奇蹟が起る、と信じたい人々のために。——おそらく奇蹟を行うものが政治的人間でないことだけは、エルサレムの二千年前とおなじであろう。残されているのは、みずから政治を離脱し、政治から自己を断絶し、政治に譲歩することのない人間の立場である。四月二十三日の夜、突如オスロー放送局から放送されたアルベルト・シュワイツァーの、核兵器実験中止の呼びかけは、特にわれわれ日本人の運命に言及していた。しかし、わたしは驚きをもって考える。シュワイツァーさえも、実験中止の呼びかけにとどまるのでは、これも政治への甚しい譲歩ではないのかということを。

解説

鶴見和子

この本におさめられた文章は、極東国際軍事裁判進行中の一九四七年に書かれたものから始まり、A級戦犯容疑者であった岸信介が内閣総理大臣になった一九五七年に書かれたもので終っている。戦争責任の自己追及からはじまって忠誠対象の相剋としての国家論の究明に至るこの本の主題は、この本の出版それ自体を当時の思潮に対する批判として明確に位置づけた。その意味で、この本の出版は、時宜をえていたのである。しかし、わたし自身がこの本の論旨に深く感動したのは、それよりずっとあとのことで、一九六一年であった。それは一九五九年にわたしのおこなったカナダの日系移民の調査をまとめていた時であった。敗戦と日本帝国の崩壊が一世移民に対して衝撃をあたえ、祖国日本への忠誠信仰を目からうろこの落ちるようにとりおとさせ、かれらを始めて国家への忠誠を自ら撰択する立場に立たしめた。その時のかれらの撰択の仕方の中に、世界市民への志向の芽ばえがあることをわたしが論じた根拠は、当時の日本の思想家の中では、大熊信行氏の『国家悪』に負う。わたしはその時大熊信行氏の思考の大胆さを、ローマ皇帝アウレーリウスや、十七世紀の自由思想家スピノーザや十九世紀アメリカの市民不服従の実践的思想家ソロー等とならべて評価した。わたしは今も、その評価をかえない。

このたび潮出版社から増補新版がでることになり、おこがましくもわたしのような後輩が解説を書かせていただくことになり、もう一度始めから終りまでよみ直した。そして今日および明日の課題にこの本が活力をもって直結していることを強く感じた。とりわけ、今日、日本の学生運動が鋭いかたちでつき出している思想的な姿勢および主張が、十二年前に出版されたこれらの文章の中に予言されていることに、感動した。それは具体的に列記すれば、つぎのような点においてである。

第一に、大熊信行氏は「進歩的文化人」では一度もなかったし、今もそうではない。にもかかわらず、というよりむしろ、だからこそ、といった方が適切であるのかもしれないが、かれの思考は根底的というみで、ラディカルである。すくなくとも戦後に、自己の経験によって検証されないものは信じない、自分で自分の中にある過去や、自分の中にあるもっとも古いものを、とことんまでつきつめ、あばき出して考える、といういみで、ラディカルである。

第二に、国家を自己の外にある唯一の合法化された暴力装置としてみる（それだけのことならば、ウェーバーの定義にすでにある）だけでなく、同時に、自己のうちなる「動物的恐怖」として把握する。そして、「戦争をわざとする」（傍点筆者）国家が個人に人殺しを命ずるとき、国家を超えた準拠枠――神、階級、理性、人類共同体等――への「内発的な忠誠心」をもつ個人は、国家への忠誠を拒否することができるし、しなければならない、と著者は立論する。極東国際軍事裁判が示唆した思想的意味はまさにそれであった。そして大熊氏は、そのことを、もっともはやく、そして明晰に提起した日本の思想家であった。（ドイツの場合には、カール・ヤスパース。）しかし、旧版では、このことの実践は、「未決の難問」として呈示されているだけであった。ところが、今回の新版では、「第八章　基本的人権への惑いのなかに」が加えられたために、具体性をおびた。それは憲法第九条を補足して、「かりに国家が戦争にのぞむ場合があるならば、参戦拒否の市民的権利を確立」せよという提案である。わたしは、今日の事態の進行から考えるならば、もう一つ参戦拒否をする外国の市民に対しても日本国憲法は亡命権を保証せよという提唱もまた、この著者の論旨にそうものであると考え、わたしは、そのように、この論旨を拡張解釈したいと思う。いずれにしても、これらのことがらは、これが書かれた十六年前においてよりも、今日ますます切迫した意味をもつようになった。

第三は、戦後民主主義のもんだいである。この本の出版された一九五七年はなおさらのこと、六〇年安保の終りまでは、大多数の人々のあいだに、戦後民主主義は守るべきものとしてあった。もちろん、この本の中でも、たとえば「終戦によってえられた精神の自由と思想の自由」、個人的解放感をうたった文章（「精神の革命とはなにか」）がある。しかし同時に、天皇個人への忠誠義務が明治憲法下におけるほどに厳酷なものでなくなったからといって、国家への忠誠義務のもんだいを見失ってはいけないという警鐘を打ち出したこれらの文章の主旨は、考えてみれば、両刃のやいばである。この本におさめられた文章の中で、具体的に問題にされているのは、日本人にとっての日本国家の忠誠要請である。しかし、それは、戦争で敗けた日本国家よりもより強力な戦勝国が、敗戦国の国民のひとりひとりに対して、直接または間接に忠誠要請をする場合に、個人はどのような行動をとるべきか、という大問題をも含蓄において提起しているのである。おそらくそのことを著者ははっきり意図していなかったであろう。しかし、著者の論旨の潜在的機能として、そのことがいえる。

現在、戦後民主主義の形骸化、空洞化がいわれる。それは、今はじまったことではないのかもしれない。むしろそれは、著者が占領下においてすでに指摘していたように、国家権力のもんだい（それが直接的に個人を支配する自国の国家権力であれ、間接的に個人におよぼされる外国の国家権力であれ）をまったく忘れていたか、または甘くみていたことへの反省として、今日やかましくいわれるようになったのではないか。戦後民主主義の空洞化論と、さまざまの国家論の噴出とは無関係ではない。この『国家悪』

は、今日噴出している国家論のさきがけといえる。

大熊氏は吉本隆明氏の「高村光太郎ノート」を、戦争責任論として高く評価すると同時に、明治人としての高村の国家観への吉本氏の理解の欠如が、戦後世代の「精神構造の骨の髄からの新しさでもあると同時に、根柢からの虚しさでもある」と評している。吉本氏の『共同幻想論』(一九六八年)は、一つにはこうした批評への回答であるとみることもできよう。

第四に、このごろ「世代の断絶」ということが、まことに軽々しくいわれることに、わたしは疑問をもつ。著者は一八九三年の生れ、れっきとした明治人である。その大熊氏は、戦争責任の問題を、新しい忠誠対象の設定と、古い忠誠対象の止揚というかたちで定式化し、「この定式こそ、わたしが新しい世代に遺そうとする当のものである」という。わたしは、この著者の意図は、裏切られてはいないと考える。現在の学生活動家たちが、被害者意識から脱して、加害者である自分を自覚し、その加害者である自己を否定することをとおして、新らしい忠誠対象に自己を同化してゆこうとしている過程は、その一つの例であろう。ただ大熊氏は、過去の戦争に対する自己の責任を問いつめることから発しているのに対して、現在の青年たちは、現在進行しつつある戦争と自分たちとの関係を問いつめるといううちがいがある。

それでは、現在の学生運動に対して、大熊氏は今どのように考えているのだろうか。学生たちが、ゲバ棒戦術を推進してゆけば、ゲバ棒をにぎったまま、自衛隊またはアメリカの軍隊によって大量に射殺されるような事態がおきないともかぎらないという「不吉な予感」を、ここ一年大熊氏はくりかえしのべている。そして、「それを引き止めるのが、あの戦争を戦った自分の責任である」ことを表明する。(『現代政治』一九六九年6月号)青年たちが、死ぬつもりがなくて死ぬような事態は、どうしてもふせがなくてはならない。それには客観的に、リアリスティックに、日本の戦後史を教えるべきだと説く。「日米関係の軍事占領以来の変らぬ本質（「日本の国家権力の二重構造」）を何よりも先に若い世代に教えることこそが、戦後教育の根本義であるべきはずである。」（『サンケイ新聞』一九六八年12月23日）大熊氏は、日本列島における「国家権力の二重構造」をはっきり教えることによって、学生たちが抵抗運動をやめると考えているわけではない。そうではなくて、若い世代が、そのことについての十分な知識をもったうえで、自己の忠誠対象を撰択し行動できるような条件をつくることが、過去の戦争に協力した著者が、自己の責任をとる道だと意図しているのだと思う。

さいごに、『国家悪』が書かれた時と、現在とで、著者の立場に一つの変化があることにふれておく。『国家悪』では、国家対個人の対決が主題であった。国家主権が放棄されたときには、個人が単位となって世界政府がつくられるという考えであった。（このような考え方は、たとえばデューイの「世界政府論」にもみられる。）これに対して、「ここ幾年かの道というのは、単純化して申しますと、国家を放棄したあとの民族をどう考えるかという問題を追究することにあった。」国家主権をすてたあとに、それぞれの民族の文化の伝統が残り、文化的多元性はむしろ強調されるようになるだろうという主張である。（『語りつぐ戦後史Ⅰ』一九六九年　思想の科学社）著者の「民族論」がどのように展開されるか、今後にまちたい。しかし、忠誠対象の撰択における個人内部の相剋を国家論の中核にすえた『国家悪』は、民族を媒体とする国家論にくらべて、よりラディカルであったと、今後もいいきることができるであろう。その意味でもこの本は、今日とくに若い世代に広く読まれるべき、戦後思想の古典である。

（つるみ　かずこ）

附記

一、本書は、『国家悪――人類に未来はあるか』（論創社版、一九八一年）の新装版である。収載内容は、一九八一年版と同じである。ただし、第九・十一・十二・十三章の「注」の位置を、各節の終わりから章末に移してまとめ、一書としての統一をはかった。

二、『国家悪』という書名の著作には、これまで次の諸版があった。

①『国家悪――戦争責任は誰のものか――』　四六判　上製　中央公論社　一九五七年刊。

②『国家悪――人類に未来はあるか』　四六判　並製　潮出版社　一九六九年刊。（①の増補版。序文および本文の二章〈第七章・第八章〉、鶴見和子氏の「解説」、事項索引を追加。のちに、一九七一年、上製本に改装）。

③『国家悪――人類に未来はあるか』　四六判　上製　論創社版　一九八一年。（②の改装版）

三、本書本文の諸章の初稿発表誌は次のとおり。（題名は初稿のまま示す）

序　章　ひとつの幻想　『国家はどこへ行く』　鼎書房、一九四八年二月刊のための書き下し。
第一章　精神革命とわが国家観　『国際聯合』　創刊号　一九四六年一一月
第二章　戦争体験としての国家　『思索』　第五号　一九四七年三月
第三章　個における国家問題　『思索』　第七号　一九四七年九月
第四章　反省なき民族　『文藝春秋』　一九四七年九月号

第五章　人間の責任と国家悪　『光』　一九四八年一月号～二月号
第六章　政治と人間　『新文学講座　第四巻　教養編』　新潮社、一九四八年六月
第七章　反省の主体*　『文藝春秋』　一九四八年一月号
第八章　基本的人権*への惑いの中で　『中央公論』　一九五三年二月号
第九章　愛国心と忠誠義務の問題　『中央公論』　一九五三年六月号
　　　　忠　誠　『教育学事典　Ⅳ』　平凡社、一九五五年一月
第十章　未決の戦争責任　『中央公論』　一九五六年三月号
第十一章　絶後の「平和思想」　（書き下し）
第十二章　歴史の偽造者たち　（書き下し）
第十三章　人間は進歩したか　（書き下し）
終　章　原　子　雲　（書き下し）

＊印は、中央公論社版には収められていないもの。

四、本書の序章から第四章までは、『国家はどこへ行く』（鼎書房、一九四八年）として刊行されたことがある。また、本書に続く著作として『日本の虚妄――戦後民主主義批判』（初版は、潮出版社、一九七〇年。増補版が、論創社、二〇〇九年）がある。後者の主要な三章は、再構成されて、『兵役拒否の思想』（レグルス文庫17、第三文明社、一九七二年）に収められている。

二〇一一年五月二五日

榊原昭夫

無政府主義　235
無抵抗主義　309
「無」の哲学　103, 129

【メ】

明治維新　5, 25, 40, 101, 146, 311
明治政府　146, 266
明治人　338

【モ】

目的　385
『モスクワゆき旅券』　313, 315, 321
文部省　38-39, 124

【ユ】

唯物論　48
唯物論者　78, 303
勇気　82, 105, 177, 254, 319
有産階級　262

【ヨ】

ヨブ記　383
『夜と霧』（フランクル）　365-66

【リ】

リヴァイアサン　383, 385
『リヴァイアサン』（ホッブス）　383
理性　269, 292, 301, 304-05, 320, 377, 383, 385
理性国家　96
理性的なもの　29
理想主義的な国家観念　41
立法権　311
理念385
良心：「良心」　153, 161, 182, 218, 224, 236, 292, 304, 322, 360：236
旅券　116, 229
理論　82
理論経済学　viii, 357
倫理　204, 374, 383
倫理学　viii, 310

【ル】

ルネサンス　152

【レ】

歴史観　7
歴史教育　viii
歴史の偽造　342
『歴史の教訓』　ii
「連邦忠誠計画」　271, 312

【ロ】

労働権　261
浪人　134
ロシア革命　20

『文学者の戦争責任』（吉本・武井）　363
「文化国家」　35-36, 47, 185, 210
『文化国家の理念』（高山）　35
『文化国家論』（森戸）　35
文献考証　283, 307
文明：「文明」　210：209

【ヘ】

兵役義務　262, 269, 320-21
兵役拒否　263, 322
兵役拒否者　268, 322
平和　32-33
平和運動　298, 326
平和革命：「平和革命」　231-32, 236：18
平和憲法　259, 265, 323
「平和国家」　35-36, 47, 185, 210
『平和国家の建設』（森戸）　35
平和思想：「平和思想」　307, 309：302, 308, 310, 315, 321, 323, 397
平和主義　269, 298, 304, 308-09, 326, 331
平和主義者　77, 114, 162, 254, 308, 312-13, 315
『平和の解剖学』（リーヴス）　16, 36
平和の保障　260
平和論　163, 302, 309
平和論議　302
平和論者　270, 308, 326
「平和論は反省すべきか」（大熊）　327
ペトラシェフスキー事件　330
編集者　36, 85, 131, 168, 293-95, 301
「編集者における戦争責任の問題」　295
編集責任の問題　301

【ホ】

法意識　258, 260
法学　viii, 144, 154
法学者　13, 57
法感覚　260
封建国家　140
封建社会　272
封建的絶対主義　30
法治主義　258-59
亡命　221-22
亡命者　116
暴力　232-34, 237, 250
暴力革命　231
暴力否定　309
母国：「母国」　136：120
ポツダム宣言　21, 208, 334, 346
滅びの道　384

【マ】

マキァヴェリズム　223
マス・コミュニケーション　257, 377
マス・プロダクション　377
「抹殺」　292
マルクス主義　8, 48, 50, 52, 119, 148, 152, 159, 235, 307, 317-19, 328, 330, 355-56, 358-59, 362
「マルクス主義・実存主義・プラグマティズム」（清水）　379
マルクス主義者　49, 117, 123, 318, 355, 359
マルクス主義の国家観　48, 52
マルクス・レーニン主義　140
『まるめら』（歌誌）　338
満洲事変　4, 38, 40, 86, 163, 244, 245, 254

【ミ】

「ミグ事件」　324, 370-71
民主化　32
民主革命：「民主革命」　22, 79, 171, 345：188, 190-92, 194
民主主義：「民主主義」　27, 33, 47, 56, 70, 109, 126, 151, 190, 192, 287：384
民主主義教育　215
民主主義者　160
民主主義社会　265
民主主義政権　220
民主主義文学運動　352
民主政治　32
民主精神　32-33, 190
民主評論　47, 64, 69, 89, 294
民族　30, 90, 121, 134, 139, 148, 151, 183
民族的我慾　205

【ム】

「無産者独裁」　236
無条件降伏　20, 22, 26, 64, 228

82, 287, 293-94, 301-03, 307-08, 311, 313, 322-24, 330, 333, 339, 346, 366, 372-73, 380, 383, 387-88, 390, 393
日本人意識　88
日本人観　6
日本人研究　275
日本人の心　34
日本政府　26
日本占領　21
『日本尊農論』（河上）　50-51
日本的自我　336
「日本の愛国心論争」（大熊）　281
日本の運命　5
日本の完全独立　54
日本の憲法　256
『日本の皇室』（津田）　281
日本の国民　iii
『日本文化史』（サンソム）　281
日本兵　127
日本民族　iv, 6, 12, 16, 55, 57, 127, 143, 152, 172, 178, 180, 243-45, 247-49, 254, 344, 389
日本歴史　244, 247
人間　＊
人間悪　165-67
人間革命　209, 218, 236
人間観　387
人間における物理性　204
人間の価値　24
人間の尊厳　383
人間の暴力性　205
「人間は国家的忠誠に背きうるか」　304

【ノ】

納税義務　304

【ハ】

売国行為　324
売国奴　28, 30, 125, 130
俳人　57
敗戦の体験　217
敗北主義者　48, 51
八紘一宇　6
「腹切」　273
パリコンミューン　218
「パリに居る外国人学生の"徴兵談義"」　363
ハンガリア事件　315, 317
反逆罪　326
「反省なき民族」（大熊）　300
反戦運動　269
反戦映画　325
反戦詩人　349
反戦思想　181
藩民　134

【ヒ】

被害者意識　303, 346
非国民　30, 125, 134
ビュロクラシー　378
被支配者　203
被征服者　21
「悲壮な運命」（和辻）　7
非転向　119
批判的精神　77-78
『ひめゆりの塔』（映画・今井）　324
ヒューマニスト　269, 271
ヒューマニズム　168, 178, 200-01, 211, 271, 307
ヒューマニティー：「ヒューマニティー」 237, 269, 301, 305：374
平等　237

【フ】

『ファウスト』（ゲーテ）　386
ファシスト　30, 125
ファシズム　160, 163, 199, 366-69, 375
服従義務　271
仏教思想　381, 388
フランス大革命　221
プロレタリア階級　317
プロレタリア独裁の廃止　317
「プロレタリアの祖国」　229
プロレタリア文学　158
文学　157, 169, 360
「文学時標」　198
文学者　57, 201, 219, 221, 225
「文学者の責務」　291, 331, 363
「文学者の戦争責任」　345

追放該当者　180
追放措置　259
追放令　106, 124, 189, 190, 193, 260

【テ】

抵抗　140, 159, 188, 233, 292, 303, 356-57
抵抗意識　303, 346
抵抗運動　373
抵抗者　271
帝国主義　30, 249
帝国主義戦争　5, 76, 254, 346, 353
敵対関係　261
哲学：「哲学」　x, 23, 91, 150, 154-57, 169, 201, 313：248
哲学者　13, 25, 36, 46-48, 57, 120, 128-29, 137, 150, 153-56, 171, 197, 201, 215, 230, 242-46, 248, 254-55, 269, 367, 375, 380, 382
哲学的精神　23
徹底個人主義　268
「徹底個人主義」（中野）　329
徹底的個人主義　103
転向　8, 57, 349, 356, 360
伝統　152
天皇　94-95, 99, 127, 166, 274-75, 311, 355
天皇解放論　20
天皇観　123, 210
天皇主義　41, 60, 84, 117, 122-23, 127, 264, 282
天皇制　19, 23, 24, 35-36, 40, 130, 154, 162-63, 330, 332, 362
天皇制打倒　19
天皇制論議　18, 47, 302
「天皇に対する赤誠」（ネーソン）　324
「天皇への忠誠」　264, 266

【ト】

東亜共同体論　8
「道義的生命力」　242, 244, 247, 254
東京裁判　193, 208, 252
闘争本能　383
道徳の根元としての国家　41
動物的エゴイズム　376
動物的恐怖　166
「逃亡兵」　268
東洋精神　49
東洋的個人主義　49
同類感　388
特攻隊　137, 382
度量衡選定権　311
奴隷：「奴隷」　99-100, 103, 328：156, 329
奴隷制国家　140
奴隷的忠誠　30

【ナ】

中野報告　357
ナチ　367

【ニ】

肉食：肉食の問題　387：381, 388
二重国籍者　325
『二十四の瞳』（映画・木下）　325
『偽旅券』（プルニエ）　316
日常意識　203
日常性の意識　202-03
日独伊三国同盟　379
日露の役　38-40, 163
日華事変　6, 15, 38, 58, 60, 88, 163, 264
日系米人　113
日清戦争　3-4, 38, 40, 163
日本　＊
日本観　6
日本共産党　18, 126, 189, 195, 352
『日本工業論』（河上）　50-51
日本降伏調印式　25
日本国　79
日本国憲法　x
日本国民　vii, 21, 23, 25, 27, 265, 306
日本社会　117
日本主義　122
日本人　vii-viii, 4-7, 9, 11-14, 16-17, 20-22, 24-25, 28, 30, 34, 38, 40-41, 43-45, 47-49, 52-55, 58, 63-66, 71, 75, 78, 80, 82, 84, 90, 97-101, 103-05, 107, 109, 111-12, 117, 120-22, 127-28, 137, 139, 143-45, 147-48, 153-54, 156-58, 162, 168, 171-72, 174-76, 178-80, 182-83, 188-90, 192, 194, 196, 206-09, 211, 215, 217, 223-25, 242, 244, 247, 249, 252, 254, 258-59, 264-66, 273-75, 277-

270：103, 292
祖国嫌悪　80
祖国への忠誠　266
ソ連　48
ソ連憲法　257
「尊朝」　52

【タ】

第一原因　385
第一次（世界）大戦　4, 9, 268, 305
大学教育　271
退屈　386
体験　66-67, 80, 82-83
第五回全露ソヴエト会議の決議　321
第三次大戦　368, 373
大政治季節　345, 347, 358, 360
大東亜共栄　8
大東亜戦争　303, 354
大東亜の思想　123
第二次（世界）大戦　164, 318
「第二の青春」（荒）　159
大日本言論報国会　60
「大日本帝国」　40, 192
太平洋戦争　vii, 38, 53, 58, 89, 162-63, 191, 264, 284, 369
大勇　253
「高村光太郎ノート」（吉本）　363, 335, 338, 340-41, 343
多元的国家論　11
「義しき人」　246

【チ】

地球　384-87
知識階級　59, 84, 86-89, 107, 125
知識人　8, 23-25, 27, 59, 89, 100-01, 106, 118-19, 123, 141, 174, 176, 182, 184, 186, 248, 258, 284, 286-88, 291, 294-98, 304, 316, 334, 337, 340-41, 345, 355, 360
「知識人と平和問題」（大熊）　327
知識人の戦争責任　337
「知識人の戦争責任」（鶴見）　284
知識層　71, 181, 217, 258, 264, 308, 337, 354, 360-61
知的ジャーナリズム　x, 293, 299, 304, 307, 333-34, 364
「忠義」　266
忠義の宗教　273
「忠義の宗教」（小泉八雲）　273, 281
「忠君」　266, 276
忠君愛国：「忠君愛国」　123, 138：39, 52
中国　275
抽象理論　110
忠誠：「忠誠」　133, 170, 264, 267-68, 281, 305-06, 313, 316：305-06
忠誠概念　269
忠誠義務　265-66, 267, 269-71, 282, 292, 298, 301-02, 304, 311, 315, 320, 371
中世社会　94
忠誠心　257, 270, 271
忠誠審査：「忠誠審査」　272：312
忠誠審査拒否事件　271
「忠誠宣誓」　271
忠誠喪失　308
「忠誠喪失」の精神情況　273, 326, 309
忠誠の相剋　270, 276, 301, 305
『忠誠の哲学』（ロイス）　281
「忠誠の悲劇」（大熊）　324
忠誠背反　268, 323, 371
忠誠服従の義務　372
「忠誠服従要求権」　310
忠誠目標　311
忠誠目標の喪失　306
忠誠目標の分裂　305
忠誠問題　265, 269-70, 272-73, 281, 326, 314, 320
「忠良なる臣民」　116
超国家主義：「超国家主義」　41, 53, 84：41
朝鮮戦争　333
徴兵　229
徴兵制　268, 308, 329
徴兵制度　259, 262-63, 269
徴兵制反対　323
賃金奴隷：「賃金奴隷」　328：328

【ツ】

『追憶』（映画）　305
追放　105, 180

生存権　261
征服　33
征服者　265, 347
西洋哲学　248
西洋模倣　3
『世界危機と現代思想』（草薙・山本）　282
世界機構　171
『世界機構の要請』（鈴木）　35
世界国家　16, 34, 55, 103
世界国家論　16, 35
世界史　3-4, 13, 15
「世界市民」　132
「世界市民第一号」　330
世界主義　132
「世界人権宣言」　260
世界政治　251, 371-72, 375
世界政府　17, 34, 133, 167, 313, 372
世界政府論　16
世界の市民　131-32
世界秩序　257
世界的人間　211
世界平和機構　36, 167
世界法　133, 167
世界法廷　115
世界民　132
世界連邦（政府）　313, 373
責任的主体性　83-84
積極的人権　261, 321
節操：「節操」　287-88, 298, 300：353
絶対主義　133
絶対主義国家　211, 264-65, 310
絶対主義天皇制　287
絶対主権　11, 16, 18, 372-73
絶対無の哲学　94
絶対平和主義　308
『0の暁』（ローレンス）　378
戦後思想：「戦後思想」　209：302-03, 309, 323, 331
『戦後思想史』（大熊）　x
戦後責任　352
「戦後の戦争責任と民主主義文学」　350
「戦痕」　55, 84
宣戦布告および講和締結権　311
戦争　＊
戦争協力者　82, 189, 286
戦争詩人　349
戦争責任：「戦争責任」　32, 105, 160, 162-65, 168, 189-91, 194-201, 205, 208, 218-20, 223, 284-85, 288-98, 301-02, 304-05, 307, 310, 331, 333-34, 337, 341, 343-46, 348-49, 351-52, 361, 363, 381, 391, 394：17-18, 56-58, 61, 77, 105-06, 143, 154, 156-58, 174, 181, 188, 266, 279
「戦争責任を語る」（『近代文学』）　363
戦争責任者：「戦争責任者」　196, 343, 348：207
「戦争責任者の問題」（伊丹）　168, 196, 291
戦争責任の追及　285, 293, 361
戦争責任の問題　168, 291, 331, 334, 381
戦争責任論　209, 291, 298, 302, 332, 340-41, 362, 364, 371
『戦争責任論』（大熊）　301
戦争責任論の再燃　284, 299, 303, 333-34, 348, 360
戦争体験　62, 67, 73, 75, 80, 83, 89, 94-95, 110, 120, 129, 136, 148, 155, 178, 187, 191, 284, 303, 344, 349
戦争と敗戦の体験　381
戦争の放棄　15, 36
戦争犯罪　178
戦争犯罪人　189, 208
戦争反対者　222, 228
『戦争屋』（長尾）　285, 288, 298, 300
「戦犯リスト」　195, 344
占領軍　112, 265
占領政策　ix, 20, 22, 157, 179, 188, 228, 259, 264-66, 303, 347

【ソ】

総合雑誌　294, 299
「総懺悔」　13
相対主権　16
祖国：「祖国」　viii, 29, 33, 37, 44-45, 56-57, 72, 76, 92-97, 102, 120-21, 123, 131, 133, 136, 138, 144, 155, 165-66, 178, 181, 222, 257, 264, 266, 268, 311, 317, 319, 324, 341, 373：33, 81-82, 120
祖国愛：「祖国愛」　94, 97, 103, 121, 136-37,

人権感覚　260
人権思想　320, 322
人権思想史　262
人権宣言：「人権宣言」　260：256, 321
新憲法　14-15, 19, 36, 170, 252
人権擁護運動　260
人権擁護論者　260
信仰　373, 385
「人工的人間」　383, 387
真珠湾攻撃　369
『真珠湾最後の秘密』（シオボールド）　379
『真珠湾の審判』（中野）　379
神道　243
人道主義　336
人肉食　382
『新日本文学』（誌名）　354-55
新日本文学会：「新日本文学会」　343-44, 346-47, 350, 353：199
神秘感　386
進歩：「進歩」　183, 209-10：376
進歩的知識人　286
「臣民の実践」　324
「人民の敵」　107
人民への忠誠　311
真理　98
侵略主義　48, 122
侵略戦争：「侵略戦争」　38, 57, 77, 124, 159, 180：75
人類　24, 269, 320, 383-85, 387, 389
人類史　385
人類性　24, 177
人類破滅　ix
「人類への忠誠」　269
神話　viii

【ス】

水爆　385
水爆実験　378
スターリン批判　318
捨身　382
「スミロドンの牙」　384

【セ】

「生」　381-82, 388
西欧デモクラシー　367
生活経験　92, 283, 314
生活考証：「生活考証」　279-80, 307：283
政教分離　20
生産技術　5
政治　*
政治家：「政治家」　223, 225-26, 297：45, 251
『政治概念の検討』（高坂）　35, 45
政治学　vii, 23, 121, 137, 144, 154, 169, 217, 250, 280, 283, 310, 362
政治学者　13, 47-48, 52, 57, 137, 141, 143-44, 146, 148, 203, 209, 217, 231-32, 250, 302, 384
政治学説史　310
政治観　221
政治教育　215
「政治ぎらい」　219
政治経済学　216
政治思想　235
誠実　183
政治主義　260
政治的自由　257
政治的犯罪人　28
政治哲学　46, 215, 227
「政治に対する文学」　350
「政治の科学性」　216
政治の否定者　251
政治の理論　217, 225
政治犯　235
政治否定　375
政治否定の精神　384
「政治への絶望について」（大熊）　379
政治理論　106, 224
静寂主義　49
精神革命：「精神革命」　25, 194, 209：171
精神主義　84
「精神の革命」　27, 172
「精神的革命」　242, 249
精神的空白　25, 172
精神の解放　34
精神の解放感　24-25, 28, 171
精神の自由　22, 25
「精神史の落丁」　344

懺悔　57
参戦拒否　259, 322
参戦拒否の自由　263
参戦拒否の市民的権利　323

【シ】

自我　336, 342
史学　23
自己解剖　289, 360-61
自己省察　176, 193-94
自己反省　77-78, 135, 176, 200, 226, 247, 303
自己否定　244
自己批判　78, 107-08, 126, 154, 158, 160, 194, 286, 349, 358
自己分析　303, 360
資産凍結　228
『自叙伝』(河上)　49
詩人　13, 25, 57, 171
自然科学　viii
自然的集団　90-91
思想家　157
思想の自由　x, 22, 34
失業対策　261
実存主義　219
『指導者』(本多)　285, 288, 292, 298, 300, 341
資本家階級　50
資本主義　249, 367, 368-69
資本主義国家　140, 258
資本主義体制　263, 320
資本の奴隷　362
『資本論』(マルクス)　319
市民社会　24, 265
市民の自由　261
社会　91
社会科学　5, 215, 330, 357, 362
社会主義者　137, 201, 230, 250, 331, 362, 384
社会学　vii, 91, 121, 129, 137, 139, 154, 266, 280, 283, 310
社会学者　13, 47, 48, 57, 90, 92, 93, 99, 103, 120, 209, 250, 269, 275, 278-79, 301-02, 307
社会主義　56, 126, 249-50, 368
社会主義革命　171, 231
社会主義国家　235-36
「社会主義社会における自由の問題」　262
社会主義体制　261, 312, 321-22, 328, 376
社会主義的政権　232
社会体制　257-58
社会党　140
社会党政権　202
釈迦伝　387
ジャーナリズム　84, 161, 277, 294-95, 324-26, 361
「自由」　236, 261, 263
自由映画人集団　196, 197
自由権　263, 321-22
自由主義　159, 235
自由主義国家　312
自由主義者　236
自由民権運動　40
宗教　268, 378, 387
宗教家　13
宗教国家　258, 322
宗教的良心　268
従軍牧師　378-79
住宅施設　261
「集団エゴイズム」　323
儒教思想　41
主権　51, 94, 143-44, 315, 376
主権概念　311
主権国家　142, 264
主権論　311
主従関係　267, 277
『種の論理の実践的構造』(田辺)　35
「殉死」　273
純粋経済学　216
「状況悪」(荒)　363
「情況悪」　332
小国寡民　48-49
『昭和史』(遠山)　x, 284, 303
『昭和時代』(中島)　ix
『昭和の精神史』(竹山)　ix
「仁」　275
人為的集団　90-91, 97
信義原則　269, 279
人権　257, 322
人権意識　257

『告白』（大熊）　28
国民　134
「国民実践要領」　326
国民主義　149
国民的英雄　28, 125
個人主義　103
個人対国家の関係　113, 228-29
個人対国家の問題　115
個人の自由　133
「個人倫理」　374
古代社会　94
国家：「国家」　＊：51, 136
国家悪　ix, 143, 165-67, 202, 205, 332, 377
国家意識　48, 146
国家概念　34
『国家科学への道』（大熊）　357
国家が個人より低位にあるということ　42
国家観　11-12, 16, 31, 33, 40-41, 43, 48, 52, 72, 104, 110, 116, 118, 121-24, 137-38, 140, 142, 148, 163, 179, 207-09, 215, 338, 394
国家観念　222
国家原理　374, 383
国家権力　46, 203, 232, 234, 261-63, 268, 308, 320-21
国家権力一般に対する否定の精神　318
国家至上観　123, 210
国家至上主義　122
国家思想　12
国家死滅説　235
国家主義　50, 123, 236
国家主義者　50
国家主権：「国家主権」　ix, 17, 94, 96, 104, 122, 315, 338, 369, 372-73：377
国家主権放棄論　104
国家絶対観　41
国家そのものの衰滅　318
国家対国家の関係　113, 228-29
国家対個人の（一般）関係　17, 166, 287, 302, 305-06
国家対個人の（根本）問題　17, 182, 227, 267, 291
国家体験　120, 129
国家対人間の一般関係　ix, 308, 310, 322, 361, 373
国家対人間の基本関係　207
国家対人間の問題　200, 303, 331, 340
国家的忠誠　ix, 266, 307, 310-13, 315, 321, 374, 387
国家哲学　215
『国家と革命』（レーニン）　36, 147
国家と人間との一般関係　vii
国家と人間との対決　211
国家とは何か：「国家とは何か」　34-35, 43, 52, 83, 115, 130, 146, 170, 201, 227, 302, 362：31, 45, 109
国家奴隷　328
国家ならざる国家　14, 148
国家に対する忠誠　264
『国家について』（レーニン）　36
国家の完全な独立　32
国家の消滅　33, 148
国家の独立　33
国家の本質　42
国家の問題　382
『国家はどこへ行く』（大熊）　x, 300
国家への忠誠：「国家への忠誠」　270, 265
国家への忠誠義務　302
国家問題　iv, vii-viii, ix, 13-14, 16-17, 32, 36-37, 45, 47, 53-54, 83, 92, 111, 116, 133, 135, 143, 163, 165, 201, 205-06, 223, 230, 302, 308, 324, 330-31, 362-63, 376, 378, 381
「国家理性」　223, 362, 364, 374, 376
国家理念　40
「国家理由」　223
国家理論　12, 16, 34, 46, 117, 202, 205, 207, 217, 231
国家論　viii, 35-37, 47, 135-37, 141-43, 145, 383
『国家論』（ボーダン）　310
コミュニスト　271, 340
コミュニズム　269, 271, 317

【サ】

最高裁判権　311
菜食主義　387
財閥　108
左翼陣営　220

32, 342, 363

【ク】

空想的社会主義　235
空想的社会主義者　237
クェーカー教徒　163, 268, 368, 379
軍国主義　101, 122, 175, 287
軍国主義者　122, 127
軍事裁判　208-09
君主制　306
君臣関係：「君臣関係」　267, 277, 282：264
「軍人に賜りたる勅諭」　274
君側論　20
軍隊　308, 329
軍隊組織　312
軍閥　87, 108, 139
軍部専制　40

【ケ】

経験　62-64, 110
経験科学　viii
芸術家　13
経済学　viii, 23, 69, 169, 216, 291, 313-14, 319, 357, 362
『経済学教科書』（ソ同盟）　319
経済学者　57, 165
経済的人権　57-58, 261-62, 321
「汚された道義性」（中野）　380
結社の自由　257
ゲッチンゲン宣言　374
原罪：「原罪」　217, 238：387
原子エネルギー管理の問題　133
「原子時代に生きるために」（ラッセル）　323
原子力　249, 377, 383
献身と犠牲　265
原水協　376
原水爆　368-69, 375, 383, 386
現代　367
「現代国家」　228
現代史　269, 271
『現代史の課題』（亀井）　ix
『現代政治の思想と行動』（丸山）　ix
「現代政治への恐怖」（大熊）　379
『現代日本の思想』（久野・鶴見）　ix
憲法第一条　viii
憲法普及会　185
権利思想　258
権力：「権力」　42：234
権力機構　143-45, 147-48
権力的なるもの　32
権力の組織　81
言論統制　216
言論の自由　257, 261

【コ】

「業」　387
抗議船団　374
皇国世界観　360
公式主義者　184
皇室　19, 27, 117
皇室観　276
公職追放　179
公職追放令　208, 301
公衆衛生　261
後進資本主義国家　43
交戦権　14, 16, 373
「皇道翼賛」　23
公法学　144
合理的精神　23
国際軍事裁判　209
国際平和機構　54, 207
国際法　206, 207, 209
国際法廷　208
国際連合　17, 34, 54, 133, 171, 313
国際連合論　35
国史の汚辱　21
国籍　113-15, 123, 131-34, 145, 228-30, 267, 270, 326, 316
国賊：「国賊」　30：31
国体　35, 102, 109
国体観　12, 26, 40-41, 101, 104, 171, 175
「国体護持」　23
国体思想　24
国体明徴運動　40
国体問題　23
「国内思想戦」　53, 60, 174

階級国家観　48, 51, 140
階級国家論　141, 145, 148
階級社会　258
階級的エゴイズム　126
階級的立場　109
階級闘争　228
階級理論　108
開戦責任者　82
開闢説　387
解放運動　254
概念世界　148, 150
飼うということ　388
科学　369
科学技術　5, 250
科学者　384
科学的精神　23
革命：「革命」　27, 50, 125, 171, 183, 191, 194, 228, 231-34, 237：18, 20, 29, 188, 265
革命家　222, 226, 253
革命主義的政党　270
革命政治家　226-27
革命理論　232
『学者先生戦前戦後言質集』（全貌社）　285, 287, 299
課税権　311
家族　117, 267, 274
家族愛　270
「敵討」　273
価値体系　24, 385
貨幣鋳造権　311
神　269, 301, 305, 385-86
完全な人権　261
管理革命　20
官吏任命権　311
官僚　108, 223

【キ】

「義」　242, 252-53, 255
帰化　111
機械文明　378
『菊と刀』（ベネディクト）　274, 281
「義士」　252
義人：「義人」　244, 251：242, 245-47, 249, 251-52
「義人の犠牲」　245
「義賊」　252
「基地国家」　373
基本的人権　256, 258, 261, 263, 267, 321
「義民」　252
義務兵役制　268, 312, 323, 329
逆転向　200, 286
救国者　28
救国の英雄　193
教育　270
教育関係者追放令　38
教育制度　261
教育勅語　275, 324
「強権」　234
強権発動　231
共産主義　217, 235, 249-50, 311, 315, 317-18, 336, 367-68, 371
共産主義国家　362
共産主義者　18, 30, 125, 130, 219
『共産主義的人間』（アラゴン）　271, 306, 316
「共産主義的人間論」（蔵原）　318
共産党　19, 82, 140, 231, 297, 300, 317, 346
共産党員　271
『共産党宣言』　317, 319
共産党独裁　236
教師　13
教職員追放令　39
郷土　93
郷土愛　270
京都学派　156, 168, 198, 247-48, 301
極東軍事裁判　187, 190, 192, 334
虚無主義　235
基督者　218
近代国家　32, 46, 92, 94, 123, 147, 227-28, 265, 270, 274, 278, 301, 305, 311, 315, 330, 338, 340, 372-74
近代社会　267
近代的自我：「近代的自我」　112, 152, 154, 158, 161, 178, 342：200, 341
近代的人間　162, 164, 206
『近代文学』（誌名）　158, 161, 163, 167, 195-96, 198-201, 206, 209, 218, 241, 254, 291, 307, 330-

『国家悪』(増補 新装版)　事項索引

＊印のものはページ数を略す

【ア】

愛国：「愛国」　50, 125-27, 130, 138：29-31, 39, 51-53
愛国者：「愛国者」　126, 130, 134, 140, 147, 182：29, 31, 39
愛国主義：「愛国主義」　30-31, 50, 124-25, 135, 311：29
愛国心：「愛国心」　viii, 37-39, 53, 92, 94-98, 102, 120-25, 127-29, 131, 135-39, 142-43, 147-50, 152-55, 205, 210, 269, 276, 305, 307：29, 35, 127
『愛国心』(清水)　282
「愛国心ということば」(笠)　313
愛国心問題　135, 137, 142
「愛国心問答」(大熊)　323
愛国心論争　291, 302
愛国陣営　8
愛国論　149-50, 303
『愛と死の肖像』(アラゴン)　306
アウシュヴィッツ　365, 367-69
『アウシュヴィッツの女囚』(映画)　365
アカデミズム　x, 178, 277, 280, 361, 364
『新しい愛国主義』(松村)　281
『新しい愛国心』(高島)　281
『新しい社会』(カー)　327
『新しき愛国心』(難波田)　281
アナキスト　268
アナーキズム　268
アメリカ　104, 311, 369, 389
アメリカ教育使節団　265
アメリカ人　123
「アメリカ大学協会声明書の要点」　327
「アメリカ大学の危機」　327
アメリカ民主主義　371

【イ】

イギリス　104
『遺児の皆さんへ』(小泉)　325
イタリア　362
『一英国人の見たる日本および日本人』(ライエル)　275, 281
「一億総懺悔」(石原)　295
イデオロギー　51
イワン・カラマーゾフ　386
隠棲主義　49

【ウ】

「ヴァージニア権利章典」　262
ヴィシー政府　219
ヴェルサイユ体制　367
宇宙観　387
運命観　7
運命共同体：「運命共同体」　136, 184：52, 91, 120, 292

【エ】

「映画の記録」(岩崎)　197, 291
『永久平和論』(カント)　viii
エゴイズム　165, 205, 237, 374

【オ】

「大熊信行氏の忠誠論」(今村)　283
恩赦権　311

【カ】

我　112
階級　269, 301, 305, 320
階級国家：「階級国家」　47, 49, 51
階級国家学説　147, 230

宗像誠也　299
村田廸雄　276, 279, 282
村野四郎　340
室伏高信　285

【メ】

メンガー　262

【モ】

毛沢東　355
モーラス　219, 220, 222
森乾　363
森戸辰男　35
モーリャック　160, 199
モロトフ　49

【ヤ】

矢川徳光　299
安井郁　299
保田与重郎　326
矢内原忠雄　23, 326
柳沢健　217-19, 241
柳田謙十郎　120, 150, 281, 299
山浦貫一　129
山川均　296
山本新　281, 282, 323, 326

【ユ】

湯川秀樹　378

【ヨ】

除村吉太郎　158
横田喜三郎　120, 206, 281, 296, 301
吉川幸次郎　326
吉田首相　95, 324
吉野源三郎　299, 326
吉本隆明　330, 332, 335, 338, 344, 347, 348, 350, 363, 371, 394
吉屋信子　324

【ラ】

ライエル　275, 281
ラッセル　269, 307, 317, 323
ラスキン　253

【リ】

リーヴス　16, 36
リップマン　16, 133
笠信太郎　312-14, 326

【ル】

ルードウィヒ　101

【レ】

レッドマン　9
レーニン　36, 45, 47, 109, 147-48, 355, 362
レマルク　116, 229

【ロ】

ロイス（ジョサイア）　279, 281
老子　48-49, 243
蠟山政道　326
蠟山芳郎　300
呂運亨　182
ローズヴェルト　370, 379, 380
ロビンソン（Ｊ・Ｈ・）　376, 377
ローラン（ロマン）　131, 162, 199
ローレンス（Ｗ・Ｌ・）　378

【ワ】

渡辺一夫　168, 218, 236, 241, 326
和辻哲郎　7, 326

ニーバー（R・）　238, 271, 307, 323

【ネ】

ネーソン　324

【ノ】

野口啓祐　281
野坂参三　30, 116, 125, 281, 296
野間宏　326
野村吉三郎　224, 369

【ハ】

長谷川如是閑　105
長谷川松治　281
鳩山一郎　333
花田清輝　198, 326
羽仁五郎　67, 107-09, 168, 195, 198, 296, 301, 326, 348
羽仁説子　300
埴谷雄高　162
林健太郎　364
林達夫　168
原田義人　363
ハル（国務長官）　224, 369
パルティスキー　281

【ヒ】

氷上英広　326
平野謙　162, 218, 348, 363
平野義太郎　290, 299, 326
広瀬久忠　326
広津和郎　217, 223, 230, 241

【フ】

フィアカント　278
フェラー　324
深尾須磨子　299
福田恆存　157, 196-97, 296, 327
藤森成吉　346-47, 353-56
船山信一　120, 149, 281
フランクル　365
フランス　219
プリニエ　316
ブロック　160, 199
フローベル　218

【ヘ】

ペタン　219
ベッファー　9
ベネディクト　274, 275, 281
ペリ　316

【ホ】

帆足計　299
穂積七郎　299
ボーダン　310, 311, 315, 320
ホッブス　383
堀江邑一　299
堀真琴　299
本田喜代治　168
本多顕彰　285, 341
本多秋五　162, 164, 218, 254, 291, 363

【マ】

前芝確三　299
マクドナルド　134
正木昊　156
真下信一　168, 198
マッカーサー（マックアーサー）　21, 170
松下正寿　207, 296, 301
松村一人　276, 281
松本治一郎　299
マルクス　8, 48-50, 52, 76, 117, 119, 123, 140, 147-48, 152, 237-38, 319
丸山真男　ix, 41, 67, 84, 107, 117, 218, 239, 241, 281, 362, 364
マルロオ　160, 199
マン　131, 162, 199

【ミ】

宮原誠一　299, 326
宮本顕治　296
三好十郎　327

【ム】

務台理作　326

杉捷夫　326
杉本良吉　116, 119
周郷博　300
鈴木成高　35, 168, 228, 364
鈴木安蔵　299
スターリン　49, 163, 318-19, 320, 355
スノー（エドガー）　99

【ソ】

漱石（夏目）　131
ソクラテス　41, 102, 127-28, 243, 253

【タ】

高倉テル　299
高桑純夫　168, 281, 326, 380
高島善哉　168, 276, 281, 296
高瀬荘太郎　281
高田保馬　281, 326
高見順　326, 359
高峰秀子　325
高村光太郎　199, 335, 339-40, 344, 349, 360
高橋正雄　164
高柳賢三　326
武井昭夫　332, 348, 350, 353-54, 358, 360-61, 363, 371
竹内好　281
武谷三男　296, 326
竹山道雄　ix, 168, 281, 296, 326
田中惣五郎　281
田中美知太郎　127-128, 154, 281
田辺元　35-36, 168
谷川徹三　100, 308, 326
淡徳三郎　281, 290, 299, 326

【チ】

千葉雄次郎　281

【ツ】

辻政信　325
津田左右吉　275, 281
土屋清　326
恒藤恭　54, 132, 281
壺井繁治　335, 340, 346-49, 351-52
ツルゲーネフ　355
鶴見俊輔　ix, xiii, 284, 295-96, 331-32, 337, 360

【テ】

ティルトマン（ヘッセル）　9
暉峻義等　300

【ト】

トインビー（A・J・）　ii, vii
東条英機　92, 95, 130, 192-94, 224, 300, 349
ドウネイ　378
遠山茂樹　ix, 281
徳田球一　296
徳永直　160, 346-47
戸栗いく子　325
戸沢鉄彦　120, 137, 139, 142, 281, 299
ドストイェフスキー　159, 330
トルストイ　viii, 162-63, 199, 201, 308-09, 381, 387-388
ドレフュス　218

【ナ】

長尾和郎　285
中島健蔵　ix, 299
永田清　197, 281
中野五郎　379
中野重治　129, 157, 196, 198, 281, 347-48, 350
中野好夫　67, 99, 101, 105-06, 135, 156, 161, 299, 325-26, 329, 380
中村哲　143-44, 146-47, 168, 217-18, 231, 236, 241, 281, 299
中山義秀　160
ナポレオン　131
名和統一　168
難波田春夫　276, 281
南原繁　121, 134, 281, 326

【ニ】

新居格　198
西谷啓治　107, 168, 228, 281, 326
西村力弥　326
ニーチェ　239
蜷川新　299

風早八十二　290
風見章　299
鹿地亘　116, 119, 281
加藤勘十　296
加藤周一　326
金親清　300
金森徳次郎　281
カミユ（A・）　281
亀井勝一郎　ix, 303
カラス　218
河上肇　31, 48-49, 52-53, 281
川島武宜　281
ガンディー（ガンディ）　251, 384
カント　viii, 385

【キ】

岸信介　333, 391
城戸幡太郎　299
木下恵介　325
木下半治　299
木村禧八郎　299
木村健康　326
京口元吉　281
清瀬（一郎）　326
キリスト　269

【ク】

草薙正夫　282
久野収　ix, 281, 326
窪川鶴次郎　299, 346-47, 353, 358-59
久米正雄　198
クラーク（総司令官）　370
グラッドストン　226-27
蔵原惟人　119, 318, 346

【ケ】

ゲーテ　131, 319

【コ】

小泉信三　281, 325-26
小泉八雲　273, 275, 281
高坂正顕　35-45, 217, 226, 241
高山岩男　35, 228, 245-46, 248, 380
高良とみ　299
国分一太郎　299
古在由重　362, 364
ゴドウィン　268
小林多喜二　158
小松清　326
コロンブス　3
ゴンクール　218

【サ】

西園寺公一　299
斎藤瀏　130
三枝博音　300
向坂逸郎　281
佐々木基一　162, 363
佐野学　125, 149, 281, 326
サルトル　218-19, 220, 222
サンソム（G・B・）　274, 281

【シ】

シオボールド（R・A・）　379
志賀直哉　193, 324
志賀義雄　127, 281, 296
重松俊明　136, 281
重光葵　333
ジード　218
信夫清三郎　299
島芳夫　281
清水幾太郎　67, 69, 84-85, 90-91, 95, 99, 139, 159, 161, 168, 276, 281-82, 299, 326, 361, 366, 379
釈迦　382, 387
シュタイン（ギュンター）　9
シュワイツァー（アルベルト）　320, 388, 390
ショウ（G・B・）　329
ジョヴァンニ・デラ・カサ　362
ショウペンハウエル　388
新村猛　326
ジンメル　269, 278

【ス】

末川博　299
菅井準一　299
菅忠道　300

『国家悪』(増補 新装版)　人名索引

【ア】

アインシュタイン　383
青野季吉　120, 130, 135, 281, 299
赤岩栄　217, 237, 241
赤松要　281
秋田雨雀　346
アベック（リリー）　9
阿部知二　299
安倍能成　324, 326
天知将　26
天野貞祐　326
荒木貞夫　324
アラゴン　160, 199, 271, 306, 316
荒正人　158-60, 162, 198, 218, 291, 326, 330, 332, 363

【イ】

飯島幡司　281
猪狩正男　289, 295, 299
石川吉右衛門　326
石原莞爾　295
伊豆公夫　290, 299
板垣與一　281
伊丹万作　168, 196, 291
市川正一　296
日高六郎　296
出隆　120, 127-28, 131, 152, 154, 281, 299
井上清　281
イプセン　151
今井正　324
今中次麿　299
今村太平　280, 283
岩崎昶　197, 291
岩橋武夫　326

【ウ】

ヴィシンスキー　259, 320
上杉慎吉　175
上原専祿　326
ウェルズ（H・G・）　ix
ヴォルテール　218
ヴォーン（マイルス）　9
臼井吉見　248
内山完造　299

【エ】

江口渙　346
エスキルス　ii
エンゲルス　47, 109, 148, 362

【オ】

大内兵衛　326
大熊信行　67, 281, 282-83, 363, 391-92
大河内一男　67, 69, 76, 89, 106, 281, 357
大島康正　380
大宅壮一　318
岡田嘉子　119
岡野（清豪）　324
岡本潤　340, 350-51
岡本清一　299
尾崎秀実　119, 296
尾崎行雄　132, 134, 281
長田新　299
小田切秀雄　158, 162, 291, 342, 347-48, 350, 358, 363
小野俊一　19

【カ】

カー（E・H・）　311, 317, 327

大熊信行（おおくま・のぶゆき）
1893年山形県米沢市に生まる．
東京商大卒，英独米に留学．小樽高商，高岡高商教授を経て，昭和19年東北帝大講師．戦後，山形県地労委会長，富山大学教授（経済学部長），神奈川大学教授（第二経済学部長），創価大学教授を歴任．経済学博士．1977年没．
主著『社会思想家としてのラスキンとモリス』1927年，『マルクスのロビンソン物語』1929年，『文学と経済学』1929年，『文学のための経済学』1933年，『文芸の日本的形態』1937年，『経済本質論ー配分と均衡』1937年，『政治経済学の問題』1940年，『経済本質論―配分原理第1巻―』1941年，『国家科学への道』1941年，『国家はどこへ行く』1948年，『戦争責任論』1948年，『戦後のヒウマニスト』1948年，『経済本質論＝計画経済学の基礎』1957年，『結婚論と主婦論』1957年，『国家悪―戦争責任は誰のものか―』1957年，『家庭論』1964年，『資源配分の理論』1967年，『国家悪―人類に未来はあるか―』1969年，『生命再生産の理論』上・下1974～75年．歿後刊行されたものに，『昭和の和歌問題』上・下1979年，『母の手―大熊信行全歌集』1979年，『戦中戦後の精神史』1979年，『定稿告白』1980年，『ある経済学者の死生観』1993年などがある．

国家悪〔増補 新装版〕
――人類に未来はあるか

2011年7月25日　第1刷印刷
2011年7月30日　第1刷発行

著　者　大熊信行
発行人　森下紀夫
発行所　論　創　社
〒101-0051 東京都千代田区神田神保町2-23 北井ビル
電話 03-3264-5254　振替口座 00160-1-155266
web. http://www.ronso.co.jp/

印刷・製本　中央精版印刷

Printed in Japan　ISBN978-4-8460-1070-6